정법(淨法)의 변천에 관한 통시적(通時的) 연구

민족사 학술총서 80

정법(淨法)의 변천에 관한 통시적(通時的) 연구

-초기불교부터 한국불교까지-

원장 설민 지음

민족사

머리말

　사분율을 중심으로 하는 한국의 대한불교조계종 출가수행자로서 붓다 당시부터 현재의 한국 불교에 이르기까지 불교가 어떻게 계승되고 발전되었는지를 고찰해 보고자 하였다.
　"율장은 승단을 구속한 학문이 아니라 승가 공동체의 일상생활을 원활하게 할 수 있는 필수의 상식이다."
　동국대 불교학부에서 법혜 스님으로부터 계율학을 지도받으면서 계율, 율장에 대하여 관심을 갖게 되었다.
　필자는 원래 불교회화를 공부했다. 회화를 실전으로 익히다가 아무래도 불교미술학에 대한 이론의 필요성을 느끼고, 동국대학교 대학원 불교미술학과에 진학하여 5학기 동안 공부했다. 그러나 미술학보다는 화엄, 천태, 선학, 중관학 등의 불교학에 더욱 큰 관심을 가지게 되었고, 결국 다시 선학과에 입학하여 본격적으로 불교학을 공부하게 되었다.
　선학과에서는 '원상의 수행론'을 공부했다. 학부 시절, 일본의 저명한 선학자 야나기다 세이잔(柳田聖山) 선생의 저서를 접한 것이 계기가 되어 일본 유학을 결심하게 되었다. 이후 일본 교토 하나조노대학(花園大学) 대학원 석사과정에서 나카지마 이치로(中島一浪) 교수님의 지도를 받아 2년 만에 「대승기신론의 수행론」이라는 제목의 석사 논문을 완성했다.

박사과정에서는 사사끼 시즈카(佐々木閑) 선생의 지도를 받았다. 박사과정에 들어가서 한 학기를 마칠 무렵 '멀리서 보이는 아름다움은 가까이 다가가면 신기루처럼 사라지듯' 겉과 안이 다른 환경을 보게 되었고, 여러 가지 사정으로 학문에 전념할 수 없어서 한 학기만 마치고 귀국하였다.

한국으로 돌아와 동국대학교 대학원 박사과정에 들어가서 율장(律藏)과 정법(淨法, kappa)에 깊은 관심을 가지게 되었다. 여기서 정법(淨法)은 청정한 계율을 뜻한다.

붓다 입멸 후 제자들은 붓다가 제정한 율(Vinaya)의 해석과 실천에 대한 고민을 하게 되었다. 이에 따라 정법(淨法, kappa) 수지의 필요성이 대두되었으며, 이는 경율에 상응하는 적절한 계율을 의미한다. 붓다 재세 시 많은 계율이 제정되었고, 이후 일부 소소계를 폐지하려는 진보적 입장과 이를 유지해야 한다는 전통적 입장이 대립했다.

불교의 다양한 모습(부파불교)은 율 해석의 차이에서 비롯되며, 현재 세계 불교는 상좌부불교와 대승불교로 나뉜다. 초기불교에서는 계(戒)와 율을 구별하여 사용했으며, 율은 출가자들에게 강제성을 지닌 규범이었다. 승가의 화합과 수행을 위해 율장은 필수적인 요소로 승가 공동체의 존속과 발전을 위해 반드시 준수해야 한다.

박사학위논문을 쓰는 동안, 청암사 율학승가대학원 연구과정을 마쳤고, 그 과정에서 더욱 율장, 계율에 대하여 더 깊이 생각·고찰하게 되었다. 그 결과 초기불교 수행공동체 생활에서부터 현존 지구촌의 수행공동체와 한국 불교 공동체 생활과 그 규칙까지 연구하게 되었다.

동국대에서 박사 논문지도 교수는 안양규 교수님이셨다. 안 교수님의 지도로 '정법(淨法)의 변천에 관한 통시적 연구–초기불교부터 한국불교까지-'라는 주제로 논문을 썼고, 지난해(2024년) 2월에 철학박사 학위를 받았다.

박사학위논문을 쓰는 동안 여러 가지 어려움이 있었다. 그때마다 박사과정 중 공부했던 불교 심리 상담학의 초기불교 알아차림 명상과 기존에 해오던 참선을 하면서 논문에 집중할 수 있었다.

일본에서 밤늦게 예상치 못한 일이 생기면, 청암사 의정지형 어른스님께서는 한밤중에 전화를 드려도 기꺼이 받아 주셨다. 20세에 출가하여 수계를 받을 때 스님께서 설민(雪敏)이라는 법명을 지어주셨으며, 학부에 입학했을 때는 한글대장경 한 질과 직접 사용하시던 학문에 필요한 경전 등을 주셨다. 또 스님께서는 율장을 연찬하면서 원장(源藏)이라는 법호를 주셨다.

논문이 나오기까지, 장시간 도움을 주신 법혜 큰스님께서는 병환으로 불편하신 중에도 가사 장삼을 수하시고 지도해 주셨다. 종묵 큰스님께서는 외국 논문을 구해 주셨다. 지도해 주신 두 분께 합장을 올린다.

또한 동국대학교 대학원의 여러 교수님들과 함께 한국 불교학 관련 정리를 할 수 있도록 도와주신 이봉춘 교수님, 박사논문이 완성될 때까지 초기불교에서 한국 불교까지의 내용을 정리하며 끊임없이 격려를 아끼지 않으시고, 공양 시간이 훨씬 지나도록 지도해 주신 안양규 교수님, 교정을 봐주신 여정 스님, 출판해 주신 민족사 윤창화 대표님과 편집에 힘써준 사기순 주간님께 깊은 감사를 드린다.

마지막으로 긴 세월 동안 물심양면으로 지원해 주신 향운암 주지 명천 스님께 합장 올린다.

천지가 눈으로 하얀 날
창고 보리원에서
源藏 설민 합장

차례

머리말　　　　　　　　　　　　　　　5

Ⅰ. 연구 목적과 방법

1. 연구 목적　　　　　　　　　　　16
2. 선행 연구　　　　　　　　　　　24
3. 연구 범위 및 방법　　　　　　　32

Ⅱ. 붓다 재세 시의 정법(淨法) 문제

1. 정법(淨法)의 정의와 의의　　　　40
   1) 정법의 정의 및 성립　　　　　40
   2) 정법의 의의　　　　　　　　　61

2. 코삼비(kauśāmbi) 분쟁　　　　　65
   1) 분쟁의 배경　　　　　　　　　65
   2) 분쟁의 내용　　　　　　　　　66
   3) 분쟁 해결　　　　　　　　　　69

3. 데바닷다의 오법(五法) 논란   72
   1) 파승가자로서의 데바닷다   72
   2) 데바닷다 오법의 성립 배경   76
   3) 데바닷다의 오법 내용   79
   4) 오법에 대한 붓다의 입장   92

4. 율장(律藏)의 정법(淨法)   98
   1) 주거 관련 정법   98
   2) 음식 관련 정법   99
   3) 의복 관련 정법   102

III. 붓다 입멸 후 정법(淨法) 문제

1. 결집 전후에 나타난 율 제정과 정법(淨法) 109
   1) 우빨리(Upāli)의 오정법   109
   2) 칠정법(七淨法)   119
   3) 뿌라나의 팔정법   125
   4) 소소계(小小戒) 문제   134

2. 부파불교의 정법(淨法)   141
   1) 대중부의 십사(十事) 정법   143
   2) 상좌부의 정법   158
   3) 정법의 논란과 근본분열   161

3. 인도 대승불교의 정법(淨法)   164
    1) 대승계의 등장   164
    2) 십선계(十善戒)   169
    3) 유가계(瑜伽戒)   176

IV. 중국 불교에서의 정법(淨法)

1. 중국적 배경   191
    1) 종교·문화적 배경   191
    2) 지리·기후적 배경   199
    3) 계율의 중국적 변화   202

2. 범망계(梵網戒)   205
    1) 범망계의 성립   205
    2) 범망계의 내용   207
    3) 범망계의 특징   215

3. 청규(淸規)   220
    1) 청규의 성립   220
    2) 청규의 내용   230
    3) 청규의 특징   240

V. 한국불교에서의 정법(淨法)

1. 삼국시대 및 통일신라시대의 정법(淨法) 251
1) 고구려·백제 불교의 정법 251
2) 신라 및 통일신라 불교의 정법 254

2. 고려불교의 정법(淨法) 280
1) 지눌의 「계초심학인문(誡初心學人文)」 280
2) 태고보우의 「현릉칙간『백장청규』발문」 284
3) 나옹(懶翁)의 무생계(無生戒) 287

3. 조선불교의 정법(淨法) 291
1) 백파의 십선계 291
2) 대은(大隱)의 서상수계(瑞祥受戒) 293
3) 만하(萬下) 중국 계맥 수용 295

4. 대한불교조계종의 단일계단의 정법(淨法) 298
1) 단일계단 성립 배경 298
2) 단일계단의 형성 303
3) 자운(慈雲)의 단일계단(單一戒壇) 311

5. 단일계단 이후의 정법(淨法) 316
1) 대한불교조계종의 정법 316
2) 종헌 종법의 개념 318

2) 조계종 선원청규   326

VI. 결론

1. 율의 제정 목적과 불교 공동체의 질서   353
2. 시대 변화에 따른 정법(淨法)의 필요성   354
3. 대승불교의 율 해석과 정법의 다양화   356
4. 한국불교의 정법 실천과 계율 계승   358
5. 현대 승가의 과제와 정법의 재정립   359

Abstract   361
참고문헌   369

표 목차
<표 2-1> 육부 율장 계목 비교   60
<표 2-2> 오법의 비교   84
<표 5-1> 근·현대의 청규   334

I. 연구 목적과 방법

1. 연구 목적

붓다 입멸 후 제자들은 붓다가 제정한 율(律, vinaya)을 어떻게 이해하고 수지할 것인가라는 근본적인 질문을 하게 되었다. 그에 대한 대답의 하나로 정법(淨法, kappa) 수지의 필요성이 등장했다.

정법(淨法)은 빨리어로 kappa라 하며 '경율(經律)에 비추어 상응(相應)한다'고 할 때의 상응(相應, kappiya)에 해당하는 말로서 적당함, 적절함을 의미하는 용어이다. 그리고 정법(淨法)은 청정한 계율을 뜻한다. 붓다 재세 시에 제자들의 생활과 행동을 규제하는 많은 계율이 제정되었다.

이후 십사비법(十事非法)의 문제가 대두되고 있는 점에서도 볼 수 있듯이 대중부 등 진보적인 계통에서는 소소계는 폐지하자는 논란이 대두되었다. 그러나 또 전통 상좌부에서는 붓다가 제정한 것[佛制]이므로, 절대 폐지해서는 안 된다는 논란이 일어났다. 승가에서 계율을 준수한다는 것은 곧 정법[戒律]을 청정하게 지키는 것을 뜻한다.

필자는 초기불교부터 대승불교, 중국 불교 그리고 한국 불교에 이르기까지 정법의 변천 내지 발전을 통시적으로 연구하고자 하였다.

현재 세계의 다양한 불교 행태는 율에 대한 해석과 율에 대한 태도 방식의 차이에서 기인한다고 파악할 수 있다. 현재의 세계 불교는 크게 두 가지 모습으로 분류할 수 있다. 부파불교 계통의 남아시아 및 동남아시아 불교인 상좌부(上座部, Theravāda) 불교와 대승불교 계통의 동아시아 및 동북아시아 불교로 대별할 수 있다. 이 두 종류의 불교 모습은 석가모니불(釋迦牟尼佛, Sakyamuni Buddha)이 제정하고 남긴 법(法)과 율(律)에 대한 해석과 그에 대한 대응의 차이에서 기인한다. 법은 경장으로 정리되어 있고, 율은 율장으로 정리되어 전해지고 있다. 율의 보완 장치로 등장한 정법의 관점에서 승가의 다양성을 연구하고자 한다.

초기불교 및 부파불교에서는 계(戒, sīla)와 율은 본래 다른 용어로 각기 구분하여 사용되었다. 계는 출가자와 재가자가 모두 수지해야 하는 것이며, 범계(犯戒)에 대한 승가의 처벌이 없다. 반면에 율은 출가자에게만 해당하는 것으로 범계 시 승가의 시정 명령과 처벌이 내려지므로 사회법과 같은 강제성을 지니고 있다. 이러한 율이 제정된 것은 출가 승가의 평등과 화합을 유지하여 출가자들이 수행에 전념할 수 있도록 하기 위해서였다.

출가공동체는 수행과 실천을 중심으로 출가자들이 함께 생활하는 공동체이다. 출가공동체는 승가의 유지와 발전을 위해서 승가 구성원들 간의 화합을 중시한다. 공동체의 화합을 위해 승가 구성원이 준수해야 할 규칙이 있다. 또 출가수행자들은 공동체의 규범을 준수할 의무가 있으며, 승가의 가치와 생활양식을 공유해야 한다. 율은 불교 출가공동체를 유지하는 핵심으로, 수행과 생활이 조화를 이루도록 돕는 일종의 시스템이라 할 수 있다. 승가는 붓다의 가르침을 따르기로 한 이들의 공동체이다.

승가라는 출가수행 공동체를 존속시키고 발전시키기 위해선 율의 준수가 절대적으로 필요하다. 붓다고사는 율장 주석서의 서두에서 다음과 같이 밝히고 있다. 마하카사파는 제1차 결집에서 500명의 아라한을 향해 다음과 같이 질문한다.

"벗이여! 법(Dhamma)과 율(Vinaya) 중 무엇을 먼저 합송할까요?"
비구들은 대답한다. "까사빠 대존자여! 율은 정각자의 가르침 중 생명이 되는 것입니다. 율이 지속되는 한 가르침은 지속될 것입니다. 그러므로 먼저 율을 합송합시다."[1]

이상의 문답에서 정법의 계승과 존속을 위해서는 경보다 율이 더 중요하다는 것을 보여주고 있다. 율은 붓다의 가르침을 유지하는 데 핵심 요소로 여겨지고 있다.

빨리『대반열반경』에 의하면 붓다는 다음과 같이 권고하고 있다.

"아난다여! 너희들 중 어떤 비구는 다음과 같이 생각할는지 모른다. '붓다의 가르침은 이제 끝났다. 우리에게는 더 이상 스승이 없다.' 그러나 아난다여! 이렇게 생각해서는 안 된다. 나에 의해 가르쳐지고 알려진 법과 율이 나의 사후 너의 스승(Satthā)이 될 것이다."[2]

주목할 것은 붓다에게 사용되었던 스승(Satthā)이라는 호칭이 이제 법과 율에 사용된다는 점이다. 법과 율은 붓다의 사후 스승과 같은 역할을 하며, 그의 권위를 계승하게 된 것이다.

---

1) Sp, I, p. 11, "evaṃ nisinne tasmiṃ āyasmante Mahākassapatthero bhikkhū āmantesi -- āvuso, kiṃ paṭhamaṃ sa.ggāyāma, dhammaṃ vā vinayaṃ vā ti?bhikkhū āhaṃsu: bhante Mahākassapa, vinayo nāma buddhasāsanassa āyu, vinaye ṭhite sāsanaṃ ṭhitaṃ hoti; tasmā paṭhamaṃ vinayaṃ sa.ggāyāmā ti." 똑같은 취지가 게송으로 표현되어 있다. Sp p.1 게송 No.5. 상좌부에서 법보다 율을 더 중요시하는 이유는 초기불교 교단사와 상좌부 전통의 역사를 고찰함으로써 찾을 수 있다. 제2결집 기사에 의하면, 그 결집의 원인과 배경이 율을 둘러싼 비구들의 서로 다른 실천과 이해에 기인한 것이다.
2) N, ii, p.154. "Siyā kho panānanda tumhākam evam assa/ atītasatthukaṃ pāvacanaṃ/ natthi no Satthā ti. na kho panetaṃ ānanda evaṃ daṭṭhabbaṃ/ yo vo ānanda mayā dhammo ca vinayo ca desito pa.j.jatto/ so vo mamaccayenasatthā."

빨리『대반열반경』은 붓다의 사후 그를 대신할 권위를 지닌 것이 법과 율임을 문헌적으로 보여준다. 율(Vinaya)이라는 용어는 초기불교 교단의 핵심적인 한 측면을 드러낸다. 승원 생활이 집단적으로 이루어짐에 따라, 이를 유지하기 위한 규율, 즉 율을 체계적이고 포괄적으로 정비할 필요가 있었을 것이다.

승원에서 생활하는 출가 승려들에게 적용되는 율은 출가자와 재가신자를 구별하는 기준이 된다. 승원 불교의 관점에서 볼 때, 법이 출가 승려의 내면적 수행을 다룬다면 율은 그들의 외면적 생활을 규제하는 역할을 한다.

출가자들이 공동체 생활을 유지하려면 일정한 규칙이 필요하며, 이를 준수해야 한다. 승가의 이러한 규칙은 붓다에 의해 제정되었으며, 그는 승가의 화합과 유지를 위해 크고 작은 사건이 발생할 때마다 새로운 율을 제정하였다. 제자들은 이를 따름으로써 승가의 질서를 유지해 나갔다.

붓다의 입멸 후 시간이 흐르고 환경이 변화하면서 붓다가 제정한 율을 그대로 수지하는 것이 어렵게 되는 경우가 종종 나타나게 되었다. 붓다가 이미 제정한 율을 제자들이 바꾼다는 것은 제자의 입장에서는 상상하기 힘들다. 이른바 불제불개변(佛制不改變)의 원칙이 적용되었기 때문이다. 그리고 변화된 상황에 맞는 규칙을 만들어야 할 필요성이 대두되었다. 새로운 율을 만든다는 것 역시 제자로선 붓다의 권위에 도전하는 모습으로 비칠 수 있다. 율의 제정은 붓다만이 제정할 수 있다는 것이 승가 구성원의 암묵적인 동의였기 때문이다.

붓다의 권위를 지키면서 그리고 붓다에 대한 존경심을 유지하면서 변화된 상황에 승가가 적응하고 발전할 수 있도록 수용되어 제정된 것이 정법(淨法)이다. 정법의 출현은 기본적으로 붓다가 제정한 율의 정신과 원리를 준수하면서 변화된 생활 환경에 승가가 존속하고 발전할 수 있도록 해주는 역할을 한 것이다. 붓다가 제정한 율을 변화된 상황에 맞게끔 보완하기 위해 제정된 것이 정법(淨法)이다.

승가는 붓다를 근본 스승으로 모시고 그의 가르침을 학습하고 실천하는 출가수행자의 공동 조직체이다. 승가에 입문하는 이유는 스승인 붓다의 가르침을 배우고 실천하여 석가모니불처럼 성불이라는 목표를 달성하기 위한 것이다. 승가는 두 가지 차원에서 보면 개인적인 수행과 정법(正法)의 전승으로 나누어 살필 수 있다. 성불이라는 궁극적인 승가의 목적을 달성하기 위해서 붓다는 승가 구성원인 출가자에게 율(vinaya)이라는 규칙을 제정하여 공동생활을 원만하게, 그리고 수행을 효율적으로 할 수 있도록 만들었다.

붓다 재세 시에 붓다는 상황에 맞추어서 이미 제정한 율에 대해서 변화를 주거나 심지어 변경하기도 하였다. 율을 만들고 변화를 주고, 그리고 폐지하는 것은 기본적으로 붓다의 고유한 권한이었다. 붓다의 입멸 후 붓다가 제정한 율에 대해 시대의 변화와 더불어 어떻게 받아 지녀야 하는지 근본적인 질문이 대두될 수밖에 없었다. 붓다가 제정해 놓은 율을 절대 바꿔서는 안 된다는 입장도 있었고, 또 다른 한편으로는 시대에 맞게 변화시킬 수 있다는 입장이 있었다. 이 두 입장은 지금도 팽팽하게 맞서고 있다.

첫 번째, 붓다가 제정한 율은 절대 고칠 수 없다라고 하는 입장, 즉 불제불개변의 원칙은 마하가섭이 제1결집에서 결정하였다. 제1결집을 주재한 까사빠(Kassapa)는 붓다 재세 시에 만들어진 율을 그대로 간직하는 것을 원칙으로 삼아 소소계의 문제에 대해서 엄격하게 유지할 것을

주장한다.[3]

"우리가 소소계의 계상(戒相)을 마음대로 제거하면 그 법이 연기처럼 쉽게 사라집니다. 제정한 것을 모두 행하다가 열반에 드신 후에는 다시 배우려고 하지 않는다고 할 것입니다. 가섭이 다시 대중 가운데에서 소리 내어 말했다. 우리는 이미 법의 결집을 마쳤습니다. 붓다께서 제정하지 않으신 것은 마음대로 제정하지 말아야 하고 이미 제정하신 것은 어기는 일이 있지 말아야 할 것입니다. 붓다께서 가르치신 그대로 삼가 배워야 합니다."[4]

『대반열반경』의 서두에 승가의 발전을 위해 실천해야 할 조건이 나열되고 있는데, 여기에도 불제불개변의 원칙이 들어가 있다. 붓다는 국가가 쇠망하지 않는 일곱 가지 법을 시설하고 난 뒤 승가의 발전을 위한 일곱 가지 법을 설한다.

"비구들이여! 비구들이 이전에 제정하지 않은 것을 새롭게 제정하지 않고, 이전에 제정한 것을 없애지 않고, 이전에 정해진 계(sikkhāpada)를 수지하고 실천하는 한, 비구들이여! 비구들에게는 번영만 있고 쇠망은 없을 것이다."[5]

---

[3] Vin, ii, p.288; DA, ii, p.592f.
[4] 『장아함경(長阿含經)』(T1, 191c), "若我等, 不知小小戒相 而妄除者, 諸外道輩, 當作是語. 沙門釋子, 其法如煙. 師在之時, 所制皆行 般泥洹後, 不肯復學. 迦葉復於僧中唱言. 我等已 我等已集法竟. 若佛所不制, 不應妄制, 若已制, 不得有違. 如佛所敎, 應謹學之." ;『오분율(五分律)』,『마하승기율(摩訶僧祇律)』권24(T22,424c).
참고: 『大正新修大藏經』은 T로 표시했고, 숫자는 페이지며, abc는 책의 상중하를 의미한다.
[5] DN ii, p. 98.

율은 시대적 상황에 맞추어 변화가 가능하다라고 보는 입장은 이미 붓다에 의해 권고되었다. 붓다는 유언으로 소소계 폐지의 가능성을 열어 놓았다.

"아난아! 오늘부터 모든 비구에게 소소계를 버리는 것을 허락한다. 윗사람과 아랫사람이 서로 화합하고 예의와 법도를 지켜야 할 것이니 이것이 출가승단에서 공경하고 따라야 할 법이다."[6]

율의 제정 원칙은 수범수제(隨犯隨制)이다. 범계가 나타날 때마다 붓다가 계율을 제정하였다. 이로 인해 율장은 매우 구체적인 상황을 전제하고 있으며, 수많은 예외 조항이 존재한다. 수범수제는 율이 고정되어 있는 게 아니라 변동이 가능하며 유연하게 적용될 수 있다는 것을 보여준다.

율의 변화 가능성을 주장하는 입장은 이미 제정된 율장의 내용과 적용, 형식에 전적으로 동의하지 않는다. 이러한 입장을 대표하는 이들은 우빨리와 사리불, 십사(十事)를 제안한 대중부, 그리고 대승계를 주장한 대승불교를 들 수 있다.

대중부가 제안한 십사는 기존 율에 대한 보다 유연한 해석을 요구한 것이었다. 반면, 대승불교의 대승계는 기존 율에 대해 전면적으로 다른 해석과 대응에서 비롯되었다. 이는 인도 초기불교 및 부파불교의 율이 대승불교의 등장과 함께 급격한 변화를 겪었기 때문이다.

---

6) Mahāparinbbāna, DN, ii, p.154;『장아함경』권4,「유행경(遊行經)」(T1, 26a), "阿難, 自今日始 聽諸比丘 捨小小戒. 上下相呼 當順禮度, 斯則出家 敬順之法."

인도에서 대승불교가 흥기하면서 기존 부파불교를 비판하는 움직임이 나타났고, 그 결과 율 대신 대승계 또는 보살계가 출현하였다. 초기 대승불교에서는 십선계를 제시하여 기존 부파불교의 율을 정면으로 부정하였다. 이후 중기 대승불교에서는 삼취정계를 제시하여 섭율의계를 통해 부파불교의 율장을 일부 수용하였다. 그러나 중국 불교의 범망계에 이르러 다시 부파불교의 율장이 부정되었다.

이러한 변화는 율이 처음 제정된 당시의 인도와 후대의 시대적 배경, 문화, 정치, 사회적 환경이 크게 달라졌기 때문이다. 시대와 지역에 따라 율의 역할과 해석이 변화한 것은 필연적인 흐름이라고 볼 수 있다.

인도 불교의 율은 동아시아인 중국·한국·일본에서 받아들여질 때 변화를 겪었다. 동아시아에서 인도의 계율이 전해지면서 현실적으로 지키기 어려운 조문들이 생겨났고, 반대로 원래의 율에는 없었지만 새로운 규칙을 제정하자는 요청이 생겼다.

특히 동아시아에서는 시대와 지역의 특성을 반영하여 범망계와 청규가 제정되었고, 이는 계율의 발전 과정이기도 했다. 인도에서 중국 등 동아시아로 계율이 전승됨에 따라 해당 국가에 적합한 정법(淨法)이 형성되었다. 동아시아 불교의 역사에서는 출가자를 대상으로 한 초기불교의 사분율과 승속을 구분하지 않는 대승불교의 보살계에 대한 해석이 끊임없이 이루어졌다는 점이 이를 반증한다.

현재 동남아시아의 상좌부 불교에서는 전통적인 빨리어 율장(Vinaya Piṭaka)을 지니고 있으며, 기존의 율을 개변(改變)하거나 새로운 승가 규칙을 만들지 않았다. 단지 2600년 전 붓다 당시처럼 출가 승려가 율을 지킬 수 없는 상황에서 정인(淨人, 세속인, 오늘날 종무원과 같음)을 시켜서 일을 도모하고 있다. 이런 측면에서 볼 때 동남아시아 상좌부 불교는 마하가섭이 결정한 불제불개변의 원칙을 고수하고 있다.

반면에 현재 동아시아의 대승불교는 다양한 대승계를 가지고 있다. 이러한 다양한 대승계는 기존의 율을 어떻게 이해하고 대응하는가와 관련이 있다. 현재 한국 불교는 유가계와 청규를 지니고 있으며, 일본 불교는 대승범망경 계통 원돈계(圓頓戒)를 따르고 있다. 그리고 티벳 불교는 금강승 계통으로 소승율을 지니고 있다. 다양한 대승계는 정법으로 해석할 수 있다. 붓다 당시에 제정된 율장을 고수하고 있는 동남아시아의 상좌부와 달리 북방불교는 다양한 형태의 대승계가 만들어져 지켜지고 있다.

초기불교부터 대승불교, 그리고 현재 한국 불교에 이르기까지 정법(淨法)의 변천과 발전을 통시적으로 연구하고자 한다. 정법은 승가의 발전에 도움이 되었다고 생각한다. 따라서 정법의 통시적 연구는 과거 승가의 모습을 조망함으로써 현재의 승가 모습을 이해할 수 있고, 더 나아가 미래에 승가가 어떤 식으로 그리고 어떤 방향으로 발전할 수 있을 것인지를 고민하는 데 이바지할 것이다.

2. 선행 연구

정법(淨法)과 교단 연구에 이르기까지 일본의 카타야마 이찌로(片山一良)를 기점으로 히라카와 아키라(平川彰)의 연구서가 한국에서도 많이 번역되어 있어서 초기교단에서부터 부파불교의 율장 연구서를 접할 수 있다. 이들의 연구는 후학에게 지대한 영향을 미쳤다. 하지만 히라카와 아키라(平川彰)의 연구에서 '정법(淨法)'을 '편법(便法)'이라 해서 정법이 폄하되어 이후에 좋지 않은 영향도 있다고 본다. 그가 "어떤 특수한 조작에 의한, 합법적인 것으로 행하려고 하는 것을 정법(淨法)이라고 한다"라고 정법(淨法)의 의미를 편법[7]으로 규정한 이후, 후대의 선학(先學)들도 정법을 '편법'이라 사용하고 있다. 이는 계율에 대한 인식에 있어서 오해가 있었던 것으로 보인다. 그래서 먼저 붓다 당시 계율에 대한 정확한 의미를 파악하는 것이 중요하다고 볼 수 있다.

승가 교단과 정법(淨法) 관련한 연구서를 연대순으로 분류하여 보았다. 사토 미츠오(佐藤密雄)는 1953년 『律藏』을 시작으로, 1970년 『南傳大藏經』 律藏2[8], 1972년에 『原始佛敎敎團の硏究』[9] 「佛敎敎團の硏究」, 1993년 「律藏犍度部の成立」[10] 등이 있다. 사토 미츠오의 『율장(律藏)』은 『사분율』을 중심으로 한 승가 교단에 대한 것으로서 일본보다는 한국의 조계종에 필요한 내용이다. 승단 유지의 정통성은 붓다가 제정한 율장을 근본으로 중심을 세워서 불교 교단의 올바른 생활이 무엇인지를 알아야 하고, 현재 있어야 할 교단, 있어야 할 불교인의 생활을 구체적으로 생각해야 한다는 주장이다. 다음으로 승가 교단의 규율로서 비구계와 비구니계를 해설하였으며 승가에 입단, 교육, 소송과 재판, 승가 갈마, 생활 규범을 상세하게 서술하였다. 그리고 승가 생활의 변천적인 입장에서 정법(淨法)의 내용을 서술한 것으로 보인다.

---

7) 平川彰, 「淨法と律藏」, 『律藏の硏究』, 東京: 山喜房佛書林, 1970, p.700.
8) 佐藤密雄, 『南傳大藏經』 律藏2, 東京: 大藏出版, 1970.
9) 佐藤密雄, 『原始佛敎敎團の硏究』, 東京: 山喜房佛書林, 1972.
10) 佐藤密雄, 「律藏犍度部の成立」, 『戒律の世界』 上, 동경: 溪水社, 1993.

히라카와 아키라는 1954년에 「律藏の成立と淨法の關係」[11]라는 논문에서 결집과 정법(淨法)에 대해 밝혀놓았다. 이 논문은 율장 성립과 정법 관계에 대하여 칠백(七百)회의와 십정법(十淨法)을 연구했다. 그리고 「정법의 종종 상의 연구」가 있으며, 1964년 『原始佛敎の硏究』[12]에서 십사비법(十事非法)을 연구했고, 1970년에 「淨法と律藏」[13], 「十事の內容の檢討」와 1993년 「僧伽における制裁の問題」[14]에 이어서 1994년에 『二百五十戒の硏究 Ⅰ, Ⅱ, Ⅲ, Ⅳ』가 있다. 율장의 내용에 대한 연구서로서 계와 율의 성격 분석과 차이점 등 율학의 기본 개념들에 대하여 설명하였으며, 승가가 인도 사회에서 발전하는 배경과 변천 과정, 그리고 교단 조직의 원형에 대한 고찰, 붓다의 일상생활과 원시불교 시대의 승가가 어떤 생활을 하고, 어떤 행동을 하였는지를 이해하는 데에 관건을 둔 연구서이다. 계율의 계체에 있어서 DNA에 배대하여 언급하기도 하였다.

1981년 마츠다(松田)는 「インド佛敎敎團における在俗者の考察(序)」[15]에서 정인(淨人)에 관한 연구를 시작으로 「執事人(veyyāvaccakara)と守園人(ārāmika)」, 「インド佛敎敎團史における淨人の考察」 등의 연구에서 앞선 사토(佐藤)의 정인(淨人)에 대한 연구에 더하여 더욱 깊이 있게 자세히 고찰하였음을 알 수 있다. 1990년 다자끼(田崎)는 「インド佛敎敎團史における 財産所有問題 -土地·金錢類·奴隷-」에서 승가 관련 경제에 대해 고찰했으며, 1988년 카타야마(片山)의 「パーリ佛敎における相對的

---

11) 平川彰, 「律藏の成立と淨法の關係」, 1954.
12) 平川彰, 「原始佛敎の硏究」, 東京: 山喜房佛書林, 1964.
13) 平川彰, 「十事の內容の檢討」, 『律藏の硏究』, 東京: 山喜房佛書林, 1970, pp.734-757.
14) 平川彰, 「律藏犍度部の成立」, 『戒律の世界』上, 동경: 溪水社, 1993, pp.213-235.
15) 松田眞道, 「インド佛敎敎團における在俗者の考察(序)」, 『宗敎硏究』246號, 東京:日本宗敎學會, 1981a, pp.264(508)-265(509).

規準[Ⅰ]-kappiyaの原義-」, 1989년「パーリ佛教における相對的規準[Ⅱ]-kappiyaとニカ-ヤ-」,「四大教法(Cattāro Mahāpadesā)について」, 1990년「十事(dasa vattūni)について」등이 있으며 앞의 마츠다(松田)와 다자끼(田崎), 카타야마(片山)의 연구에서 사원경제에 관한 연구에 도움이 되는 것으로 정법의 배경에 출가자가 재가자에 의하여 경제적으로 유지되고 있었다는 현실이 존재했음을 지적하고 있다.

1993년 모리(森)의 「戒律槪說」[16], 그리고 중국 인순(印順)이「論談提破達多之破僧」[17]에서 빨리율을 중심으로 한 데바닷다 관련 연구서이다. 2006년 王邦維의「初期佛敎 淨法硏究」는 초기불교의 근본적인 분열과 부파를 구분하는 표준이 바로 계율이며, 정법(淨法)에 있음을 고찰한 연구이다. 서양에서도 불교 교단 관련 연구가 이루어지면서 1924년 S.Dutt, Early Buddhist Monachism, London, 1924가 있다. S.Dutt의『원시불교 교단의 연구』는 비교적 많이 알려진 것으로서 승가의 조직에 대하여 상세하게 정리되었다. 1975년 Upasak, C.S의『Dictionary of Early Buddhist Monastic Tems』, 1994년 Ray의『Buddhist Saints in India -A Study in Buddhist Values & Orientations-』, Schopen, Gregory의「The Monastic Ownership of Servants or Slaves: Local and Legal Factors in the Redactional History of Two Vinayas」가 있다. 1990년대를 기점으로 전후 한국에서도 번역서와 연구서가 나오기 시작하였다. 1992년 박호남의 박사학위 논문에서「불교 율장의 성립과 대승율의 발달 연구」와 1993년 윤병식의「초기불전의 성립연구 I」, 1995년「초기불전의

---

16) 森 章司,「戒律槪說」,『戒律の世界』上, 동경: 溪水社, 1993, pp.5-60.
17) 印順「論談提破達多之破僧」,『海潮音(月刊)』, 臺北, 1964.

성립연구 II」와 「불교의 근본분열과 부파불교의 의의」가 있다. 그리고 1994년 사토 미츠오(佐藤密雄)의 『律藏』 번역서로서 최창식(法慧)의 『律藏』은 한국의 승가 교육에 지대한 영향을 주었으며 지침서로서의 역할을 하였다. 1996년에 신성현의 「提婆의 破僧事 問題」[18]가 있다.

이자랑은 1996년도부터 정법(淨法)에 대한 연구논문 발표를 시작으로 「Samantapāsādikā Bāhiranidānaとパーリ年代記の比較研究」와 1997년 「Samantapāsādikā Bāhiranidānaとパーリ年代記の比較研究 -Bnの源泉資料に關する一考察」, 1998년 「根本分裂の原因に關する一考察」 등 여러 편의 논문이 있으며, 1999년 신성현의 「初期佛敎敎團에서 迦葉과 阿難의 關係」라는 연구서가 있다.

그리고 같은 해 일본 야마기와(山極)라고 하면 정법(淨法) 연구자라고 할 만큼 정법 관련한 「律藏にあらわれるārāmika」, 「律規定の解禁をめぐる諸問題」 등 연구가 많다. 2000년 모리(森)의 『初期佛敎敎團の運營理念實際』, 이자랑의 「大天の『五事』主張の背景について」, 「コ-サンビ-犍度における二種不同住地」가 있다. 2001년 야마기와의 「パーリ律經分別にみられる淨法」, 「初期佛敎敎團における食の受容-淨地をめぐる諸問題」, 「比丘たちが定めた律規定の行方-ウパセーナの因縁物語をめぐって-」 등 정법(淨法) 관련 연구에 있어서 선행 연구들도 많았지만 상세하게 연구되어 자리매김을 확실하게 했으며, 정법 연구에 있어서 독보적이라고 할 수 있다.

이 시기부터 한국에서 지관이 주관하는 가산불교문화연구원에서 원전 연구가 이루어졌다. 또한 이자랑의 「사만따빠사디까의 서문과 빨리

---

18) 申星賢, 「提婆의 破僧事 問題」, 『佛敎學報』제33집, 동국대학교 불교문화연구원, 1996, pp. 163-185.

연대기에서의 제1결집」, 백도수의「善見律毘婆沙」, 2002년「善見律毘婆沙 -제1차결집-」, 이자랑의「사만따빠사디까의 서문과 빨리 연대기에서의 제2차결집」이 있다. 그리고 같은 해「僧伽羯磨의 성립 조건에 관한 고찰-첨파건도를 중심으로-」,「인도 불교 교단사에 관한 일본학계의 최근 연구 동향-대승불교의 기원을 중심으로-」,「인도 불교 승단의 교육제도」,「베살리 결집의 십사 논쟁과 정법(淨法)」등 정법(淨法)에 대한 연구가 많아져서 비로소 한국 불교계에서도 정법에 대해 깊이 인식하게 되었다.

초기교단에서 중요한 민병숙의「대천오사에 대한 연구」, 그리고 동북아권의 대승불교 지역인 중국 초기의「비구니 계단 연구」를 통해 초기교단의 변천과 특히 중국 초기 비구니 계단이 만들어진 연유 등을 알 수 있게 되었다. 앞 연구에 이은 2003년 최은영의「大天五事 논쟁에 관한 고찰」이 있다. 2003년 야마기와(山極)의「パーリ律犍度にみられる淨法」이 있다. 같은 해, 이자랑의「악견 주장자에 대한 불교승단의 입장(1)-惡見違諫戒와 不捨惡見거죄갈마를 중심으로-」,「승단 추방에 관하여-멸빈(nāsana)을 중심으로-」가 있으며「초기 승가 공동체의 실상과 인류공동체적 의미」,「역주『빨리율』건도부 '쭐라왁가(Cullavagga)'(1)」,「초기불교 교단의 종교의식과 생활」,「사만따빠사디까의 서문과 빨리 연대기에서의 제3결집(1)」,「사만따빠사디까의 서문과 빨리 연대기에서의 제3결집(2)」, 2004년「惡見 주장자에 대한 불교승단의 입장(2)-別住行法을 중심으로-」,「승단 화합과 화합 포살」,「승가 갈마의 유효성 결정 조건에 관한 고찰-『빨리율』부수 제19장을 중심으로-」,「역주『빨리율』건도부 '쭐라왁가(Cullavagga)'(2)」등의 한국의 정법(淨法) 관련 연구서가 있다.

2004년 선우 논강에서「사분율의 기원과 전개」가 있으며 2005년 우에노(上野)의「律藏規定における淨法」, 이자랑의「『사만따빠사디까』의 서문에서 스리랑카의 불교 전파 전승(1)」,「멸쟁법을 통해서 본 승단의 쟁사 해결 방법-『빨리율』멸쟁건도를 중심으로-」,「소소계(小小戒)에 관한 논쟁」과 2006년 이자랑의「율장을 통해 본 승단과 현대사회의 조화」,「佛敎における戒と律の意味」가 있으며, 2007년 이자랑의「nāsanaについて」19), 백도수의「인도 불교 교단에 대한 연구-교단 변화를 중심으로-」가 있다. 백도수는 일찍이 한국에 널리 알려지지 않았던 원전 중심의 연구를 했다.

2008년 염중섭의「율장의 파승사 연구」,「제바달다의 5法 고찰-5법 중 '衣'와 '住'의 항목을 중심으로-」,「제바달다의 5法 고찰Ⅱ-5법 중 '食'의 항목을 중심으로-」,「提婆達多의 비범성 고찰」,「提婆達多에 대한 逆罪의 타당성 고찰」,「破僧伽에 대한 불교교단사적 관점에서의 고찰-'進步와 保守'의 충돌 양상을 중심으로-」,「破僧事의 阿闍世에 대한 僧團認識 고찰」,「提婆達多 破僧伽의 지지세력 고찰Ⅰ-핵심동조자 4인을 중심으로-」가 있다. 파승가에 대한 여러 방향에서 바라보는 입장으로 한 해에 9편의 데바닷다 관련 연구를 발표했다.

이어서 2009년 이자랑의「『빨리율』에 나타난 수행자의 생활상」,「『빨리율』Mahāvagga 제2장 포살건도(1)」와 염중섭의「제바달다 5法의 성립 배경 고찰」이 있으며 2010년 이자랑의「율장에 근거한 조계종단 징계 제도의 개선 방향-승려법·호계원법을 중심으로-」,「율장에 나타난 지도자상」과 2011년 이자랑의「淨法(kappa)의 발달을 통해

---

19)   이자랑,「nāsanaについて」,『印度學佛敎學硏究』通号111, 동경: 東京大學大學院人文社會系硏究科文學部, 2007, pp.136-141.

본 律의 역할-식생활에 관한 정법을 중심으로-」,「율장에 나타난 '不同住(nānāsamvāsaka)'에 관하여」가 있다. 염중섭의「破僧事 구가리의 최후에 관한 문제점 고찰」,「율의 개변 가능성과 <승려법>의 당위성 검토」,『율장 정신의 현실적 진작과 종단적 적용』이 있다.

다음으로 2012년 이자랑의「멸쟁건도의 다수결 원칙(yebhuyyasikā)을 통해 본 승가 분쟁 해결의 이념」과 2013년「불교 계율 성립의 배경과 전개」와 2014년「빨리율에 나타나는 3종의 승단 관리자」에 대한 연구가 있다. 이자랑의 연구에서는 정법(淨法) 관련하여 인도 계율 관련 문제에서부터 현재 종단의 징계 문제까지 총망라하고 있다.

위의 연구에서는 원시불교 시대의 승가 교단 그리고 승가의 구성원으로서 지켜야 하는 규범과 승가 생활의 변천사적인 논점에서의 고찰로 이루어져 있었다.

위의 연구들은 정법(淨法)에 대한 연구가 다수 이루어졌음에도 불구하고, 기존 연구들이 주로 인도의 부파불교 시기까지만 다루고 있다는 한계를 지적하고자 한다. 이에 이 책에서는 선행 연구를 바탕으로 정법이 인도 사회에서 중국을 거쳐 한국에 전래되는 과정에서 어떻게 수용되고 변화되었는지를 분석함으로써, 정법(淨法)의 의의를 조명하고자 한다. 이를 통해 현재의 정법불교가 존속할 수 있는 의미를 고찰하며, 특히 우리나라 최대 정통종단인 대한불교조계종의 현대적 흐름에 초점을 맞추었다.

3. 연구 범위 및 방법

앞에서도 밝혔듯이 선학들의 연구는 붓다 당시의 정법과 교단의 성립과 대승불교권의 율에 대한 연구가 대부분이다. 이 책에서는 앞 연구를 이어서 인도와는 다른 동북아 불교권인 중국적 불교의 특징이라 할 수 있는 '보청법(普請法)'으로서의 청규, 그리고 한국의 고대 삼국, 고려, 조선과 일제 강점기, 그리고 해방 후 정화 운동을 거치면서 부침의 불교 역사 과정에서 계의 문제, 현대 승보(僧寶)가 출생(出生)하는 대한불교조계종 단일계단의 성립 배경과 이후 조계종 종헌 종법을 정법(淨法) 입장에서 고찰해 보고자 한다.

붓다 재세 시부터 붓다 멸후의 정법, 더 나아가 대승불교권을 살펴볼 예정이다. 동북아시아의 불교 국가들은 소승불교권에 비해 계율(戒律)에 대한 인식이 다소 다른 경향을 보이며, 이는 중국 선종(禪宗)의 영향 때문인지 계율을 엄격하게 따르기보다는 상대적으로 소홀히 여기는 경향이 있다. 율종(律宗)에서는 이에 대해 "파계를 자랑하는 대승인"이라고 표현할 정도로 관념적 계학(戒學)이 형성되었다. (佐藤密雄, 崔法慧 역, 『律藏』, 서울: 동국역경원, 1994).

그러나 다행히도 한국 불교는 신라와 고려를 거치며 찬란한 불교문화를 꽃피웠으며, 조선 시대의 억불숭유(抑佛崇儒) 정책과 일제 강점기의 시련을 겪으면서도 그 명맥을 굳건히 이어왔다. 지구촌에 남아 있는 불교국가 중 신라 시대 자장율사가 사부대중이 평등하게 참석한 신라 황룡사 법회에서 강설하였던 것처럼 밀레니엄 시대인 현재에도 역시 사부대중이 존재하는 종단이 대한불교조계종이다.

당나라 시대 불교문화의 황금기를 거친 중국은 예전에는 우리나라와 같은 이부승수계가 있었으나, 현재는 사회주의 국가로서 학문적으로는 불교 계율이 존재하지만, 종교로서의 불교는 없다고 할 수 있어서 계율도 지켜지지 않고 있다.

일본은 『대승범망경』 계통의 원돈계 계단으로 사미계단만 있어서 예비승려 또는 재가 집단이 출생하는 계만 존재한다. 반면에 우리나라는 소승계와 유가계 계통의 범망대승계를 겸수하여 사부대중(비구·비구니·우바새·우바이)이 다 존재하고 있다. 우리나라에 비구와 비구니 등을 출생할 계단이 성립되어 있어서 한국의 승려들은 붓다의 법을 잇고 있다는 안도감을 가질 수 있다.

그래서 계율 제정에 대한 고찰과 아울러 현재 승가 공동체의 규범인 계율을 현재 실질적으로 수행하고 있는 승가의 『사분율』에 대해 살펴보았다. 『사분율』은 소승 율장으로서 구족계를 받을 수 있는 율이며 자료적으로도 매우 중요하다.

1장에서는 율장 텍스트인 『사분율』[20], 『오분율』[21], 『십송율』[22], 『마하승기율』[23], 『근본율일체유부비나야』[24], 『빨리율 pts본(남전대장경)』 등의 6부 율장을 근거로 하여 율장의 변천에 대해 정법(淨法) 중심으로 고찰함에 있어서 연구 목적과 연구자료로써의 율장과 선행연구, 그리고 범위와 방법을 설명하였다.

2장은 붓다 당시 정법(淨法) 문제로서 1절에서는 정법이 무엇인지를

---

20) 『四分律』(T22, 567-1014).
21) 『五分律』(T22, 1-194).
22) 『十誦律』(T23, 1-470).
23) 『摩訶僧祇律』(T22, 227-2549).
24) 『근본설일체유부비나야』(T23, 627-905).

알아보고, 2절에서는 율에 관한 이견으로 초기분파의 조짐으로서 코삼비 분쟁에 대한 것을 밝혀놓았으며, 3절에서는 데바닷다의 오법에 대해 정법(淨法)의 입장에서 붓다 당시 승가 교단의 규율 변천, 그리고 율장에서 보이는 정법(淨法)에 대한 기존의 연구[25]들을 참고해서 알아보았다. 여기서는 『빨리율』(쭐라왁가 7파승건도, 율장소품)을 중심으로 하고 한역 율장인 『사분율』 권4, 『오분율』 권25, 『십송율』 36, 『선견율비바사』 권13, 『근본설일체유부비나야파승사』 권10, 권11, 권20, 『비니모경』 권4, 『출요경』 권16 등을 취합 고찰하여 붓다 당시 데바닷다 오법에 대한 붓다의 대답을 정법(淨法)적 관점으로 해석하고자 하였다.

계율(戒律) 제정의 배경에는 반드시 제정에 이르게 된 인연담이 존재한다. 인연 이야기를 통해 계율이 제정된 의도를 파악할 수 있다.[26] 데바닷다 오법에 대한 붓다의 대답은 정법(淨法)의 성립 배경과도 연결이 된다고 볼 수 있다.

3장은 붓다 입멸 후 정법(淨法) 문제에 있어서 1절에서는 초기불교는 사대광설(테라바다불교)을 원칙으로 하는 우빨리의 오정법과 뿌라나의 결집에 이어서 소소계(小小戒) 문제를 고찰하였으며, 2절에서는 십사비법(十事非法) 등 근본분열로 이어지는 과정에 대해 살펴보았다.

붓다 열반 이후에 상좌부와 대중부라는 두 부파로 교단이 나누어졌다. 상좌부는 남쪽, 스리랑카와 동남아시아 지역에 널리 전해졌으므로

片山一良,「パーリ佛教における相對的規準[Ⅰ]-kappiyaの原義-」,『駒澤大學佛教學部論集』第19号, 駒澤大學佛教學部, 1988, 平川彰『淨法と律藏』,『律藏の研究』,東京:山喜房佛書林, 1970; 山極伸之「律規定の解禁をめぐる諸問題」,『印度學佛教學研究』48-1, 日本印度學佛教學會, 1999b, 申星賢, 1996, 佐藤密雄,『原始佛教敎團の研究』, 東京:山喜房佛書林, 1972; 佐々木閑, 앞의 책, 1999, p.25

26) 이자랑,「율장을 통해 본 승단과 현대사회의 조화」,『한국불교학』 제45권, 서울: 한국불교학회, 2006, p.180.

남방불교, 남전(南傳)이라고 하고, 대중부는 북쪽, 동북아시아로 전해져 북전(北傳)이라 한다. 남전과 북전의 전승이 법(Dhama)보다는 율(Vinaya)에 관한 것으로서 서로 다른 견해를 보여주고 있다. 그것은 승가 교단의 구성원이 추구하는 문제에 있어서 대립적 논리로 인하여 분파가 될 수 있는 시발점을 의미한다.

붓다 당시에 어떠한 미세한 상황 등이 발생되었을 때 정법(淨法)으로 율에 적당한 변화를 주어 실생활에 불편이 없게 대처하였다. 붓다 열반 이후로는 소소계의 내용까지 알 수는 없으나, 정법(淨法)으로 시행되었던 내용들과 근접하게 들어갈 수 있는 것으로서 소소계와 십사로 인한 분쟁이 승단에 미친 영향을 고찰하였다.

3장 인도 대승불교의 정법(淨法)에서는 유가계와 사분율이 혼재하는 경향을 고찰하였다. 유가계는 대승계이면서도 소승계를 함축한 계이며 소승 사분율은 구족계를 출생할 수 있는 율로 고찰하였다. 대승보살이 지켜야 하는 계율을 설한 경전은 많으나 계경(戒經)으로 많이 유통된 것은 『보살선계경』, 『보살지지경』, 『범망경』, 『보살영락본업경』, 『우바새계경』 등이다. 대승불교의 캐치프레이즈는 모두가 성불할 수 있다는 것과 이타 사상(利他思想)으로서 자리(自利)에 치우친 소승계의 내용과는 대조가 된다. 따라서 출가자의 계율 또한 성격을 달리한다. 『구사론』에서는 "팔중(八衆)은 모두 별해탈율의(別解脫律儀)를 성취한다고 하며 불과의 계율만이 별해탈(prātimokṣa)이다"라고 말하고 있다.

4장은 중국 불교에서의 정법(淨法)으로 1절에서는 인도와는 지리적·사회적으로 다른 문화를 보여주는 중국 불교에 대해 고찰하였다. 2절에서는 동북아 불교권에 위치한 중국 불교 계율 변화를 중국의 지역·문화를 반영하여 성립한 대승계인 『범망경』과 효 사상을 함축한 위경(僞經)

의 출현과 『사분율』을 비교하였다. 그리고 3절에서는 중국에서 독특하게 만들어진 '보청법(普請法)'에 대해 살펴보았다. 청규(清規)의 성립으로 말미암아 중국 불교는 인도 불교와는 다른 불교 계율의 특징을 보인다. 보청법이 행해짐으로써 선원의 경제적 자립 기반을 다질 수 있었고, 이는 교단의 독립을 이루는 데 큰 영향을 끼쳤다. 사실 인도에서 전해진 계율은 중국인들의 생활 습관이나 풍토에 맞지 않는 점이 많았다. 이런 점 때문에 백장 선사는 현실적으로 선원의 승단 생활에 적합한 새로운 규범인 청규를 제정했다.[27] 백장 청규는 동북아 불교권 국가 가운데 중국의 불교문화와 지리적·사회적으로 거의 비슷한 한국, 그리고 한국에서 일본으로 전파되었다.

5장 한국 불교의 정법(淨法)에서는 크게 다섯 항목으로 나누어 살펴보았다. 1절 삼국시대 및 통일신라 시대의 정법에서는 고구려불교, 신라 자장의 출가 전 서상수계, 그리고 통일신라 불교를 정법적 관점으로 고찰하였으며, 2절 고려불교와 조선불교의 정법에서는 불교 명맥을 잇기 위한 노력을 정법으로 보았다. 시대에 따라 수용·변화되어 오면서 한국 불교는 유지되었다. 3절 대한불교조계종의 정법에서는 통합계단의 성립 배경을 통하여 단일계단의 성립이 정법적 불교라는 입장으로 고찰하였다. 현대 대한불교조계종 단일계단의 성립 과정을 각 사찰호계첩(寺刹護戒牒)의 내용에서 알 수 있었다.

자운(慈雲)의 단일계단(單一戒壇)은 이부승득(二部僧得)의 수계의식을 새로 복원한 것으로서 한국에서 가장 완전한 수계의식을 완비하게 되었다. 명실상부하게 대한불교조계종은 지구촌에서 유일하게 붓다 당시 불교, 사부대중이 존재하는 교단이 정법(淨法)으로 만들어진 것이다.

---

27) 정성본, 『중국선종의 성립사연구』, 서울: 민족사, 1993, p.787.

제4절에서는 조계종 종단이 계단성립에 이어 종헌이 여러 차례 바뀌면서 현재에 이르고는 있으나 사회법에 가탁하여 이루어지는 사례가 많다는 점을 밝혀 보았다. 이 또한 현실적 상황을 반영한 정법(淨法)이라 할 수 있다. 한편 불교에는 칠멸쟁(七滅諍)[28]이라 하여 화합 승가를 위한 쟁사(諍事)를 정리하는 기능이 있다. 하지만, 사회법의 잣대로 승가의 계율을 좌지우지한다면 붓다의 법이 존재한다 해도 죽은 법이 되는 맹점이 있다.

현재 불교가 전법 활동을 하는 국가 가운데 동남아시아의 스리랑카, 태국불교는 상좌부로서 비구만 존재하며, 인도에 망명한 티벳 금강승 불교 또한 상좌부처럼 비구니를 인정하지 않는다. 멀리서 바라보이는 아름다움과 같은 불교학으로는 최고봉이라 할 수 있는 대만불교에도 비구니 출생 계단은 없다.[29]

그리고 일본불교는 대승불교권에서도 특이한 형태로 자리 잡고 있다. 일본은 축소된 현재 계율로서 대승『범망경』계통의 원돈계만을 수지하면서도 소승율에 의거하는 사찰도 존재하며, 사미니(아마상)는 모양만 존재하는 것으로 사찰 행정에 종사하고 있으며, 실제로는 사미(예비승)와 재가승만 있다. 현재 고야산 일대에 독신 수행승들이 있기는 하지만, 그들이 공식적으로 구족계를 받을 계단은 없는 상태이다. 그리고 중국은 공산화되면서 불교계단은 말살된 상태지만, 학문적으로는 남아 있다. 여타의 불교 국가들과 달리 한국의 대한불교조계종은 붓다 당시

---

28) Vin.iv, 2C7;『五分戒本』(T22, 199); 승가 내에 일어나는 쟁사를 4종(언쟁, 멱쟁, 범쟁, 사쟁)으로 나누고 이것을 제거하고 없애기 위하여 7종(현전비니, 억념비니, 불치비니, 자언치, 멱죄상, 다멱죄상, 여초포지) 용법이 기술되어 있다.

29) 필자가 율학을 연구하느라 청암사의 율학 대학원 연구생으로 있을 때에 대만 사미니들이 찾아와서 비구니계를 받고 싶은데 방법론을 알려달라고 했었다. 그래서 대만에 비구니 계단이 없다는 것을 알게 되었다.

대소승을 겸수하는 정법의 전통이 남아 있음을 살펴보았다.

끝으로 정법(淨法)을 대한불교조계종 청규와 시대의 변화에 따라 재해석한 자두마을, 청규 그리고 승가 청규의 특징으로 마무리를 하였다.

붓다 당시 정법(正法)에서 붓다 입멸 뒤, 그리고 현재 붓다의 계율(戒律)이 존재하는 데는 정법(淨法)이 많은 문제를 해결하였다고 본다.

II. 붓다 재세 시의 정법(淨法) 문제

1. 정법(淨法)의 정의와 의의

1) 정법의 정의 및 성립

(1) 정법의 정의

정법(淨法)은 빨리어로 kappa라 하며 '경율(經律)에 비추어 상응(相應)한다'라고 할 때의 상응(相應, kappiya)에 해당하는 말로서 적당함, 적절함을 의미하는 용어이다. 그리고 '이 정도는 인정해도 좋다'라는 의미에서 '이와 같이 행하면 범계(犯戒)는 안 된다'라는 의미로까지 사용되어 '이와 같이 행하면 문제없다'라는 행동 방법을 의미한다.[30] kappiya는 불교 이전에 kalpa라는 데서 채용되어 불교에서 'dhamma'에 대한 'kappa'로서 정착되었다.

kappa는 어근 √klp에서 유래한 것으로 허락되는(allowable)·적절한(proper)의 의미를 가진다. 한역(漢譯)으로는 청·정·여법·수순(聽·淨·如法·隨順) 등으로 나타난다. 율장에는 주로 정(淨)으로 사용되고 있으며 원래의 의미인 '깨끗하다'라는 의미로 율(律)을 오염시키지 않았다는 뜻으로 사용했다.

정법(淨法)의 정(淨, kappa)은 청정의 의미는 아니며 계(戒)에 대한 적당함 혹은 합법이라는 의미이다.[31] 그리고 카타야마(片山)는 "kappiya는

---

30) 佐藤密雄, 『律藏』, 東京: 大藏出版, 1932. p.611; 이자랑, 「율장을 통해 본 승단과 현대사회의 조화」, 『한국불교학』제45권, 서울: 한국불교학회, 2006, p.182. 각주 34) 재인용.
31) 佐藤密雄, 『律藏』, 東京: 大藏出版, 1972, p.611, 최법혜 역, 1994, p.22.

사문(沙門)의 관습(慣習)에 상응(相應)하는 규준(規準), 법(法)과 율(律)에 상응하는 규준이다"32)라고 하였으며, 앞의 사토(佐藤)의 설이 경율(經律)에 상응하는 것이라면, 뒤의 카타야마(片山)는 법(法)과 율(律)에 상응하는 것으로 이해하고 있음에서 경(經)과 율(律), 법(法)과 율(律)에 상응하는 규준이라는 의미다.

율이 먼저 성립하고 나서 정법이 발생하였다. 이미 만들어진 특정의 율을 출가수행자가 지킬 수 없는 상황에서 출가수행자는 자신을 대신해서 그 일을 해줄 사람을 찾게 되었고, 그 사람이 바로 정인이다. 예를 들면 출가수행자는 직접 땅을 팔 수 없다. 율장(律藏)에서 금지되어 있다. 그러나 땅을 파야 할 사항이 생길 수도 있다. 그때 출가자는 그 율을 어길 수 없으므로 다른 재가자에게 땅 파는 일을 시킬 수 있다. 출가자를 대신해서 이러한 일을 해주는 사람을 정인(淨人)이라고 할 수 있다.

정법(淨法)의 발생은 필연적이었다. 이는 정법(kappa), 정인(kappiyakāraka, 淨人),33) 정어(淨語)의 개념에서도 확인할 수 있는데, 시대의 변화에 의한 금계(禁戒)를 일상생활에서 지킬 수 없게 되었기 때문에 생긴 것이다. 정어34)에는 여러 가지가 있으며 '이것을 아십시오(imaṃ jāna)', '이것을 주시오(imaṃ dehi)', '이것을 정한 것으로 하시오(imaṃ kappiyaṃ karohīti)', '이것을 옮기시오(imaṃ āhara)', '이것을 원하오(imaṃ attho)' 등이 있다.

비구와 비구니를 위해서 다양한 잡일을 도와주었던 정인에는 다섯 부류가 있었다. 사마네라(沙彌), 우빠사까(優婆塞), 아라미까(園民)는 주처

---

32) 片山一良,「パーリ佛教における相對的規準[Ⅰ] -kappiyaの原義-」,『駒澤大學佛教學部論集』第19号, 駒澤大學佛教學部, 1988, p.496.
33) Vin, ⅰ, 23.
34) Vin, iv, 35.

관리자이며, 깝뻬야까리까(淨人)는 식생활 관리자, 그리고 웻야왓짜까(執事人)는 잡무를 보는 사람으로 이들은 승가 내에서 하는 생활과 관련하여 출가자가 율을 어기지 않도록 보조적 역할을 한다. 정인(淨人)은 재가자로서 비구들의 거주지를 관리하고 비구들이 할 수 없는 여러 가지 일을 대신해 주는 사람이다. 그들은 비구를 위한 음식을 만들기도 하고 금전을 맡아 관리하는 일을 하기도 한다.[35]

율장에서 정인을 통해서 물건을 받거나 정인에게 맡겨 두었다가 비구가 취하면 범계가 되지 않는 예는 다음과 같다.

> "무거운 옷을 정시하여 두거나, 가벼운 옷을 정시하여 두거나, 옷이 아닌 발우 주머니, 또는 신발 싸는 보자기를 모두 정시하여 두거나, 물들인 옷을 속인의 집에 맡겨 두거나, 옷이 탈색하여 다시 물들이는 것은 범하지 않는 것이다."[36]

출가자가 율을 지킬 수 없는 경우에 율에 저촉되지 않는 적절한 재가자, 즉 정인이 등장하게 된 것이다. 먼저 정인이 나타난 이후 정법이 형성된 것으로 볼 수 있다. 출가자 옆에 늘 정인이 있다면 다소 불편할 수는 있지만, 정인으로 인하여 출가자는 율을 어기지 않고 자신이 원하는 바를 이룰 수 있다. 정인이 없는 경우, 또는 그런 경우가 자주 발생하면 정인이 없어도 되는 정법이 있으면 율을 어기지 않고 자신이 원하는 일을 할 수 있을 것이다.

---

35) 佐藤密雄, 『原始佛敎敎團の硏究』, 東京:山喜房書林, 1999, p.639.
36) 『四分律』(T22, 676c), "若有重衣不作淨 而畜者突吉羅, 若輕衣不作淨者 突吉羅. 若非衣 鉢囊革, 屣囊針綖囊禪帶, 腰帶帽襪攝熱巾裹革屣巾, 不作淨畜者突吉羅. 若以未染衣 寄 着白衣家突吉羅."

출가 비구·비구니와 재가자의 구분이 엄격한 초기불교, 부파불교에서는 정인이 율을 지키게 해줄 수 있는 보조 장치가 되고 있다. 십사 비법의 분쟁은 정인이 없어도 기물을 이용하여 기존의 율을 훼손하지 않으려는 측과 그것을 인정하지 않는 반대파와의 분쟁이었다. 결국 십사는 정(淨)이 아닌 것으로 판결이 났다. 그러나 이것이 율에 저촉되지 않는 것이라고 생각한 사람들이 자신들의 뜻을 굽히지 않고 다른 계(戒)를 만들면서 분열이 되었다.

대승불교 최초기 시대에는 출가자와 재가자의 형식적인 구분을 부정함으로써 정인이 존재할 필요가 없어졌다. 그리고 초기불교 부파불교에서와 같은 출가 형식도 없어지게 되었다. 붓다 입멸 후 출가 교단의 출가자들에 의한 계율 수지가 적합하게 수용되어 변화된 계율, 즉 정법(淨法, kappa)의 발달로 나타나고 있으며, 그것이 현재에 이르기까지 계율이 적합하게 수용되어 변화되고 있다.『율장』경분별에서 계율(戒律)은 수범수제(隨犯隨制)로 제정되는 게 원칙이었고, 붓다에 의한 계율 제정이 그것이다. 특수한 상황에서 하는 것이 정법(淨法)이다.

(2) 율의 제정과 정법의 성립

정법은 계(戒, śīla)와 율(律) 가운데 율과 직접적으로 관련이 있다. 먼저 계와 율에 대해서 살펴보기로 한다. 계(śīla)는 불교에서 좋은 습관과 도덕적인 행위를 나타내는 용어이다. 이는 출가자와 재가자 모두에게 적용되며, 개인의 자발적인 의지와 결의를 나타낸다. 재가자(在家者)들의 5계와 팔재계, 출가자(出家者)들의 계에 관련된 윤리적인 가르침은 경전에서 찾아볼 수 있다.

"계(śīla)는 √śīl(명상하다·봉사하다·실행하다)이라는 어근에서 파생된 말이고, '습관성·경향·성격' 등의 의미를 지닌다. 그리고 '좋은 습관·좋은 행위·도덕적 행위' 등의 의미로 사용된다. … 본래 실라는 불교만의 용어가 아닌, 인도 종교계에 브라타(vrata, 禁誓·誓戒), 삼와라(saṃvara, 律儀·護) 등과 더불어 종교적 행위를 나타내는 보편적 용어로 사용되었다. 이처럼 여러 종교에서 쓰고 있던 말을 불교에서 받아들여 계라고 한 것이다. 계는 단순히 금지적인 조문이 아닌 자발적으로 악을 멀리하고자 하는 강한 정신력을 가리키는 말이다. 이 계는 출가자와 재가자 모두에게 해당되며, 개인의 자발적인 의지 및 결의를 나타낸다."[37]

초기불교의 대표적인 계로는 칠불통계와 5계가 있다. 과거 일곱 붓다가 공통으로 수지하면서 한결같이 당부했다고 일컬어지는 '칠불통계게(七佛通戒偈)'는 곧 보편적이고 타당한 진리를 뜻한다.

"모든 악을 저지르지 말고, 모든 선을 행하라.
스스로 마음을 깨끗하게 하라. 이것이 모든 붓다의 가르침이다."[38]

모든 악을 저지르지 말라는 것은 모든 종류의 악행을 피하라는 중요한 도덕적 원칙을 제시한다. 이것은 다른 생명을 해치지 않고, 부정적인 행동을 자제하라는 것으로 적어도 다른 생명에게 손해나 고통을 주지 말아야 한다는 것이다. 모든 선을 행하라는 것은 적극적으로 타인에게 유익한 선행을 해야 한다는 뜻이다. 자기의 마음을 청정하게 하라는

---

37) 신성현, 「동아시아 계율 이해 연구」, 『선문화연구』 제19집, 2015, p.121.
38) 『大般涅槃經』, 「七佛通戒偈」(T12, 451c), "諸惡莫作 衆善奉行, 自淨其意 是諸佛敎."

것은 악행과 선행의 외적인 측면을 넘어서 마음의 청정함을 강조한 것이다. 이는 불교 수행자가 마음을 깨끗하게 맑히면 지혜가 발현한다는 것을 뜻한다. 이상의 가르침은 일곱 붓다의 공통적인 가르침으로 모든 붓다의 가르침을 총칭하는 것이다. 칠불통계게는 다양한 불교 전통과 계파에서 공유하는 매우 중요한 도덕적 규칙이다.

5계(五戒)는 재가 신도가 삼귀의 외에 받아 지녀야 하는 다섯 가지 실천 윤리이다. 계이기는 하지만 금율(禁律)은 아니므로 어겨도 파문과 같은 벌은 따르지 않는다. 삼보(佛·佛·僧)를 나의 영원한 의지처로서 받들 것을 맹세한 이후에 불자로서 첫발을 내디딜 때 반드시 받아 지녀야 하는 것이 5계이다. "함부로 생물을 죽이지 않는 것, 남의 물건을 훔치지 않는 일, 남의 아내를 범하지 않는 일, 거짓을 말하지 않는 일, 정신을 잃게 하는 술을 마시지 않는 일[39]" 등 불교 신자라면 출가자와 재가자를 막론하고 반드시 지켜야 하는 가장 기본적인 다섯 가지 규범으로서 5계는 타인에게 피해나 괴로움을 주지 말라는 윤리·도덕이다. 신업(身業)은 네 가지로 불살생계·불투도계·불사음계·불음주계이며, 불망어는 구업(口業)에 관한 것이다.

다음으로 팔관재계(八關齋戒) 또는 팔재계(八齋戒)는 재가자(남·녀 신도)들이 한 달에 한 번 날을 정하여 불교를 믿어 지니는 데 있어서 물러나지 않기 위함(四不壞淨, 붓다·법·승가와 승가에 보시)으로 하루 출가일을 정하여 출가에 가까운 생활을 하는 것이다. 이날은 8계를 수지한다.

앞의 5계에 불비시식·불착향화만불향도신·부작고광대상의 삼계를 더한다. 불비시식(不非時食)은 때가 아닐 때 먹지 말 것이며, 불착향화만불향도신(不着香華鬘不香塗身)은 화관을 쓰지 말고 몸에 향을 지니거나 바

---

39)　불살생(不殺生), 불투도(不偸盜), 불사음(不邪淫), 불망어(不妄語), 불음주(不飮酒).

르지 않는 것, 부자가무창기불왕관청(不自歌舞倡伎不往觀聽)은 노래하고 춤추는 장소에 가서 구경하거나 듣지도 말라는 것이다. 부작고광대상(不作高廣大床)은 높고 넓고 크게 꾸민 평상에 앉지 말라는 것이다.[40] 사미 10계 중 뒤의 두 가지 계를 뺀 이유는 재가자로서 승가에 보시하기 위해서는 재물을 모아야 하기에 8계로 국한한 것이다.

출가수행자에게 요구되는 율(vinaya)은 훈련하고 규칙을 제공하는 의미를 갖는 용어로, 악법을 멸하고 참회하며 수순을 따르는 의미로 사용된다.

> "율(vinaya)은 vi-√nī라는 어근에서 파생된 말이고, '이끌어 가다·가지고 가다·제외하다' 등의 의미가 있다. 또한 '훈련하다·교육하다'라는 의미에서 '규칙'의 의미를 갖는다. 한역에는 '조복(調伏)'이라는 역어로 나타나기도 하는데, 이것은 훈련의 의미를 포함하고 있다. 또한 『비니모경』에서는 '비니(毘尼)는 멸(滅)이라 한다. 모든 악법을 멸하기 때문에 비니라고 한다'[41]라고 말하며, 멸(滅)이라 해석하고 있다. 또한 '비니에는 무릇 다섯 가지 뜻이 있다. 첫째는 참회(懺悔), 둘째는 수순(隨順), 셋째는 멸(滅), 넷째는 단(斷), 다섯째는 사(捨)이다'[42]라고 해석하고 있다."[43]

율(律)은 승가(僧伽, saṅgha)라는 공동체의 규칙으로 출가수행자들 간의 행동과 관련된 경중(輕重)에 따라 벌칙을 부과하는 규범이다. 율은 세속

---

40) 『오분율』권17(T22, 117a4); 『석씨요람』권상(T54, 272a13); 佐藤密雄, 『律藏』, 崔法慧 역, 1994, pp.38-39.
41) 『毘尼母經』1(T24, 801a).
42) 『毘尼母經』7(T24, 842a).
43) 신성현, 「동아시아 계율 이해 연구」, 『선문화연구』 제19집, 2015, p.121.

적인 법률에 해당하며, 공동체의 기능과 질서를 유지하기 위해 필요한 규정들을 포함한다. 비구(比丘)와 비구니(比丘尼)의 구족계와 상가의 운영 규칙은 율장에 자세하게 설명되어 있다. 이러한 규정들은 승가의 조화로운 운영과 구성원들의 도덕적인 행동을 지원하기 위해 마련된 것이다.

"율장은 출가자들이 승단 생활을 하며 반드시 실천해야 할 행동 규범들을 담고 있다. 율장은 경분별(經分別, Sutta-vibhaṅga), 건도부(犍度部, Khandhaka), 부수(付隨, Parivāra)의 세 부분으로 구성되는데, 특히 경분별과 건도부의 내용이 핵심을 이룬다. 전자는 승단 생활을 하며 개개인이 절대로 저질러서는 안 될 행동 규범을 담고 있으며, 후자는 승단의 한 구성원으로서 반드시 실행해야 할 규범들을 담고 있다. 이 두 부분에서 다루어지는 조문들을 율(律, vinaya)이라 부른다."[44]

불교 문헌에서는 계(戒)와 율(律)이 분명하게 구별되어 도덕적인 측면이 강한 계는 경장(Sutta-piṭaka)에서 다루어지며, 출가자 및 재가자를 포함한 모든 불자에게 적용된다. 반면에 율은 생활 규범으로서 출가 승려가 지켜야 할 규칙으로 율장(Vinaya-piṭaka)에서 다루어진다. "불교 문헌에서는 계와 율이 분명히 구별된 텍스트에서 설해진다. 도덕적인 면이 강한 재가자의 5계나 팔재계는 물론이거니와 출가자의 경우에도 도덕적·윤리적 성격이 강한 계는 경장에서 다루는 한편, 비구·비구니가 지켜야 할 생활 규범으로서의 율장에서 설하고 있다."[45] 경장은 정각을 지향하는 붓다의 교리적 가르침을 포함하고 있다. 율장은 규칙을 담고

---

44) 이자랑, 「율장을 통해 본 승단과 현대사회의 조화」, 『韓國佛敎學』 45집 p,158.
45) 이자랑, 의의 글, p.166.

있어 승단(僧團)의 구성원에 적용되는 법률집이다. 율장은 출가구성원이 지켜야 할 예절과 의무, 규칙 등을 다루고 있다.

빨리『대반열반경』에 의하면 붓다는 다음과 같이 권고하고 있다.

> "아난다여! 너희들 중 어떤 비구는 다음과 같이 생각할는지 모른다. '붓다의 가르침은 이제 끝났다. 우리에게는 더 이상 스승이 없다.' 그러나 아난다여! 이렇게 생각해서는 안 된다. 나에 의해 가르쳐지고 알려진 법과 율이 나의 사후 너의 스승(Satthā)이 될 것이다."[46]

여기에서 주목할 것은 붓다에게 사용되었던 Satthā(스승)라는 호칭이 이제 법과 율에 대해서 사용된다는 점이다. 붓다의 사후 그를 대신해 스승과 같은 역할을 한다는 것이다. 법·율이 붓다의 사후 그와 대등한 권위를 차지하게 된 것이다.『열반경』은 붓다의 사후 그를 대신해 줄 수 있는 권위를 법·율이라는 문헌에서 찾고 있는 듯하다. Vinaya(율)라는 용어의 출현 또한 단순한 우연은 아니고 초기불교 교단의 주요한 한 측면을 보여준다고 볼 수 있다.

집단적인 승원 생활이 진행됨에 따라 승원을 유지하기 위한 제반 규율, 즉 율을 체계적·포괄적으로 정비할 필요가 있었을 것이다. 승원에 거주하고 있는 출가 승려들이 지켜야 할 율은 출가 승려와 재가 신자를 구별하는 기준이 된다. 이러한 선상에서 법·율은 출가 승려들을 위한 것이 되고 말았다. 만약 우리가 여기서 율을 승원에 관련된 전문적인

---

46) DN, ii, p.154. "Siyā kho panānanda tumhākaṁ evam assa/ atītasatthukaṁ pāvacanaṁ/ natthi no Satthā ti. na kho panetaṁ ānanda evaṁ daṭṭhabbaṁ/ yo vo ānanda mayā dhammo ca vinayo ca desito pa.j.jatto/ so vo mamaccayena satthā."

계율로 이해하지 않고 일반적인 바른 도덕 생활로 해석한다면 법과 율은 사실상 큰 범주에서 법과 크게 다르지 않을 것이다. 그러나『대반열반경』은 법·율을 승원의 유지라는 관점에서 다루고 있는 것 같다. 그 결과 재가 신자들은 법·율에서 제외되는 것이다.

법과 율이 붓다를 대신하는 스승이라고 유훈을 설한 뒤 붓다는 계속해서 교단의 생활에 관하여 일련의 가르침을 주고 있다. 예를 들면 어떻게 비구들이 서로 호칭할 것인가부터 사소한 율을 제거할 수 있다는 것, 찬나 비구에게 벌을 주는 것(brahmadaṇḍa) 등의 계율에 관한 것이 그 예들이다.[47]

불교 교단에서 율의 등장은 불교가 교단(Saṃgha)을 형성할 초기과정을 보여준다. 율은 승원 생활을 규제하는 내용으로 초기 승려들이 한 곳에 정주함에 따라 발달한 것이다. 율의 목적은 분명히 승가라는 수행 공동체를 보호하는 데 있다.[48] 붓다의 사후, 법·율은 붓다를 대신하는 각각 자신의 권위를 확보하기 위한 준거가 마련되어야 했다.

『열반경』에 보이는 4대교법(mahāpadesa)은 바로 법과 율을 텍스트로 만드는 과정을 보여준다. 진실된 법과 율을 경전화함으로써 교단 내에 있을 수 있는 교리와 계율의 논쟁을 해결하기 위한 장치가 4대교법이다. 구전 전통에서 표준이 될 만한 텍스트를 만드는 작업은 비구들이 승원 생활을 하고 있던 시기에 가능했을 것이다. 또한 승원이라는 수행 공동체가 있었기에 비구들이 이러한 작업을 물리적으로 지지할 수 있었을 것이다.[49]

---

47) DN, ii, p.154.
48) S. Dutt, 앞의 책, 1962, p.75.
49) 안양규,「개인의 자율과 승단의 유지: 붓다의 유훈을 중심으로」,『불교문화연구』1, 동국대 불교사회문화연구원, 2000, p.29.; 안양규,「佛說과 非佛說의 구분, 불교 표준경전의

불교의 율은 종교의 도덕적 지침 및 규범을 나타내며, 수행자들이 이러한 지침에 따라 수행하는 데 도움을 주기 위한 목적이 있다. 율은 고정된 원칙이 아니며, 시대적 변화에 따라 율 또한 적절하게 변화시킬 수 있다. 이것은 불교가 다양한 문화와 시대를 뛰어넘어 번창하고 발전할 수 있는 이유 중 하나이다. 즉, 불교의 율은 현재의 사회적 환경과 수행자의 필요에 따라 조정될 수 있는 것이다. 불교의 율은 수행자의 다양한 상황과 경험에 부응하여 근본적으로 법에 위배되지 않는 한 달라질 수 있다. "율은 한 사람의 개인을 위해서도 바뀔 수 있는 가변적인 수단일 뿐이라는 점을 분명하게 인지해 볼 수가 있게 된다."[50]

율은 변화와 적응성을 지니고 있으며, 다양한 시대와 문화에서 적용 가능하도록 조절될 수 있다. 율의 변화는 수행자들의 다양한 상황을 고려하는 데 도움이 될 수 있다.

(3) 율의 제정 원리와 정법

계율(戒律)은 출가자가 반드시 수지(受持)해야 하는 것으로 수행 생활 전반에 필요하다. 율 제정 목적을 보면 승가(僧伽, saṅgha)의 정상적인 발전과 유지에 있다. "비니 계법을 널리 펴서 바른 법이 오래도록 머물게 한다"라고 하는 『사분율』[51]의 내용에서도 잘 알 수 있다.

계율이 제정되는 시기에 대해선 다음과 같다. 율 제정의 기원을 정확하지 않지만, 율 제정의 배경은 율장에서 찾을 수 있다. 사리불이 붓다

시도」, 『한국불교학』34, 한국불교학회, 2003, p.49에서는 4대교법의 성립 배경을 설명하고 있다.
50) 염중섭(자현), 「律의 改變 가능성과 <僧侶法>의 당위성 검토」, 『불교학보』61집, p.385.
51) Mv, ⅰ, p.25; 『사분율(四分律)』(T22, 567b), "令演毘尼法, 令正法久住."

에게 "왜 어떤 과거불의 청정행은 오래 머물고, 어떤 과거불의 청정행은 오래 머물지 못하는가?"라는 질문을 하였다. 붓다는 "청정행이 오랫동안 머문 과거불은 제자들을 위해 학처를 제정하고 바라제목차를 송출했기 때문이다"라고 대답하였다. 이를 듣고 사리불은 붓다에게 학처의 제정과 바라제목차의 송출을 청하게 된다.

'학처(sikkhāpada)'란 비구·비구니가 지켜야 할 조문으로 각 부파에 따라 조문 수의 차이가 있다. '바라제목차(Pātimokkha)'란 학처를 모아 놓은 조문집으로 계본(戒本)이라고 한다.

하지만 붓다는 '때가 아니다'라고 하면서 승가에 어떠한 유루법(有漏法)이 발생한다면, 그때 학처를 제정하고 바라제목차를 송출할 것이라고 대답했다.

> "만일 유루법을 범하는 이가 있으면 그런 연후에 붓다가 그런 비구들을 위하여 계율을 제정하리니 그들의 유루법을 끊게 하기 위함이다."[52]

유루법(有漏法)이 발생할 때마다 생긴 규제가 수범수제(隨犯隨制)로 제정된다. 『사분율(四分律)』에 의하면, 붓다 성도 후 5년이 지난 시기에 제정된 것으로서 계율 제정(制定)의 동기는 다음과 같다.

> "갖가지 꽃을 책상 위에 놓되 실에다 꿰어두면 비록 바람이 불어도 흩어지지 않나니, 왜냐하면 실로 잘 꿴 때문이니라. 사리불이여, 이러한 인연인 까닭으로 비바시불과 내지 가섭불의 불법은 오래도록 세상에

---

[52] Mv, ⅰ, p.25; 『사분율(四分律)』(T22, 569c), "若有犯有漏法者, 然後 世尊 爲諸比丘結戒, 斷彼有漏法故."; 佐藤密雄, 『律藏』, 1932, p.12, 崔法慧 역, 1994. p.16.

머물렀으며, 이러한 인연으로 구나함모니불과 수섭불의 불법은 세상에 오래 머물지 않았다."[53]

시기불과 구류손불, 가섭불은 범행[54]을 닦아 경과 법을 잘 거둔 이유로 멸하지 않았으며,[55] 수섭불과 구나함모니불은 경과 법을 잘 거두지 않아서 오래 머무르지 않았다.[56] 경과 법을 현재의 포살, 결계 때 낭송하는 것처럼 계속 규칙으로 이어져야 불법(佛法)이 오래 머문다는 의미다.

계율은 유루법(有漏法)이 발생하는 순간마다 제정되었다. 그 이유는 발생한 유루법을 끊기 위한 것으로서, 각 조문의 결계 마무리 부분에서 제시되곤 한다. 십구의(十句義) 또는 결계십리(結戒十利)는 율을 제정하는 목적이 율을 지킴으로써 얻게 되는 이익 열 가지를 설한 것으로 내용은 다음과 같다.

"①승가를 거두기 위하여, ②승가의 환희를 위하여, ③승가의 안락을 위하여, ④아직 신심을 일으키지 않은 자들이 신심을 일으키게 하기 위하여, ⑤이미 신심을 일으킨 자들의 신심을 증장시키기 위하여, ⑥길들이기 어려운 이를 길들이기 위하여, ⑦참회하는 이를 편안하게 하기 위하여, ⑧현재의 모든 잘못을 끊기 위하여, ⑨미래의 잘못을 끊기 위하여, ⑩정법이 오래도록 머물게 하기 위함이다."[57]

---

53) 『사분율(四分律)』(T22, 569b), "譬如種種花 散置案上 風吹則散. 何以故, 以無線貫穿. 故如是 舍利弗, 彼佛及聲聞衆在世者佛法流布, 若彼佛及諸聲聞衆滅後. 世間人種種名 種種姓 種種家出家者 令法疾滅不久住, 何以故, 不以經法攝取故."
54) 『사분율(四分律)』(T22, 567b), 「십이부경(十二部經)」.
55) 『사분율(四分律)』(T22, 567b, 569c), "經法善攝故."
56) 『사분율(四分律)』(T22, 567b, 569c), "不以經法善攝故."
57) 『四分律』(T22, 570c), "攝取於僧, 令僧歡喜, 令僧安樂, 令未信者信, 已信者令增長, 難調者令調順, 慚愧者得安樂, 斷現在有漏, 斷未來有漏, 正法得久住."

위의 열 가지 십구의에서 ①②③은 승가를 거두어 안락하게 하기 위함이다. 승가를 단결시키고, 질서를 유지하고 수행자들을 기쁘게 하고 안락하게 한다. ④⑤는 승가에 대한 재가자의 신심을 고취시키기 위함이다. 승가에 악인이 나오면 본인의 수행을 파괴할 뿐만 아니라 다른 구성원들에게 폐를 끼치게 된다. 그리고 세상 사람들의 비난을 받게 됨으로써 승가의 명예를 더럽힐 수 있다. 그것을 막기 위해 율이 제정되었다. ⑥은 길들이기 힘든 이를 교화로써 길들이기 위함이며 ⑦⑧⑨는 현재와 미래에 있어서 참회하여 편안하게 하고 잘못을 끊게 하기 위함이며 ⑩은 정법이 오래 머물게 하는 것이다. 율은 정법구주(正法久住)를 위한 목적으로 제정되었다.

　불교에서 율(律)은 승단의 원활한 운영과 발전을 위한 중요한 역할을 한다. 정법(正法)의 존속을 위해 율은 승단 내부의 조화와 순수성을 유지하고, 승단과 일반사회 간의 조화를 촉진하기 위한 규정을 제정한다. 율은 승단 내부의 화합·질서·정화, 그리고 출가수행자 상호 간의 수행을 관리한다. 승단 내에서 조화롭고 순수한 환경을 유지하는 것은 승단의 원만한 운영과 질서를 유지하는 데 필수적이다. 비구·비구니(승단 내부의 정식 구성원)가 율을 준수하긴 하지만, 율의 제정과 배경에는 일반사회의 의견이 상당한 역할을 한다.

　율은 일반사회와의 조화를 중시하며, 승단이 일반사회의 인식과 요구를 고려하여 승단을 지탱하고 운영하는 데 도움을 준다. 출가자의 행동과 윤리는 재가자들에게 큰 영향을 미치고, 재가자들의 신뢰와 지지는 승단의 발전에 중요한 영향을 미친다. 따라서 율은 출가자의 도덕적 행동을 강조하여 승단 내부와 일반사회 간의 조화를 유지하고 승단의 발전을 촉진한다.

요약하면, 율은 승단의 질서와 도덕적 행동을 유지하고, 승단과 일반 사회 간의 조화를 강화하여 불교 승단의 원활한 운영과 발전을 지원하는 역할을 한다. 비구·비구니, 그리고 재가자들 간의 긍정적 상호작용을 장려하며, 불법(佛法)을 효과적으로 계승하고 발전시키는 데 도움을 준다.

"붓다는 대가섭에게 나이가 있으니 분소의를 벗고 가벼운 할절의(割截衣)를 입도록 권했지만, 대가섭은 붓다의 권유를 수용하지 않았다"[58]라는 내용을 통해 붓다의 율관(律觀)을 알 수 있다. 붓다의 율에 대한 중요한 관점은 유연함이었다. 붓다가 무조건적인 원칙이 아니라 상황과 목적을 중시했다는 것을 알 수 있다. 일반적인 상황에서는 분소의가 원칙이지만 나이가 많은 노쇠한 수행자와 같은 특수한 상황에서는 분소의 대신 다른 편한 옷을 입으라고 한 데서 율의 유연성을 볼 수 있는 것이다.

「피혁건도」에는 가죽신의 허용과 관련된 두 가지 이야기가 기록되어 있다.[59] 귀족 태생의 수롱나(守籠那)가 출가하여 맨발로 다니니 발바닥이 약해 피가 나자 붓다가 수롱나에게 가죽신을 허용했다. 그러나 수롱나가 자신에게만 적용할 게 아니라 승단 구성원 전체에게 용인할 경우 수용하겠다고 하자 승단에 가죽신이 허용되었다는 내용이다. 출가자에게 가죽신은 교만과 사치품 같은 것으로 여겨질 수 있었기에 금지되었던 것인데 붓다는 수롱나의 수행을 위해서 승단 전체의 가죽신 사용을 허락하였다.

이와 같은 율의 개변(改變)은 천수보리(天須菩提)의 경우에서도 살펴볼

---

58) 『雜阿含經』 卷41, (T2, p.301c), "爾時 世尊告摩訶迦葉言, 汝今已老 年耆根熟 糞掃衣重 我衣輕好, 汝今可住僧中 著居士壞色輕衣."
59) 『Vinaya-Piṭaka』, mahā-vagga, 5皮革犍度, pp.179-185; 『四分律』 卷38, 皮革犍度 (T22, 843b-845b).

수 있다. 천수보리는 왕족 출신이었기에 출가수행의 불편함을 감내할 수 없어서 환속하려고 했다. 붓다는 천수보리를 위해 좋은 옷을 입는 것을 허용하였다. 천수보리가 깨닫게 되자, 붓다는 아난에게 다음과 같은 의복에 대한 견해를 밝힌다.

> "대저 의복에는 두 종류가 있으니, 친근할 만한 것과 친근할 만하지 못한 것이다. 어떠한 것이 친근할 만한 것인가? 호의(好衣)를 입어도 때로 도심(道心)을 증장한다면 이것은 친근할 만하다. 그러나 호의를 입어서 때로 도심이 손상되고 소멸한다면 이것은 친근할 만한 것이 아니다. 그러므로 아난아, 혹은 호의를 따라서 도(道)를 얻고, 혹은 다섯 가지 폐악을 쫓아 도를 얻는 것이다. 깨어있는 것은 마음에 있는 것이지 옷의 형태에 얽매이는 게 아니다."[60]

율은 보리심에 도움이 되어야 한다는 것이다. 외적인 의복이 내면의 도덕적인 성품인 도심을 높일 수 있는 상황을 말하고 있다. 어떤 수행자가 좋은 옷을 입었을 때, 도덕적인 행동과 실천을 더 강조하며, 도를 깨닫는 데 도움이 된다면 그 의복은 친근한 것으로 간주된다. 한편 만일 의복이 내면적인 도덕적 가치나 도심(道心)을 훼손한다면 허용할 수 없다는 것이다. 율의 근본 취지에서 보면 의복은 단지 외적인 표현일 뿐이다. 중요한 것은 내면의 도덕성과 도심이다. 내면의 수행이 무엇보다 중요하며, 외적인 의복의 형태에 집착하지 말아야 한다는 메시지를

---

60) 『分別功德論』권5, (T25, p.47c), "夫衣有二種, 有可親近, 有不可親近 何者可親近? 著好衣時益道心, 此可親近. 著好衣時損道心者, 此不可親近也 是故阿難. 或從好衣得道 或從 五納弊惡而得道者 所寤在心, 不拘形服也."

담고 있다. 율은 내면적인 성장과 도덕적 향상이 외적인 규율보다 더 중요하다는 점을 일깨워주고 있다.

『율장』은 비구가 지켜야 할 금율(禁律) 및 행지(行持)에 대한 내용을 담고 있다. 율장은 승가의 정상적 발전과 유지를 위한 것으로 바라제목차(波羅提木叉),[61] 해서는 안 되는 행위를 규제하는 지지계(止持戒)에 대한 것, 승가에서 이루어지는 행사와 승가에서 비구·비구니의 행동, 생활 전반의 필요한 규정 작지계(作持戒)인 건도분에 대해 설명하고 있다.

율 조문에 벌칙을 가지고 있는 이유는 승가의 질서를 유지하기 위한 규범이기 때문이다. 앞에서 불교 교단, 즉 승가는 일반적인 것을 모두 포용하고 평등하다고 하였던 것처럼 불교는 실천 수행을 하는 데 있어서 수행자 개인의 의지로 악(惡)을 떠나는 것이 불교 계율의 근본이다.

정법(淨法)은 출가자가 고정된 계율에 위반되는 행동을 지역의 환경과 문화에 맞게 적합하게 생활하도록 수용되어 변화된 계율이다. 정법의 예를 문헌 등에서 볼 수 있다. 『사분율』에 "만약 비구가 스스로 돈, 금은을 받거나 사람을 가르치거나, 받을 자를 배치하는 것은 니살기바일제이다"[62]라는 내용이 나온다.

『율장』에서는 비구·비구니는 금은 등 재물을 소유할 수 없다고 규정하고 있다. 하지만, 금전의 보시를 받는 것에 있어서 방법적인 면에서 정인가 부정인가를 언급하고 있다. 초기불교 정법의 원류로서 오정법을 『마하승기율』에서 "오정법은 제1 제한정, 제2 방법정, 제3 계행정,

---

61) Vin, Ⅰ, 103, "Pātimokkhanti ādimetammukhametaṃ pamakhametaṃ kusaalānaṃ dhammānaṃ tena vuccati pātinokkhaniti 빠띠목카라는 것, 그것은 착하고 건전한 것들의 시초이자 얼굴이자, 선두이다. 그래서 '빠띠목카'라고 한다. (전재성 역주, 『쭐라왁가-율장소품』, p.15).
62) 『四分律』(T22, 1017c), "若比丘 自手捉錢, 若金銀 若教人捉, 若置 他受者 尼薩耆波 逸提."

제4 장로정, 제5 풍속정이다"[63]라고 언급한 점도 시사하는 바가 크다.

오정법은 의식주에 있어서 정(淨)인가, 부정(不淨)인가를 결정하는 것으로서 제1 제한정은 주처에 대한 것이며, 제2 방법정은 국토에 대한 것으로서 다른 변지의 승려들은 마땅히 다른 규정을 지녀야 한다는 것이며, 제3 계행정과 제4 장로정은 차제에 관한 것으로서 예를 들면, 대방에 입실할 경우 차제에 따라서 자리에 앉는 것과 같은 것이다.

제5 풍속정은 여러 율장[64]에서 출가 전의 나쁜 습관이 승단에서는 비법을 초래한다고 하고 있다. 이것은 4대광설을 뒷받침하는 것으로서 붓다 입멸 후에 나왔음을 알 수 있다. 그리고 『십송율』에서 칠정법을 사용하여 율제 실행에 있어서 융통성을 보여주고 있다. 예로 승방정법에서는 "타인의 잃어버린 물품을 발견하면 누구를 막론하고 물건을 돌려 준다"라는 정어(淨語)를 사용하였다.

이러한 의미에서 정법(淨法) 계율은 붓다 당시에는 붓다가 제정하였으며, 붓다의 제자들이 계율을 받들어 지켰다. 하지만, 붓다 입멸 후에 상좌부 계통 제자들이 제정불개변(制定不改變)의 법을 만들어 계율 제정이 고착화되었다. 제정불개변이라는 법칙은 붓다가 만든 법칙이 아니고, 상좌부 제자들이 붓다의 법을 어겼다고 할 수 있는 것이다.

붓다 당시 정법(淨法)이 실행되었던 것을 입멸 후에 제자들에 의하여 '단어'로만 제정불개변이 되었지, 정작 출가자에 의한 정법(淨法) 계율은 여전히 지금에 이어지고 있다. 부파의 분열로 인해 부동주(不同住)의 분파가 많이 생겼는데, 18~20개에 달하는 부파가 모두 정법(淨法) 활용을

---

63) 『摩訶僧祇律』32(T22, 492a), "五淨法 一制限淨, 二方法淨, 三戒行淨, 四長老淨, 五風俗淨."

64) 『五分律』30(T22, 194a); 『十誦律』60(T23, 452a); 『根本說一切有部毘奈耶』40(T24, 412b).

하지 않았다면, 현재 불교라는 종교는 존재하지도 않았을 것이며, 출가 수행자 또한 존재하지 않았을 수도 있다.

붓다 입멸 후 제정불개변으로 인해 고정된 계율 때문에 출가자가 위반되는 행동을 할 수밖에 없던 상황에서 각 지역 환경과 때에 적합하게 생활할 수 있도록 수용되어 변화된 계율이 바로 정법(淨法)이다. 사회 문화가 물물교환의 경제 시대로부터 금융 경제 시대로 변하면서 금전의 보시(布施)를 받지 않을 수 없었다. 또한 정주 수행처인 사찰이 생기면서부터는 출가자가 토목공사(土木工事) 등을 감독하게 되었으며, 땅을 파는 것을 직접 하거나 다른 사람에게 시켜야 하는 상황이 생겼다. 따라서 정법(淨法) 발생의 필연성[65]이 있었으며, 변화하는 시대적 상황의 요청이라 할 수 있다. 아라미까가 처음으로 승단에 도입되는 과정을 빨리율 대품 제6장 약건도에서 볼 수 있다.

> "빔비사라왕이 아라미까를 보시하고 싶어했다. 이에 붓다가 수용을 허락하면서 500명의 아라미까를 보시한 것이 도입 배경이다."[66]

이 내용은 『사분율』을 제외한 한역 광율에서는 동일하다.[67]

계율 제정에 있어서 수결이라는 이름으로 수정이 되어 고정되는 과정이 있는 이유가 출가자들에 의한 승가 화합을 기본으로 하기 때문이다. 여러 파벌이 생겨나서 분쟁이 있을 때마다 붓다의 적절한 중재와

---

65) 佐藤密雄,『律藏』, p.12; 崔法慧역, 1994, p.24.
66) Vin, i ,pp.206-208; Vin,iii, pp.248-251. 이자랑,「빨리율에 나타나는 3종의 승단관리자」,『선문화연구』16집, 2014, p.296.
67) 『오분율』(T22, 30c-31c),『십송율』58(T23, 433a),『근본설일체유부비나야』5(T23, 651a-652b),『마하승기율』30(T22, 476b).

교화로써 화합 승단이 될 수 있었다. 그 가운데 붓다 재세 시에 코삼비 분쟁 해결과 데바닷다 파갈마승에 대한 일들은 붓다의 정법(淨法)적 해석에서 중도적 화합을 이끌어 낸 예라고 할 수 있다.

율장(律藏)의 한역본은 T22·23에 수록되어 있으며 오종의 광율[68]로서 『사분율(四分律)』,『미사색오분율(彌沙塞五分律)』,『십송율(十誦律)』,『마하승기율(摩訶僧祇律)』,『근본설일체유부율(根本說一切有部律)』의 5부에 남방 상좌부의『빨리율』을 합하여 육부율장(六部律藏)[69]이라 한다. 육부율장에서 중학법(衆學法)을 뺀 바라제목차의 조문의 의미는 다를 수 있지만, 내용은 거의 일치하고 있으나, 경분별(經分別)과 건도분(犍度分)은 각기 분열 이후 지금의 형태로 확정이 된 것이다. 제1 결집 때 법(法)과 율(律)이 정리는 되었으나 그 이후 여러 부파가 나오고 전해지면서 각 부파에 맞게 성립되면서 현존하는 율장에서는 각 부파마다 조금씩 변형이 되었으리라 본다.

성립연대를 보면『사분율(四分律)』,『오분율(五分律)』은 기원전 1세기 말에서 1세기 초,『빨리율』,『십송율(十誦律)』은 기원후 1세기 초에서 1세기 말이며,『마하승기율(摩訶僧祇律)』은 기원후 1세기에서 2세기,『근본설일체유부율(根本說一切有部律)』은 4세기에서 5세기로서 유부율 이외는 기원후 4세기 전에 성립된 것이다.

오부(五部)의 분파 연대에 대해서는 붓다 입멸 후 100년 설과 300년 설이 있으며, 붓다 입멸 후 마하가섭(摩訶迦葉)·아난존자(阿難尊者)·상나화수(商那和修)에 이은 우파국다(優婆麴多)의 문하에 다섯 명의 제자가 부파를 만든 것이 오부이다.

---

68) 『사분율(四分律)』(T22),『미사색오분율(彌沙塞五分律)』(T22),『십송율(十誦律)』(T23),『마하승기율(摩訶僧祇律)』(T22),『근본설일체유부율(根本說一切有部律)』(T23).
69) 佐藤密雄,『律藏』, p.12; 崔法慧 역, 1994, p.48.

이상의 율장의 계목을 도표로 하면 다음과 같다.[70]

<표 2-1> 육부 율장 계목 비교

部派	南方上座部		法藏部		化地部		薩婆多部係				根本說一切有部				迦葉遺部		大衆部	
戒本	빨리어 계본		사분 계본		오분 계본		십송 계본		돈황 출처 계본	범본	비나야	유부 계본		티베트 본		해탈 계경		승기 계본	
僧尼	비구	비구니	비구	비구니	비구	비구니	비구	비구니	비구니	비구	비구	비구	비구니	비구	비구니	비구	비구니	비구	비구니
波羅夷法	4	8(4)	4	8(4)	4	8(7)	4	8(4)	8	4	4	4	8(4)	4	8	4	4	4	8(4)
僧殘法	13	17(7)	13	17(7)	13	17(7)	13	17(7)	13	13	13	13	20(7)	13	20	13	13	13	19(6)
不定法	2	·	2	·	2	·	2	·	·	2	2	2	·	2	·	2	2	2	·
捨墮法	30	30(18)	30	30(18)	30	30(18)	30	30(18)	30	30	30	30	33(19)	30	33	30	30	30	30(19)
單墮法	92	166(70)	90	178(69)	91	210 207	90	178(71)	178	90	90	90	180(72)	90	180	90	92	141(70)	
悔過法	4	8	4	8	4	8	4	8	4	4	4	4	11(1)	4	11	4	4	8	
衆學法	75	75(75)	100	100(10)	100	100(99)	107(13)	107(16)	110	113	113	99	98(98)	107	112	96	66	77(64)	
滅諍法	7	7(7)	7	7(7)	7	없음	7	7(7)	7	7	7	7	7(7)	7	7	7	7	7(7)	
합계	227	311(181)	250	348(205)	251	373(205)	257 263	355(223)	354	263	263	249	357(208)	257	371	246	218	290(170)	

( )안의 숫자는 공계이다.

이상의 도표에서 특이점이 있는데 첫 번째로 동주(同住)가 안 되는 바

70) 이지관, 『남북전 육부율장 비교연구』, 서울: 사)가산불교문화연구원, 1999, p.366. 표 인용.

라이법, 그리고 죄를 지어도 참회와 별주가 끝나면 잔류할 수 있는 승잔법, 참회하면 가능한 단타법, 그리고 혼자서 참회해도 되는 중학법 등이 비구보다 비구니의 조문이 많다. 비구니와 비구의 신체적 구조가 다르며 비구 계율이 먼저 생기면서 비구니 계율은 비구 계율에 첨가되면서 비구계를 포함시켜 만들었다.

부정법이 비구니에게는 없다. 비구의 부정법은 음행에 대한 것으로 비구에게만 있는 항목이다. 그리고 세 번째 무거운 율과 멸쟁법은 같으며 죄가 가벼운 단타법, 중학법은 각 부파별로 성격이 다르므로 운영되는 항목도 달라진 것[71]이다. 또한 각 부파는 경보다 율에 대한 다름으로 인하여 만들어진 것으로서 부파별 증광이 두드러진 특징을 낳게 한 것이다.

정법(淨法)[72]이 다른 나라, 지역, 문화의 차이에서 적합하게 수용되어 변화된 형태로 발생한 현상이라 할 수 있다.

2) 정법의 의의

역사적으로 승가도 하나의 조직인 이상 분열될 가능성이 있었기 때문에 상좌부는 율을 더 중시할 수밖에 없었다. 승가를 유지하기 위해 구성원 간의 규칙이 세부적으로 제정되고 율의 준수가 매우 강조되었

---

71) 이태원,『초기불교 교단생활』, pp. 222-223 참고.
72) 양숙현(설민),「붓다 재세 시 율(律)에 관한 이견(異見)-데바닷다의 오법(五法) 중심-」,『동아시아불교문화』제46집, 동아시아불교문화학회, (2021, 6). 정법을 '변화되어 수용된 정법'이라 하였으나 고심한 끝에 '적합하게 수용되어 변화된 정법'이라고 이 논문에서는 정하였다. 위 소논문은 2015년 필자가 박사과정을 수료하면서 몇 학회지에 냈었는데 탈락되었다. 여러 학회지에서 혼돈할 수 있는 내용들이 보여서 학위논문에 보완하여 내용 참고를 하였다.

던 것이다.

승가의 목적은 불법(佛法)을 보호하는 데 있다. 붓다 사후 승가는 상당 기간 이러한 목적을 염두에 두고 운영되었기 때문에 분열되지 않고 유지될 수 있었다. 율을 정면으로 어기지 않기 위하여 만들어진 정법은 효과적으로 불법을 유지하고 발전시켰다.

율의 조문 자체에서 시대와 장소를 벗어나 보편적 타당성을 주장하는 것은 적절하지 않다. 절대적으로 율을 따르는 것은 현실과 괴리될 수 있으며, 임의적으로 율을 개변하거나 부정하는 것도 옳지 않다. 정법의 가치는 율의 입장에서 실현되고 인정되며 율에서 벗어나는 순간 더 이상 정법이 아니게 된다.

계와 율의 근본적 차이 중의 하나는 계를 어길 경우에는 외형적으로 처벌이 따르지 않게 되고, 율을 어긴 경우에는 승가 자체 내에서 율을 어긴 출가승을 처벌하게 된다. 반면에 계를 어긴 경우에는 승가에서 재가자에게 개입하지 않고 해야 한다. 그런 면에서 불교 전체 커뮤니티의 관점에서 볼 때 계는 다소 자율적이라고 볼 수 있다면, 율은 처벌 조항이 있기 때문에 강제성이 있다고 보여진다.

5계 중 살생·투도·사음·양설은 심한 경우 국가의 형법을 적용받을 수 있겠지만, 음주는 상황에 따라 법으로 강제하기 힘들다. 그런 면에서 5계는 전반적으로 일반사회, 도덕, 윤리에 준하는 것이라고 할 수 있고, 율은 출가 승려가 승단 자체에서 서로 지켜야 할 것으로 출가자의 삶을 규정하고 있는 것이라고 볼 수 있다.

계는 상대적으로 시간과 공간을 초월하는 기본 가르침으로 불자로서 반드시 지켜야 할 윤리적인 행위이다. 반면에 율은 출가자들의 공동생활과 수행에 직접 관련된 구체적인 규칙이다. 출가자들이 처한 상황이 바뀜으로 인하여 출가자도 그 상황에 맞게끔 율을 고칠 수 있는 가능성이 전혀 없는 것은 아니다. 그런데 제1결집에서 마하가섭이 불제불개변이라는 원칙을 고수하였다. 그 후 가섭의 의견을 존중한 후대 승가는 붓다가 제정한 율에 대해서 '고칠 수 있다'라는 생각을 할 수 없게 된 것이다.

그러나 수행자가 지켜야 할 규칙은 시대가 바뀜으로써 기존의 것은 지키기 힘들게 되었고 새로운 시대, 새로운 상황에 맞는 새로운 규칙이 만들어져야 할 필요가 생겼다. 이런 맥락에서 등장하게 된 것이 정법이다. 기존의 율에서 벗어나지 않는, 또는 허용될 수 있는 규칙을 율이라는 이름으로 부르지 않고 정법이라고 부른다.

인도의 대승불교에서는 부파불교의 율을 무시하고 대승계를 만들었고 중국에서는 청규를 형성하였다. 대승계나 청규는 기존 율의 보완재로 보면 정법인 것이다.

또한 틱낫한이 현대 사회의 생활양식에 맞는 규칙을 만든 것은 정법으로 이해한다면 플럼 빌리지의 정법은 논란의 여지는 없다. 시대의 변화와 함께 율도 재해석되고 개변 필요가 있다고 주장하거나 혹은 율은 붓다만이 제정하거나 폐지할 수 있으므로 어떤 상황에서든 절대로 변화를 인정할 수 없다는 논란도 새로운 규정을 정법으로 이해하면 사라질 것이다. 다만 플럼 빌리지의 규칙이 정법인지 아닌지에 대한 의견은 있을 수 있다.

붓다의 관점을 통해 율에 대한 개변에 대한 인식을 확보할 수 있다. 불교에서는 붓다가 율을 제정하고 수행자들에게 전달함으로써 도덕적인 생활과 올바른 행동을 안내하였다. 그러나 붓다는 변화와 적응에 대한 중요성도 강조하였다. 붓다는 율을 제정할 때 수행자들의 상황과 필요성을 고려하며 유연하게 접근하였으며, 율에 대한 엄격한 고정관념을 갖지 않았다.

승단 분열은 변화를 거부하고 고정된 율을 유지하려는 태도에서 비롯된 것으로 여겨진다. 이는 율에 대한 변화를 거부하고 다양성을 용인하지 않는 경직된 사고방식으로 불교 교단 내에서의 갈등과 갈라짐을 초래할 수 있다. 승단 분열은 불교 발전과 통합을 방해하며, 일반사회와의 적응력을 상실할 수 있다.

대가섭에 의한 율의 개변불가 주장을 정면으로 부정하지 않고 우회적으로 제정된 것이 정법(淨法)이다. 대가섭은 고대 인도에서 율의 변화에 대해 엄격한 제한을 주장하는 입장을 나타낸다. 그러나 이러한 주장은 불교의 유연성과 적응력을 저해하며, 시대와 환경의 변화에 따른 새로운 도전과 요구에 대응하는 것을 방해할 수 있다.

따라서 붓다가 제정한 율을 개변하지 않고 시대의 상황을 적합하게 수용 변화하여 제정된 것이 정법(淨法)으로 승가의 적응과 발전에 중요한 역할을 했다.

승가의 화합과 발전을 위해선 각 시대에 맞게끔 승가 구성원들이 준수할 수 있는 정법이 만들어져야 하며, 정법은 기존 율의 기본적인 원칙과 가치를 벗어나서는 곤란하다. 정법은 실제 수행자들의 삶과 사회적인 요구에 부합하도록 적응하고 발전해야 할 것이다. 새로운 정법의 제정은 기존의 율에서 벗어나서는 불가하므로 기존의 율 제정 의도를 정확하게 이해할 필요가 있다.

2. 코삼비(kauśāmbi) 분쟁

1) 분쟁의 배경

범계에 대한 엇갈린 판단으로 논쟁과 투쟁이 반복되고 분파되어 부동주(不同住)로 인해 승가가 흩어져 위기를 맞는 내용이다. 붓다가 코삼비(kauśāmbi) 고시타 승원에 계실 때 어떤 비구가 동료가 죄를 범했다고 비난하면서 다툼이 시작된 일이다. 범계를 한 비구는 범계를 저질렀을 당시는 자신이 범계를 범계라고 알았으나, 범계 비구를 좋게 인식하는 비구들이 범계를 범계로 보지 않으면서 본인도 죄를 지었다고 인정하지 않고 부정하였다. 하지만 반대 입장에 있었던 다른 비구들은 범계를 저지른 것에 대해 유죄인가, 무죄인가에 따라 두 파가 만들어져 서로 대립한 사건이 코삼비[73] 분쟁이다.

범계에 대한 엇갈리는 판단 때문에 같은 장소에 있어도 식사와 포살(布薩), 갈마(羯磨)도 같이 하지 않아서 화합 승가가 파산될 상태가 되었다. 포살은 설계(說戒)의 의미로 현전 승가의 행사에 전원 출석하는 것으로서 화합은 동일(同一) 갈마, 동일 설계로서 비구는 의무적으로 출석해야 한다. 그러나 병이 났을 때 자신은 청정하다고 참회할 죄가 없음을 통지하는 것이 여청정으로 매우 중요하다. 파승위간계는 파승(破僧)이 아닌 승가바시사(僧殘)로서 승가 화합에 대하여 다음과 같이 설하였다.

---

[73] Vinaya pitakam, iii, pp.172-173; 『四分律』(T22, 879a-); 『마하박가-율장대품』(Kosambakkhandhaka); AN(증지부경전).

"대덕이여, 마땅히 승과 화합하고 환희하되 다투지 말라. 스승과 배움의 동일함이 물과 젖이 합함과 같으며 붓다 법 가운데서 증익과 안락주가 있는 것이다."[74]

승가바시사는 붓다 당시에 어떠한 자구책이 나올 수 있는 여지가 있었다. 하지만 분파가 되어 갈마, 설계를 다른 장소에서 했다는 것은 초기 부파 분열의 의미를 함축하고 있는 내용이다.

2) 분쟁의 내용

분쟁의 발단은 어떤 한 비구가 화장실에서 볼일을 보고 물을 사용하고 나서는 채워놓지 않고 나오게 된 데서 일어났다. 이 승원에서는 물을 쓰고 나서는 반드시 채워놓아야 한다는 규율이 있었다. 뒤이어 들어간 다른 비구가 물통에 물이 없는 것을 확인하고 앞 비구의 행동을 문제 삼았다.

처음에는 자기의 잘못을 인정하였지만, 그는 평소 학식과 존경을 받던 비구여서 동주(同住)하는 비구 중에서 잘못이 없다고 하는 이가 나오면서 자신도 죄가 없다고 생각하게 되어 범계(犯戒)하지 않았다고 주장했다. 청정 비구에게 죄가 있다고 지적함에 이를 부정하는 것을 쟁사(諍事)라 한다. 그러나 '범계 비구가 죄를 인정하지 않는다'라는 이유로 청정 비구들이 거죄갈마(巨罪羯磨)[75]를 실행하게 되었다. 거죄갈마는 부동

---

74) 『四分律』(T22, 595a), "大德 應與僧和合 與僧和合歡喜, 不諍. 同一師學 如水乳合, 於佛法中 有增益安樂住."
75) 『四分律』(T22, 713c), "訶責犍度, 巨罪羯磨 不見罪, 不捨惡見, 不懺罪."

주로서 같이 있을 수도 없고, 같이 먹을 수도 없게 하는 결정이다.

거죄갈마를 당한 범계 비구는 전승되어 온 아함(阿含)[76]과 교법과 논모(論母)를 잘 외워서 지니고 있었으며, 지혜가 출중하였다. 그리고 부끄러워할 줄도, 후회할 줄도 알고 높은 경지를 배우고자 하는 비구였다. 이 비구는 견해가 같은 동조자 비구들에게 자신이 거죄갈마가 된 것을 회복하기 위하여 앞 승단의 갈마는 비법(非法)이며 취소되어야 한다고 하면서 호소하였다. "나는 범하지 않았으니, 비법으로 나를 드러낼 수 없으며 나를 드러내는 갈마는 이루어지지 않습니다."[77]

범계한 비구가 거죄갈마를 내린 비구들에게 범계가 아니며, 거죄갈마된 적도 없으며, 거죄되지도 않았다는 이유로 이 승단의 갈마가 비법이며, 주장할 자격이 없는데, 비구를 거죄시켰기 때문이라고 주장하는 내용이다. 그러나 처분을 내린 다른 비구들이 반박하면서 이 비구는 범계하였으며, 그래서 거죄되었으며, 이 승단의 갈마는 법도에 맞아서 취소될 수 없다고 주장할 수 있는 것으로서 거죄된 비구를 따르지 말라고 하였다. 그러나 범계라 생각하지 않는 비구들은 이 갈마를 무효라고 이의를 제기하였다. 범죄에 대한 엇갈린 판단을 하면서 두 파로 나누어진 비구들 간에 분쟁이 발생하였다.

분쟁을 보다 못한 한 비구가 붓다를 찾아가서 어떤 비구가 범계를 저질렀으며 그것으로 인하여 거죄를 당하게 되었음을 알렸다. 그것으로

---

76) 아함(āgama), 아가마는 오늘날 총 183권 2085개 경전을 총칭하는 말이다. 장아함(30권 22경), 중아함(60권 222경), 잡아함(50권 1362경), 증일아함(51권 471경)으로 구성된 4아함을 줄여서 아함이라 부른다. 이것은 한역된 아함경전이며 원전 아함경에 대해서는 지금은 잘 알 수 없다. 불교 교리의 전반부를 담당하고 있는 것이 아함 경전이며 후반부를 담당하는 것이 대승(大乘) 경전이라 불려지고 있다. 최봉수, 『마하 박가3』, 1998, p.290.

77) 『四分律』(T22, 879c), "我不犯, 不成擧非法 擧我羯磨不成."

말미암아 승단에는 다툼과 싸움과 논쟁과 시비가 발생하여 분리되고 나누어지게 될 것이라고 하며 붓다는 승단의 분열을 걱정하면서 훈계하였다.

> "만약 비구들이 이와 같이 대중의 화합이 깨지는 일에 대하여 중하다고 여긴다면 마땅히 저 비구의 죄를 드러내지 말고 그치라. 비구여, 서로 싸우고 욕하고 비방하면서 시비를 가리지 말라. 너희들 모두가 화합으로 함께 거주하면서 같은 스승에게 배우기를 물과 젖이 섞이는 것 같이 하면 불법(佛法)에서 이익을 얻고 편안하리라."[78]

그들이 승단의 분열을 무겁게 여긴다면 스스로 다른 비구들을 믿고서 자신의 범계를 알려야 한다고 두 무리의 비구들에게 승가의 화합(和合)을 위하여 죄가 없어도 승가의 화합을 위해서는 인정하고, 죄가 있어도 승가의 화합을 위해서는 꾸짖지 말라는 마치 물과 젖이 섞이는 것처럼 편안한 중도적 설법이다.

비구들은 붓다의 충고를 들으려고도 하지 않고 계속 분쟁이 계속되자, "만약 고상하고 선하게 지내고 현명한 도반을 얻지 못해 함께 갈 수 없다면 마치 정복당한 나라를 버리고 홀로 떠나는 왕처럼 혼자서 가라. 어리석은 자에게 우정이란 없으니 혼자서 가라. 악을 짓지 마라. 사소한 일에 관심을 두지 마라. 마치 숲속의 코끼리 왕처럼"[79]이라는 게송

---

78) 『四分律』(T22, 880b), "若比丘重 此破僧事者, 不應擧彼比丘罪. 止止比丘 莫鬪諍共相罵詈誹謗 伺求長短. 汝等一切當共齊集同 一師學如水乳合. 利益佛法安樂住."
79) DhpA, iv, pp.29-31; 『남전』3권, p.607. "若し有智善住賢明の同行交友を得ば一切の難に克歡喜正念して俱に行ぜよ若し有善住賢明の同行交友を得ずば獨行せよ, 敗れし國を棄てし王の如く林中の象の如く獨行は殊勝なり, 愚人を交友とすべからず獨行せよ, 惡を作さじれ安穩なること林中の如く" 『南傳大藏經』을 이후부터는 『남전』이라 한다.

을 읊고 자리를 챙기고는 결국 붓다는 코삼비를 떠나 버렸다.

지금까지 알려진 문구로서 수행자들에게 '무소의 뿔처럼 혼자서 가라'라는 구문을 많이 기억하고 있다. 위의 내용에서 보면 "현명한 도반을 얻지 못해서 함께 갈 수 없을 때, 숲속의 코끼리처럼 혼자서 가는 것 같이 수행을 하라"라고 하는 내용이다. 빨리 경전을 해석한 『남전』에서 볼 수 있는 내용으로 『사분율』[80])에는 뒤쪽의 문구만 있어서 이러한 오류를 남길 수도 있다고 본다.

옛날이나 지금이나 논쟁이 많았는가 보다. 붓다를 중심으로 모인 비구중이 붓다의 중재에도 싸움이 그치지 않았다는 것은 당시 붓다가 분파가 되는 것을 걱정한 권고나 설법에 강력하거나, 억지로 한 쪽에 치우치지 않았다는 의미며 수행자들의 결정을 존중한 것으로 유추할 수 있다. 붓다는 자율적으로 바른지, 그른지를 결정할 수 있는 수행자의 인지능력을 믿었던 것으로 보인다.

3) 분쟁 해결

당시는 신자들에 의한 보시와 공양을 받아야 생활이 영위되는 시기였다. 따라서 신자들이 매우 중요한 위치를 점하고 있었다. 신자들은 비구들이 논쟁으로 인하여 분파된 사실을 알고는 비구들에게 보시하는 것을 중단하였다. 신자들이 외면하면서 코삼비의 비구들은 다시 붓다를 찾아서 사위성에 갈 수밖에 없었다. 먼저 범계자 비구가 참회(懺悔)하여 복권을 호소하였고, 붓다는 복권을 인정해 주었다. 복권을 인정하는 방법에는 절차가 필요하다.

---

80) 『사분율』(T22, 882c).

화합(和合)을 이루는 절차로서 먼저 불참자가 없이 모여서 유능한 비구가 표백하고, 그런 다음 바로 포살 의식을 거행해야 하고 바라제목차를 암송해야 한다. 이러한 절차에 의해서 두 분파의 비구들은 참회하고 화합하게 되었다.

법도에 맞는 승단의 화합에는 두 가지가 있다. 첫째는 분열된 사건이 있는 경우, 그 사건을 조사하지도 않은 채 근거 없이 결론에 도달하여 승단의 화합을 이루는 것을 의미는 없고 문자만 있는 승단의 화합이라 한다. 두 번째는 그 사건을 조사하고 근거를 갖추어 결론에 도달하여 승단의 화합을 이루는 것을 의미와 문자를 모두 갖춘 승단의 화합이라고 한다.

마지막에 분쟁이 일어나서 여러 경우를 거쳐 화합을 이룬 것을 "코삼비에 가장 뛰어난 승리자가 있었는데 범계를 보는 데 시비가 발생하여 거죄갈마를 내려야 할 상황에서 그 범계를 설함과 교구 안, 발라카로나카 마을과 떨어져 있는 앉고 눕는 자리와 균등하게 분배해야 하는 물질적인 소득과 누구에게도 계율에 허물이 없어야 함과 승리자의 가르침과 화합이 설해졌네"라는 내용에서 다툼과 분열 그리고 화합의 과정을 붓다의 우다나의 게송으로 마무리를 지은 것이 인상적이다.

이로 인하여 붓다는 분열하려 할 때 갈마하는 방법, 신자가 봉사하는 방법, 비구니를 지도하는 방법 등[81]을 설하게 되었다. 여러 가지 화합할 수 없는 이유 등이 교단 내에 자리하고 있어서 분열이 일어나게 된 것이다.[82] 증지부경전(增支部經典)에 구수아나율의 동주자는 승단을 파하기

---

81) 『남전』3권, pp.587-591.
82) 이태원,『초기불교 교단생활』, p.321.

위하여 교단에 머물렀는데, 이때 붓다가 4종 인연(四種因緣)[83]을 가지고 있는 사람은 악비구(惡比丘)로서 승가가 파괴되는 것을 기뻐한다고 하였다.

코삼비 비구들이 분쟁하고 있을 때 붓다는 자신업(慈身業), 자구업(慈口業), 자의업(慈意業) 등을 가지고 분쟁을 화합으로 이끄는 6법(法)[84]을 가르쳤다.[85] 율(vinaya)에서는 붓다의 입장에서 그들이 각각 제정된 백(白, anussāvana)이나 창설(唱說)에 의하여 포살이나 승갈마를 행한다면 여법한 행동이라고 하며 "이 비구들과 부동주(不同住)이며, 너희들은 그 비구들과 부동주이기 때문이다"라고 그 이유를 밝혔다. 이것은 현전 승가에서 분쟁으로 인한 쟁사가 발생되어 화합하지 못하고 분열한 경우 그들 서로가 부동주가 되므로 각각 계를 설정하여 포살이나 갈마 등을 행하게 되면 합법이 된다.

"비구여, 다음과 같은 2종의 부동주의 근거가 있다. '그것은 먼저 스스로를 부동주로 하는 것이다. 다음은 승가가 화합하여 그를 불견(不見), 불참회(不懺悔), 불사(不捨)로 거죄하는 것이다.' 이어서 2종의 동주지(同住地)에 대하여도 다음과 같다. '비구여, 다음과 같은 동주의 근거 2종이 있다. 먼저 스스로 자신을 동주로 하는 것이며, 다음은 승가가 화합하여 그를 불견, 불참회, 불사로 해죄(解罪)하는 것이다."[86]

---

83) 『남전』3권, pp.418-419. 파계(破戒), 사견(邪見), 사명(邪命), 이양(利養) 등으로 이러한 견해를 가지고 있는 악비구(惡比丘)가 승가(僧伽)를 파괴한다고 하였다.
84) 이태원, 『초기불교 교단생활』, p.320. "6법은 염불(念佛), 염법(念法), 염승(念僧), 염계(念戒), 염시(善施), 염천(念天) 등."
85) 『남전』10권, pp.54-57.
86) Vinayapiṭakaṃ, 1, p.340. 대한불교조계종 교육원 불학연구소 편찬, 『계율과 불교 윤리』, pp.151-152.

이것은 붓다가 쟁사 중인 비구들에게 4종의 멸쟁하는 대처 방법을 설한 것으로 쟁사 중에 있는 비구들이라도 불교 승가의 비구임을 인정하고 있음을 알 수 있으며 이 대처 방법 또한 정법이라 할 수 있다.

3. 데바닷다의 오법(五法) 논란

1) 파승가자로서의 데바닷다

파승(破僧, saṃghabheda)이란 화합승이 깨진 상태를 의미한다. 여기서, 화합승(和合僧, samagga saṃgha)이란 동일한 계(界) 안에 거주하는 비구들이 포살[87]이나 자자(自恣), 갈마(羯磨)와 같은 승단 행사를 함께 실행하는 것을 의미하며, 파승이란 동일한 계(界) 안에서 각각 나뉘어서 이와 같은 행사를 실행하는 것을 말한다.[88] 빨리율에서, 파승이란 경계 설정에 의해 형성된 작은 규모의 개개의 지방 승가, 즉 현전 승가에서 집단행사인 갈마의 실행을 둘러싸고 발생하는 분열이다.[89]

---

87) 원래 포살이라는 승단 행사는 그 자체 승단의 화합과 관련하여 매우 중요한 의미를 갖는다. 원래는 승단의 청정함을 확인하는 것을 주된 목적으로 하는 의식이었다. 그러나 점차 포살은 승단의 화합을 상징하는 의식으로서도 중요한 의미를 지니게 된다.-포살은 승단이 생명으로 하는 화합을 상징하는 가장 중요한 의식, 평소 화합 상태를 점검하는 의식, 분열했던 승단을 화합승으로 되살려내는 힘을 지니는 의식이었다. 이자랑, 「승가화합과 포살」, 『불교학연구』, 서울: 불교학연구회, 2004, p.58.

88) 佐々木 閑, 『印度佛教変移論』, 東京: 大藏出版, 2000, pp.68-69; 이자랑, 「승가화합과 포살」, 『불교학연구』, 서울: 불교학연구회, 2004, pp.57-59.

89) 이자랑, 「승가화합의 판단 기준에 관하여」, 『계율의 현대적 재조명』, 서울: 불교학연구회,

파승에는 파법륜승(破法輪僧, cakrabheda)과 파갈마승(破羯磨僧, karmabheda)의 두 종류가 있다. 이 중 파갈마승이란 동일한 계 안의 비구들이 각각 포살이나 자자, 갈마를 실행하는 것이다. 파법륜은 각 승단을 구성할 4명씩의 비구와 함께 붓다의 말씀에 반하는 주장을 할 한 명의 비구를 포함하여 전부 9명 이상의 비구가 필요하다.[90] 파법륜승은 불설(佛說)에 반대되는 이설(異說)을 제창하는 것에 의해 도당을 모으고 독자적인 집단을 결성하는 것을 의미한다. 이때 파승의 종류에 따라 최소한의 필요 인원수에도 차이가 있다. 승단의 최소구성인원은 4명이므로, 파갈마승일 경우에는 각각 승단 행사를 할 수 있는 각 4명씩의 비구, 즉 전부 8명 이상의 비구가 있으면 가능하다.[91]

『마하승기율』[92]에서는 파갈마승만이 파승의 정의로 사용되고[93] 있는데 데바닷다의 파승 사건과 관련하여 데바닷다가 동일한 경계 안에서 자신들끼리 포살을 행한 것이 파승의 기준이 되고 있음을 전하고 있다.[94] "모든 자가 파승을 원하고 있지 않아도, 주처, 계를 하나로 하면서 포살이나 자자, 승단 행사를 각각 행한다면 이것을 파승이라고 한다."[95]

여기서는 같이 거주하면서도 승단 행사 등을 같이 하지 않으면 파승이라고 하고 있다. 한편, 『십송율』에서는 파법륜승만이 파승의 정의로

2008, p.7.
90) 佐々木 閑, 『印度佛教変移論』, 東京: 大藏出版, 2000, pp.78-79; 佐々木閑 지음, 이자랑 옮김, 『인도불교의 변천』, 동국대학교출판부, 2007, pp.140-141
91) 이자랑, 「惡見 주장자에 대한 불교승단의 입장(2)-別住行法을 중심으로-」, 『大覺思想』제7, 서울: 대각사상연구원. 2004, p.279.
92) 『마하승기율』(T22, 1425). 불타발타라와 법현의 공역이며 대중부의 율장이다.
93) 『마하승기율』권32(T22,489);『마하승기율』,「명잡송발거법」권4(T22, 442c-443a).
94) 이자랑, 「승단 화합과 화합 포살」, 『불교학연구』제8호, 서울: 불교학연구회, 2004, p.60. 각주11) 인용.
95) 『마하승기율』권26 (T22, 441a), "復不一切欲破僧, 但一住處, 共一界 別衆布薩 別自恣, 別作僧事 是名破僧."

사용되고 있는데 즉 잘못된 주장을 제안하는 것과 이 안건을 가지고 투표를 행하는 것이다. 잘못된 교리를 제안하여 사람들을 현혹시켜 분열하게 만드는 것을 파승이라 하고 있다.

파승의 정의를 파법륜승으로『마하승기율』의 파승 정의와는 다르다.[96] 그리고 빨리율,[97]『사분율』,『오분율』은 이 두 가지 파승의 정의가 혼재해 있다.[98]『사분율』과『오분율』에서는 8명 이상의 비구가 필요하며『빨리율』과『십송율』에서는 파승하기 위해서는 9명의 비구가 필요하다. 각각의 승단을 형성할 4명씩의 비구들과 함께 법을 법이 아니라고 설하는 등의 18사, 내지 14사를 주장하는 자를 따로 헤아리고 있기 때문이다.[99]『마하승기율』의 '자신들끼리 각각 포살 의식을 실행하는 것'과『십송율』의 '석가모니의 교설에 반하는 주장을 제창하고, 동료를 모아 별개의 집단을 만든 것'에서, 파승이 실행되는 장면에서 파승 개념의 모순을 보이고 있다.

『파승사』는 객관성을 위주로 제작된 문헌이라기보다는 강한 호불론(護佛論)적인 성향으로 제작된 전적이다. 데바닷다의 교의가 불교와 대체로 일치한다는 것은 이러한『파승사』권10의 기록이 의도된 왜곡임을 단적으로 나타내 준다고 할 수가 있기 때문이다.[100] 5법이 율적인 부분과 관련하여『십송율』권36,[101]『살바다비니비바사』권3,[102]『마하승기

---

96) 『十誦律』37(T23, 266b); 이자랑,「惡見 주장자에 대한 불교승단의 입장(2)-別住行法을 중심으로-」,『大覺思想』제7, 서울: 대각사상연구원, 2004, p.61.
97) Vinaya piṭaka, vol. ii, 204.
98) 『四分律』46 (T22, 913b),『오분율』25 (T22, 166a).
99) Vinaya piṭaka, vol. ii, pp.203-204;『十誦律』37 (T23, 266b-267a).
100) 염중섭,「율장의 파승사 연구」, 成均館大學校大學院 博士學位論文, 서울: 成均館 大學校大學院 東洋哲學科, 2008, pp.227-228.
101) 『十誦律』36, 雜誦第一 調達事上(T23, 25ab), "非律說律 律說非律."
102) 『薩婆多毘尼毘婆沙』, 第十破僧戒(T23, 524a), "非律說律者 五法非律 說言是律."

율』권7 등에서 확인이 된다.

"붓다께서 왕사성에 머무셨는데 자세한 설명은 위와 같으므로 생략한다. 그때에 제바닷다가 화합 승단을 파괴하고자 하여 부지런히 방편을 써서 승단 파괴하는 일을 집지했다. 그래서 12수다라의 계서와 4바라이와 13승가바시사와 2부정법과 30니살기바야제와 92바야제와 4바라제제사니와 중학법과 7멸쟁법과 수순법을 제정치 않은 것을 제정하고, … 『본생경』과 방광과 미증유법의 9부의 경전에 다시 다른 글귀와 다른 글자와 다른 맛과 다른 뜻을 지어서, 각각 다른 글과 말로 스스로 외우고 익혀 가지며 또한 남에게도 외우고 가지도록 하였다."[103]

붓다와 데바닷다의 대립은 당시의 시대 상황에 따른 문제의식의 관점을 어디에 두는지의 차이로 이해되어야 할 것이다. 데바닷다의 보수적 경향은 당시의 수행문화를 기반으로 한 것이라고 할 수 있다.[104] 현대 동북아 대승불교(大乘佛敎) 지역 불교도들이 지향하는 계율은 초기의 엄격한 분소의(糞掃衣)·걸식(乞食)·수하좌(樹下坐)·진기약(陳棄藥)의 사의법(四依法)과 흡사한 데바닷다 오법 내용과 상통하고 있으며, 율장에 전하는 붓다의 설은 예외 규정도 인정하는 것으로 정법(淨法)적 유연성을 보이고 있는 점에 대하여 생각해 볼 문제이다.

---

103) 『마하승기율』7, 「명승잔계지여」(T22, 281c), "佛住王舍城 廣說如上. 是時提婆達多 欲破和合僧故, 勤方便執持破僧事. 於十二修多羅戒序 四波羅夷, 十三僧伽婆尸沙, 二 不定法, 三十尼薩耆波夜提, 九十二波夜提, 四波羅提提舍尼, 衆學, 滅諍法, 隨順法, 不制者制已制者 … 經本生經, 方廣未曾有法 於此九部經 更作異句異字異 味異義, 各各 異辭說自誦習, 持亦教他誦持."
104) 염중섭, 「율장의 파승사 연구」, 成均館大學校大學院 博士學位論文, 서울: 成均館 大學校大學院 東洋哲學科, 2008, p.230.

2) 데바닷다 오법의 성립 배경

인도 당시 불교 교단은 세속에서 서로 다른 성향과 위치에서 살아왔던 이들이 함께 모여서 수행 생활을 했기 때문에 구성원들 간에 때때로 의견 충돌이 일어나는 것은 피할 수 없는 일이었다.

법과 율에 관한 의견의 불일치로 심각한 쟁사(諍事)가 발생하는 경우가 많았다. 붓다 당시 일어났던 쟁사의 예 중에서 데바닷다[105]의 오법[106]과 율장 대품 코삼비건도에 전해지는 교단 분열 등이 그 대표적이라 할 수 있다.

『율장』에서 법이나 율에 관하여 잘못된 주장을 하는 것으로 데바닷다 오법은 붓다의 가르침을 잘못 이해하여 악견(惡見) 또는 이견(異見)을 주장하는 경우다. 계율에 관한 사소한 이해의 차이로 비구들이 두 그룹으로 나누어져서 다투었다고 한다.[107]

데바닷다 오법을 연구하는 학자들 간에는 삼림 주자로서 승원 주자와의 논쟁을 들었다. 율장 또는 아비달마, 즉 초기문헌에서는 악인으로

---

105) 사사키 시즈카 지음·이자랑 옮김,『인도불교의 변천』, 동국대학교출판부, 2007, p.79 참조. "데바닷다는 석존의 사촌 아우로서 백반왕의 아들이다. 석존이 성도한 뒤에 출가, 아사세왕과 결탁하여 붓다 살해 계획으로 이어지고, 마지막에 동료 네 명과 공모하여 오법을 주장함으로써 파승을 꾀하는 부분에서 끝났다."
106) 오법의 예로서, 걸식으로 얻은 것 외에는 먹지 않는다는 등의 다섯 항목의 엄격주의다.
107) vinaya piṭakaṃ, i , pp.337-360; 이자랑,「惡見 주장자에 대한 불교승단의 입장(2)-別住行法을 중심으로-」,『大覺思想』제7권, 서울: 대각사상연구원, 2004b, p.276. 각주2) 재인용. '데바닷다의 오사 사건은 율장 경분별 승잔죄 제10조와 제11조, 건도부「파승건도」에 상세히 전해진다.; vinaya piṭakaṃ, ii , pp.180-206(파승건도), iii , pp.171-177(승잔죄 제10조와 제11조);『사분율』권4-5(T22, 590b-596c), 권46(T22, .909b-913c);『오분율』권3(T22, 16c-21a), 권25(T22, 164a-166b);『마하승기율』권7(T22,281c-284c), 권26 (T22,442c-443a);『십송율』권4(T23,24b-26b), 권36-37(T23, 257a-267a);『근본설일체유부비나야』권14(T23, 700a-705a);『근본설일체유부비나야파승사』권1-20(T24, 99a-206a).

서 비난 받았었던 것이 대승문헌에서는 악인이 아닌 입장이 되어 예찬하고 있는 것은[108] 시대의 흐름과 환경을 반영한 것으로 보인다. 그리고 데바닷다 건을 계율 문제에 대한 의견의 차이에서 분열[109]이 발생했다고 보는 입장이다.

(1) 오법 제안 배경

데바닷다의 오법(五法)은 『마하승기율』에 기술되어 있지 않으므로 근본분열 이후 상좌부(上座部)에서 나온 것으로 판단된다. 그것은 삼림 주자와 승원 주자의 마찰 결과 나온 것으로 보고 있다. 다자키(田賀龍彦, 1963)와 무케르지(Mukherjee, 1966), 앙드레 바로(Bareau, 1989)를 예를 들어서 주장하고 있다. 데바닷다 오법 전설의 핵심은 임주형(林住型) 불교 지지자들과 승원형(僧院型) 불교 지지자들 간의 논쟁이다. 데바닷다는 엄격한 아란야(阿蘭若)에서 생활하는 것을 표방한 데서 후기 승원 주자들로부터 비난을 받은 것으로 보고 있다.

여러 학자들(Ray, 1994, 170-193)이 임주자(林住者)로서의 확인과 그것이 제 문헌에서는 데바닷다가 악견자(惡見者)로서 그려져 비난받는 원인이라고 한다. 그리고 『마하승기율』에 오법에 대한 기술이 없는 것도 (Bareau, 1989, 佐藤) 상좌부 내부에서 나온 것(田賀龍彦)이라고 보고 있다.[110]

---

108) 이자랑,「初期佛敎敎團の硏究 -サンガの分裂と部派の成立」, 東京大學大學院博士 學位論文 (동경: 東京大學大學院人文社會系硏究科文學部, 2001). pp.177-178.
109) 이자랑,「戒律と敎團」,『佛敎の形成と展開』東京: 敎成出版社, 2010, pp.37-41.
110) 이자랑,「初期佛敎敎團の硏究 -サンガの分裂と部派の成立」, 東京大學大學院博士 學位論文, 동경: 東京大學大學院人文社會系硏究科文學部, 2001, pp.172-300 참조; 각주 44) 참조;이자랑,「율장을 통해 본 승단과 현대사회의 조화」,『한국불교학』제45권, 서울: 한국불교학회, 2006, p.182.

이는 데바닷다의 주장에 대하여 엄격파와 현실주의의 대립 또는 임주형(林住型)과 승원형(僧院型)의 대립으로 본다. 그리고 바로(1989)는 시대의 흐름상 엄격한 고행 생활을 하는 이가 없음으로 해서 제안한 것이라고 역설했다. 레이도 위와 같은 점에 더하여 데바닷다가 '악견자로서 묘사되어 비난되었던 배경을 문제로 보고 있다. 그것은 결점이 없는 수행자로 제 문헌에서 묘사되어 있는 것과 오법에서 보이듯이 임주(林住) 성인이며 이상적 불교를 고심하여 승원형(僧院型) 불교를 부정했다고 지적하고 있다.[111]

이렇게 오법 제안 배경으로 임주형과 승원형의 대립이라는 것을 알 수 있었으며 그것과는 다른 의견을 보이는 것도 있다. 그리고 데바닷다가 붓다의 가르침에서 벗어나 새로운 교단을 세울 때 붓다의 교법과는 다른 주장을 내세웠다. 만약 그러지 않았다면 사람들을 설득하기 힘들었을 것이다. 그것이 오법을 평생 수지해야 하는 수행 방법이다.

(2) 오법 제안에 대한 이견(異見)

사토(佐藤)는 데바닷다 오법은 붓다 만년에 제안된 것으로서 당시 승원화의 안락한 생활을 하는 비구들에 대하여 데바닷다가 비판한 것이라고 주장했다. 다른 율장에는 비구가 지켜야 하는 오법에 관한 기술이 없고 『마하승기율』에만 언급하고 있는 것으로 보아 대중부의 비구들이 오법을 따르고 있었을 가능성이 크다고 보았다. 반면, 다카하시(田賀龍彦)는 데바닷다와 오법은 원래 별개의 전설로서 오법은 근본분열 이후에 상좌부에서 나온 것으로 보았다. 그래서 대중부와 오법은 직접적인 관련이 없는 것이 된다.

---

111) 이자랑, 「初期佛教敎團の研究 -サンガの分裂と部派の成立」, 博士學位論文, p.173.

데바닷다의 특정한 견해에 의한 것이라기보다는 인도의 수행 전통과 연계된 당시의 수행 문화를 기반으로 한 것이라고 할 수가 있다. 창안이 아닌 보수적인 경향으로서 붓다를 계승하려고 했다는 측면이 있다고 보았다. 『근본설일체유부백일갈마』권9의 주석에서 의정은 데바닷다 추종자가 의식과 교설에 있어서 붓다의 가르침과 대동소이함[112]을 밝히고 있다. 데바닷다 오법은 엄격한 고행주의로서 『출요경』에서는 데바닷다가 12두타행과 관법에 통달한 인물이라는 기록[113]이 있으나 붓다의 두타행과는 다르다고 본다.

오법 관련 전적을 보면 율장 경분별 승잔죄 제10조와 제11조, 건도부 '파승건도'에 전한다.[114] 파승건도가 별개로 있다는 것은 파승가자로서 데바닷다를 상정한 것으로 보인다. "당시 인도 사회는 한 집단에서 한 가지 잘못을 하게 되면 모든 안 좋은 것을 덮어씌워 추방하는 제도가 있었다"[115]라고 한다.

3) 데바닷다의 오법 내용

교단 형성 초기의 승단은 엄격한 사의법(四依法, cattāro nissayā)의 원

---

112) 『根本說一切有部百一羯磨』9, 「違惱衆敎白四」(T24, 495c). 염중섭, 「파승사 연구」, 成均館大學校大學院 博士學位論文 서울: 成均館大學校大學院 東洋哲學科, 2008, p.230.
113) 『출요경』(T4, 687b).
114) vinaya piṭakaṃ, ii, pp.180-206(파승건도), iii, pp.171-177(승잔죄 제10조와 제11조).
『사분율』권4-5(T22, 590b-596c), 권46(T22, 909b-913c).
『오분율』권3(T22, 16c-21a), 권25(T22, 164a-166b).
『십송율』권4(T23, 24b-26b), 권36-37(T23, .257a-267a).
『근본설일체유부율』권14(T23, 700a-705a).
『근본설일체유부파승사』권1-20(T24, .99a-206a).
『마하승기율』권18 (T22, 281c-284c), 권26(T22, 442c-443a).
115) 호진 스님이 논문 지도할 때 말씀함.

칙에 근거하여 생활했다. 사의법이란 불교 수행자가 지켜야 되는 의식주 생활에 관한 원칙으로 분소의(糞掃衣, paṃsukūlacīvara), 걸식(乞食, piṇḍiyālpabhojana), 수하좌(樹下坐, rukkhamūlasenāsana), 진기약(陳棄藥, pūtimuttabhesajja)이다. 옷은 죽은 자의 옷이거나 버려진 옷감 등으로 기워 만든 것을 입고, 탁발(托鉢)하여 얻은 음식으로 끼니를 해결하고, 나무 밑에 좌정하여 정진하며, 약은 소의 오줌 같은 것을 사용한다.[116]

이것은 당시 불교 수행자들의 생활 방식이다. 그러나 율장에서는 사의법 외에 다양한 예외 규정을 정식으로 인정함으로써 사실상 의식주 생활에 대하여 상당히 유연한 입장을 취하고[117] 있었다. 이는 붓다께서 교단을 이끌고 있었던 시기였기에 여타 발생한 문제에 대하여 정법(淨法)을 적용하여 적합하게 운용되었던 것이다.

한편 데바오법(提婆五法)은 데바닷다가 오법을 주장하여 화합승(和合僧)을 깨뜨리는 파승죄(破僧罪)를 범한 것으로 그 내용은 다음과 같다.

"①목숨이 다하도록 삼림주자로 살아야 하며 누구라도 마을에 간다면 죄가 된다. ②목숨이 다하도록 항상 걸식한다. 누구라도 초청에 응한다면 죄가 된다. ③목숨이 다하도록 항상 분소의(糞掃衣)를 입는다. 누구라도 신자가 준 가사를 입으면 죄가 된다. ④목숨이 다하도록 항상 나무 밑에서 생활한다. 누구라도 촌락에 들어간다면 죄가 된다. ⑤목숨이 다하도록 항상 생선과 고기를 먹지 않는다. 누구라도 생선과 고기를 먹으면 죄가 된다."[118]

---

116) Vin, ⅰ, pp.57-58. p.96.
117) Vin, ⅰ, pp.171-174; vin, ⅱ, pp.196-197.
118) Vin, ⅱ, p.197.

데바오법에 의하면, 평생 삼림주자(森林住者)로 살아야 하며 촌락에 들어가는 자는 죄를 짓는 것이 된다. 평생 걸식자(乞食者)로 살아야 하며 초대를 받는 자는 죄를 짓는 것이 된다. 평생 분소의자(糞掃衣者)로 살아야 하며 거사의(居士衣, gahapaticivara)를 받는 자는 죄를 짓는 것이 된다. 평생 수하주자(樹下住者)로 살아야 하며 지붕이 있는 곳에 살면 죄를 짓는 것이 된다. 평생 생선과 고기를 먹어서는 안 되며 이를 먹는 자는 죄를 짓는 것이 된다는 것이다. 이 오법의 내용은 빨리율과 한역 제율 간에 약간의 차이가 있다.

①삼림 거주 ②걸식 ③분소의 ④수하좌 ⑤어육 금지의 매우 엄격한 다섯 가지 생활양식이다.[119] 사의법과 비교하면, 앞의 네 가지 조항은 일치하지만, 다른 것은 다섯 번째 식육의 금지이다. 식육을 금하는 외도 중에서도 엄격주의자들인데, 특히 자이나교에서는 불살생을 엄격히 적용하여 어육을 먹지 않는다. 따라서 데바닷다의 주장은 자이나교 등의 엄격주의 내지는 고행주의의 주장[120]에 부합되는 것이다.

오법을 제 율장에서 보면 ①삼림주자(森林住者), ②걸식(乞食), ③분소의(糞掃衣), ④수하좌(樹下坐), ⑤어육(魚肉) 금지 조항에서 조금씩 다른 내용이 보인다. 오법에 대해서는 들고 남이 많은 곳에서 보이고 있지만,

---

[119] Vinaya piṭakaṃ, iii, p.171, "bhikkhū yāvajīvaṃ āraññakā assu, yo gāmantaṃ osareyya vajjaṃ naṃ phuseyya piṇḍapātikā assu, yo nimantanaṃ sādiyeyya vajjaṃ naṃ phuseyya, yāvajīvaṃ paṃsukūlikā assu, yo gahapaticīvaraṃ sādiyeyya vajjaṃ naṃ phuseyya. yāvajīvaṃ rukkhamūlikā assu, yo channaṃ upagaccheyya vajjaṃ naṃ phuseyya, yāvajīvaṃ macchamaṃsaṃ na khādeyyuṃ, yo macchamaṃsaṃ khādeyya vajjaṃ naṃ phuseyya."「사분율」권4(T22,.594b);「오분율」권25(T22,164a);「십송율」권4(T23,24c);「근본설일체유부율」권10(T23,149b).
이자랑,「惡見 주장자에 대한 불교승단의 입장(2)-別住行法을 중심으로-」,「大覺思想」제7, 서울: 대각사상연구원, 2004b, pp.279-280 각주7).
[120] 사토 미츠오, 김호성 옮김,「초기불교 교단과 계율」, 서울: 민족사, 1991, p.50.

오법이라는 명칭만 있는 것은 제외하였으며 내용이 있는 것들만 정리하였다.

(1) 『사분율』권4[121]-①분소의(糞掃衣), ②걸식(乞食), ③노좌(露坐), ④불식어급육(不食魚及肉), ⑤불식소염(不食酥鹽)으로 수하좌 대신 노좌이며 ④, ⑤가 식에 관한 것이다.

(2) 『오분율』권25[122]-①불식염(不食鹽), ②불식소유(不食酥乳), ③불식어육(不食魚肉), ④걸식(乞食), ⑤춘하팔월일로좌동사월일주어초암(春夏八月日露坐冬四月日住於草庵, 봄여름 8개월은 태양 아래에 앉아 있고, 겨울 4개월은 초가집에서 머문다.)

(3) 『십송율』36[123]-①납의(納衣), ②걸식(乞食), ③일식(一食), ④노좌(露坐), ⑤불식육(不食肉)이다. 권37에는 ⑤번의 불담식육어(不噉食肉魚)로 육식과 고기를 자세히 하였다.

(4) 『빨리율』(쭐라왁가 7파승건도; 율장소품)[124]-①임주(林住), ②걸식(乞食), ③분소의(糞掃衣), ④수하좌(樹下坐), ⑤불식어육(不食魚肉).

(5) 『선견율비바사』권13[125]-①아란야처주(阿蘭若處住), ②걸식(乞食), ③분소의(糞掃衣), ④반월수하(半月樹下), ⑤불식어육(不食魚肉).

(6) 『근본설일체유부비나야파승사』권10[126]-①불식유락(不食乳酪), ②불식어육(不食魚肉), ③불식염(不食鹽), ④수용의시유장루적(受用衣時留長縷績), ⑤주촌사내(住村舍內).

---

121) 「十三僧殘之三」(T22, 594b).
122) 「第五分和破僧法」(T22, 164a).
123) 「雜誦第一調達事上」(T23, 259a).
124) 『Vinaya』「cullavagga」七破僧犍度, p.197.
125) 『善見律毘婆沙』13(T24, 768c).
126) 『破僧事』(T24, 149b).

(7) 『근본설일체유부비나야파승사』권11[127]-①불거아란야(不居阿蘭若), ②수하좌(樹下坐), ③걸식(乞食), ④축삼의(畜三衣), ⑤분소복(糞掃服).

(8) 『근본설일체유부비나야파승사』권20[128]-①걸식(乞食), ②분소의(糞掃衣), ③삼의(三衣), ④노좌(露坐).

세 군데가 다르게 되어 있다. 권10에는 치즈를 먹지 않는다. 생선과 고기를 먹지 않는다. 소금을 먹지 않는다. 옷을 받을 때 옷감 그대로 꿰매어 입는다. 촌락의 집에서 살아야 한다.

(9) 『비니모경』권4[129]-①걸식(乞食), ②분소의(糞掃衣), ③불식소염(不食酥鹽), ④불식어육(不食肉魚), ⑤노좌(露坐).

(10) 『출요경』권16[130]-①삼의(三衣), ②걸식(乞食), ③부득식육음혈(不得食肉飮血), ④수하노숙(樹下露宿), ⑤획지금은보물(獲持金銀寶物).

이들 문헌 기록을 살펴보면 고행에 대한 강조임을 알 수 있다. 오법에 대한 파승사에서 다른 권수에는 서로 다른 내용을 싣고 있으나, 고행이라는 기본정신에는 큰 차이가 없다.

경전마다 조금씩 다른 내용을 도표로 보면 다음과 같다.

---

127) 『破僧事』(T24, 153b).
128) 『破僧事』(T24, 202c).
129) 『毘尼母經』(T24, 823a).
130) 『出曜經』「忿怒品 第十五」(T4, 696b).

〈표 2-2〉 오법의 비교

번호	전적	권수	①삼림 거주, ④수하좌(樹下坐)	②걸식	③분소의	⑤불식어육 (不食魚肉)
1	『사분율』	권4	①露坐	②乞食	③糞掃衣	④不食魚及肉, ⑤不食酥鹽
2	『오분율』	권25	①春夏八月日露坐 冬四月日住於草庵	②乞食	×	④不食魚肉, ⑤不食鹽, 不食酥乳,
3	『십송율』	권36	①露坐	②乞食	③納衣	④一食, ⑤不食肉
4	『빨리율』 (쭐라와가)	7	①林住, ④樹下坐	②乞食	③糞掃衣	⑤不食魚肉
5	『선견율비바사』	권13	①阿蘭若處住 ④半月樹下	②乞食	③糞掃衣	⑤不食魚肉
6	『근본설일체유부 비나야파승사』	권10	①受用衣時留長縷績, ④住村舍內	×	×	⑤不食乳酥, 不食魚肉, 不食鹽
7	『근본설일체유부 비나야파승사』	권11	①不居阿蘭若, ④樹下坐	②乞食	③畜三衣, 糞掃服	×
8	『근본설일체유부 비나야파승사』	권20	①露坐	②乞食	③糞掃衣, 三衣	×
9	『비니모경』	권4	①露坐	②乞食	③糞掃衣	④不食酥鹽, ⑤不食肉魚
10	『출요경』	권16	①樹下露宿 ④獲持金銀寶物	②乞食	③三衣	⑤不得食肉飮血

앞의 도표에서 『오분율』에만 분소의가 들어가지 않음을 알 수 있다. 그리고 『근본설일체유부비나야파승사』 권10에는 분소의와 걸식 내용이 없으며 권11, 권20에는 ⑤불식어육(不食魚肉)에 대한 내용이 없다. 주로 의·식·주 가운데 식에 많은 변동이 있음을 보인다.

이와 같은 고행 생활 방식을 실천함으로써 얻을 수 있는 좋은 점에 관하여 데바닷다의 입장에 대해 살펴보면 다음과 같다.

①삼림 거주, ④수하좌

주(住)와 좌(坐)에 대한 것으로 주거 생활은 수하좌(樹下坐)가 기본[131] 원칙이지만, 건물 안에서 생활하는 것도 허용되었고, 점차 공동생활이 일반화되었다. 와좌구 건도에 의하면, 비구들은 원래 임야(arañña)나 나무 밑(rukkhamūla), 산속(pabbata), 동굴(kandara), 계곡(giriguhā), 무덤(susāna), 산림(vanapattha), 노지(ajjhokāsa), 짚더미(palālapuñja) 등에 머무르고 있었는데, 라자가하의 한 장자의 청을 계기로 붓다가 5종의 레나(leṇa)[132]를 허용했다고 한다. 붓다의 허락이 떨어지자, 이 장자는 하루에 60개의 위하라를 지어 승단에 보시했다고 한다.[133] 그리고 좌구를 비롯해서 승단에 필요한 최소한의 것만을 지녀야 하는 것으로 두타행으로 볼 수 있다. 승원 등은 사방 승가의 소유물로 다루어지는 것이 일반적이다. 시대적 변화를 적극적으로 수용하며 더불어 변화해 가는 모습이다.

시대를 달리한 현대의 대승불교권에서는 제2 율장이라 불리는 『백장청규』에 따라서 "하루 일하지 않으면 먹지도 않는다"라는 인도 초기불교에서는 가능하지 않았던 승가의 노동 즉, 「보청법(普請法)」에 대한 것으로 지역에 따라 변화한 계율(戒律)의 대표적인 모델이다. 그것은 개인과 대중이 일을 해야 하며, 그렇게 하여 얻어진 물질을 사중에서 나누어

---

131) Vin, ii, p.146.
132) Vin. i, p.239, "5종의 레나는, 위하라(vihāra, 정사), 앗다요가(aḍḍhayoga, 평루옥), 빠사다(pāsāda, 전루), 함미야(hammiya, 누방), 구하(guhā, 굴원)이다."
133) 이자랑, 「율장을 통해 본 승단과 현대사회의 조화」, 『한국불교학』제45권, 서울: 한국불교학회, 2006, p.194. 재인용. 위하라를 조성하는 구체적인 방법 및 시설물 등에 관해서는 Vin, ii, pp.146-154에 상세한 설명이 보인다. 佐々木閑, 『出家とはなにか』, 東京: 大藏出版, 1999, pp.109-120.

쓰거나 개인이 가질 수 있고, 상황에 따라서는 다르게 쓰일 수도 있다는 것을 보여주는 정법(淨法)이다.

② 걸식

식생활은 하루 1회의 걸식을 통해 재가자로부터 보시받은 음식물로 하루 1회의 식사를 해결하는 것이 기본이다.[134] 걸식(乞食)이든 청식(淸食)이든 식사는 오전 중 한 번으로 끝내야 한다. 정오에서 다음날 일출 때까지는 비시(非時, vikāla)라고 하여 음식물을 취할 수 없다. 바일제법 제37조 '비시식계(非時食戒)'에서는 다음과 같은 규정이 있다.

어떤 비구든 비시에 딱딱한 음식을 먹거나 부드러운 음식을 먹는다면 바일제이다.[135] 후대의 십사(十事) 가운데 취락간정(聚落間淨, kappati ga antarakappo)은 이미 충분히 먹은 자가 마을에 가서 다시 잔식이 아닌 음식을 먹어도 율에 저촉되지 않은 행동으로 인정해 달라는 요구이다. 빨리율에서, "식사를 끝내고 충분히 먹은 자가 '이제 나는 마을에 가야겠다'라고 하며 잔식(殘食)이 아닌 음식을 먹는 것은 율에 위반되지 않는가?"라는 질문에, 이것은 사위성에서 제정된 경분별의 '비잔식(非殘食)의 바일제'를 어기는 것이 되므로 행해서는 안 된다고 판정한다.[136]

현재 대한불교조계종에서는 탁발을 금지하고 있다. 그것은 사찰에서 식사를 해결할 수 있는 상황으로서 굳이 탁발하지 않아도 되기 때문이다. 이것도 또한 사회 환경에 의해 수용되어 변화된 정법(淨法)으로 이해할 수 있다.

---

134) Vin,iv, pp.89-90; 이자랑, 앞의 글(2003c), p.188 각주 28).
135) Vin,iv, pp.85-86.
136) 이자랑, 「淨法(kappa)의 발달을 통해 본 律의 역할-식생활에 관한 정법을 중심으로-」, 『회당학보』16, 2011, pp.398-390.

③ 분소의

분소의는 기본으로 삼의를 착용하는데 삼의(三衣)란 안타회(安陀會, antaravāsaka), 울다라승(鬱多羅僧, uttarāsaṅga), 승가리(僧伽梨, saṅghāṭī)이다. 안타회는 하의 또는 내의이며, 울다라승은 상의로서 외의라고도 하며 포살 등 집회에 참석할 때 입는다. 승가리는 대의(大衣) 혹은 중의(重衣)라고도 하며, 외출복이다. 분소의로 된 이 삼의는 비구의 의생활의 기본이다.[137] 하지만 예외적으로 승가에서 보시물로 받은 거사의를 만드는 재료로 법의를 만드는 것도 허용이 되었다.

"분소의에 열 가지가 있으니, 소가 씹은 옷, 쥐가 쏠은 옷, 태워 먹은 옷, 월경이 묻은 옷, 임산부의 옷, 사당에 버린 옷, 새가 물어가거나 바람에 날려서 무덤 사이에서 주운 옷, 소원으로 이루기를 바라는 옷, 왕에게 직위를 받은 옷, 갔다 왔다 하는 옷, 열 가지가 분소의다."[138]

지금까지 분소의라 하면, 무덤 사이 또는 죽은 자의 옷으로만 인식되었는데, 통칭하여 분소의는 깨끗하지 않은 옷감으로 만든 옷이다. 그리고 우욕의(雨浴衣, vassikasāṭikā)[139]란 목욕할 때 입는 옷을 말한다. 즉 인도는 4개월 동안 우기에 접어드는데, 이때 출가자들은 빗물을 이용하여 목욕한다. 출가자의 신분으로 알몸으로 목욕할 수는 없으므로, 이때 옷을 입고 비를 맞으며 몸을 씻게 되는데, 이 옷을 우욕의라고 한다. 우욕

---

137) vin, ii, p.272. 비구니 등의 출가자는 삼의 외 수욕의(水浴衣, udaksāṭikā)와 부견의(覆肩衣, saṅkacchika)의 두 가지 옷이 더 필요하다. 수욕의는 목욕할 때 착용하는 옷이며, 부견의는 흉부를 덮어 감추기 위한 옷으로 외부로 걸식하러 갈 때 반드시 착용해야 한다.
138) 『오분율』(T22, 39), "若比丘 非時食者 波逸制."
139) 『오분율』(T22, 198b).

의는 우기 4개월 동안은 다른 출가자들에게 줄 수 없지만, 우기가 끝난 후에는 주어도 된다.[140] 빨리율 대건도에는 붓다가 초기 전도생활 동안 분소의를 착용했다는 기술이 발견된다.[141]

⑤ 생선과 고기를 먹지 않음

이는 미식에 속하는 것으로 어떤 비구든 이와 같은 맛있는 음식을 병에 걸리지 않았으면서 자신을 위해 구걸하여 먹는다면 바일제이다.[142] 5법 중 불식유락(不食乳酪)이 등장하는 것은 광율 중 『오분율』뿐이며, 그 외는 모두 후대의 자료들에 지나지 않는다.[143] 불식유락(不食乳酪)을 불식어육(不食魚肉)의 연장선상에서 이해하고자 하였으며, 유사한 주장을 하고 있다.[144]

그리고 이것은 두타행과 아울러 불살생의 관점이 작용하고 있다고 오법과 연결하였으며 당시의 문화 배경적인 요청에 기인한 공통성에 기반을 두고 있는[145] 것이라고 했다. 한역 제율에서도 다소의 차이가 있다. 『사분율』에서는 만족한 식사를 하고 연유·기름·꿀·생연·석밀(石蜜)을 먹는 것이라[146]고 하고, 『오분율』에서는 연유·기름·꿀·석밀을 섞은 것이며, 『십송율』에서는 생유와 버터, 연유를 섞은 것으로 되어 있다. 식사를 마친 후에 잔식법을 행하지 않고 이것들을 먹어도 좋은가 하는

---

140) 佐々木閑, 『出家とはなにか』, 東京: 大藏出版, 1999, pp.128-129; 이자랑, 앞의 글 (2004b), p. 290 각주 29) 참조.
141) Vin, ⅰ, pp.28-29; 이자랑, 「『빨리율』에 나타난 수행자의 생활상」, 『한국불교학』제55권, 서울: 한국불교학회, 2009, p.179 각주 6) 참조.
142) Vin, iv, p.88.
143) 염중섭, 「파승사연구」, 博士學位論文(2008), p.218. 각주 504) 참조.
144) 나라 야스아키 저·정호영 옮김, 『인도 불교』, 민족사, 1994, p.89.
145) 염중섭, 앞의 논문(2008), p.227. 각주 537) 참조.
146) 『사분율』(T22, 970a), "得合"; 『선견율비바사』, "生和合淨."

점이다. 여기서 보면 잔식법으로서의 허용과 허용하지 않음을 논하는 것으로 보아 이미 이러한 것을 먹을 수 있는 법이 있었다고 보인다.

연유·기름·꿀·석밀 등은 오종약(五種藥)에 속하는 것으로 병이 있다는 전제하에 복용할 수 있는 것들로서 정해진 시간이 아니거나 비시(非時)의 제한을 받으며 약품 비축에 있어서 7일을 넘겨서는 안 된다.[147] 바일제법 제37조 '비시식계(非時食戒)'-어떤 비구든 비시에 딱딱한 음식을 먹거나 부드러운 음식을 먹는다면 바일제이다.[148] 보시받은 음식물이라면 대부분 먹을 수 있다. 단, 음식에 대해서는 점차 고기의 종류 등을 제한해 가는 방향으로 바뀌어 가게 된다.[149] 정식과는 달리, 비정식의 내용은 구체적으로 알 수 없으나, 한역 율장 등을 참조하면 이렇게 판단할 수 있다.[150]

이러한 오법은 사의와 매우 흡사한 주장을 제시하여 승단을 분열시키고자 하였다. 그러나 그 주장은 "언제 어떠한 경우라도 반드시 지키지 않으면 안 된다"라는 점에서 사의와 본질적으로 다른 것이다.[151]

람길부는 당시 기류에 견주어서 데바닷다 오법을 다섯 가지로 설명하였다.

"① 데바닷다 사건은 붓다 만년에 일어난 승단 가운데 엄격한 고행을 주장하는 자들과 반대하는 자들에 의한 대립 사건이다.

② 데바닷다의 승단 분열과 붓다를 해치려고 한 행위의 묘사를 대중부

---

147) 『사분율』(T22, 147b), "若比丘 非時食者 波逸制."
148) Vin, iv, pp.85-86.
149) 下田正弘, 1997, pp.388-419.
150) 平川彰, 1994, pp.393-394.
151) 佐々木閑, 『出家とはなにか』, 東京: 大藏出版, 1999, pp.26-27.

이외의 부파들의 광율은 비교적 상세히 묘사하고 있다. 그러나 대중부는 간략하게 서술하고 있는 것으로 보아 서로 다른 두 가지 전설이 있음을 나타내는 것이다.

③ 대중부, 설일체유부의 상관 자료들이 모두 데바닷다가 석가족 출신이었다는 점을 언급하고 있는 것은 아니다. 석존의 사촌 동생이었다는 견해가 의심스럽다는 것을 나타낸다.

④ 그러므로 가설을, 아마도 이름이 같은 다른 사람이었을 것이며, 석존의 사촌 동생은 아니었을 것이다.

⑤ 율장의 편찬자들은 석존 열반한 이후 성장한 사람들이었고 승단은 승원에 머물렀던 시기였다. 그들은 고행을 경험할 수 없었기 때문에 데바닷다의 주장을 이해할 수 없었다."[152]

그래서 다수의 힘에 의하여 데바닷다가 추악하게 묘사되는 것은 이러한 심리적 배경 아래에서 조금씩 형성되었다. 앞에서도 언급하였는데 당시 인도의 상황은 죄를 범한 자가 있으면 다른 범죄를 덧붙여서 다른 지역으로 쫓겨 가게 하는 제도가 있었다고 한다. 데바닷다의 수행을 위한 제안이 당시 기류와 맞지 않았기 때문에 죄를 덮어쓰고 악역인이 되었다고 보인다.

데바닷다 오법에 대한 붓다의 대답 내용과는 상관없이 지금의 불교 대승권의 수행자가 이상적으로 여기고 있는 수행자상이 데바닷다 오법과 거의 일치함을 보이고 있다. 착오가 발생한 것이다.

이러한 논쟁은 시대적인 변화로 인한 비구·비구니들의 의식과 생활양식의 차이가 반영된 것으로서 붓다 재세 시에도 해당된다고 본다. 붓

---

152) 람길부 저·원필성 역, 『데바닷다-그는 정말 악인이었는가』, 서울: 운주사, 2004, p.223.

다 멸후 정법 주장자들이 한 주장들은 좀 더 안락한 생활을 위한 것이다. 그러나 붓다 당시와는 확연히 다른 의미로 변하였음을 알 수 있다. 그것은 붓다 멸후 정법(淨法)을 편법(便法)이라는 용어를 사용할 정도로 폄하한 것에 비한다면, 붓다 당시 정법이 성행할 때는 정법(淨法)이 합법(合法)적으로 사용되었다.

여기서 붓다 멸후의 정법 호지 상황과 붓다 재세 당시에 데바닷다의 오법은 상통하고 있었음을 알 수 있다. 붓다의 유무에 따라 계율(戒律)이 우선시 됨과 법(法)이 우선시 됨에서 시대 상황적으로 한 시대에 한 인물만을 인정한 것이다. 예로서 당시 인도 사회에서는 한 가지 죄를 짓게 되면 여러 가지 죄를 더하여 추방되는 풍습이 있었는데, 불교 교단에도 그 영향이 있었던 것이 아닌가 한다. 그 대상이 데바닷다였을 가능성이 있다.

생각이 다르고 문화가 다른 세계의 수많은 공동체들이 인류의 평화와 행복이라는 대전제하에 어긋나지 않는 공동체라면 공존할 수 있다는 진리를 함축한 붓다의 가르침이다. 그리고 역사적 불교 전승에서는 데바닷다는 악도에 떨어지는 과보를 받았다고 하는데 대승불교로 넘어오면서는 승가 원칙인 사의법(四依法)과 비슷한 데바닷다 오법이 정법(正法)으로 오인되어 전해지고 있다.

소승 계법보다 대승 계법이 더 강도가 깊은 이면이 있는데 잘못 이해한 데서 생긴 것이라고 보이며, 생각해 봐야 할 문제이다. 현재 불교가 존재할 수 있는 것은 불제불개변(佛制不改變)의 원칙인 율에 의한 것이 아니다. 실질적으로 생활하는 지역적·환경적인 이유로 수용되어 변하여 진 정법(淨法)에 의한 화합승의 공동체 생활이라고 보이기 때문이다.

4) 오법에 대한 붓다의 입장

데바닷다의 오법 내용은 '①삼림 거주 ②걸식 ③분소의 ④수하좌 ⑤어육금지'로 당시 청정한 계율에 대하여 동경하는 상황을 반영한 것이라고 본다. 데바닷다의 주장은 사문의 수행 생활로 돌아가자는 취지라고 볼 수도 있겠지만, 중도적 관점에서 보면, 한쪽에 치우친 관점이라고 할 수 있다. 붓다는 이미 고행을 버렸었다. 엄격한 고행주의(苦行主義)를 지향하는 데밧닷다의 견해에 대해 반대 의견을 가졌을 것이다.

데바닷다 오법에 붓다의 견해는 적합하게 수용되어 변화된 정법(淨法)이라고 할 수 있다. 붓다 당시 설하신 오법에 대한 대답에서 붓다의 입장을 이해할 수 있는 대목을 보면 다음과 같다.

> "원하는 자는 삼림주자가 되고, 원하는 자는 촌락에 거주하거라.
> 원하는 자는 걸식자가 되고, 원하는 자는 초대를 받거라.
> 원하는 자는 분소의자가 되고, 원하는 자는 거사의를 받거라.
> 8개월 동안 나무 밑에서 좌와(坐臥)할 것을 허락했으며,
> 보지 않고 듣지 않고 의심이 가지 않는 세 가지 점에서 청정한 생선과 고기를 허락했다."[153]

첫째는 삼림에 살아도 되고 촌락에 살아도 된다는 의미다. 당시 이

---

153) Vinaya piṭakaṃ, iii, pp171-172, "alaṃ Devadtta, yo icchati āraññako hotu, yo icchati gāmante viharatu, yoicchati piṇḍapātiko hotu yo icchati nimantanaṃ sādiyatu, yo icchati paṃsukûliko hotu, yo icchati gahapaticīvaraṃ sādiyatu. Aṭṭhamāse khomayāDevadtta, rukkhamūlasenāsanaṃ anuññātaṃ, tikoṭiparisuddhaṃ macchamaṃsaṃ adiṭṭham asutaṃ aparisaṅkitanti"

미 정주형 수행이 보편화된 상태였다. 굳이 고행을 안 해도 되는 상황으로 중도적 관점이었다고 보인다. 둘째는 걸식자가 되도 좋고 청식을 먹어도 좋다는 의미다. 그리고 정어[154]를 사용한 정인(kappiya-kāraka, ārāmika)[155] 등을 통한 방법으로서 정법을 사용하고 있다. 그것은 걸식, 청식이 불가능할 때 과일이나 감자 등 식물류를 대신해야 하는 경우에 대한 붓다의 말씀이 약건도의 내용에서 보인다.

한때 비구들이 라자가하를 향해 오고 있었는데 기근이 든 때라 충분한 음식물을 얻을 수 없었다. 그런데 과실 등이 주변에 있었음에도 정인(淨人)이 없어서 먹지 못했다.

그래서 붓다는 만약 과실 등이 있는 곳에 정인이 없다면 비구들이 스스로 취하여 운반한 후 정인을 발견하면 그것을 땅에 떨어뜨려 정인에게 줍도록 한 후, 그로부터 받아서 먹는 것을 허락한다고 제정했다.[156] 이는 유행하는 곳이 기근과 같은 천재지변 등 피치 못할 사정이 있을 때는 불가피하게 정법(淨法)이 허용되고 있음을 알 수 있다.

그리고 기근 때에는 승가 안에 음식물을 저장하는 것, 승가 안에서 조리하는 것, 스스로 조리하는 행위가 임시로 상황에 따라서 풀리게 되었다.[157] 이렇게 긴급 상황에서 허용되었던 것은 기근이 사라진 후 다시 금지되었다.[158]

---

154) 정어(淨語)란 율의 조목을 어기지 않으면서도 의도하는 바를 상대방에게 전달하여 실행시킬 때 사용하는 말을 의미한다. '이것을 아시오, 이것을 주시오, 이것을 옮기시오, 이것을 원하오, 이것을 정한 것으로 하시오'라는 문장들이 정어의 표현들이다.
155) 정인(淨人)은 비구(니)가 율을 어기지 않도록 정어를 듣고 실행해 주는 사람이다.
156) Vin, ⅰ, p.212; 이자랑, 「淨法(kappa)의 발달을 통해 본 律의 역할-식생활에 관한 정법을 중심으로-」『회당학보』16집, 회당학회, 2011, p.297.
157) Vin, ⅰ, pp.211-212.
158) Vin, ⅰ, p.238.

셋째의 "비구들이여, 거사의를 허락하노라. 원하는 자는 분소의를 사용하고, 원하는 자는 거사의를 착용하라. 어느 것에 의하든 만족(santuṭṭhi)이야말로 내가 칭찬하는 바이니라."[159]

"비구가 소지할 수 있는 옷은 한 벌의 삼의뿐이다."[160]

분소의는 수행 생활의 이상적인 원칙으로만 존재할 뿐 사실상 점차 사용되지 않게 된 것으로 보인다. 붓다 당시에도 여러 벌의 옷을 지녀도 되는 장의계(長衣戒)가 있었던 예에서 변화가 있었음을 알 수 있다.

거사의의 재료로 법의를 입던 비구들이 분소의를 입는 것에 대하여 망설이는 사태가 발생하였다. 그때 붓다는 "비구들아, 거사의를 착용하는 자가 분소의를 입는 것도 허용한다. 나는 그 두 가지 모두에 만족할 줄 아는 것을 찬탄한다"[161]라고 말했다. 여기서 현재를 사는 우리는 반대로 데바닷다와 붓다의 입장을 거꾸로 이해하는 상황인 듯한 생각이 든다.

붓다의 계율관은 중도적으로 한쪽에 치우치지 않고 융통성이 있는 것이었다. 붓다 당시에 살지 않았음에도 억지로 꿰맞추는 것 같은 형태의 율을 우리는 실행이 아닌, 숙명적 사고로 관념적으로 따르고 있지는 않나 생각해 볼 일이다.

네 번째의 "나는 8개월 동안 나무 밑에서 좌와(坐臥)할 것을 허락했으며"에서는 데바닷다는 오로지 한 곳에 거주할 것을 주장하였지만, 붓다가 설한 것을 보면, 8개월 동안이라는 한정적 시간을 한 곳이 아닌 다른 곳에서도 좌와할 수 있다는 의미다.

다섯 번째는 "보지 않고 듣지 않고 의심이 가지 않는 세 가지 점에

---

159) Vin, ⅰ, p. 280; vin, ⅰ, pp.281-282.
160) Vin, ⅱ, p.272.
161) Vin, ⅰ, pp.281-289.

서 청정한 생선과 고기를 허락했다. 의심이 가지 않는 것은 먹어도 좋다"[162]이다. 여기서는 데바닷다의 다섯 번째 어육(魚肉)과 소금·소(蘇)·우유 등을 일체 먹지 않아야 한다는 것에 대한 것이다. 붓다의 대답은 그러한 것을 먹어도 좋다는 것으로서 근본적으로 음식을 가리지 않으면서도 안 먹어도 좋다는 의미를 포함하는 것이다.

오법에 대하여 데바닷다와 붓다의 입장은 두타행의 측면을 주로 주장하는 데바닷다와 중도주의적 붓다가 대립하는 양상을 확인해 볼 수 있게 된다.[163] '지역적인 광범위성, 다양한 문화영역으로 붓다 한 분에 의한 교단의 운영은 한계양상이 나타나는 것으로서 실제로 불교 교단은 붓다가 만년에 이르게 되면, 다소 이완된 양상의 모습을 보이고 있다.[164] 그래서 데바닷다는 이와 같은 교단의 문제점을 보완하기 위해서 중도설을 오법으로 대체하려고 한 것이 아닌가 하는 추론이 가능해진 것이다.[165]

데바닷다 오법 논쟁의 원인은 수행자의 의·식·주에 관한 계율적인 문제이다. 붓다는 기존에 정해진 원칙이 있었음에도 불구하고 형식에 의한 규제보다는 상황에 따른 자발적 선택을 허용하고 있다. 이것은 붓다의 중도적 사고에 바탕을 둔 상황 윤리적인 계율관을 엿볼 수 있는 대목이다.[166]

붓다 당시에 있었던 분쟁의 한 예로서 계율적 차원의 문제로 인해 발

---

162) 『남전』2, p.124; 사토 미츠오, 김호성 역, 『초기불교교단의 계율』, 서울: 민족사, 1991, p.50.
163) 염중섭, 박사학위논문 p.221; 藍吉富, 원필성 譯, 『데바닷다, 그는 정말 惡人이었는가』, 서울: 운주사, 2004, p.49.
164) 中村元, 「釋尊慕人修行僧墮落」, 『原始佛敎成立』, 東京: 春秋社, 1992, pp.360-371.
165) 염중섭, 「파승사 연구」, 博士學位論文, p.226.
166) 김정천, 『불교 수행의 두타행 연구』, 박사학위논문(2003), pp.132-137.

생한 분열 사건으로 보는 견해가 있다. 후대 대승불교권에서 데바닷다 오법(五法)이 정법(正法)으로 잘못 인식되어 자리하고 있다는 점과 대조적이다. 출가인이 세속의 재가자와 떨어질 수 없는 불가분의 관계라는[167] 관점에 대해서도 아닐 수도 있다고 본다. 초기교단의 경우라면 맞을 수도 있으나 지금의 승단은 전적으로가 아닌 관계도 있다. '불법은 보편성과 단일성으로, 승율(僧律)은 민족성과 다양성으로'[168] 구분하였는데 율은 변할 수 있는 것이라는 의미다. 민족성과 다양성뿐만 아니라 환경에 따라 달라질 수 있다고 본다.

불제불개변의 원칙이 분명히 있다. 하지만 대승불교권으로 오면서 중국에서의 청규적 정법(淨法)이 등장했다. 중국 선종 수행자들은 '제2 율장'이라 할 수 있는 청규에 의해서 생활하고 있다. 동북아시아는 인도와 같은 더운 나라가 아니라서 의식주 전체가 다를 수밖에 없다. 그렇다고 승중(僧衆)이 존재하는데 존재하지 않는다고 할 수는 없는 것이다.

민족성과 지역 환경에 맞게 수행해야 한다. '현대사회에서 불교 정법(淨法)의 흔적을 찾아볼 수 없다'고 하거나 남방 불교권에서는 대승권을 볼 때 '율이 없다'고 말하지만, 구족계(具足戒)를 받은 출가수행자가 있고 승가가 존재하는 것은 붓다 재세 시에 정법(淨法)이 있었던 것처럼 현재도 적합하게 수용하여 변화된 정법(淨法)이 존재하고 있음을 보여준다.

이상 율 성립 배경과 정법의 성립을 간단히 살펴보았으며 다음으로 데바닷다의 오법과 오법에 대한 붓다의 정법적인 입장, 그리고 후대에 적합하게 수용되어 변화한 정법(淨法)에 대하여도 살펴보았다. 정법의

---

167) 이자랑, 「초기불교 교단의 종교의식과 생활」, 『불교평론』통권14호, 서울: 불교평론사, 2003, pp.64-88.
168) 片山一良, 「パーリ佛教における相對的規準[Ⅰ] -kappiyaの原義-」, 『駒澤大學佛教學部論集』第19号(駒澤大學佛教學部, 1988), p.508.

발달에 있어서 붓다 당시는 천재지변 등의 환경변화로 인해 기존의 율을 지킬 수 없거나, 새로운 율이 필요한 상황이 발생하면 붓다에 의해서 수정되었으며, 이러한 이유로 붓다 당시는 대립이 발생할 여지가 없었다.

데바닷다의 오법은 정법(淨法)과의 관계에서 본다면, 데바닷다가 율을 고수하는 반면에 붓다는 정법(淨法)에 힘을 더 실었다고 볼 수 있다. 빨리율에서는 사의법(四依法), 즉 의식주와 약에 관한 네 가지 엄격한 생활원칙을 이상으로 제시하였다.

"청식(請食)이나 시의(施衣), 정사(精舍) 등과 같은 예외규정이나 정법(淨法)이라 불리는 일종의 편법 등이 폭넓게 허용되고 있다"[169]에서 정법을 '편법' 또는 '합리화' 등으로 사용하고 있는데 붓다의 법(法)이 편법이나 합리화된 법이 될 수는 없다.

정법(正法)이 아니라는 의미로 편법이란 있을 수 없으며, 붓다의 법이 정법(正法)이라면 정법(淨法) 또한 적합하게 수용하여 변화된 법이 정법(淨法)인 것임을 확실히 인식해야 한다. 그것은 붓다 입멸 후 가섭이 주도한 회의에서 제정된 불제불개변(佛制不改變)의 원칙에 의한 것이지만, 이러한 원칙을 만든 제자들이 오히려 붓다의 법을 어겼다고도 볼 수 있다. 붓다 입멸 후의 생활에서 그 시대와 환경에 따라 율의 변화는 당연한 것이다.

불교 탄생지인 인도에는 현재 불교 유적만이 남아 있을 뿐이다. 그렇다면 테라와다불교, 즉 남방상좌부 불교가 과연 율에 맞게 이어지고 있다고 볼 수 있는가 하는 문제를 제기하고자 한다. 그리고 대승불교권으

---

169) 이자랑, 「빨리율에 나타난 수행자의 생활상」, 『한국불교학』55, 서울: 한국불교학회, 2009, pp.177,179,185.

로 넘어오면서 지역과 환경에 맞게 율이 변형 유지될 수밖에 없었는데, 이 또한 적합하게 수용하여 변화된 불법(佛法)이자 정법(淨法)이다.

우리 출가 승려의 의식주가 편법이 될 수는 없다. 만약, 모든 이러한 정황을 부정한다면 각 지역의 다양한 불교 수행자들이 존재하기 어렵다. 불교 수행은 각 지역 환경에 맞게 이렇게 정법(淨法)으로 면면히 이어져 내려오고 있다고 할 수 있다.

4. 율장(律藏)의 정법(淨法)

율장에서는 비구가 직접 받을 수 없는 금전을 비구를 위해서 옷이나 음식으로 바꾸어 주며, 생과일 등을 죽은 과일로 만들어 주고, 시주가 없는 식물을 취하여서 주는 일 등을 하는 재가인을 정인(淨人, kappiyākaraka)이라 부르고 있다.

적합하지 않은 것을 적합하게 수용하여 변화를 주는 것이며, 금계(禁戒)에 저촉되지 않게 말하는 언어가 정어(淨語)이다. 율장에서 볼 수 있는 정법(淨法)의 예들을 보면 다음과 같다.

1) 주거 관련 정법

붓다 당시에도 이미 정주 생활이 시작되었으므로 비구가 집을 짓고, 땅을 파야 되는 경우가 많았다. 정법(淨法)을 사용한 생활의 변화를 계율에 저촉되지 않게 활용한 예이다.

"만약 비구가 직접 땅을 파거나 사람을 시켜서 파게 하면 바일제(波逸提)이다"[170]라는 계는 『승기율』과 『십송율』에서는 제73계이며 『오분율』에서는 제59계에 속한다. 『유부율』에서는 괴생지학처(壞生地學處), 『사분율』에서는 굴지계(掘地戒)라 한다. 땅을 파면 땅속에 사는 생물을 죽이는 결과를 낳을 수도 있지만, 불생지(不生地)라 하여 생물과 식물이 전혀 없는 땅을 팔 경우는 가벼운 죄인 돌길라죄가 된다.

『승기율』에서 '사람을 시켜 파라고 지시할 때 파라고 (직접) 말하면'에 대하여 『오분율』에서는 건축을 하기 위한 토목공사인 경우 '이를 파라'고 하면 안 된다. 정어(淨語)를 사용하여 '이를 알아서 파시오'라고 해야 하는 것으로 '파시오'라고 하면 바일제를 범하는 것이다. '이것을 보라'[171], '이것을 알라'[172] 등을 정인에게 말하면 범계하지 않은 것이며, 말하지 않으면 돌길라죄가 된다. "만약 비구가 귀신촌(鬼神村)[173]을 허물면 바일제(波逸提)이다."[174]

2) 음식 관련 정법

비구가 생과(生果) 따위를 먹을 때는 집사나 정인(淨人)에게 과일을 상처 나게 한 다음 생과일이 아닌 것으로 만들어 먹는 방법으로서 괴생종

---

170) 『사분율』(T22, 641b) 第十 掘地戒, "若比丘, 自手掘地敎人掘者, 波逸提."
171) 『사분율』(T22, 641b), "若不言看."
172) 『사분율』(T22, 641b), "是如是."
173) 『사분율』(T22, 641c), 귀신 마을 혹은 유정촌(有情村)이라고도 한다. 빨리율에서 bautagāma(生物村)로 되어 있다. 초목에는 모든 귀신 등 곤충류가 의지하여 살고 있기 때문에 이와 같이 부른다.
174) 『사분율』(T22, 641c), "壞生種戒, 若比丘, 鬼神村者 波逸提."

계(壞生種戒)[175]가 있다. 이는 살아 있는 식물 등을 죽이는 것을 금하는 계이다. 계명(戒名)에 괴생종이란 초목에 생명이 있다고 보는 것이며 또 그 초목을 귀신(鬼神), 충류(蟲類)의 마을이라고 보고서 모든 초목을 절단한다든지 파괴하는 것을 금하고 있다.

이것은 비구는 살아 있는 근채, 과일을 날것으로 먹어서는 안 되는 의미다. 그래서 과일 등을 재가인을 시켜서 흠을 내게 하는 등 정법(淨法)을 사용하여 죽은 과일로 만들고 난 다음 비구가 계에 저촉이 되지 않을 때 비로소 먹을 수 있는 것이다.

붓다 재세 시에 만들어진 계였지만, 당시에도 유행하는 비구가 배가 고파서 땅에 떨어져 있는 과일이 있는데 옆에 조력인인 재가인 등이 없을 때는 그 과일을 들고 재가인을 만날 때까지 먹지 않아야 한다. 길을 가다가 재가인을 만나면 다시 과일을 땅에 놓고 재가인이 다시 그 과일을 비구에게 건네주는 방식을 취했다.

지금 이 과정을 생각해 보면, 법이라는 규정이 시대에 따라 걸림돌이 될 수도 있고, 안 될 수도 있는 것으로서 법을 변화하여 수용해 가는 방법론이 당시에도 있었던 것이다. 이 계를 『유부율』에서는 괴생종학처(壞生種學處)라 하고, 『사분율』에서는 괴생종계라 하며, 『오분율』에서는 '생초목(生草木)을 죽이거나 사람을 시켜서 죽여도 바일제(波逸提)'로서 남을 시켜서 죽여도 안 된다는 뜻이다.

같은 맥락으로 바일제 39의 불수식계(不受食戒)는 받지 아니한 음식은 먹지 말라는 내용이다. "만약 비구가 시주가 주는 것을 받지 않고 음식이나 약을 입에 넣으면 바일제죄니라."[176] 이 계는 『빨리율』에서는 40

---

175) 『사분율』(T22, 641c), 괴생종계는 바일제 11에 해당하며 19계이다.
176) 『사분율』(T22, 663c), "若比丘, 不受食 若藥著口中, 波逸提."

계, 『오분율』은 37계, 『승기율』에서는 35계로 계목의 내용이 조금 다르다. 거착구중(擧著口中)은 남에게 받지 않고 스스로 취하는 것으로서 『유부율』과 『사분율』에서는 불수식계로 되어 있으며, 그 의미는 비구가 주인이 없는 물건과 약일지라도 직접 취하여 먹거나, 직접 입안에 넣어서는 안 된다는 뜻이다.

비구는 보시받지 않은 음식물을 스스로 취해서 먹어서는 안 된다. 이런 경우에 정인에게 먼저 취하게 하여 받아서 먹어야 한다. 이 계가 생긴 원인에 분소의자인 한 비구가 묘지에 거주하며 사람들이 선조에게 공양 올린 음식을 취하여 먹는 것을 보고 세간 사람들 사이에 저 비구는 사람고기를 먹는다는 소문이 퍼지면서 비난받은 사건이 발생한 것이 이유[177]로서 수범수제(隨犯隨制)에 의하여 제정되었다. 그리고 주지 않는 것(不與者)은 받지 않는 것이고, 받는(是受者) 방법에 다섯 가지가 있다.

"손으로 주는 것은 손으로 받으며, 손으로 주는 것을 물건(그릇)을 사용하여 받으며, 물건을 사용하여 주는 것을 손으로 받으며, 물건(그릇)을 이용하여 주는 것을 물건(그릇)으로 받으며, 먼 곳에서 물건을 사용하여 줄 때는 받는 이가 중간에 무엇에도 닿지 않게 알아서 주는 것이다."[178]

하지만 물이나 양치하는 양지(楊枝)는 손수 취하여도 된다고 한다. 누군가에 의해서 중요하게 여겨지지 않기 때문에 누군가가 중요시하는 것이라면 범계가 된다는 의미다.

---

177) Vin, ii, pp.287-288.
178) 『사분율』(T22, 663c), "手與手受, 或手與持物受, 若持物授手受, 若持物授持物受, 若遙過物與 與者受者 俱知中間無所觸礙 得墮手中, 是謂五種受."

다음은 바일제 35의 족식계(足食戒)는 음식을 배부르게 먹지 못해 비구들이 몸이 야위고, 얼굴이 초췌해진 데서 연유가 되어 제정된 계이다.

"지금부터 비구들에게 5종 정식(五種正食)으로 밥·국수·건병·생선·고기를 골고루 먹어 배부르게 먹도록 허락하노니, 이 5종 정식 가운데에서 낱낱이 먹으므로 배부르게 하라."[179]

붓다 재세 시에 수행자들이 음식으로 인하여 문제점이 발생하였을 때, 한 번만 먹고는 더 먹지 못하는 일식법(一食法)으로 인하여 비구들의 몸이 초췌하게 되어 족식법이 만들어진 것이다.

3) 의복 관련 정법

진실부정불어취계(眞實不淨不語取戒)는 바일제 59의 불향착의계(不向着衣戒)이다. 맡겨 두었던 옷을 보관인에게 말하지 않고 가져다 입지 않아야 한다는 것이다.

"만약 비구가 비구·비구니·식차마나·사미·사미니에게 옷을 정시할 때 주인에게 묻지 않고 입으면 바일제이다"[180]라는 계는 『십송율』과 『유부율』은 68계이며, 『승기율』에서는 59계이다. 『유부율』은 수타기의 첩착학처(受他寄衣輒著學處)로서 여기에서 진실정시(眞實淨施)의 의미는 니살기바일제 1계에서 옷(衣)의 이정시(二淨施) 가운데 하나이다.

---

179) 『사분율』(T22, 660b), "自今已去聽諸 比丘食五種食, 若飯 若糗 若乾 飯魚 及肉 令 飽足, 於此五種食中 一一食隨所得令飽足."
180) 『사분율』(T22,601c-603a), "若比丘, 淨施比丘 比丘尼 式叉摩那 沙彌 沙彌尼, 衣不問 主輒著者, 波逸提."

비구가 여분의 옷을 얻어서 그것을 합당하게 자기의 것으로 하기 위해서는 '이 옷을 정시의(淨施衣)를 위해 그대에게 준다'라고 하면서 정주(淨主)[181]에게 주는데, 실질적으로는 맡기는 것이다. 하지만 정시의를 정주의 허가 없이 직접 입으면 안 된다. 정시의를 형식적으로 준 것이라 해도 정주에게 '나는 그 옷을 사용하겠다'라고 말하고 나서 사용하여야 한다.

반드시 보관자의 허가를 받아야 하며 무단으로 착용해서는 안 된다고 되어있다. 단 정시(淨施)는 정(淨)을 위해서 주는 것이므로, 시주의 소유권을 인정하고 시주의 사용을 방해해서도 안 된다.

니살기바일제1장의계(長衣戒)에서는 원래 비구의(比丘衣)는 삼의(三衣)[182] 일조(一助)의 외(外)·상(上)·하의(下衣) 이상을 소지해서는 안 되는 것이다. 이러한 이유로 가치나의(迦絺那衣)라는 게 있지만, 예비의 삼의가 필요하게 되어 정법(淨法)으로서 타인에게 주는 형식으로 몇 조의 삼의를 소지하는 일이 인정되었다.

"장의(長衣)를 마련하여 10일 동안 정시(淨施)하지 않고 소지할 수 있다."[183]라는 장의계(長衣戒) 내용에서도 잘 알 수 있다.

장의는 여분의 옷 혹은 의료(衣料)로서 10일 동안은 여분의 삼의(三衣) 및 의료는 가지고 있어도 되지만, 10일 이상 정시(淨施)하지 않고 가지고

---

181) 『사분율』(T22, 601c-603a), 비구·비구니·식차마나·사미·사미니(比丘·比丘尼·式叉摩那·沙彌·沙彌尼) 등을 정주(淨主)라 한다.
182) Vin, ⅰ, pp.288-289. 이자랑, 「빨리율에 나타난 수행자의 생활상」, 『한국불교학』55, 서울: 한국불교학회, 2009, p.181, 각주 10) 인용. "三衣: 안타회(antaravāsaka)와 울다라승(uttarāsaṅg), 승가리(saṅghāti)로 구성된 3의를 말한다. 이외의 우기에 샤워할 때 입는 우욕의(vassasātika), 피부병에 걸려 고름이나 피가 나올 때 옷에 들러 붙지 않도록 상처 부위를 덮기 위하여 사용하는 부창의(kaṇḍupaṭicchādi) 등이 있다."
183) Vin, ⅲ, pp.195-197, "長衣戒."

있어서는 안 된다. 따라서 정시해서 여분의 옷을 가지고 있을 수 있다는 의미다.

니살기 18계에 수축금·은·전계에 비구는 금전을 받거나 저축하거나 하는 것을 금하고 있다. 그래서, 비구의 집사(재가인)에게 금은(金銀)을 주어서 옷을 마련하여 비구에게 주는 것으로 되어 있다. 재가인이 비구를 대신하여 금(金)을 받아서 옷을 마련하여 비구에게 주는 정법이다.

"만일 비구가 자기 손으로 금·은이나, 돈을 갖거나, 남을 시켜 갖거나, 땅에 놓는 것을 받으면 니살기죄이니라. 이것은 내놓을지니, 여기에 내놓는다는 것은, 만일 저 믿음이 있는 사찰을 지키는 사람이나, 우바새가 있거든 말하되 '이것은 나에게 마땅한 바가 아니니, 그대가 마땅히 알아서 해달라' 하여, 만일 저 사람이 받았다가 비구에게 주도록 하며, 비구는 마땅히 저 사람의 물건인 까닭으로 받아서, 정인이 맡아두게 해야 한다."[184]

이 내용을 『유부율』 '촉금·은등학처계(促金銀等學處戒)'에서 보면, 손수 금·은·전을 받아서는 안 되는 것이며, 사람을 시켜 금·은·전을 자기를 위하여 대신 받도록 해서도 안 되며, 손으로 받는 것이 아니며 지상, 즉 땅에 놓아두고 받으라 하는 것을 승인하여 받아서도 안 된다는 의미다.

그러나 오늘날 출가수행자는 현재의 시대 상황에 맞는 금율에 대한 재해석이 필요하다. 인도 불교가 대승불교로 넘어오면서는 직접 노동

---

184) 『사분율』(T22, 619b-619c), "若比丘, 自手捉金銀. 若錢, 敎人捉, 若置地受, 尼薩耆波逸提. 此應捨, 是中捨者, 若彼有信樂守園人, 若優婆塞當語言, 此是我所不應, 汝當知 之, 若彼人取還與比丘者, 比丘當爲彼人物故受 敕淨人使掌之."

을 해야 하는 보청법이 등장하게 되었다. 즉 청규는 완전히 지역 상황에 적합하게 수용되어 변화된 법, 정법(淨法)으로 그 덕분에 대승불교가 오늘날까지 존재한다고 해도 과언이 아니다.

III. 붓다 입멸 후
정법(淨法) 문제

붓다 열반 후 100년쯤 율에 대하여 정비해야 하는 상황이 발생하였다. 최초 아라한들이 모인 500결집에서 회의가 끝날 즈음 아난과 가섭의 대화에서도 분열의 조짐을 감지할 수 있다. 붓다가 병상에 있어서 아난이 소소계의 세세한 내용을 묻지 못한 이유로 가섭이 주도한 회의 결과 불제불개변(佛制不改變)의 원칙을 선포한 내용이다. 이는 보수주의자들의 추구하는 방향이지 진보주의자들의 추구함과는 다른 것으로 이미 문제의 발생을 내포하고 있음을 알 수 있다.

붓다 당시부터 붓다 열반 이후까지 승가에는 크고 작은 논쟁이 많이 있었다. 불교 교단사는 이러한 크고 작은 논쟁을 통해 변화의 물결 속에서 지속되었으며 이는 그 시대를 반영한 역사 문화라 할 수 있다. 이러한 논쟁은 교단이 정비되고 완비되어 가는 과정을 가져왔다. 또한 교단의 크고 작은 논쟁을 자세히 들여다보면 법(Dhama)보다 율(Vinaya), 즉 교리보다는 계율(戒律)에 중점[185]을 두었다는 것을 의미한다.

붓다 당시에도 상황에 따라 변화시켰는데 붓다 멸후에도 또한 변화가 계속되고 있다 하겠다. 소소계의 내용은 정확히는 알 수 없지만 없애도 된다고 한 붓다의 유언이 담고 있는 의미를 고찰할 필요가 있다.

정법(淨法)은 붓다 당시에 어떠한 미세한 상황 등이 발생했을 때 율에 적당한 변화를 주어 실생활에 불편이 없게 대처했던 것으로 붓다 열반으로 인해 소소계의 내용은 알 수는 없으나, 정법으로 시행되었던 내용들과 근접하게 들어갈 수 있는 것으로 이해하는 입장에서 초기불교 정법의 원류가 되는 우빨리 오정법과 칠정법 그리고 소소계와 십사로 인해 승단에 미친 영향을 살펴보고자 한다.

---

185) 申星賢, 「初期佛敎 敎團에서 迦葉과 阿難의 關係」, 『불교학보』36권, 1999, p.253.

1. 결집 전후에 나타난 율 제정과 정법(淨法)

1) 우빨리(Upāli)의 오정법

대중부 전승의 율장 『마하승기율』에서는 제1차 결집에서 편찬된 율의 내용 중 하나로 '오정법(五淨法)'을 거론한다.[186] 오정법은 각 지방이나 특정 승가, 혹은 일반 사회에서 관습적으로 실행되고 있는 행동들과 관련하여 이들이 설령 율(律) 조문에 부합하지 않은 행동이라 해도 현실적 편의를 고려해서 합법성을 인정하려는 것이다.

> 존자 우빨리는 곧 이렇게 생각하였다. '나는 지금 어떻게 율장을 결집할까?' 오정법이다. 법과 율에 부합한다면 수희(隨喜)하고, 법과 율에 부합하지 않는다면 막아야 한다. 무엇이 다섯인가? 제한정(制限淨)·방법정(方法淨)·계행정(戒行淨)·장로정(長老淨)·풍속정(風俗淨)이다. 제한정이란 비구들의 주처에 제한을 만드는 것이니, 사대교에 상응하면 사용하고 상응하지 않으면 버린다. 이것을 제한정이라고 한다. 방법정이란 국토법이 그러하니, 사대교에 상응하면 사용하고 상응하지 않으면 버린다. 이것을 방법정이라고 한다. 계행정이란 '나는 아무개 지계비구가 이러한 법을 행하는 것을 보았다.'라고 한다면, 만약 사대교에 상응하면 사용하고 상응하지 않으면 버린다. 이것을 계행정이라고 한

---

[186] 『마하승기율』에서는 제1차 결집뿐만 아니라, 불멸 후 100년경에 실행된 제2차 결집에서도 역시 오정법을 비롯한 이들 내용이 결집되었다고 전한다.

다. 장로정이란 '나는 장로비구, 즉 존자 사리불이나 목련이 이것을 행하는 것을 보았다.'라고 한다면, 만약 사대교에 상응하면 사용하고 상응하지 않으면 버린다. 이것을 장로정이라고 한다. 풍속정이란 본래의 세속법처럼 얻을 수 없다. 비시식, 음주, 행음 등과 같이 모든 것이 본래 속정이며 출가정은 아니다. 이를 풍속정이라고 한다.

이와 같이 장로들은 만약 여법하다면 수희하고 여법하지 않다면 차단해야 한다. 비구들이 답하기를 상응한다면 사용하고 만약 상응하지 않는다면 임시로 마땅히 차단해야 한다.[187]

『마하승기율』에 의하면 오정법은 우빨리가 결집할 때부터 논란이 되고 있었다는 것을 보여주고 있다.

첫째, 제한정의 의미는 '비구들의 주처에 제한을 만드는 것'이라고 이해할 수 있다. 제2차 결집 때 문제가 되었던 십사비법(十事非法) 중 네 번째 '주처정(住處淨, āvāsakappa)을 연상시킨다. 주처정이란 "같은 계(界) 안에 있는 많은 주처가 개별적으로 포살을 행하는 것"[188]을 말한다. 원래 동일한 계 안에서는 동일 포살을 해야 하는데, 계가 커서 많은 주처가 있을 경우에는 한 곳에 모여 함께 포살을 하는 것이 어렵기 때문에 각 주처마다 포살을 실행할 것을 용인해 달라는 주장이다. 결과적으로

---

187) 『마하승기율』(T22, 492a), "尊者優波離 即作是念. 我今云何結集律藏? 五淨法. 如法如律隨喜, 不如法律者應遮. 何等五 一制限淨, 二方法淨, 三戒行淨, 四長老淨, 五風俗淨, 制限淨者, 諸比丘住處作制限. 與四大教相應者用, 不相應者捨. 是名制限淨. 方法淨者, 國土法爾 與四大教相應者用, 不相應者捨. 是名方法淨. 戒行淨者 我見某持戒 比丘行是法 若與四大教相應者用, 若不相應者捨. 是名戒行淨. 長老淨者, 我見長老比丘, 尊者舍利弗目連行此, 與四大教相應者用, 不相應者捨. 是名長老淨. 風俗淨者, 不得如本俗法 非時食飲酒行婬 如是一切本是俗淨 非出家淨 是名風俗淨. 如是諸長老 若如法者隨喜, 若不如法應遮. 諸比丘答言, 相應者用. 若不相應者, 臨時應當遮."
188) Vin, ii, 300.

이 주장은 포살건도에 보이는 "하나의 주처에 두 개의 포살당을 지어서는 안 되며, 또한 같은 계 안에 거주하는 비구들은 함께 모여 포살을 해야 한다."[189] 『마하승기율』26권에서 제기한 "단일 주처, 공일계(共一界), 별중포살(別衆布薩), 별자자(別自恣), 별작승사(別作僧事)를 파승이라고 명하였다"[190] 같은 율 8권에서 갈마결계 방법으로 광(廣)·약·취락(聚落)·칭명(稱名)·표치(標幟)·수곡(隨曲)·피난(避難)·제방(諸方) 등 각기 다른 설명을 하고 있다. 규정에 근거하여 비법 판정을 받게 된다.[191]

둘째 방법정은 각 국토의 사정에 따라 실행되고 있는 행동을 가리킨다고 생각된다. 각 나라나 지방 특유의 문화·기후·관습 등의 영향으로 불가피하게 실행할 수밖에 없는 행동을 정법으로 다루어 인정해 달라는 것이다. 셋째와 넷째 계행정과 장로정은 권위 있는 비구나 장로의 행동을 준거로 삼아 그 행동을 정법으로 삼고자 한 것이다. 지계 비구나 장로 비구처럼 승가에서 존경받는 비구들이 하는 행동을 정법으로 인정하려는 의도이다. 셋째 풍속정은 세속에서 일반적으로 실행하고 있는 행위 중 율장에 어긋나지 않는 행위를 정법으로 삼으려고 하는 것이다. 풍속정의 내용은 출가하기 전의 음주·비식 등이 합법한 행위가 출가 후 부정한 것이 되는지에 대해 이야기하고 있다. 모든 율장에서 이것에 대한 논의가 있었으며, 출가 전의 나쁜 습관이 승단의 비법을 초래한다고 강조하고 있다.[192]

---

189) Vin, i, 107-108.
190) 『摩訶僧祇律』(T22, 441a), "但一住處, 共一界, 別衆布薩, 別自恣, 別作僧事, 是名破僧."
191) 이자랑, 「『마하승기율』의 오정법(五淨法)과 사대교(四大敎)」, 『동아시아불교문화』43집 2020, p.97. 주처정은 『사분율』에서는 得寺內(제3항목), 『십송률』에서는 如是淨(제5항목)으로 나타나며, 『근본설일체유부율』과 『오분율』에서는 관련 항목을 찾아볼 수 없다.
192) 『五分律』30권(T22, 194a); 『十誦律』60권(T23, 452a); 『根本說一切有部毘奈耶 雜事』40권(T24, 412b).

『마하승기율』에서는 제한정·방법정·계행정·장로정·풍속정의 경우, 그 여법 여부를 사대 교법에 비추어 판단하라고 한다. 즉, 사대 교법에 비추어 보고 상응하면 정법으로서 인정하고, 상응하지 않으면 따라서는 안 된다는 것이다.

정법의 기준이 되는 사대 교법이 무엇인가에 대해 두 가지 제안이 있다. 첫째 제안은 율장 약건도에 나오는 네 가지 '정·부정 결정설'과 관련이 있을 가능성을 제시하고 있다. 둘째 제안은 사대 교법을 『마하빠리닙바나 숫딴따』에 나오는 '짯따로 마하빠데사(cattāro mahāpadesā, 四大敎法)'와 동일시하는 것이다.[193]

먼저 첫 번째 제안 내용을 살펴보자.

> 바로 그때 비구들은 이런저런 점에 대해 의문이 발생했다. "실로 세존에 의해 허용된 것은 무엇이며, 허용되지 않은 것은 무엇인가?"
> 세존에게 이 일을 말씀드렸다.
> "① 비구들아, 나에 의해 '이것은 적합하지 않다'라고 배제되지 않아도, 만약 그것이 부적합한 것에 준하고, 적합한 것에 대치對峙하는 것이라면, 그것은 너희들에 있어 적합하지 않다. ② 비구들아, 나에 의해 '이것은 적합하지 않다'라고 배제되지 않아도, 만약 그것이 적합한 것에 준하고, 적합하지 않은 것에 대치하는 것이라면, 그것은 너희들에게 있어 적합하다. ③ 비구들아, 나에 의해 '이것은 적합하다'라고 허용되지 않아도, 그것이 만약 부적합한 것에 준하며, 적합한 것에 대치하는 것이라면, 그것은 너희들에게 있어 적합하지 않다. ④ 비구들아,

---

193) 이자랑, 「『마하승기율』의 오정법(五淨法)과 사대교(四大敎)」, 『동아시아불교문화』43집, 2020, pp.99-108.

나에 의해 '이것은 적합하다'고 허용되지 않아도, 그것이 만약 적합한 것에 준하며, 부적합한 것에 대치하는 것이라면, 그것은 너희들에게 있어 적합하다."[194]

①과 ②는 붓다가 직접 율에 부합하지 않는다며 배제하지 않은 경우에도 스스로 비추어 보아 상응하면 수용하고, 상응하지 않으면 수용해서는 안 된다는 것이다. ③과 ④는 붓다가 직접 율에 부합하는 것으로서 수용하지 않은 경우에도 스스로 비추어 보아 상응하면 수용하고, 상응하지 않으면 수용해서는 안 된다는 것이다. 붓다가 제정한 율 조항이 없는 경우 정과 부정을 분간하라는 것이다.

사대 교법을 초기불교의 『열반경』의 사대 교법으로 이해하는 경우를 살펴보자. 『열반경』에 의하면, 붓다는 자신의 입멸이 임박한 것을 염두에 두고 사대 교법을 가르치고 있다. 따라서 이 가르침은 붓다 사후 발생할 수 있는 붓다설(佛說)에 관한 분쟁을 예견하고 있는 것으로서, 분쟁이 발생할 경우 어떻게 해결해야 할 것인지를 미리 처방해 주고 있다. 붓다가 제자들에게 3개월 후 입멸할 것임을 알리고 나서 사대 교법(mahapadesa)을 말하고 있다.

---

[194] Vin, i, pp.250-251, "tena kho pana samayena bhikkhūnaṃ kismiñci-kismiñci ṭhāne kukkuccaṃ uppajjati. kiṃ nu kho bhagavatā anuññātaṃ kiṃ ananuññātan ti. bhagavato etam atthaṃ ārocesuṃ. ① yaṃ bhikkhave mayā idaṃ na kappatīti appaṭikkhittaṃ, tañ ce akappiyamanulometi kappiyaṃ paṭibāhati, taṃ vo na kappati. ② yaṃ bhikkhave mayā idaṃ na kappatītiappaṭikkhittaṃ, tañ ce kappiyaṃ anulometi akappiyaṃ paṭibāhati, taṃ vo kappati. ③ yañ cabhikkhave mayā idaṃ kappatīti ananuññātaṃ, tañ ce akappiyaṃ anulometi kappiyaṃ paṭibāhati, taṃ vo na kappati. ④ yaṃ bhikkhave mayā idaṃ kappatīti ananuññātaṃ, tañ ce kappiyaṃ anulometi akappiyaṃ paṭibāhati, taṃ vo kappatīti." 이자랑, 「『마하승기율』의 오정법(五淨法)과 사대교(四大敎)」, 『동아시아불교문화』43집, 2020, p.104에서 재인용.

① 어떤 비구가 "세존으로부터 직접(sammukha) 나는 이것을 들었다. 세존의 입으로 말씀하신 것을 수지했다. 따라서 이것은 법(法)이고, 이것은 율(律)이고 이것은 스승의 가르침(Satthu sāsana)이다"라고 주장할 때, 그 비구의 주장은 칭찬하면서 그대로 받아들여져서도 안 되고, 그렇다고 경멸하면서 배척되어서도 안 된다. 칭찬이나 경멸 없이 그의 문구(文-句, pada-vyañjana)는 주의 깊게 이해되고 경(Sutta)과 대조되고 율(Vinaya)에 대비되어야 한다. 경과 대조되고 율과 대비되었을 때, (옳으면) 다음의 결론을 내릴 수 있다. "이것은 세존의 말씀(Bhagavato vacana)이고, 그 비구에 의해 잘 수지되었다. 만약 그렇지 아니하면 그가 주장하는 바는 거짓으로 결론지어져야 할 것이다."[195)]

② 어떤 비구가 다음과 같이, "어떤 모 주처(住處, āvāsa)에 승가(Saṃgha)가 있다. 장로(thera)와 지도승(pāmokkha)이 있는 그 승가 집단으로부터 나는 이렇게 들었다. 직접 나는 이것을 수지했다. 이것은 법이고, 이것은 율이고, 이것은 스승의 가르침이다"라고 주장할 때, 그 비구의 주장은 칭찬하면서 그대로 받아들여져도 안 되고, 그렇다고 경멸하면서 배척되어서도 안 된다. 칭찬이나 경멸 없이 그의 문구(文-句 pada-

---

195) DN, ii, p.123. "Idha, bhikkhave, bhikkhu evaṃ vadeyya– 'sammukhā metaṃ, āvuso, bhagavato sutaṃ sammukhā paṭiggahitaṃ, ayaṃ dhammo ayaṃ vinayo idaṃ satthusāsanan'ti. Tassa, bhikkhave, bhikkhuno bhāsitaṃ neva abhinanditabbaṃ nappaṭikkositabbaṃ. Anabhinanditvā appaṭikkositvā tāni padabyañjanāni sādhukaṃ uggahetvā sutte osāretabbāni [otāretabbāni], vinaye sandassetabbāni. Tāni ce sutte osāriyamānāni [otāriyamānāni] vinaye sandassiyamānāni na ceva sutte osaranti [otaranti , na ca vinaye sandissanti, niṭṭhamettha gantabbaṃ– 'addhā, idaṃ na ceva tassa bhagavato vacanaṃ; imassa ca bhikkhuno duggahitan'ti. Itihetaṃ, bhikkhave, chaḍḍeyyātha. Tāni ce sutte osāriyamānāni vinaye sandassiyamānāni sutte ceva osaranti, vinaye ca sandissanti, niṭṭhamettha gantabbaṃ– 'addhā, idaṃ tassa bhagavato vacanaṃ; imassa ca bhikkhuno suggahitan'ti. Idaṃ, bhikkhave, paṭhamaṃ mahāpadesaṃ dhāreyyātha.

vyañjana)는 주의 깊게 이해되고 경(Sutta)과 대조되고 율(Vinaya)에 대비되어야 한다. 경과 대조되고 율과 대비되었을 때, (옳으면) 다음의 결론을 내릴 수 있다. "이것은 세존의 말씀(Bhagavato vacana)이고, 그 비구에 의해 잘 수지되었다. 만약 그렇지 아니하면 그가 주장하는 바는 거짓으로 결론지어져야 할 것이다."[196]

③ 어떤 비구가 다음과 같이, "어떤 모 주처(住處, āvāsa)에 많은 (sambahulā) 장로들이 있어, 그들은 학식이 있고(bahussutā), 전통적으로 내려오는 믿음을 수지하고 있고(āgatāgama), 법을 수지하고(dharmma-dharā), 율을 수지하고(vinaya-dharā), 논모를 수지하고(mātikā-dharā) 있다. 이들 장로들로부터 직접 나는 그것을 들었다. 나는 직접 그것을 수지했다. 이것은 법이고, 이것은 율이고, 이것은 스승의 가르침이다"라고 주장할 때, 그 비구의 주장은 칭찬하면서 그대로 받아들여졌어도 안 되고, 그렇다고 경멸하면서 배척되어서도 안 된다. 칭찬이나 경멸 없이 그의 문구(文句, pada-vyañjana)를 주의 깊게 이해되고 경(Sutta)과 대조되고 율(Vinaya)에 대비되어야 한다. 경과 대조되고 율과 대비되었을 때, (옳으면) 다음의 결론을 내릴 수 있다. "이것은 세존의 말씀(Bhagavato

---

196) DN, ii, p.123. "Idha pana, bhikkhave, bhikkhu evaṃ vadeyya- 'amukasmiṃ nāma āvāse saṅgho viharati sathero sapāmokkho. Tassa me saṅghassa sammukhā sutaṃ sammukhā paṭiggahitaṃ, ayaṃ dhammo ayaṃ vinayo idaṃ satthusāsanan'ti. Tassa, bhikkhave, appaṭikkositvā tāni padabyañjanāni sādhukaṃ uggahetvā sutte osāretabbāni, vinaye sandassetabbāni. Tāni ce sutte osāriyamānāni vinaye sandassiyamānāni na ceva sutte osaranti, na ca vinaye sandissanti, niṭṭhamettha gantabbaṃ- 'addhā, idaṃ na ceva tassa bhagavato vacanaṃ; tassa ca saṅghassa duggahitan'ti. Itihetaṃ, bhikkhave, chaḍḍeyyātha. Tāni ce sutte osāriyamānāni vinaye sandassiyamānāni sutte ceva osaranti vinaye ca sandissanti, niṭṭhamettha gantabbaṃ- 'addhā idaṃ tassa bhagavato vacanaṃ; tassa ca saṅghassa suggahitan'ti. Idaṃ, bhikkhave, dutiyaṃ mahāpadesaṃ dhāreyyātha."

vacana)이고, 그 비구에 의해 잘 수지되었다. 만약 그렇지 아니하면 그가 주장하는 바는 거짓으로 결론지어져야 할 것이다."[197]

④ 어떤 비구가 다음과 같이, "어떤 모 주처(āvāsa)에 한 장로가 있어, 그는 학식이 있고(bahussutā), 전통적으로 내려오는 믿음을 수지하고 있고(āgatāgama), 법을 수지하고(dharmma-dhara), 율을 수지하고(vinaya-dhara), 논모를 수지하고(mātikā-dhara) 있다. 이들 장로들로부터 직접 나는 그것을 들었다. 나는 직접 그것을 수지했다. 이것은 법이고, 이것은 율이고, 이것은 스승의 가르침이다"라고 주장할 때, 그 비구의 주장은 칭찬하면서 그대로 받아들여져서도 안 되고, 그렇다고 경멸하면서 배척되어서도 안 된다. 칭찬이나 경멸 없이 그의 문-구(文-句, pada-vyañjana)를 주의 깊게 이해되고 경(Sutta)과 대조되고 율(Vinaya)에 대비되어야 한다. 경과 대조되고 율과 대비되었을 때, (옳으면) 다음의 결론을 내릴 수 있다. "이것은 세존의 말씀(Bhagavato vacana)이고, 그 비구에 의해 잘 수지되었다. 만약 그렇지 아니하면 그가 주장하는 바는 거짓으로 결론지어져야 할 것이다."[198]

---

197) DN, ii, p.123. "Idha pana, bhikkhave, bhikkhu evaṃ vadeyya- 'amukasmiṃ nāma āvāse sambahulā therā bhikkhū viharanti bahussutā āgatāgamā dhammadharā vinayadharā mātikādharā. Tesaṃ me therānaṃ sammukhā sutaṃ sammukhā paṭiggahitaṃ- ayaṃ dhammo ayaṃ vinayo idaṃ satthusāsanan'ti. Tassa, bhikkhave, bhikkhuno bhāsitaṃ neva abhinanditabbaṃ…pe… na ca vinaye sandissanti, niṭṭhamettha gantabbaṃ- 'addhā, idaṃ na ceva tassa bhagavato vacanaṃ; tesañca therānaṃ duggahitan'ti. Itihetaṃ, bhikkhave, chaḍḍeyyātha. Tāni ce sutte osāriyamānāni…pe… vinaye ca sandissanti, niṭṭhamettha gantabbaṃ- 'addhā, idaṃ tassa bhagavato vacanaṃ; tesañca therānaṃ suggahitan'ti. Idaṃ, bhikkhave, tatiyaṃ mahāpadesaṃ dhāreyyātha."
198) DN, ii, pp.123. "Idha pana, bhikkhave, bhikkhu evaṃ vadeyya- 'amukasmiṃ nāma āvāse eko thero bhikkhu viharati bahussuto āgatāgamo dhammadharo vinayadharo mātikādharo. Tassa me therassa sammukhā sutaṃ sammukhā

사대 교법은 불교 경전이 어떻게 불설로서 성립하게 되었는가를 설명해 주고 있다. 어떤 견해가 불설이라고 주장될 때 4종의 근거가 제시된다.

즉 붓다, 승가, 일군의 장로, 일개의 장로의 이름을 들어 불설이라고 주장할 때 그 진위 여부는 경(經)과 율(律)에 의거하여 판단해야 한다는 것이다. 즉 주장하는 바가 경과 율에 합치하면 불설로 받아들이고 그렇지 아니하면 비불설로 보아야 한다는 것이다.

경전의 성립사를 전하고 있는 전승에 의하면, 초기에는 구전 텍스트(oral text)로 상당 기간에 걸쳐 유지되다가 기원 전후에 처음으로 문자화되었다. 붓다가 시설한 법과 율은 비구와 재가 신자들의 기억 속에 집단적으로 남아 있다가 문자화된 것이다. 구전 경전이 문자화된 경전이 되기까지 적지 않은 변화가 있었을 것으로 추정된다. 구전으로 인하여, 붓다의 가르침은 생략되기도 하고 다소 증보되기도 하고, 또 더러는 변경될 수도 있었을 것이다.

'과연 어느 것이 불설(佛說, Buddhavacana)일까'라는 의문은 붓다의 입멸 후 승단에 커다란 문제였음에 틀림없다. 사대 교법은 이러한 승단의 문제를 해결하기 위해 등장한 것이다. 붓다의 입멸 후 법과 율이 어떻

paṭiggahitaṃ- ayaṃ dhammo ayaṃ vinayo idaṃ satthusāsanan'ti. Tassa, bhikkhave, bhikkhuno bhāsitaṃ neva abhinanditabbaṃ nappaṭikkositabbaṃ. Anabhinanditvā appaṭikkositvā tāni padabyañjanāni sādhukaṃ uggahetvā sutte osāritabbāni, vinaye sandassetabbāni. Tāni ce sutte osāriyamānāni vinaye sandassiyamānāni na ceva sutte osaranti, na ca vinaye sandissanti, niṭṭhamettha gantabbaṃ- 'addhā, idaṃ na ceva tassa bhagavato vacanaṃ; tassa ca therassa duggahitan'ti. Itihetaṃ, bhikkhave, chaḍḍeyyātha. Tāni ca sutte osāriyamānāni vinaye sandassiyamānāni sutte ceva osaranti, vinaye ca sandissanti niṭṭhamettha gantabbaṃ- 'addhā idaṃ tassa bhagavato vacanaṃ; tassa ca therassa suggahitan'ti. Idaṃ, bhikkhave, catutthaṃ mahāpadesaṃ dhāreyyātha"

게 불설로서 경전화되었는가를 보여 준 것이라고 생각한다.

사대 교법은 두 단계로 구성되어 있다. 첫 단계는 붓다의 말씀이라고 주장하는 네 부류의 사람들을 일컫고, 두 번째 단계는 첫 단계의 인적 권위를 제어하는 상위의 두 절대적 권위를 이루고 있다. 인적 권위자로 등장하는 것은 네 부류이다: 붓다, 승가, 일군의 장로, 일개의 장로. 붓다는 언급할 필요도 없고, 나머지 세 부류의 인적 권위자는 모두 한결같이 법과 율에 잘 정통하고 있어 사실상 그들 자신이 절대적 권위자로서 역할을 할 수 있는 것으로 이해할 수 있겠다.

붓다의 재세 시, 그들은 모두 붓다의 권위 하에 있었다. 인적 권위자들은 붓다 대신 그의 말씀을 정리하고 체계화한 경전의 권위 하에 놓이게 된 것이다. 사실『열반경』의 사대 교법에서는 이들 인적 권위자들은 경과 율이라는 정착된 문헌에 종속됨에 따라 새로운 요소가 들어오거나 다르게 발전할 여지는 없게 된 것이다.[199]

오정법은 '정법(淨法)'의 문제를 전면에 내세우고 있다는 점에서 대중부만의 독특한 입장을 보여 준다. 이들 다섯 가지 정법의 구체적인 내용에 관해서는 논의의 여지가 있는데, 종합적으로 보면 율장에 규정된 규범, 즉 율(律, vinaya)에 부합하는가 아닌가를 판단해야 하는 정법을 둘러싼 문제들이다. 율에 명시되지 않은 행동일 경우 사대 교법에 비추어 적법 여부를 판단하라는 것은 사대 교법의 경과 율에 근거하여 정법 여부를 결정하라고 권고하고 있다.

대중부는 오정법(五淨法)을 결집 율장의 원칙으로 삼아 이미 확정된 율제(律制)에 대한 학처 진행을 완화할 것을 주장하였다. 상좌부 계통의

---

199) Ray, Reginald A., Buddhist Saints in India. Oxford Uiversity Press, 1994, p.366; p.391. fn 60).

율장은 십사비법을 결집의 주요한 원인으로 삼아 오정법(五淨法)과 십사비법을 두 부파의 율제(律制) 문제의 기본적인 차이점을 드러냈다. 비록 십사비법의 약간의 내용이 오정법(五淨法)과 서로 같은 점이 있지만, 그러나 이 둘 사이에는 다소간의 관점과 입장이 다르다.

2) 칠정법(七淨法)

『십송율』 56권에서 칠정법(七淨法)을 제기하고 있는데, 대중부의 오정법과는 다르다. 오정법은 사대광설(四大廣說)을 그 성립의 전제로 삼고 있어 각 방면에서 사대광설을 근거로 삼고 있다. 오정법과 칠정법의 내용은 율장의 경에는 분별부와 건도부의 유사한 기록이 있는데, 모두 붓다가 제정한 율제(律制)를 기준으로 특수하면서도 예외적인 처리 방법을 찾았다.

정법의 원류에서 보자면, 정법은 최초의 오류와 칠류의 구분으로 볼 수 없으며, 승단의 율제는 구체적으로 실행을 할 때 종종 융통성과 편리성을 가지고 있다.

다음은 칠정법의 내용과 율제 학처에 관한 전반적인 연구와 더불어 정법 발생의 원인과 배경을 보고자 한다.

(1) 승방정법(僧坊淨法)

승방정법은 정사 등 비구의 거처에서 시주 혹은 타인이 잃어버린 귀중품을 발견하거나 습득하게 되면 응당 "누구든지 물건을 돌려준다(誰物黨還)"는 정어(淨語)이다.

『십송율』의 구십바일제에는 다음과 같이 기록되어 있다. "약비구, 약보, 약명보, 약자취, 약어취는 물이 파야제이다." 도선은 『사분율산번보궐행사초』에서 계는 "착보계(捉寶戒)[200]"를 지칭하며, 의정은 『해탈계경근본유부율』에서 "착보학처(捉寶學處)[201]"만을 번역했다. 이 계는 빨리율 바일제법의 84조, 『사분율』의 바일제법의 82조, 『오분율』의 바일제법의 69조, 『마하승기율』의 바일제법의 59조, 『해탈계경』의 69조, 『십송율』 파일제법의 58조, 『근본유부율』의 59조에 있다. 『사분율』의 사타법 제18에는 다음과 같이 기록되어 있다.

"만약 비구가 스스로 돈이나 금은을 받는다거나 사람을 가르친다거나 받을 사람(受者)을 배치하는 것은 니살기바일제(尼薩耆波逸提)이다."[202]

율장은 비록 명확하게 규정하고 있지 않지만, 비구들은 금은 등 재물을 소유할 수 없었다. 더하여 손으로는 재물과 같은 물품은 접촉할 수도 없었다. 그러나 잠시 시주 등은 사람들이 잃어버린 재물에 관해서는 보관할 수 있었는데, 이는 훔치고 싶은 나쁜 마음을 제거하기 위한 상황에서는 보물을 접촉하는 것은 예외로 두었다.

상좌부 계열의 율장은 이러한 계율의 제계의 인연에 관한 기재는 대동소이하며,[203] 대중부의 『마하승기율』은 이것에 대해 다른 기록을 하고 있다.[204] 재가자들은 붓다에게 예를 행할 때나 혹은 교법을 들을 때

---

200) 『四分律刪繁補闕行事鈔』(T40, 88b), "捉寶戒."
201) 『解脫戒經根本有部律』(T23, 845b), "捉寶學處."
202) 『四分律』(T22, 1017c).
203) 『四分律』18권(T22, 691b-692b); 『南傳』2권, pp. 255-258; 『五分律』9권(T22, 64c-65c); 『十誦律』15권(T23, 107b-108b); 『根本說一切有部毘奈耶』40권(T23, 845b-846c).
204) 『摩訶僧祇律』(T22, 369-371).

붓다와 법에 공경을 표하기 위해서 종종 자신들의 장신구들을 바쳤다. 그 이유는 몸에 치장한 화려한 장신구들이 쉽게 교만한 마음을 만들기 때문이다.

『구사론(俱舍論)』 14권에서는 "반드시 장신구와는 멀리해야 하는데, 이는 교만한 마음이 쉽게 생기게 하는 물건이기 때문이다"[205]라고 하였다.

착보계의 내용은 많은 부파들의 기록이 대체로 비슷하나 단지 명칭에 있어서 약간 차이가 있을 뿐이다. 빨리율의 바일제법 84조에 다음과 같이 기록되어 있다.

대중부의 『마하승기율대비구계본』, 법장부의 『사분승계본』, 화지부(化地部)의 『미사색오분계본』, 설일체유부의 『십송비구바라제목차계본』 및 『근본설일체유부계경』 등은 모두 서로 연관이 되어 있다.[206] 중국어로 번역된 많은 계율에서 ratana는 '보(寶)'로 번역되었으며, ratanasammata는 보와 같은 물건 등에 대해 명보(名寶), 사보(似寶), 보류(寶類), 보장식구(寶裝飾具)라 쓰인다.

비구가 된 ārāma 승가람(僧伽藍)·승방(僧坊)·사급(寺及, āvasatha) 기숙처(寄宿處)·숙처(宿處)·주처(住處)·백의사(白衣舍) 등 장소에서 발견된 보 혹은 귀중품과 같은 물건은 잠시 타인을 위해서 보관할 수 있으며 또한 잃어버린 사람을 찾아서 돌려주어야 한다.

승원과 거처를 제외한 다른 곳에서 발견된 귀중품들은 쳐다봐서는 안 된다. 율장에서도 역시 보물 및 보 장식에 관해서는 구체적인 해석

---

205) 『俱舍論』(T29, 75b), "必離嚴飾, 驕逸處故."
206) 『摩訶僧祇律大比丘戒本』(T22, 553a), "만약 비구승이 사는 곳에 보석이 있다면, 그것을 보(寶)라고 명하고, 직접 줍거나, 사람들이 주우면, 거처를 제외한 곳에서 얻게 되면, 바일제(波逸提)이다."

을 하였다.[207]

(2) 임정법(林淨法)과 방사정법(房舍淨法)

산림원에 거처하는 것은 초기불교의 출가승의 행법의 하나였다. 임정법은 즉 숲속에서 수행할 때는 반드시 좋은 자리는 승단 장로 혹은 상수좌에게 먼저 선택하게 해야 한다.

이 규정은 승단의 차제에 대한 것이다. 임정법에 관해서는 『십송율』 34권에 자세히 기록되어 있다.

붓다가 대비구를 이끌고 많은 나라들을 유행하면서 숲속에서 수행할 때, 육군비구(六群比丘) 등이 먼저 좋은 자리를 선점하였다. 붓다의 상수제자 사리불 및 목련 등은 숲 밖에서 숙박하였다. 붓다께서는 "지금 듣고 있는 많은 비구들은 상좌 차례대로 나무 아래에서 숙박하라"[208]라고 하셨다.

방사정법이 제정된 인연과 임정법은 대략 비슷하다. 육군비구 및 그 제자는 승단의 승방을 우선 점유할 수 있게 해 주었다. 승단의 상수장로 사리불 등은 주변 방에서 거처하였다.

붓다께서는 "지금 듣고 있는 상좌 순서에 따라 방사에서 거주하라"[209]라고 하셨다. 동시에 붓다는 승단 방사의 합리적인 분배를 위해서 상좌를 순서대로 분배하는 원칙을 실현하고자 승단의 '침구를 분배

---

207) 보(寶)와 보장식품(寶裝飾品)의 기록에 관해서는 『南傳』2권에 상세히 나타나 있다. pp. 258-259;『四分律』(T22, 692b);『五分律』9권(T22, 65c);『十誦律』15권(T23, 108b);『根本說一切有部毘奈耶』40권(T23, 846c);『摩訶僧祇律』18권(T22, 371a).
208) 『十誦律』(T23, 247b).
209) 『十誦律』(T23, 245a).

하는 사람'을 세웠다. 이러한 임무를 맡을 비구는 반드시 승가 백이갈마로 결정해야 했으며, 약간의 제한적인 조치를 취할 수 있는 사람, 즉 "끄달림·화·공포·어리석음을 배제할 수 있을지 알 수 없다"라고 하는 자는 맡으면 안 된다.

(3) 시정법(時淨法)과 방정법(方淨法)

시정법은 의약과 관련이 있는 법이다. 그중에서도 궁핍한 때에 걸식이 어려운 시기에는 소식을 허락하고, 잔식을 지참하고, 나무열매, 지물 등은 먹어도 된다.[210] 지병이 있을 때나, 소화력이 좋지 못할 때 유지방·기름·꿀·석밀 등을 허가한다.

눈에 질병이 있을 때는 나산선(羅散禪)을 발라라, 옴이 올랐을 때는 고약을 사용하라, 광병일 때는 날고기를, 풍병일 때는 소제나장(酥提羅漿)을, 열병일 때는 수로장(首盧漿)을 사용하는 것을 허가한다.[211] 그리고 특수한 상황에서는 정(淨)을 갈마해야 한다. 승방 밖의 정사에서는 일시적으로 주방을 설치하며 일반적인 상황에서는 인연을 설치하지 않는다.[212]

방정법은 바일제 제37권의 비시식(非時食)과 관련되어 있다. 정오가 지나면 음식을 먹으면 안 된다는 계율은 식사 시간에 관해 명확히 규정이 되어 있다. Aparagoyāna는 서주(西洲)에 위치하고 있고, 남주(南洲)와는 약 여섯 시간 정도 시차가 있다. 이로 인해 식사에 있어서는 반드시 그 지역의 시간이 기준이 되어야 한다.

---

210) 『十誦律』(T23, 190b-191a).
211) 『十誦律』(T23, 184c-185a).
212) 『十誦律』(T23, 190a).

(4) 국토정법(國土淨法)과 의정법(衣淨法)

국토정법은 『마하승기율』의 방정법과 유사한 부분이 있기는 하지만 똑 같지는 않다.

① 유행을 하다가 음식을 땅에 놓기도 하고 스스로 음식을 얻기도 하며 나라를 돌아다녀야 한다.
② 변방의 수계의식에서 다섯 명이라도 구족계를 받을 수 있다.
③ 아엽파가아반제국토(阿葉波伽阿槃提國土)는 한 겹의 가죽신을 맡겨야 한다.
④ 자주 털 담요를 빨아야 한다.
⑤ 눈이 오는 추운 지방[寒雪國土]에서는 장화를 비축해야 한다.

율장의 규정에 "비구는 입의 맛을 허락하지 않았고, 물 및 미루나무 가지를 제하고는 바일제이다." 그중에서 제1항은 바일제법 제39조의 불수식계(不受食戒)의 예외 조항이다.

이상 정법의 내용에는 특수한 예외를 두지 않았고, 구체적인 율조(律條)와 대동소이하다. 붓다는 비구의 십종의 및 반수의(pamsukula), 야마의 등을 허락하였다.[213] 오정법(五淨法) 및 칠정법(七淨法)을 통하여 다음의 결론을 얻을 수 있었다. 먼저 율제(律制)의 특수상황에서는 『마하승기율』의 오정법 혹은 『십송율』의 칠정법은 정법을 활용하였다. 율제(律制) 학처의 마지막 확정은 많은 시간을 거쳐서 수결의 반복을 통하여 승단에 부합하도록 만들어졌다.

---

213) 『四分律』(T23, 197c).

경분별의 기록에 따르면 다소간의 율조는 제정 초기에 두세 차례 수정을 겪었다. 정법은 율장의 경분별과 건도부에서 보이고 있는 것은 율제(律制)의 원칙을 기초로 하고 있다. 율제를 실천하는 중에 구체적인 상황과 결합하여 때에 맞게 수용하여 변화된 예외를 가지게 되었다. 정법의 출현은 구체적인 율제가 실천되어지는 중에 나타나는 약간의 융통성의 변화를 보여 주는 것이다.

그 외에 오정법과 칠정법의 출현은 초기 정법의 원류와 분류이다. 정법의 유사한 내용이 『마하승기율』과 『십송율』에서 보이고 있지만 모든 부파의 율장과 같은 기록을 하고 있다. 경분별부의 핵심과 건도부의 원칙이 구체화된 이후 특수성과 예외가 잇달아 나타나고 있다. 이러한 상황에서 실천된 것이 바로 정법이다. 이렇게 초기불교의 정법은 오정법 혹은 칠정법이라 할 수 있다.

3) 뿌라나의 팔정법

빨리어 율장에 따르면 마하가섭이 주도한 제1차 경전 결집이 막 끝났을 때에 샤카무니 붓다의 다른 제자인 뿌라나(Purāṇa, 富蘭那) 존자가 500명의 비구들과 함께 다끼나기리(Dakkhi-ṇāgiri)로부터 라자가하의 죽림정사에 당도하였다. 하지만 이미 결집이 끝난 상황이어서 마하가섭 주도의 결집을 수용할 것을 제의했지만 뿌라나는 자신이 붓다에게 직접 들은 것이 있다고 하면서 인정할 수 없다며 결집의 수용을 거부했다고 한다.[214]

---

214) 제1차 결집은 마하가섭의 주도하에 칠엽굴에서 이루어졌다 하여 '굴내결집'이라고 부른다. 이와 달리 굴외결집(窟外結集)이 뿌라나를 중심으로 이루어졌다고 한다.

마하가섭의 주도로 결집한 율장에서는 당연히 "출가자는 철저하게 무소유를 지켜야 하며, 유리걸식해야 한다. 무소유의 정신을 지키기 위해 시주자나 정인을 찾아 그에게 받아야 한다"라는 이유에서 금지하였다. 그런데 이들이 주장하는 이 일곱 가지는 뿌라나 존자의 말에 따른다면, 샤카무니 붓다께서 직접 그렇게 해도 된다고 허락한 것이었다고 한다. 또한 뿌라나 존자 본인이 샤카무니 붓다께 그렇게 들은 것이었고, 뿌라나 존자는 샤카무니 붓다의 그 말을 따라 제자들을 이끌고 전도하는 와중에 자신의 승가 안에서 그렇게 해오고 있었다는 것이다.

마하가섭은 뿌라나 존자가 제시한 이 칠사에 대해서 "샤카무니 붓다께서 그렇게 말씀하신 것은 맞다"라고 하면서도 그 일곱 가지는 가뭄이 들어서 음식을 구하기 어려운 상황에서 한시적으로 말한 것이었고, 가뭄이 그친 뒤에는 해지되었다고 했다. 하지만, 뿌라나는 이에 대해서 "나는 그렇게 들은 적이 없다"라고 맞받아 버렸다.

마지막으로 마하가섭의 주도로 이루어진 결집이 끝났을 때, 뒤늦게 뿌라나(Purāṇa) 존자가 500명의 비구들과 함께 다끼나기리(Dakkhi-nāgiri)로부터 라자가하의 죽림정사에 당도하였다고 한다. 하지만 이미 결집이 끝난 상황이어서 마하가섭 주도의 결집을 수용할 것을 제의했지만, 뿌라나는 붓다로부터 직접 들은 가르침이 있다며 결집의 수용을 거부했다고 한다.

또 다른 전승은 굴외결집(窟外結集)이라 하여 미처 참여하지 못한 비구들이 나중에 도착하여 굴 밖에서 따로 바시까(Vassikā, 婆師迦)를 중심으로 결집을 행했다고 한다.

이 같은 이야기는 교단의 위계적 주도권을 넘겨달라는 데바닷다의 요구를 거부한 사례에서 알 수 있듯이 그리고 붓다의 마지막 유훈인 자등명(自燈明)·법등명(法燈明)의 가르침으로 볼 때도, 붓다의 교단은 위계적 차원의 단일한 교주나 후계자를 인정하지 않았던 상황에 연유하고 있음을 보여 준다. 즉 마하가섭 주도의 결집이 결코 대표성을 갖는다고 보지 않으려는 상황이 짐작되는데 이러한 습관성을 말한다.

결집이 끝났을 때 붓다의 큰 제자 가운데 한 사람인 뿌라나가 많은 비구들과 함께 결집 장소에 나타났다. 그는 결집기간 동안 먼 곳을 여행하느라 결집에 참여하지 못했던 것이다.

뿌라나는 가섭에게 요청해서 결집 내용에 대해 모두 들었다. 그러고 나서 그는 자신이 알고 있던 일곱 가지 또는 여덟 가지 계율 문제를 들어 이의를 제기했다. 뿌라나가 문제로 삼은 계율들은 지난 어느 때 세상에 기근(饑饉, 흉년)이 들어 음식 구하기가 어려웠기 때문에 붓다께서 일시적으로 금지를 해제하였다가 기근이 끝나자 모두 본래대로 환원한 것이다.[215]

7조(條) 또는 팔사(八事)의 계율 문제는 『빨리율』·『사분율』·『오분율』·『비니모경』에서만 기술되고 있다. 그러나 『빨리율』과 『비니모경』의 경우는 내용이 아주 간단하게 요약되어 있다.

『사분율』은 『빨리율』의 경우와 달리 전체적인 내용을 기술하고 있다. 뿌라나는 500명의 아라한이 라자가하에서 법과 율을 결집하였다는 소문을 듣고 함께 있던 500명의 비구를 거느리고 그곳에 갔다. 그는 결집을 주재했던 가섭을 만나 결집한 내용을 듣고자 하였다. 그러자 가섭은 비구 승가를 모아 조금 전에 끝낸 결집 내용을 뿌라나를 비롯한 500명을 위해 다시 삼장을 결집했다. 뿌라나는 가섭에게 말했다.

---

215) 『사분율』43, 「약건도」2(T22, 876a); 『오분율』22, 「藥法」(T22, 148b); 『십송률』26, 「약건도」6(T23, 191a).

"대덕이여, 나는 이것을 모두 승인합니다. 그러나 오직 '팔사(八事)'만은 제외합니다. 대덕이여, 나는 직접 붓다께 들어서 잊지 않고 기억하고 있습니다. 붓다께서는 내숙(內宿)·내자(內煮)·자자(自煮)·자취식(自取食)·조기수식(早起受食)·종피지식래(從彼持食來)·약잡과(若雜果)·약지수소출가식자(若池水所出可食者)를 허락하셨습니다. 이와 같은 모든 것은 여식법(餘食法)²¹⁶⁾을 행하지 않고 먹을 수 있다고 허락하셨습니다."²¹⁷⁾

팔사는 여러 율장에서 뿌라나(Pūraṇa)와 관계없이 비구들이 지켜야 할 계의 조문(條文)으로 그 내용에 따라 율장의 여러 부분에 흩어져 실려 있다.²¹⁸⁾

①내숙(內宿, anta-vuttha)이란 음식물을 주거(住居, 界: sīmā, 精舍:āvāsa)에 저장하는 것이다. 비구들은 어떤 지역을 정해서 안거(安居, varṣā) 기간 동안 함께 거주하면서 포살·자자·갈마(布薩·自恣·羯磨)를 비롯한 여러 가지 의식과 행사를 한다. 이 지역이 경계(境界), 즉 씨마(sīmā)인데 이 경계 안에는 정사(精舍 āvāsa)라는 작은 주거(住居)가 다수 있다.

'내숙(內宿)'에서 말하는 주거는 씨마(sīmā)가 아니고 아와싸(āvāsa)이다. 정오가 지난 뒤 비구는 주거에 음식물을 저장(貯藏)할 수 없다. 탁발해서 얻은 음식은 정오를 지나면 '잔식(殘食, 남은 음식)'이 되고, 1일 밤을 지나

---

216) 또는 殘食(=남긴 음식)을 만드는 법이다. 비구가 식사를 하고, '이제 이 이상 필요없다'라고 선언하고[足食] 남긴 음식이 '여식(餘食)'이다. 여식은 식사를 이미 끝낸 다른 비구가 먹을 수 있다. 佐藤密雄의 『原始佛敎敎團の硏究』(pp.626-627)와 平川彰의 『律藏の硏究』(pp.711-712)에 자세한 설명이 있다.
217) 『사분율』54권(T22, 968c), "大德, 迦葉 我盡忍可此事, 唯除八事. 大德, 我親從佛聞 憶持不忘, 佛聽 內宿, 內煮, 自煮, 自取食, 早起受食, 從彼持食來, 若雜果, 若池水所出 可食者, 如是皆聽 不作餘食法得食."
218) 이하 팔사의 논의는 윤병식(호진)의 미발간 원고에 근거하고 있다.

면 숙식(宿食)이 되는데, 비구는 이 음식을 먹을 수 없다. 다른 사람에게 주거나 버려야 한다. 어길 경우 잔숙식계(殘宿食戒)를 범하게 된다. 『십송률』에 의하면, 노지(露地)에 불을 피우는 것은 바일제를 범하지만, 병든 비구의 몸을 따뜻하게 해 주거나 음식을 만들기 위해 불을 피우는 것은 괜찮다.[219]

②내자(內煮, anta-pakka)란 음식물을 거주처에서 만드는 것이다. 비구는 거주처에서 음식물을 만들 수 없다. 음식을 만들기 위해서는 맨땅에 불을 피워야 하므로 이것은 노지연화계(露地燃火戒)를 범하게 된다.[220]

③자자(自煮, sāma-pakka)란 비구가 직접 음식물을 만드는 것이다. 비구는 스스로 음식을 만들 수 없다. 음식물을 만들기 위해서는 곡물이나 여러 가지 채소 등의 생명을 파괴하게 되기 때문이다. 비구는 식물도 함부로 죽일 수 없다. 곡물(穀物)을 삶고 채소를 토막 내는 따위는 바일제의 괴생종계(壞生種戒)를 범하게 된다.[221]

④자취식(自取食)이란 비구가 직접 자신의 손으로 음식을 취하는 것이다. 비구는 반드시 시주(施主)나 정인(淨人, kappiyā-karaka)의 손을 통해 음식을 받아야 한다. 정인이 없을 경우에는 음식을 가지고 정인을 찾아가 그것을 그에게 준 다음 그로부터 그 음식을 받아야 한다. 이것을 어기면 바일제의 불수식계(不受食戒)를 범하게 된다.[222]

⑤조기수식(早起受食)이란 비구가 아침 일찍 일어나 걸식(乞食)을 했지만, 그것을 먹기 전에 신도 집의 초청을 받아서 식사를 했을 경우 청식

---

219) 『사분율』14, 單提法 38[殘宿食戒](T22, 663a); 『오분율』8, 「墮法」39[잔숙식계](T22, 54b); 『십송률』15권(T23, 104c).
220) 『사분율』16(T22, 675b).
221) 『사분율』12(T22, 641c); 『오분율』6(T22, 41c).
222) 『사분율』15, 바일제39(T22, 663c); 『오분율』7, 바일제 37(T22, 53a); 『십송률』13, 바일제 39(T23, 96b).

(請食)이며, 정사에 돌아와 앞서 걸식한 음식을 여식법(餘食法)을 행하지 않고 먹는 것이다. 이것은 불수식계(不受食戒)에 저촉된다.[223]

⑥종피지식래(從彼持食來)란 다른 곳에서 가지고 온 음식이다. 비구가 마을에 들어가 걸식해 한 곳에서 먹은 다음 남은 음식을 정사로 가지고 가서 여식법을 하지 않고 먹는 것이다. 역시 불수식계를 범하게 된다.[224]

⑦약잡과(若雜果)란 과일을 말한다. 비구가 길을 가다가 땅에 떨어져 있는 과일을 보고 먹고자 하면 그것을 주워 정인(淨人)을 찾아 과일을 땅에 놓고 손을 씻은 다음 그에게서 그것을 받아야 한다. 비구가 과일을 땅에 떨어뜨리고, 정인이 그것을 주워 그에게 주도록 해서 받아야 한다. 그렇게 하지 않을 경우 역시 불수식계를 범하게 된다.[225]

⑧약지수소출가식자(若池水所出可食者)란 저수지 물에서 나는 것으로 먹을 수 있는 것을 말한다. 저수지 물에서 자라는 식물 가운데 연뿌리 같은 것을 먹으려고 할 때는 저수지 물을 '정인(淨人)'이라 생각하고 물로부터 취하는 것이다. 이것이 '수상(水想)'으로 음식물이 귀한 곡귀, 기근(穀貴, 飢饉)으로 인한 특별한 상황에서 일시적으로 허용되었다.[226] 평상시에 이것은 바일제의 괴생계(壞生戒)와 불수식계(不受食戒)에 저촉된다. 식물의 생명을 파괴할 뿐 아니라 정인을 통하지 않고 음식물을 가지기 때문이다.[227]

뿌라나는 이 팔사(八事)를 붓다께서 모두 허락하셨다고 주장했다. 가섭은 뿌라나의 주장을 일단 인정했다. 그리고 나서 이전의 어느 때 팔

---

223) 『사분율』43, 「약건도」(T22, 876a).
224) 『사분율』43, 「약건도」(T22, 876b).
225) 『사분율』43, 「약건도」(T22, 876a).
226) 『십송률』26, 「의약법」6(T23, 190c-191a).
227) 『사분율』43, 「약건도」(T22, 876b).

사가 일시적으로 허락되었다가 다시 본래대로 금지하게 된 사정을 설명했다. 흉년이 들어 곡식이 귀해 음식을 구걸하기가 어려웠으므로 붓다께서 비구들을 가엾게 여겨 이 팔사(八事)를 허락하셨다. 그러나 뒷날 풍년이 들어 음식이 풍부해지자 붓다께서는 그것을 다시 제정해서 허락하지 않으셨다. 이것을 환제불청(還制不聽)이라 한다.

뿌라나는 이 말을 듣고, "붓다는 모든 것을 다 아시는 분이므로 제정했다가 다시 허락하시거나, 허락했다가 다시 제정하실 리가 없다"라고 주장했다.

그러자 가섭은, "붓다는 모든 것을 다 아시기 때문에 금지(禁止) 제정했다가 다시 허락하셨고, 허락했다가 다시 제정하실 수 있었다"라고 설명했다. 그러고 나서 그는 한마디로 이 문제를 마무리 지었다. "뿌라나여, 우리는 이와 같은 원칙을 세웠습니다. 즉 '붓다께서 제정하지 않으신 것은 우리도 제정하지 말아야 하고, 붓다께서 제정하신 것은 폐지하지 말아야 하고, 붓다께서 제정하신 대로 계율을 따르고 배워야 한다'라는 것입니다."[228]

이와 같은 가섭의 말에 뿌라나가 취한 반응이나 행동에 대해서는 아무런 언급이 없다. 전후의 정황으로 보아 가섭의 주장이 수용된 것 같다. 왜냐하면, 이후에 이 문제는 다시 제기된 흔적이 없기 때문이다.

『오분율』은 '팔사(八事)' 대신 '7조(條)'를 말하고 있다. "나는 직접 부처님께 '내숙(內宿)·내숙(內熟)·자숙(自熟)·자지식종인수(自持食從人受)·자취과식(自取果食)·취지수수(就池水受)·무정인정과제핵식지(無淨人淨果除核食之)를 허락한다'라고 하신 말씀을 들었습니다."[229] 뿌라나가 말한 7조는 그

---

228) 『사분율』54(T22, 968c).
229) 『오분율』30(T22권, 191c).

이름만으로는 내용을 알기 어렵다. 그래서 같은 『율장』22권의 「식법(食法)」230)과 위에서 본 『사분율』의 '팔사(八事)'에 대한 설명에서 도움을 받아야 한다.

① 내숙(內宿)은 비구가 거주처에 음식을 저장하는 것이다.
② 내숙(內熟)은 비구가 거주처에서 음식을 만드는 것이다.
③ 자숙(自熟)은 비구 자신이 직접 음식을 만드는 것이다.
④ 자지식종인수(自持食從人受)라는 의미는 정인(淨人)이 없을 경우 자기 손으로 음식물을 집어 들고 정인을 찾아 그것을 준 다음 그에게서 받는 것이다.
⑤ 자취과식(自取果食)은 정인이 없을 경우 자기 손으로 과일을 집어 먹는 것이다.
⑥ 취지수수(就池水受)란 저수지 물속에서 자라는 연뿌리 같은 것은 저수지 물을 정인이라 생각하고 그것을 취하는 것이다.
⑦ 무정인정과제핵식지(無淨人淨果除核食之)는 정인이 없을 경우 과일의 씨를 자기 손으로 제거하고 그것을 먹는 것이다.

7조(條) 가운데서 앞의 4조는 『사분율』의 사사(四事)와 동일하다. 단지 ②와 ③의 내자(內煮)와 자자(自煮)를 내숙(內熟)과 자숙(自熟)이라 했고, ④의 자취식(自取食)을 자지식종인수(自持食從人受)라고 했다. 그리고 ⑤의 자취과식(自取果食)과 ⑥의 취지수수(就池水受)는 『사분율』 '팔사' 가운데 ⑦ 약잡과(若雜果)와 ⑧ 약지수소출가식자(若池水所出可食者)와 같은 내용이라는 것을 알 수 있다.

230) 『오분율』22, 「藥法」(T22, 148a).

마지막으로 ⑦ 무정인정과제핵식지(無淨人淨果除核食之)'는 이곳에서만 나오는 내용이다. 과일은 살아 있는 생물(生物)이므로 정인(淨人)이 도정(刀淨)이나 화정(火淨)[231]을 해서 죽은 과일(死果)로 만들어 주어야 비구가 먹을 수 있는데,[232] 정인이 없을 경우 비구 스스로 과일의 씨를 제거함으로써 과일의 생명체인 씨는 죽이지 않고 과육(果肉)을 먹을 수 있게 하도록 한 것 같다.

『오분율』22권「약법(藥法)」에서 비슷한 내용의 설명을 하고 있다. 즉 "어느 때 비구들이 과일을 먹으려고 했는데 정인이 없었기 때문에 작정(作淨: 淨法을 행하는 것) 방법을 묻자 붓다는, 비구 자신이 씨(核)를 제거한 다음 먹는 것을 허락한다"[233]라고 설명했다. 사실 이렇게 함으로써 괴생종계(壞生種戒)를 범하지 않게 되는 것이다.[234]

가섭은 뿌라나에게 이 '일곱 가지 계율 조항(七條)'이 일시적으로 금지가 풀렸다가(開) 뒷날 다시 금지(制)된 사정을 설명했다. 즉 "붓다가 비사리에 있을 때, 기근(飢饉)이 들어 비구들이 걸식하기가 어려웠으므로 7조를 행할 수 있도록 허락했다.

그 후 기근이 끝나자 그곳에서 다시 4조를 금지했으며 뒷날 사위성에서 나머지 3조를 금지했다"[235]는 것이다. 가섭은 결론지었다. "붓다께서 제정하시지 않은 것은 함부로 제정하지 말아야 하고 이미 제정하

---

231) 『십송률』26(T22, 187a), 刀淨이란 칼로써 생과일에 상처를 내는 것이고 火淨이란 그것을 불에 한 번 그슬리는 것이다.
232) 佐藤密雄(崔法慧譯), 『律藏』, p.145.
233) "諸比丘 欲食果 無淨人使淨, 以是白佛 佛言聽先去核 然後食之."
234) 『오분율』30(T22, 148a).
235) 『오분율』30(T22, 191c), "佛在毘舍離時, 世飢饉 乞食難得, 大德此七條者, 故權聽知 後卽於彼還更制四. 至舍衛城 復還制三."

신 것은 어길 수 없습니다. 붓다께서 가르치신 대로 그것을 삼가 배워야 합니다."[236]

정법이 시행되는 시기에 대한 것으로 기근(饑饉)이 들어 곡식이 귀해 걸식하기가 어렵게 되었으므로 붓다가 비구들을 가엾게 여겨 8법을 허락하였다. 그러나 그 뒤 풍년이 들어 곡식이 풍부해져 걸식하기가 쉽게 되었으므로 붓다는 8법을 다시 허락하지 않았다는 가섭의 주장에서 비상시에 허락된 계율을 정법으로 볼 수 있다. "이와 같은 이유로 우리는 붓다의 지시를 따라야 하며 붓다가 금지할 때는 금지하는 것을 따르고 허락할 때는 허락하는 것을 따라야 합니다."[237] 붓다만이 율을 제정하고 변경하거나 폐지할 수 있다는 것을 가섭은 강조하고 있다.

4) 소소계(小小戒) 문제

(1) 소소계의 정의

소소계란 작고 대수롭지 않은 계, 즉 중요하지 않은 계를 의미한다. 발단은 『장아함경(長阿含經)』「유행경(遊行經)」에 붓다 열반 후에 경과 계가 보호할 것이면 소소계를 버려도 된다는 내용이다.

"아난아! 너는 붓다가 열반에 든 후 아무도 보호해 줄 이가 없고 지니고 있는 것을 잃게 되리라고 여기는가? 이렇게 생각하지 마라. 내가 성불한 이후 설한 경(經)과 계(戒)가 너를 보호해 줄 것이고 네가 지녀야

---

236) 『오분율』30(T22, 191c-192a).
237) 『사분율』43(T22, 819a).

할 것이다. 아난아! 오늘부터 모든 비구에게 소소계를 버리는 것을 허락한다. 윗사람과 아랫사람이 서로 화합하고 예의와 법도를 지켜야 할 것이니 이것이 출가승단에서 공경하고 따라야 할 법이다."[238]

이는 입멸 후 붓다를 대신하여 경·율을 수지하라고 가르치고 있다. 소소계를 버리는 것을 허락한다고 가르치고 있는 내용으로 이어서 말하고 있다. 그러나 붓다 멸후 처음으로 열린 결집(결집: 제1 결집)에서 소소계는 전부 그대로 따르는 것으로 결정되었는데 그 전말은 다음과 같다.

"아난이 또 가섭에게 말했다. '나는 친히 붓다로부터 내가 열반에 든 후 소소계를 제거하고자 하면 제거하는 것을 허락한다고 하신 말씀을 들었습니다.'
그러자 가섭이 바로 물었다. '어떤 것을 소소계라고 보는 것입니까?' 아난이 답했다. '알지 못합니다.'
가섭이 물었다. '어째서 알지 못합니까?' 아난이 대답했다. '그 당시 붓다께서는 고통이 심하였으므로 괴롭히는 일이 될까 염려해서였습니다.'라고 답했다."[239]

아난이 붓다가 병중에 계셔서 차마 소소계가 어떤 것인가를 묻지 않

---

238) 『장아함경(長阿含經)』 권4, 「유행경(遊行經)」(T1, 26a26-26a29), "阿難, 汝謂佛滅度後 無復覆護 失所持耶? 勿造斯觀 我成佛來所說經戒 即是汝護 是汝所持. 阿難, 自今日始 聽諸比丘 捨小小戒. 上下相呼, 當順禮度斯, 則出家敬順之法."; Mahāparinibbāna-suttanta DN, 2, p.154.
239) 『오분율(五分律)』 권30(T22, 191b3), "阿難復白迦葉言. '我親從佛聞 吾般泥洹後 若欲除小小戒聽除.' 過迦葉復詰 阿難言, '答言不知'. 又問何故不知. 答言 '時佛身痛恐 以惱亂.'"

III. 붓다 입멸 후 정법(淨法) 문제   135

앉음을 가섭에게 변명하고 있다. 그래서 지금까지 소소계가 무슨 내용을 담고 있는지 알 수 없게 된 이유이다. 소소계와 관련하여 다음과 같은 논란이 있었음을 알 수 있다. 소소계의 계상을 모르고 마음대로 제거하면 붓다의 법이 연기처럼 사라질 수 있다는 내용과 열반경에서 붓다는 '아난다에게 승가가 원한다면 소소계는 없애도 된다'라고 말씀하셨다는 점이다.

그렇지만 뒷날 제자들은 붓다가 제정한 계율을 감히 없앨 수는 없었을 것이다. 그러나 시간이 지나고 세월이 지나 상황이 바뀌면서 새로운 계율 제정의 필요성이 있었을 것이고 또는 기존의 계율을 변화시킬 필요가 있었을 것이다.

그래서 이른바 기존의 계율을 변화시키려고 하는 자들은 나중에 대중부 계통으로 되었을 것이고, 시대와 상관없이 붓다의 법을 무조건 고수하려고 했던 사람들은 상좌부 계통이 되었을 것이다.

기존의 계율을 변화시키려 시도했던 사람들이 대중부가 되었는데, 그 대중부 견해에 의하면, 율(律)에 대한 것은 변화가 일어나야 된다고 보았다. 기존의 율을 완전히 없앨 수는 없지만, 일정 부분 어느 정도 고칠 수 있다고 주장한 것이다. 그렇지만 상좌부 입장에서는 약간의 변화도 허용할 수 없다고 했다. 하지만 우리는 대중부의 입장에서 볼 때, 변화가 가능했던 부분들을 여기서는 소소계라 다루려 한다.

"우리가 소소계의 계상(戒相)을 마음대로 제거하면 그 법이 연기처럼 쉽게 사라집니다. 제정한 것을 모두 행하다가 열반에 드신 후에는 다시 배우려고 하지 않는다고 할 것입니다. 가섭이 다시 대중 가운데서 소리 내어 말했다. 우리는 이미 법의 결집을 마쳤습니다. 붓다께서 제정하지 않으신 것은 마음대로 제정하지 말아야 하고 이미 제정하신 것은 어기는 일이 있지 말아야 할 것입니다. 붓다께서 가르치신 그대로 삼가 배워야 합니다."[240]

위에서 가섭은 이미 제정된 것은 그대로 두어야 된다고 주장하고 있다. 왜냐하면, 소소계를 쉽게 제거하면 붓다의 법이 연기처럼 쉽게 사라질 수 있다고 보았기 때문이다. 소소계에 대하여 여러 가지 의견이 제시되고 있다.

다른 비구들이 중학법(衆學法),[241] 사바라제제사니(四波羅提提舍尼),[242] 바

---

240) 『장아함경(長阿含經)』(T1, 191c18), "若我等不知 小小戒相而妄除者, 諸外道輩當作 是語 沙門釋子其法如煙. 師在之時所制皆行, 般泥洹後不肯復學. 迦葉復於僧中唱言. 我等已集法竟. 若佛所不制, 不應妄制 若已制不得有違. 如佛所教應謹學之.";『오분율(五分律)』,『마하승기율(摩訶僧祇律)』권24(T22. 424c24).
241) 중학법(衆學法): 백중학법(百衆學法)으로 비구계경의 식차가라니법이다. 이 법은 일조마다 다수의 개조가 있으므로 중학법이라 한다. 의식주에 관한 것으로, 엄밀한 계율이라기보다는 행의작법(行儀作法)이며 벌칙은 보이지 않는다. 이에 위반하는 것은 돌길라(突吉羅)이며 고의로 범한 경우에는 한 사람 앞에서 고의가 아니면 마음속으로 참회한다.『사분율(四分律)』에 의하면 이에 100조(百條)가 있으며, 빨리율장에서는 75조로 되어 있다. 육부율장이 일정하지 않다.『四分律』19권(T22, 698a);『十誦律』(T23, 133b); 빨리율 sekhiyā dhamma;『五分戒本』(T22, 198c); Vinaya, iv, p.185f; saṃbahula śaiksadharmāḥ(Mvyut.8362).
242) 사바라제제사니(四波羅提提舍尼) s:pratideśanīya. 비구와 비구니가 수지해야 할 구족계를 분류한 것 중 하나, 줄여서 제사니(提舍尼)라고도 하며 회과법(悔過法)·가가법(可呵法)·대설악법(大說惡法)·각대응설법(各對應說法) 등으로 한역한다. 이 바라제제사니는『사분율』,『오분율』,『마하승기율』,『십송율』등에서 주로 사용되는 음사어이며,『근본유부율』에서는 바라지제사니(波羅底提舍尼)로 표기한다. 바라제제사니는 바라제와 제사니라는 말의 합성어이다. 바라제는 '~를 대하고, ~를 향하여, ~를 마주 보고'라는 의미를 지니는 접두어이며, 제사니란 '고백해야 할, 참회해야 할' 등의 뜻을 지니는 분사이다. 바라제제사니에 해당하는 죄를 지은 자는 다른 비구를 마주 보고 참회함으로써 출죄(出罪)할 수 있다는 것을 의미한다. 예로 받아서는 안 될 음식물을 받아먹어 버린 후 나중에 자신의 과실을 깨닫고 참회하는 등의 주로 먹을 것에 관련된 비교적 가벼운 죄이다. 비구 250계 중 여섯 번째로 4계인데, 비구니는 8계이다.
『마하승기율(摩訶僧祇律)』권21(T22, 396c25), "바라제제사니라는 죄는 타인에게 드러내고 덮어 감추지 않는다는 뜻이다. (波羅提舍尼者, 是罪 向人發露 不覆藏.)"

일제(波逸提),[243] 니살기바일제(尼薩耆波逸提)[244]까지도 소소계로 여겨서 제거될 수 있다고 소소계의 계상(戒相)을 알지 못하기 때문에 붓다의 법·율 불개정의 원칙을 선포하게 된 내용이다.

(2) 소소계와 중학법(衆學法)

중학법은 백중학법(百衆學法)[245]으로 비구계경의 식차가라니법으로서

『마하승기율(摩訶僧祇律)』권21(T22, 397c8-397c11), "비구가 만일 병들지 않았는데도 재가자의 집 안에서 친척이 아닌 비구니에게서 자기 손으로 먹을 것을 받아 만약 씹거나 먹으면 이 비구는 마땅히 다른 비구들에게 뉘우쳐 말하기를 '장로들이여! 저는 꾸짖음을 받을 법에 떨어졌기에 이 법을 뉘우칩니다'라고 해야 한다.(若比丘不病, 白衣家內 非親里比丘尼 邊自手受食. 若噉, 若食, 是比丘. 應餘比丘 邊悔過言. 長老, 我墮可呵法. 此法悔過. 是名波羅提提舍尼法.)", 이지관, 『남북전육부율장비교연구』, 사)가산불교문화연구원, 1999, pp. 265-272.

243) 바일제(波逸提) s: pāyattika. 비구와 비구니가 수지(受持)해야 할 구족계를 분류한 것 중 하나. 이 죄를 짓고 참회하지 않으면 삼악도에 떨어진다 하여 타(墮)라고 한역한다. 비구250계 중 다섯 번째에 있는 90바일제를 가리킨다. 그러나 광의로는 네 번째에 놓인 30니살기바일제도 포함한다. 니살기바일제는 사타(捨墮), 바일제는 단타(單墮)라고 한역한다. 계상(戒相)을 8단으로 나눌 때는 따로 분리하기도 하지만, 오편칠취(五篇七聚) 등에서는 하나의 바일제로 본다.
양자 모두 가벼운 죄에 속하며, 두세 명이나 한 명의 비구 앞에서 참회함으로써 출죄할 수 있다. 바일제는 버릴 물건이 없는 경우로 참회하는 것만으로 출죄가 가능하다. 예로 오전 중에 한 번만 식사를 할 것을 제정한 비시식계(非時食戒)나 음주를 금지하는 음주계(飮酒戒) 등 일상생활의 언어나 행동, 생활 규범 등에 관한 중요한 규율들을 포함한다. 각 부파마다 조문의 수가 다르다. 빨리율과 『마하승기율』은 92계, 『오분율』은 91계, 『사분율』, 『십송율』, 『근본유부율』은 90계이다. 비구니의 경우 166계이다.
『사분율』권15(T22, 665c29-666a2) "어떤 비구가 먼저 초청을 받고, 식사 시간 전이나 후에 다른 집에 가되, 다른 비구에게 말하지 않는다면 특수한 때를 제외하고 바일제이니라. 특수한 때란 병들었을 때, 옷을 지을 때, 옷을 보시할 때이다. 이것을 '특수한 때'라고 한다.(若比丘先受請已, 前食後食 詣餘家, 不囑授餘 比丘除 餘時波逸提. 餘時者病, 時作衣, 時施衣時. 是謂餘時).)"
244) 니살기바일제(尼薩耆波逸提)s:naihsargika-prścittika. 이 계율을 어기면 우선 그 물건을 승단에 내어 놓고 참회하여야 한다. 만약 참회하지 않으면 3악도에 떨어진다고 한다. 니살기바일제법은 대개 의발에 관계하는 계율로, 탐욕을 조복하기 위한 계율이다. 내용은 다섯 가지로서 의류·발우·보물·약·판매에 관한 조항들이다.
245) 『사분율』(T22, 698). 『오분율』(T22, 73).

일조마다 다수의 개조가 있으므로 중학법이라 한다. 의식주에 관한 것으로 엄밀한 계율이라기보다는 행의작법(行儀作法)이며 벌칙은 보이지 않는다.

이에 위반하는 것은 돌길라(突吉羅)이며 고의로 범한 경우에는 한 사람 앞에서 고의가 아니면 마음속으로 참회한다. 『사분율(四分律)』에 의하면 이에 백조(百條)가 있으며, 빨리 율장에서는 75조로 되어 있다. 육부 율장이 일정하지 않다.

소소계의 배경으로 상수 제자인 가섭이 주도한 회의 결과, 붓다 계율을 어기지 말아야 한다는 취지에서 소소계의 논의는 중학법부터 시작되었다. 중학법이란 행의작법으로 벌칙이 없다. 그래서 소소계와의 연관성을 거론하게 된 것으로 본다.

이 사건의 핵심은 정법(淨法)의 허용 범위에 관한 논란이다. 즉, 시대의 흐름과 함께 승단 생활에 발생한 불편함이나 불합리한 면을 해소하기 위해 기존의 율에 약간의 융통성을 부여함으로써 허용 범위를 넓히고자 하는 비구들과 이에 강력히 맞서며 기존의 율을 지킬 것을 주장하는 보수파 비구들 간의 논쟁이다.

각 부파의 바라제목차에서 많은 차이를 보여주는 중학법은 비구들이 출가 생활에서 소소하게 그 시대의 요청에 의한 변화를 필요로 했던 부분이었다고 볼 수 있다. 처음에는 상좌부나 대중부라는 큰 분류로 율에 대한 성향을 구분할 수 있었으나, 점차 이것은 각 부파의 개별적인 문제가 되었다.

각 부파가 놓인 상황이나 지역적인 특징 등의 영향을 받음으로써 자체적으로 율에 변화를 주었던 것이다.[246] 그 변화의 과정이 수결(隨結)이

---

246) 이자랑, 「소소계(小小戒)에 관한 논쟁」, 『불교평론』24호, 서울: 불교평론사, 2005.

라 할 수 있다. 수결이란 새로운 상황에 대처하여 이미 있는 조문에 한 구절씩 필요에 따라 추가하는 것으로 조문에 따라 수결이 열 번 가까이 이루어진 예도 있었으며, 없는 것도 있었다. 수결이 추가되는 과정을 정법(淨法)이라 볼 수 있으며 정당하게 적법한 법으로 변화되어 가는 의미라 여겨진다.

즉 정법과 수결은 원래의 조문은 그대로 두어 조문의 내용과 제정된 이유 등은 상기시키면서도 당시 마땅한 때마다 상황에 따라 약간의 변화를 주는 것이다. 명목상으로는 불제불개변의 원칙을 지키면서도, 대부분의 부파들은 현실적으로 지키기 어려워진 기존의 율 조문을 이러한 정법이나 수결이라는 형식을 통해 나름대로 조정해 나간 것으로 보인다.

율은 승가가 오래도록 머물게 하는 원동력으로서 유루법을 범하는 이가 있을 때마다 생기는 규제로서 수범수제(隨犯隨制)이다. 제정되면 그 규칙을 따라야 되는 것이다. 승단이 현재까지 이어져 내려오면서 이미 변화된 율로 생활하고 있어서 그 의미는 논쟁의 여지가 없는 것이지만 중학법이 생활 의식주에 관한 행의작법이라는 면에서 중학법 역시 소소한 율이다.

2. 부파불교의 정법(淨法)

붓다 시대의 보편적 수행 생활은 유행이었으나 점차 승원 안에서의 정주 생활로 변하여 갔다. 정주 생활에서 교단 규율이 필요하게 되어 각 부파마다 조금씩 변화된 계율이 등장하게 되었다. 붓다 재세 시로부터 붓다 입멸 후 백 년 정도 되는 시기에 상좌부와 대중부로 근본분열할 때까지의 불교를 '초기불교'라 하고, 그 후 여러 부파에서 붓다의 교설이 연구된 시대를 '부파불교'라 한다.

주로 초기불교는 경장과 율장이 알려지는 시기며, 부파불교는 주로 논장을 통해 불교가 알려지는 시기다. 후기부파불교는 시대적으로 대승불교와 중복되며 인도에서는 서기 7세기 무렵 몇 개 부파 교단이 존재하였으며, 스리랑카(세일론)에 전한 남방상좌부가 현재 동남아시아 지역 불교가 되었다.

'원시불교(原始佛敎, Primitive Buddihism)'라는 말은 일본 명치(明治)시대 이후 서양의 문헌학을 기초로 한 실증적 연구가 이루어지면서, 인도 불교사(印度佛敎史)의 시대적 구분을 원시불교(原始佛敎), 소승불교(小乘佛敎), 대승불교(大乘佛敎), 밀교(密敎)로 나누면서 생겨났다.[247] 원시불교의 원시란, 부파불교의 아비달마적인 교의 체계가 성립하기 이전으로 논장 이전의 기본적인 성전이 성립하기까지의 불교로서 교단사적으로는 부파 분열 이전의 불교를 말한다. 그래서 원시불교가 초기불교(early Buddhism)라는 이름을 쓰게 된 것이다.

초기대승불교(大乘佛敎)의 계율은 부파불교 교단과는 다른 재가 신도

---

247) 후지타코타즈, 권오민 역, 『초기부파불교의 역사』, 민족사, pp.5-6.

속에서 일어났다[248]라고 신성현은 말했지만, 재가 신도가 아닌 승원의 승가 사부대중에서 일어난 것으로 판단한다.

그 시대의 상황을 본다면 법은 무조건 승가의 전유물이며, 보시가 재가자의 입장으로 교단을 재가자의 위치에서 가타부타한다는 것은 있을 수 없었을 것이라고 추측한다. 주축이 누구냐의 문제를 떠나서 초기 대승불교(大乘佛敎)의 계율은 부파의 계율과는 많은 차이를 가지고 있다. 대승불교는 자비(慈悲) 사상이 대두되는 보살의 실천을 강조하는 계를 설명하고 있다. 보살의 실천도는 6바라밀로서 그 두 번째 시라[戒] 바라밀이 중요하다.

초기대승경전의 시라 바라밀을 통해 십선계를 반야경과 화엄경에서 중요하게 여겼음이 보이고, 초기 대승의 계율은 십선계를 중심으로 한 다양하게 증대되는 과정을 보이며 보살계경의 위치를 확고히 했다.

승가 즉 출가자의 계로서 사미·사미니계가 여기에 속한다. 소승의 사미(沙彌) 또는 사미니(沙彌尼)가 받는 열 가지 계로서 사미계(沙彌戒: 근책율의 勤策律儀) 또는 사미니계(沙彌尼戒: 근책여율의勤策女律儀)를 말한다. 즉 불살생·불투도·불음주(不飮酒: 술을 마시지 마라)·불향화엄신(不香花嚴身: 꽃이나 향으로 몸을 꾸미지 마라)·불가무관청(不歌舞觀聽: 노래하고 춤추거나 가서 구경하지 마라)·불좌와고광대상(不坐臥高廣大床: 높고 넓은 큰 평상에 앉거나 눕지 마라)·불비시식(不非時食: 때 아닌 때에 먹지 마라)·불축금은재보(不蓄金銀財寶: 금·은·보물 등을 비축하지 마라) 등을 일컫는다.[249]

---

248) 신성현,「동아시아계율 이해연구」,『선문화연구』19, 2015, p.106.
249) 『오분율』17(T22, 117a);『석씨요람』권상(T54, 272a13).

1) 대중부의 십사(十事) 정법

　베살리(Vesālī, 毘舍離)에서 일어난 십사(十事)의 마지막, 금·은정(金銀淨, jātarūparajata-kappa)에 대한 논쟁이 원인이 되어 분파의 계기가 되었으며 십사(十事) 논쟁에 대하여 상좌부에서는 십사비법(十事非法), 대중부에서는 십사정법(十事淨法)이 되었다. 이것이 근본분열이 되는 원인이라 본다.
　소소계와 십사를 붓다, 『열반경』에서는 소소계를 제거할 수 있다고 말했지만, 감히 제자들은 제거하지 못했다. 그러나 시간이 지나면서 새로운 계율이 정법(淨法), 대중부는 십사를 추가적으로 수결을 반복하면서 정법화로 나간 것이다. 아난이 소소계의 내용을 붓다로부터 듣지 못한 결과가 결국 제정불개변을 만들어 낸 것이다. 그래서 십사의 내용이 소소한 일상생활 가운데 의식주에 대한 것으로 소소계와 일맥상통하는 면이 있다. 십사에서도 마지막 금·은정(金銀淨)에 대한 내용이 핵심으로 기물을 사용한다면 허용이 되는 정법(淨法)의 원리다.

(1) 십사 논쟁의 배경

　붓다 멸후 100년경에 비사리(Vesālī, 毘舍離)에서 열렸던 경전 회의를 제2결집이라 한다. 교단 사상 두 번째 결집(Saṃgīti)이며 칠백결집이라고도 한다. 붓다 열반 직후 라자가하(Rājagaha, 王舍城)에서의 경율에 대한 결집이 제1 결집이다.
　그 후 비사리에 사는 밧지족 출신 비구들이 율에 위배되는 열 가지 행동을 한 것이 문제가 되어 제2 결집이 열렸다. 그 결과 불교 교단 최

초의 대분열이 발생하게 된다.[250]

　제2 결집을 소개하기에 앞서, 사만따빠사디까의 서문에서 간단한 게를 통하여 그 이전에 행하여진 제1 결집에 관한 것으로 가섭을 비롯한 500명의 비구들이 결집한 정법이 곳곳에서 발휘되었으며, 세월이 흘러 그들은 수명이 다하여 모두 열반했다고 한다. 즉 정법을 결집한 비구들이 모두 세상을 떠나고, 그 후 제2 결집의 원인이 된 십사 사건이 불교 교단에 발생하였음을 전하고 있다.[251]

　붓다 멸후 100년경 비사리에서 율제(律制)에 어긋나지 않는 것(淨, kappa)으로 해석한 열 가지 조항에 관하여 일어난 논쟁은 이미 율에서 명확히 금지하고 있는 열 가지 조항에 관하여 그 허용 범위를 넓히려고 하는 일부의 비구들과 그것을 강력히 저지하고 기존의 율을 고수하려는 비구들 간의 대립이 십사 논쟁이다. 여기서 언급되는 정(淨)에는 계율에 저촉되는 조항에 대하여 '어떠한 경우에는 저촉되지 않는 것으로 적법하게 변화를 준다'라는 의미가 내포되어 있다. 이것은 기본적으로 제정된 율에 확대 적용에 관한 논쟁으로서 십사 가운데 마지막 조항에 해당이 되는 득수금은(得受金銀)의 문제를 발단으로 시작되었다.

　빨리율에서는 전설 전체에 걸쳐 밧지족 비구들이 여법설자(如法說者)이며, 빠찌나의 비구들은 비법설자(非法說者)라는 점을 노골적으로 표현하고 있다.[252] 비사리의 한 승원에서 밧지족 출신의 비구들이 기존의 율에 어긋나는 행동을 하고 있는 것을 우연히 유행 길에 이를 목격하게

---

250) 이자랑, 「사만따빠사디까의 서문과 빨리 연대기에서의 제2결집」, 『佛敎原典硏究』제4호, 동국대학교 불교문화연구원, 2002, p.97.
251) 이자랑, 「사만따빠사디까의 서문과 빨리 연대기에서의 제2결집」, 『佛敎原典硏究』, 각주 10) 참고.
252) 이자랑, 「베살리 결집의 십사 논쟁과 정법(淨法)」, 『불교평론』통권10호, 서울: 불교평론사, 2002, pp.393-394.

된 상좌부 장로 야사다가란제자(耶舍陀迦蘭提子)가 문제를 제기하고, 이를 계기로 불교 승단 전체에 큰 파문을 일으킨 사건이다. 이 사건을 발단으로 칠백결집을 소집하여 십사(十事)를 모두 부정(不正)으로 결정했으며 십사에 관한 논쟁이 2차 결집을 촉발하였다. 이 논쟁을 상좌부(上座部)와 대중부(大衆部)로 분열되는 근본분열의 원인[253]으로 보기도 한다.

기존의 율을 고수하는 비구들은 상좌부, 십사 주장을 통해 기존의 율에 변화를 가져온 밧지족 출신의 비구와 이들을 지지하는 비구들은 대중부로 분별한 것이다. 이 사건과 근본분열의 직접적인 관계에 관해서는 여러 부파의 율장에 모두 전해지고 있는 점으로 보아 불멸 후 100여 년경에 율에 관한 논쟁이 발생하고 그 결과 승단이 분열되었음을 알 수 있다.[254]

이 사건의 핵심은 정법의 허용 범위에 관한 논란이다. 즉, 시대의 흐름과 함께 승단 생활에 발생한 불편함이나 불합리한 면을 해소하기 위해 기존의 율에 약간의 융통성을 부여함으로써 허용 범위를 넓히고자 하는 비구들과 이에 강력히 맞서며 기존의 율을 지킬 것을 주장하는 보수파 비구들 간의 논쟁으로 볼 수 있다.

율이란 실생활에 관련된 규칙인데 현실에 맞지 않는 조목을 그대로 두고 지킬 것만을 강요한다는 것은 맞지 않으며 시대의 변화를 수용해야 한다.[255] 율은 상황에 따라서 문제가 발생할 때마다 제정되는 것으로 기존의 율에 수결이 더해져서 변화된 형태가 되는 것처럼 지금도 수용

---

253) 이자랑, 「소소계(小小戒)에 관한 논쟁」, 『불교평론』 24호, 서울: 불교평론사, 2005, p.1.
254) 십사를 근본분열의 원인으로 서술하는 문헌은 Dīpavaṃsa(島史)·Mahāvaṃsa(大史)·『선견율비바사(善見律毘婆沙)』 등 주로 상좌부 전승이다. 반대로 대중부의 『마하승기율(摩訶僧祇律)』은 근본분열의 원인을 오사(五事)로 언급하고 있어 두 부파의 관점이 다르다고 할 수 있다.
255) 이자랑, 「소소계(小小戒)에 관한 논쟁」, 『불교평론』 24호, 서울: 불교평론사, 2005, p.1.

되어 변화된 율을 사용하고 있는 것이다.

  논쟁들이 발생하는 것은 왕사성 결집에서 이루어졌던 소소계(小小戒, khuddnukhuddakni sikkhpadni) 논쟁이 가장 직접적인 원인을 제공했다고 볼 수 있다. 그리고 근본 이유라고 할 수 있다. 왕사성 칠엽굴 500 결집이 끝날 무렵, 아난이 붓다의 가르침을 확인 암송했다. 그런데 "승단이 원한다면 소소계는 버려도 좋다"라고 한 내용이 소소계를 앞에서 언급했던 것같이 내용이 무엇인지에 대해 치열한 논쟁이 이어졌으나 의견의 일치를 보지 못했으며 대가섭에 의해서 결론이 불제불개변(佛制不改變), 즉 붓다가 한 번 제정하신 것은 절대로 바꾸지 않는다는 원칙이 정해졌다.

  붓다의 법과 율을 고수하자는 데로 의견을 모은 것이다. 그러나 시대가 바뀌면서 승단에 어려운 과제를 안겨주게 된다. '십사비법'처럼 불교문헌에서는 승단의 근본분열 시기를 대부분 불멸 100여 년경으로 기록한다. 이와 같이 소소계 논쟁의 결과는 이후 율에 관한 문제에 합의점을 찾지 못하는 근본적인 원인으로 작용하게 된다.[256]

(2) 십사의 내용 분석

  십사의 내용은 불멸 후 1백 년에 가라육왕이 베살리에서 제2결집을 할 때에 비법이라고 인정한 십사로 다음과 같다.[257]
  ①염정(鹽淨, siṅgiloṇa-kappa)은 그 전날 받은 소금을 저축해 두었다가

---

256) 이자랑, (2005c), 앞의 글, pp.2-3.
257) 이자랑, 「베살리 결집의 십사 논쟁과 정법(淨法)」, 『불교평론』통권10호, 서울:불교평론사, 2002, pp. 389-391.

식사에 쓰는 것. ②이지정(二指淨, dvaṅgula-kappa)은 일중식(日中食)을 한 뒤에 해그늘이 2지(指) 될 때까지는 먹을 수 있다는 것. ③취락간정(聚落間淨, gāmantara-kappa)은 한 마을에서 다른 마을에 갈 때는 잔식법(殘食法)을 행하지 않고도 먹는 것. ④주처정(住處淨, āvāsa-kappa)은 같은 경계 내(境界內)에 머무르면서 각 주처마다 포살(布薩)과 갈마(羯磨)를 행하는 것. ⑤수의정(隨意淨, anumati-kappa)은 같은 경계 내(境界內)에서 따로 갈마(羯磨)를 행한 후에 다른 이에게 청(請)하는 것. ⑥구주정(久住淨, āciṇṇa-kappa)은 관습적으로 행해지는 것을 따라 행하는 것. ⑦생화합정(生和合淨, amatita-kappa)은 유(乳)라고도 낙(酪)이라고도 할 수 없는 음료를 잔식법과 상관없이 먹는 것. ⑧수정(水淨, jalogi-kappa)은 주정분이 적은 술을 마시는 것. ⑨불익루니사단정(不益縷尼師檀淨, nisīdana-kappa)은 누더기로 만든 깔개로 규정된 양의 크기를 넘는 것. ⑩금은정(金銀淨, jātarūparajata-kappa)은 금·은·보물을 받거나 비축하는 것이다.

이 열 가지 내용에서 베살리 결집의 특징은 십사 규정만 전하는 제율장의 전승과 그 이후 상좌부의 결집에 불만을 품은 비구들의 결집 결과 상좌와 대중의 이부로 나누어졌다는 빨리 연대기 전승[258]이 있다.

십사(十事)를 『선견율비바사(善見律毘婆沙)』의 역어에 의해 제시했다.[259] 베살리의 밧지족 출신의 비구들에 의한 "염정(鹽淨)은 정(淨)이다. 이지정(二指淨)은 정(淨)이다. 취락간정(聚落間淨)은 정(淨)이다. 주처정(住處淨)은 정(淨)이다. 수의정(隨意淨)은 정(淨)이다. 구주정(久住淨)은 정(淨)이다. 생화

---

258) 이자랑, 「初期佛敎敎團의 硏究 -サンガの分裂と部派の成立」, 東京大學大學院博士學位論文, 동경: 東京大學大學院人文社會系硏究科文學部, 2001, p.28.
259) 『선견율비바사(善見律毘婆沙)』(T24, 677). 이자랑, 「사만따빠사디까의 서문과 빨리 연대기에서의 제2결집」, 『佛敎 原典硏究』제4호, 동국대학교 불교문화연구원, 2002, pp.105-109 참조 재인용.

합정(生化合淨)은 정(淨)이다. 수정(水淨)은 정(淨)이다. 불익루니사단정(不益縷尼師檀淨)은 정(淨)이다. 금은정(金銀淨)은 정(淨)이다"라는 십사(十事)의 항목이다.

①염정(鹽淨, siṅgiloṇa-kappa)은 뿔 내지 뿔로 된 용기를 의미하는 siṅga와 소금을 의미하는 loṇa, 그리고 율에 비추어 합당한가를 묻는 kappa가 결합한 말이다. 빨리율의 「칠백건도」에서는 이 항목에 관하여 "존사여! 소금이 없는 경우에 사용하려고 뿔로 된 용기에 소금을 저장해 두는 것은 율에 비추어 합당합니까?[260]"라는 문제 제기의 이 항목은 각제(角制)의 용기에 소금을 넣어서 비축하는 것을 허용하는 문제가 되는 것이다.

염정을 부정하는 근거 '숙식의바일제(sannidhikārakabhojanepācittiva)'는 빨리율에 의하면 밤을 넘겨서 음식물을 저장하는 것을 금지하는 계이다.[261] 따라서, 여기서 말하는 염정이란 약으로 소지하는 소금이 아니라, 일상적인 식용으로서 소금을 저장하는 행동을 문제 삼고 있는 것이다.

히라까와 아키라(平川彰) 주장의 배경에는 생활필수품인 소금이 지역에 따라서는 귀중품일 경우도 있었을 것이므로 기회가 있을 때마다 얻어 두었다가 필요할 때 사용하려고 하는 의도가 있는 것으로 생각할 수 있을 것이다.[262] 음식을 저장하는 것이 금지되므로 소금을 음식으로 분류하면 하루 이상 저장할 경우 공숙염(共宿鹽)이 되어 숙식계(宿食戒)에 저촉되어 바일제를 범하게 된다. 이에 반해 십사에서는 소금을 종신토록 비축할 수 있는 약(盡形壽藥)으로 보아 죄가 되지 않는다고 하였다. 그러

---

260) Vinaya-piṭaka, ii, pp.300, 306, "kappati bhante siṅginā loṇaṃ pariharituṃ yattha aloṇakaṃ bhavissati tattha paribhuñjissāmīti."
261) Vinaya-piṭaka, iv, p.87.
262) 平川彰, 『律藏の研究』, 東京: 山喜房佛書林, 1970, p.709.

나 약건도(藥犍度)에 의하면, 질병 이외의 용도로 약을 사용하는 것은 돌길라에 해당하므로 상좌부에서는 부정(不淨)으로 판단했다.

②이지정(二指淨, dvaṅgula-kappa)은 빨리율의「칠백건도」에서는 "존사여! 태양이 정오를 지나 그늘이 손가락 두 마디 분의 길이를 지나기 전인 비시(非時)에 음식을 먹는 것은 율에 비추어 합당합니까?"[263]라고 한다. 비시식계는 빨리율에 의하면 바일제 제37계로 비시에 음식을 먹는 것을 금지하는 계이다.[264] 즉 비구는 정오까지의 정시에 모든 식사를 끝내야 하며, 그 외의 시간에 먹는 것은 율을 위반하는 행위이다. 이지정의 경우, 태양의 그늘이 정오를 지나 손가락 두 마디 분까지 하는 식사는 합법적인 행동으로 인정해 달라고 하는 것이다.

한편, 한역 제율(諸律)에서는 이지정을 '두 손가락으로 음식을 집어 먹는 것'이라고 해석하고 있다.

예를 들어『사분율』에서는 "족식(足食)한 후에 위의(威儀)를 버리고 잔식법(殘食法)[265]을 행하지 않고 두 손가락으로 음식을 집어서 먹을 수 있는가?"[266]라고 한다. 그리고 이것은 왕사성에서 제정된 경분별의 '비시식의 바일제(波逸提)'에 저촉되므로 율에 어긋나는 행동이라고 판정한다. 율장에서는 이미 충분히 먹은 후에 자리에서 일어난 비구는 그날 중에는 다시 식사를 해서는 안 되는데, 단지 잔식법을 행한 음식이라면 먹

---

263) Vinaya-piṭaka, ⅱ, pp.300, 306, "kappati bhante dvaṅgulāya chāyāya vītivattāya vikāle bhpjanaṃ bhuñjitun ti."
264) Vinaya-piṭaka, ⅳ, p.85.
265) 족식이란 식사를 한 뒤에 '이것으로 충분합니다'라고 식사가 끝난 의사 표시를 하는 것을 의미한다. 그리고 충분히 먹고 자리에서 일어나는 것을 위의를 버린다고 하며, 족식의 의사 표시가 끝나고 남은 음식을 잔식, 또한 족식을 하고 남은 음식임을 표현하는 것을 잔식법이라 한다.
266) 『사분율』(T22, 971b23-24), "足食已捨威儀 不作餘食法, 得二指抄食食."

어도 좋은 것으로 규정되어 있다.

『사분율』 등의 한역에서 의미하는 이지정은, 이와 같은 경우에 잔식법을 행하지 않고도 두 손가락으로 집어 먹는 방법을 사용하면 합법적인 행동으로 허용해 달라는 주장으로 이해할 수 있다.

③취락간정(聚落間淨, gāmantara-kappa)은 빨리율의 「칠백건도」에서는 이 항목을 "존사여! 식사를 끝내고 족식한 자가 '이제 나는 마을로 가자'라며 잔식이 아닌 음식을 먹는 것은 율에 비추어 합당합니까?"[267]라고 질문한다. 그리고 이는 사위성에서 제정된 경분별의 '비잔식(非殘食)의 바일제(anatirittabhojane pācittiya)'를 어기는 것이 되므로 행하여서는 안 된다고 판정한다.

비잔식계는 빨리율에 의하면 바일제 제35계로, 충분히 먹고 난 후에는 잔식법을 행하지 않은 음식은 먹어서는 안 된다는 계이다.[268] 그런데 gāmantara라는 복합어는 그 의미가 명확하지 않다. 이는 촌락을 의미하는 gāma와 inside나 between을 의미하는 antara가 결합된 말인데, 이 중에서 antara가 지니는 구체적인 의미가 불분명하다. 한역에서도 '得村間' '越聚落' '近聚落' '道行' 등 표현이 일치하지 않는다. 학자들도 antara가 '다른'의 의미를 지닌다고 생각하여 gāmantara를 '다른 마을'이라고 번역하는 경우도 있으며, '내부'로 보아 마을 안을 의미하는 것으로 해석되어 지는 경우도 있어서 의견이 분분하다.[269] 비구가 공양을 마치고 다른 마을로 이동하기 전에는 그 마을에서 잔식법을 행하지

---

267) Vinaya-piṭaka, ii, pp.300-306, "kappati bhante idāni gāmantaraṃ gamissāmīti bhuttāvinā pavāritena anatirttaṃ bhojanaṃ bhuñjitun ti."
268) Vinaya-piṭaka, iv, p.82.
269) 平川彰, 『律藏の研究』, 東京: 山喜房佛書林, 1970, p.713;片山一良, 「十事(dasavattūni) について」, 『パーリ學佛教文化學』第3号, 東京: パーリ學佛教文化學會, 1990, pp.28-29.

않은 음식을 다시 공양해도 계율에 저촉되지 않는다는 말이다.

어떠한 해석에 의하든, 이 항목은 충분히 식사를 마친 비구라도 마을에 있을 경우에는 잔식이 아닌 음식을 다시 먹어도 좋다는 것을 주장하는 것으로 생각된다. 아마도 마을에서는 잔식법을 행할 비구를 찾기 어렵기 때문에 나온 주장일 것이다.[270]

④주처정(住處淨, āvāsa-kappa)은 빨리율에서 "존사여! 같은 계(界) 안에 있는 많은 주처가 각각 포살을 행하는 것은 율에 비추어 합당합니까?"[271]라는 질문에 대하여, 왕사성에서 제정된 대품(大品)의 포살상응(布薩相應, Uposatha-saṃyutta)에 근거하여 이와 같은 행동은 율을 어기는 악작(惡作, vinayātisāre dukkaṭa)이라고 한다. 율장 건도부의 「포살건도」에 의하면, 하나의 주처에 두 개의 포살당을 지어서는 안 되며, 또한 같은 계 안에 거주하는 비구들은 함께 모여 포살을 해야 한다.[272]

그러므로 계 안에 많은 주처가 있더라도 항상 함께 모여 포살·결계 등을 해야 한다. 계(界, sīmā)는 지역적인 경계로 이것을 기준으로 승가의 모든 행사가 이루어진다. 즉 동일한 결계의 다른 주처에서 별도로 포살을 하여도 계율에 저촉되지 않는다는 조항이다.

이 경계 내에 거주하는 비구들은 승가의 공식적인 행사에서 함께 행동해야 한다. 이 계 안에는 하나의 주처가 있을 수도 있으며 다수의 주처가 있을 수도 있다. 계의 범위가 넓은 경우에는 많은 주처가 있게 되는데 이러한 경우에 비구들이 전부 모이기가 번거로우므로 각 주처에

---

270) 이자랑, 「사만따빠사디까의 서문과 빨리 연대기에서의 제2결집」, 『佛敎原典硏究』제4호, 동국대학교 불교문화연구원, 2002, p.107.
271) Vinaya-piṭaka, ii, pp.300-306, "kappati bhante sambahulā āvāsā samānasīmā nānuposathaṃ kātuti."
272) Vinaya-piṭaka, i, pp.107-108.

서 개별적으로 포살을 하는 것을 인정해 달라고 요구하고 있다. 한역 제율(諸律)의 표현은 다소 다르지만, "같은 계 안에 있는 비구가 각 주처에서 각각 포살을 행하는 것"을 주장하는 점에서는 일치한다. 단, 『오분율』은 이 항목에 관하여 언급하지 않는다.

⑤수의정(隨意淨, anumati-kappa)은 한역에서는 네 번째이며 빨리율에서는 "존사여! 비구들이 온 후에 승낙을 얻으려고 별중 승가가 갈마를 행하는 것은 율에 비추어 합당합니까?"[273]라는 질문에 대하여, 대품의 첨파건도(瞻波犍度, Campeyyaka vinayavatthu)에 의거하여 율을 어기는 악작이라 판정하고 실행을 금지한다. 『율장복주(律藏復註)』의 주석에 "아직 오지 않은 자들에게는 온 후에 승낙을 얻는 것으로 하고, 그들이 아직 오지 않았을 때는 별중 갈마[274]에 의해 갈마를 하고, 나중에 승인을 얻는 것은 합당하며 별중 갈마가 아니다"[275]라고 했다.

한역 제율(諸律)의 설명도 동일하다. 이 항목은 계 안의 모든 비구가 참석하지 않은 상태에서 어떤 사항을 결정한 후에, 나중에 비구들이 왔을 때 결정된 사실을 알리고 허가를 받는 것을 인정해 달라는 주장이라고 할 수 있다. 이것은 위에서 언급한 주처정(住處淨)과 상통하는 것으로 하나의 주처 내 일부의 비구들이 결정한 후 나중에 승가의 다른 비구들에게 승인을 구하고자 하는 것이다. 즉 먼저 별중(別衆)의 승가에 의한 갈

---

273) Vinaya-piṭaka, ii, pp.301, 306-307, "kappati bhante vaggena saṃghena kammaṃ kātuṃ āgate bhikkhū anujānessāmā ti."
274) 별중갈마란 첨파건도의 정의에 의하면, 계 안의 비구 중에 갈마에 참석하지 않은 비구가 있는 경우를 말한다. 병 등으로 참석할 수 없을 경우에는 다른 비구를 통 하여 그 사정을 승가에 알려야 하는데 이를 행하지 않고 불참하는 것이다.
275) Vimativinodanī-ṭīkā p.25, "anāgatānaṃ āgatakāle anumatiṃ gahessāmī ti tesu anāgatesu yeva vaggena saṅghena kammaṃ katvā pacchā anumatiṃ gahetuṃ kappati, vaggakammaṃ n hoti."

마를 행한 후, 나중에 비구들이 왔을 때 승인을 구해도 된다는 조항이다.

⑥구주정(久住淨, āciṇṇa-kappa)은 빨리율에서 "존사여! '이것은 내 화상의 관행이다. 이것은 내 아사리의 관행이다'라고 하며 그것을 준수하는 것은 율에 비추어 합당합니까?"[276]라고 한다. 이에 대한 판결은 "일분정 일분부정(一分淨 一分不淨, ekacco kappati ekacco na kappati)"이었다. 즉 화상이나 아사리가 관습적으로 하는 행동이라면 그대로 따라서 실행하는 것은 계율에 저촉되지 않는다는 의미다. 그러나 빨리율에서는 이들의 행동이라도 율에 비추어 어긋나지 않는 경우는 실행해도 되며, 율에 어긋나는 경우라면 실행해서는 안 된다고 했다.

화상이나 아사리가 관습적으로 하는 일을 따라서 실행하는 것은 계율에 저촉되지 않는다는 말이다. 칠백건도에서는 화상이 관습적으로 하는 일이 계율에 부합할 때는 저촉되지 않지만, 계율에 부합하지 않으면 저촉된다(一分淨 一分不淨)라고 결정했다. 한역 제율(諸律)의 설명은 서로 일치하지 않으나 『사분율』에서 "차작시이언 시본래소작(此作是已言 是本來所作)"[277]이라고 하는 것으로 보아서 어떤 행동을 한 후 화상이나 아사리가 관습적으로 하는 행동임을 내세워 합당한 것으로 주장하려는 의도가 포함되어 있는 것으로 생각된다.

한편 『오분율』에서는 "습백의시소작(習白衣時所作)"[278]이라고 하여 재가 시대의 관습을 출가한 후에 해도 된다는 주장으로 되어 있다. 출가와 재가의 두 세계에서 권위적이고 관습적으로 행해지고 있던 것을 그대로 행하려는 입장과 이에 반하여 율이라는 판단 기준을 통하여 모든

---

276) Vinaya-piṭaka, ii, pp.301, 307, "kappati bhante idaṃ me upajjhāyena ajjhāciṇṇaṃ idaṃ me ācariyena ajjhāciṇṇaṃ taṃ ajjhācaritun ti."
277) 『사분율』(T22, 970a7).
278) 『오분율』(T22, 194a29).

행동의 옳고 그름을 결정하려는 입장의 차이를 엿볼 수 있다.

⑦생화합정(生和合淨, amatita-kappa)은 한역에서는 여섯 번째이며 빨리율에서 "존사여! 식사를 마치고 족식(足食)한 비구가 우유의 상태는 지나 있으나 아직 응고되지 않은 상태의 우유를 비잔식(非殘食)으로 마시는 것은 율에 비추어 합당합니까?"[279]라는 물음에 대하여, 이것은 사위성에서 제정된 경분별의 비잔식의 바일제에 위반되므로 실행해서는 안 된다고 한다.

이지정(二指淨)에서와 같이 충분히 식사를 마친 비구는 잔식법을 행하지 않은 음식을 먹어서는 안 된다. 이 생화합정은 우유가 응고되어 치즈나 버터의 상태에 아직 이르지 않은 음료수라면 잔식이 아니라도 식후에 섭취하는 음식물의 완화를 요구한 것이라고 할 수 있다. 한역 제율(諸律)도 식후에 비잔식의 음식을 섭취해도 좋은가를 문제로 하고 있는 점에서는 일치하지만, 그 음식물의 내용에 다소의 차이가 있다. 『사분율』[280]이나 『오분율』[281]등에 의하면 연유나 꿀·기름·석밀·버터 같은 것을 섞은 것이라고 한다. 그러나 의미하는 바는 빨리율과 마찬가지로, 식사를 마친 후에 잔식법을 행하지 않고 이와 같은 음료를 마셔도 계율에 저촉되지 않는가 하는 문제이다.

이 문제점에 대하여 공양을 마친 비구가 우유의 성질은 떠났으나 아직 낙(酪)이 되지는 않은 것을 잔식(殘食)이 아닌 것으로 마셔도 계율에 저촉되지 않는다는 조항이다. 또는 식사를 마친 비구가 생유(生乳)·낙·소

---

279) Vinaya-piṭaka, ii, pp.301, 307, "kappati bhante yan taṃ khīraṃ khīrabhāvaṃ vijahitaṃ acampattaṃ dadhibhāvaṃ bhuttāvinā pavāritena anatirittaṃ pātun ti."
280) 『사분율』(T22, 970a), 14-16.
281) 『오분율』(T22, 970a), 12-14.

(酥)를 함께 화합하여 마시거나 낙과 물을 섞어서 마셔도 계율에 저촉되지 않는 것으로 설명되기도 한다.

⑧수정(水淨, jalogi-kappa)은 빨리율에서 "존사여! 수라(surā)의 성질이 없고 취하게 하는 술의 상태에 이르지 않은 수라를 마시는 것은 율에 비추어 합당합니까?"라는 질문에 대하여, 꼬삼비에서 제정된 경분별의 '수라(surā, 穀酒), 메라야(meraya, 과주)를 마시면 바일제'의 계를 어기는 것이 되므로 실행하여서는 안 된다고 판정한다.[282]

빨리율에 의하면, '수라, 메라야를 마시면 바일제(surāmerayapāne pācittiya)'의 계는 음주를 금지하는 계이다. 수라는 쌀이나 보리 등의 곡물로 만든 곡주(穀酒)이며, 메라야는 과실이나 꽃 등으로 만든 과주(果酒)이다.[283] 술을 수라와 메라야로 나누고 이것을 마시는 것을 금지하는 것이다. 『율장복주』에 의하면 'jalogi'란 '미발효의 수라(taruṇa-surā)'[284]라고 한다. 따라서 '수정(水淨)'은 결국 사람을 취하게 하지 않는 미발효의 술이라면 마셔도 된다는 주장이다. 한역 제율(諸律)의 취지도 빨리율과 동일하다. 그래서 수정의 의미는 발효되지 않은 술을 마시는 것은 계율에 저촉되지 않는다는 조항으로서 치병정법(治病淨法)[285]이라고도 하는데, 병을 치료할 목적으로 술과 물을 섞어서 먹는 것을 허용해도 저촉되지 않는다고 여겼다.

⑨불익루니사단정(不益縷尼師檀淨, nisīdana-kappa)은 한역에서도 아홉째이며 빨리율에서 "존사여! 테두리가 없는 좌구를 사용하는 것은 율에

---

282) Vinaya-piṭaka, ii, pp.301, 307, "kappati bhante yāsā asurātā asampattā majjabhāvaṃ sā pātunti."
283) Vinaya-piṭaka, iv, pp.108-110.
284) 『율장복주(律藏復住)』 p.25.
285) 『유부율잡사』권40(T24, 411c).

비추어 합당합니까?"[286]라고 한 후에, 사위성에서 제정된 경분별의 '절단(切斷)'의 바일제(chedanake pācittiya)를 범하므로 율을 어기는 행동이라고 판정한다. '절단의 바일제'는 빨리율에 의하면 바일제 제89계로, 좌구를 만들 경우에 규정 이상의 크기로 만들어서는 안 된다는 계이다.[287] 그런데 여기서 주장하는 것은 좌구를 만들 경우 이 규정을 어기고 테두리가 없는 좌구를 만드는 것을 허용해 달라는 것이다. 한역 제율(諸律)에서도 방석을 만드는 방법을 문제로 하고 있는 점에서 빨리율과 일치한다고 할 수 있다. 좌구정법(坐具淨法)이라고도 하는 이 계율에서는 새로운 좌구에 대한 집착에 대처하기 위해 새로운 좌구에 낡은 좌구를 이어 붙이도록 규정하고 있는데, 이것을 하지 않아도 된다는 조항이다.

⑩금은정(金銀淨, jātarūparajata-kappa)에 대하여는 빨리율에 자세한 설명이 없다. 단 금은을 받는 행동은 왕사성에서 제정된 경분별의 '금은수납(金銀受納)의 바일제(jātarūparajatapaṭiggahaṇe pācittiya)'를 범하는 것이 된다고 하여 금지한다.[288] "또한 비구가 금은을 받는다면, 혹은 받게 한다면, 혹은 놓여져 있는 것을 수용(受用)한다면 사타(捨墮)가 된다."[289]

이 항목은 명확하다. 화폐가 유통됨에 따라 승가 또한 그와 같은 변화를 받아들여 금전의 보시를 바라는 경우도 발생하게 되었을 것이다. 그러나 금전을 직접 받는 행동은 율장에 명확히 금지되어 있으므로 물을 넣은 항아리 속에 금전을 넣게 하는 방법으로 받으면 율에 저촉되지 않는다고 하는 정법을 주장하고 있는 것으로 한역 제율(諸律)의 기술도

---

286) Vinaya-piṭaka, ii, p.301, p.307, "kappati bhante adasakaṃ nisīdanan ti."
287) Vinaya-piṭaka, iv, pp.170-171.
288) Vinaya-piṭaka, ii, p.301, p.307.
289) Vinaya-piṭaka, iii, p.237, "yo pana bhikkhu jātarūparajataṃ uggaṇheyya vā upanikkhittaṃ vā sādiyeyya, nissaggiyaṃ pācittiyan ti."

동일하다. 금·은 등의 보물을 받거나 보관하는 것은 사타법 중 축전보계(畜錢寶戒)를 위반하는 것인데 이를 허용해 달라는 조항이지만 칠백건도에 의해 바일제로 판정되었다.

붓다 입멸 후 100년경의 사건으로 전해지는 십사 논쟁은 시대적인 변화로 인한 비구들의 생활 양식의 변화와 그에 따른 정법 적용의 범위를 둘러싼 비구들 간의 대립임과 동시에 불교 교단의 지역적인 확장에 의한 교단의 지역화에 의해 발생한 견해의 차이 등으로 설명된다.

붓다 멸후 율 조문의 변경이 어려워짐에 따라 정법의 주장은 필연적인 것이다. 특히 사회의 변화를 거부감 없이 받아들여 그 변화를 교단의 생활양식에 적용하려 하는 비구들에게 있어서는 더욱 현저하게 나타나는 상황이다. 결국, 십사 논쟁이라는 중대한 쟁사를 일으키게 되었으며, 이 일은 근본분열의 원인으로 전해질 정도로 고대의 불교도들의 기억 속에 남는 사건이 되었던 것이다.[290]

십사의 내용에 있어서 율을 유효적절하게 생활화하려는 데 그 취지가 있다고 보는 입장으로, 붓다 당시도 재난 등 어려운 상황이 발생했을 때 비구, 비구니가 직접 음식물을 만드는 등의 여러 정황들이 있었다. 시대 상황에 따라 적합하게 변화를 줄 수밖에 없는 것이다. 그것이 바로 정법(淨法)으로 일련의 사건들이 예견된 시대의 요청이라 여겨진다. 붓다 열반 이후에 초기불교의 교단은 상좌부와 대중부라는 두 부파로 나누어지면서 남전과 북전의 전승이 법(Dhamma)보다 율(Vinaya)에 관한 원인으로 서로 상반된 견해를 보여주고 있다. 그것은 승가 교단의 구성원이 추구하는 문제에 있어서 대립적 논리로 인한 분파가 될 수 있

---

[290] 이자랑, 「베살리 결집의 십사 논쟁과 정법(淨法)」, 『불교평론』 통권10호, 서울: 불교평론사, 2002, p.394.

는 시발점을 의미한다.

붓다 멸후 100년쯤에 율에 대하여 정비해야 되는 상황이 발생하였다. 이때 아라한들이 모인 500결집에서 회의가 끝날 즈음 아난과 가섭의 대화에서도 분열의 조짐을 감지할 수 있다.

붓다가 병환 중이어서 아난이 소소계의 세세한 내용을 묻지 못한 이유로 가섭이 주도한 회의 결과 불제불개변(佛制不改變)의 원칙을 선포한 내용이다. 이는 보수주의자들이 추구하는 방향으로 진보주의자들이 추구하는 방향과는 달라서, 문제의 발생을 내포하고 있음을 알 수 있다.

베살리에서 일어난 십사(十事)의 마지막, 금은정(金銀淨, jātarūparajata-kappa)에 대한 논쟁이 주요 원인이 되어 분파의 계기가 되었다. 십사(十事)가 상좌부에서는 십사비법(十事非法)으로, 대중부에서는 십사정법(十事淨法)이 되었다. 정법의 인정 여부가 근본분열의 원인이 된 것이다.

2) 상좌부의 정법

대중부 전승으로 거론되는 『사리불문경(舍利弗問經)』은 불교 교단의 근본분열을 고찰함에 있어서 그다지 주목받지는 않았다. 그러나 십사비법(十事非法)이 상좌부 전승이고, 대천의 오사(五事)가 설일체유부의 주장인 데 반해서 『사리불문경』은 상좌부와 대립하는 대중부의 유일한 전승이다. 대중부 전승의 『사리불문경』은 사리불의 질문에 붓다가 승단의 미래를 예언하는 형식의 경전으로 그 가운데 다양한 문제가 등장하고 있지만 율에 관한 내용이 핵심이다. 사리불이 세존에게 율의 규칙을 묻고, 세존의 입멸 후 어떻게 율을 수지해야 하는지를 묻는다. 『사리불문경』이 전하는 근본분열의 내용이다.

"이때에 한 장로 비구가 있었는데 이름이 나는 것을 좋아하여 자주 쟁론을 세우며, 그 장로는 나의 율에 손을 더하여 가섭이 결집한 '대중율(大衆律)'을 증광할 것이다. 외부로부터 잘못된 자료를 받아들여 초심자를 혼란스럽게 하며, 따로 그룹을 만들어 시비를 다툴 것이다. 그때, 어떤 비구가 왕에게 판결을 구할 것이다. 왕은 두 그룹을 모아 흑백의 주(籌 salākā, 투표용 막대기)를 집게 할 것이다.

그리고 모두에게 다음과 같이 고할 것이다. '이전의 율(律)이 좋다고 생각하는 자는 검은 주를 집어라. 새로운 율이 좋다고 생각하는 자는 하얀 주를 집어라.'

그러나 그때 검은 주를 집은 자의 수는 일만(一萬)이 넘고, 하얀 주를 집은 자는 약 백 명밖에 없었다. 왕은 양쪽 모두 붓다설이라고 할 것이다. 그러나 생각이 다르므로 함께 살 수는 없다. 이전의 율을 배우는 자는 수가 많아서 '마하승기'라고 하고 한편, 새로운 율을 배우는 자는 수가 적고 상좌이므로 '타비라(他俾羅)'라 불릴 것이다."[291]

대중부 전승인 『사리불문경(śāriputraparipṛcchāsūtra)』은 기존 율에 증광을 더해 새로운 율을 만든 그룹을 '타비라(他俾羅, 上座)'라고 기술한다. 『사리불문경』에서는 기존의 율의 내용을 증광한 것이 문제가 되어 두 그룹으로 분열했다는 것이다. 이 전승은 기존의 율에 내용을 변경하는 문제로 율 완화의 정법의 내용이다. 사리불은 붓다께 율의 가변성이 혼

---

291) 『사리불문경』 1(ABC, K0907 v23, p.760a10-a15). "時有一長老比丘, 好於名聞亟立諍論, 抄治我律 開張增廣迦葉所結 名曰大衆律. 外採綜所遺, 誑諸始學, 別爲群黨互言是非. 時有比丘, 求王判決. 王, 集二部行黑白籌. 宣令衆曰, '若樂舊律, 可取黑籌. 若樂新律可取白籌' 時取黑者乃有萬數 時取白者只有百數, 王以皆爲佛說.:好樂不同不得共處. 學舊者多, 從以爲名 爲摩訶僧祇也. 學新者少而是上座, 從上座爲名 爲他俾羅也."

란을 초래하는 것이 아닌지 여쭈었다.

"어찌하여 세존께서 여러 비구를 위해 설명하신 계율은 혹은 열려 있기도 하고, 혹은 닫혀 있기도 합니까? 홀기(忽起) 장자가 공양을 준비하였을 때는 모든 비구들을 단속하여 아침 밥을 받지 않으시더니 마을 사람들이 초청하였을 때는 밥과 말린 쌀, 생선과 고기를 더 받아서 드시며, 빈부촌(頻富村) 사람들이 초청하였을 때는 다시 밥을 먹는 것을 받지 않으시고 다만 묽은 죽만을 드시며, 빈바사라왕(頻婆娑羅王)이 초청하였을 때는 다시 받아서 배불리 밥을 드시며, 단타사리가 초청하였을 때는 다시 여러 집에서 받아 자주자주 드셨으나 모두 배불리 먹지는 않으셨으니, 이와 같은 모든 말들을 후세의 비구·비구니·우바새·우바이가 어떻게 받들어 지녀야 하겠습니까?"[292]

붓다가 여러 비구들에게 제시한 계율(戒律)은 다양한 상황에서 다르게 적용된다. 이러한 계율은 상황에 따라 열거나 닫힐 수 있다. 사리불의 예시는 붓다의 계율이 상황에 따라 다르게 적용된다는 것을 보여 주고 있다. 사리불의 질문에 대해 붓다께서 말씀하셨다. "나의 말과 같은 것을 이름하여 '때에 따름(隨時)'이라고 한다. 이런 때에 있으면 마땅히 이런 말을 행하고 저런 때에 있으면 마땅히 저런 말을 행하여야 하니, 행을 이롭게 하기 때문에 모두 마땅히 받들어 지녀야 하느니라."[293]

---

292) 『사리불문경』 1권(ABC, K0907 v23, p.760a10-a15). "舍利弗白佛言: "云何世尊爲諸 比丘所說戒律, 或開或閉? 如爲忽起長者設供, 斷諸比丘不聽朝食; 如爲社人請, 復聽食飯糗魚肉; 如爲頻富村人請, 復不聽食飯但食薄粥; 如爲頻婆娑羅王請, 復聽飽食飯食; 如爲闡陁師利請, 復聽多家數數食, 皆不得飽. 諸如此語 後世比丘, 比丘尼, 優婆塞, 優婆夷 云何奉持?"
293) 『사리불문경』 1권(ABC, K0907 v23, p.760a10-a15), "佛言 如我言者, 是名隨時. 在此時

율의 적용은 '때에 따름(隨時)'이라는 원칙을 나타내고 있다. 이 원칙에 따르면 상황에 따라 적절한 행동을 해야 한다는 것을 강조하고 있다. 즉, 각각의 상황과 시간에 따라 적절한 행동이 필요하며, 이를 통해 행동이 이롭게 된다. 모든 사람은 이 원칙을 받들어 지녀야 하며, 그에 따라 행동해야 한다. 이것은 상황에 맞는 태도와 행동을 중요시하는 지혜를 강조하는 말이다. 그러나 붓다가 부재한 경우 수시의 원칙을 따른다는 것은 불가능하다.

붓다 재세 시에는 율의 제정과 실천에 관한 중요한 문제가 붓다의 절대적인 권위에 의해 조절되었다. 율과 도덕의 판단은 붓다에 의해 결정되었으며, 그로 인해 큰 논란이 발생하지 않았다. 붓다는 다양한 상황에서 계율(戒律)을 바꾸거나 새로운 계율을 제정함으로써 여러 천재지변이나 특정한 상황에 대처하였다. 율의 제정 및 수정은 붓다의 고유한 역할이었으며 불멸 후 그를 대신할 권위자가 없으므로 정법의 주장도 승가의 분열을 일으키는 계기가 되었다.

3) 정법의 논란과 근본분열

붓다 입멸 후의 불교 교단이 일상생활에서 부딪치는 제 문제를 엿볼 수 있다. 이것을 계기로 불교 교단이 상좌부와 대중부의 2부로 근본분열을 일으켰다고 전하는 문헌도 있으며 이 사건은 초기불교 교단사에서 의미가 크다. 이 논쟁은 각각 율에 비추어 볼 때 정한가, 부정한가를 문제로 하고 있다. 정이라고 주장하는 이들의 입장에서는 십사를 십정법으로 말할 것이고, 정이 아니라고 주장하는 반대의 입장에서는 십사

中應行此語, 在彼時中應行彼語, 以利行故, 皆應奉持."

를 십사비법이라고 볼 것이다. 그러나 상좌부계의 제율에서는 '이것을 정이 아니다'라고 부정하여 정법 대신 십사로 부르고 있다.[294]

근본분열의 원인으로 전해지고 있는 십사비법이 빨리상좌부의 설일체유부라는 상좌부 계통의 부파가 전하는 전승이라면, 『사리불문경(舍利弗問經)』[295]의 전승은 상좌부와 대립하는 대중부의 전승이다. 『사리불문경』에 의하면, 상좌부가 근거 없이 율의 조항을 확대한 것에 대한 대중부의 반발이 원인이 되어 근본분열이 발생하였다.

대중부는 진보적이고 관용적인 부파라는 인식이 강하지만[296] 이에 따르면, 분열은 기존의 율을 고수하려는 측과 이와는 달리 새롭게 증광한 율을 받아들이고자 하는 측의 대립에서 기인했다고 한다. 이것은 분열의 원인을 '율의 증광'으로 인한 충돌로 보고 있다는 점에서 소소계 논쟁 및 십사비법 사건을 떠올리게 하는 전승이다.

이를 승단 분열의 원인으로만 보는 것과 거기에 더하여 변화하는 사회상을 반영한 것으로 여겨진다. 『사리불문경』의 전승 및 십사비법 사건은 초기의 승단에 부파불교라는 새로운 시작을 제공한 계기가 되었다고 전해진다. 결과적으로 승단에 분열을 안겨주었다는 점에서 이 사건들은 부정적인 시각에서 평가되기도 하지만, 이를 열심히 율을 지키며 사는 보수파와 율을 완화하여 편안한 승단 생활을 보내려는 안이한 관용파의 대립으로만 간단히 치부해서는 안 될 것이다.

승가 분열 원인으로 남방 십사(十事)를 들고 있다. 부파 분열의 과정을

---

294) 平川彰, 『律藏の研究』, 東京: 山喜房佛書林, 1970, p.728. (『율장연구』 토방 1995, pp.736-737).
295) 『사리불문경』은 사리불의 질문에 대하여 붓다께서 대답하는 형식으로 구성된 문답 형태의 비교적 짧은 경이다.
296) 이자랑, 「소소계(小小戒)에 관한 논쟁」, 『불교평론』24호, 서울: 불교평론사, 2005, pp.4-5.

기록하는 제 전승에서는 교단 내의 의견 대립이 분열의 가장 근본적인 요인으로 기술된다. 대립의 이유는 주로 경율을 둘러싼 이해의 차이에서 발생이 되며, 서로 의견을 조정하여 화합하지 못하였을 경우 교단은 분열하게 된다. 불멸 후 약 100년경에 베살리에서 일어난 십사는 율에 위반되는 열 가지 행동을 둘러싸고 의견이 나뉘어 결국 상좌부와 대중부로 분열한다.[297]

이것은 붓다 입멸 직후 아난이 붓다의 병고를 괴롭힐까 염려되어 소소계 내용을 묻지 못하면서 불제불개변이라는 결과를 가져왔으며 그것을 원인으로 제2 결집에서 십사비법을 규정 사실로 인정하면서 상좌부와 대중부 두 부파로 나누어지는 분열의 위기를 맞이하게 된 것이다.

붓다 당시에 소소계, 중학법 등이 있었던 것인데도 붓다 열반 직전 "소소계는 버려도 된다"라고 한 유언에서 변화를 주어도 된다는 의미로 받아들일 수 있다. 그러나 붓다 멸후 불법의 쇠퇴를 염려하여 결집이 이루어지면서 경보다 율에 더욱 엄격하게 '불제불개변'이라는 결론을 가져왔다. 이 결과는 결국 분열을 조장한 것이라고 할 수 있다. 정법을 통한 계율을 조금씩 변화시킨 상황에서 다시 돌아갈 수 없는 시점으로 회귀한다는 것은 있을 수 없다.

고래부터 현재까지 지역마다 그 지역에 맞는 다른 계율이 발생할 수밖에 없는 사정이 있다. 변화된 상황에 적합하게 수용하여 변화된 새로운 율을 만들 때, 또는 정법을 만들 때 승가의 분열이 발생할 수 있음을 확인했다.

---

297) 이자랑,「율장에 나타난 '不同住(nānāsaṃvāsaka)'에 관하여」,『印度哲學』11, 印度哲學會, 2002, pp.249-250.

3. 인도 대승불교의 정법(淨法)

1) 대승계의 등장

대승불교에서는 형식적이고 개인적인 율보다는 보살계(菩薩戒)를 통해 중생의 구제에 더 많은 관심을 갖는다.

> "대승불교에서 율(律)보다 계(戒)를 더욱 부각시켜 왔던 것은 율이라는 형식적 틀보다는 계라는 정신을 더욱 중요하게 여기고, 계를 통해서 율이 현실에서 구현된다고 생각하였기 때문이다. 대승불교(大乘佛敎)의 계를 보살계(菩薩戒)라고 한다. 이것은 대승불교의 이상형인 보살이 지녀야 할 덕목을 내용으로 하고 있기 때문이다."[298]

초기불교 및 부파불교에서 계(戒)는 주로 '도덕적 행위'를 가리키며, 율(律)은 '출가자의 규율(規律)'을 가리킨다. 계는 재가 신자나 출가수행자 등 모든 불제자가 수지하고 실천해야 할 규칙으로 5계가 대표적이다. 반면에 율은 출가수행자가 지켜야 할 규칙으로 비구는 250계를 비구니는 대략 350계를 지켜야 한다.

부파불교는 출가 승려 교단의 입장을 반영하고 있다. 부파불교에서 재가자와 출가 승려를 뚜렷이 구별하는 것은 불교 교단의 발달과 그 분화를 반영하고 있는 것이다. 부파불교 시대가 되면, 출가 승려를 중심

---

298) 辛順南(寂然), 「梵網經의 受戒行法과 修行體系 연구」, 東國大學校 大學院 박사학위논문, 2016, p.1.

으로 한 교단이 형성되고 재가자는 이들 출가 승원에 종속되는 위치를 차지하게 된다.

붓다가 가르친 법은 붓다의 인격을 대신하여 누구에게나 직접 적용되는 것이었으나, 시간이 지남에 따라 비구 중심의 출가자에게 맡겨지게 되어 재가자는 비구를 통하여 법을 접하게 되었다.[299] 재가자는 아라한이 될 수 없고 출가자 특히 비구만이 아라한이 될 수 있다고 부파불교 시대의 비구들은 주장하였다.

대승불교는 기존의 부파불교에 대한 반발로 일어난 새로운 불교 운동이다. 이 운동을 주도한 사람들은 자신들을 '보살'이라고 자칭했기 때문에 대승불교를 '보살의 불교'라고도 한다. 대승불교에서는 보살이 지키는 계를 '대승계' 또는 '보살계'라고 부른다. 대승불교의 보살은 출가 보살과 재가 보살로 구분된다. 출가 보살이 지키는 계를 '출가 보살계'라 하고, 재가자가 지키는 계를 '재가 보살계'라고 한다. 그러나 일반적으로 '대승계'라고 하면, 이른바 대승불교 경전에 수록된 계를 통칭하는 말이다. 대승계는 보살의 이상을 달성하고 모든 중생을 구제하기 위한 방법과 원리를 설명한다.

대승불교에서는 계와 율의 의미를 엄격히 구분하지 않고 계율로 총칭하게 된다. 보살계를 계율의 연장선으로 이해한다. 대승불교는 부파불교를 비판하면서 성립하였으므로 부파불교의 율과 별개로 독자적인 율장을 가지고 있지 않다. 소승에는 경·율·논의 구별이 확실하다. 그러나 소승의 경론과는 다른 율장이 존재하지는 않는다. 하지만, 대승불교

---

299) Horner, 『승원 불교(monastic Buddhism)』, p.27. 그녀는 승원 불교 속에서 붓다의 가르침 중 일부는 변질되었다고 본다(같은 책 pp.33-37). 승원 불교(monastic Buddhism) 이전의 불교를 석가 불교(Śakya Buddhism)라고 하여 둘을 구별시키고 있다(같은 책 p.26ff).

가 소승 율의 영향을 조금 받은 부분이 있다는 것을 약간의 전적(典籍)에 수록하고 있는 데서 엿볼 수 있다. 물론 소승과 같은 율은 대승에 존재하지 않는다. 경론에서 계경(戒經)이나 계품(戒品)을 포함하거나, 수계(受戒)[300]에 관한 것을 설명하는 것 등이다. 대승계를 설명한 경론은 소승 율장을 본뜬 광율(廣律)·계본(戒本)·갈마(羯磨)·잡(雜)으로 나뉘어 있다.

현존하는 부파불교의 율장은 5종이 있다.

①상좌부(上座部)의 빨리율, ②법장부(法藏部)의 『사분율(四分律)』, ③화지부(化地部)의 『오분율(五分律)』, ④설일체유부(說一切有部)의 『십송율(十誦律)』, ⑤대중부(大衆部)의 『마하승기율(摩訶僧祇律)』, ⑥ 근본설일체유부(根本說一切有部)의 『근본설일체유부비나야(根本說一切有部毘奈耶)』 등이다.

율장마다 세부적인 내용에 있어서 약간의 차이가 있으나 대체로 같다고 할 수 있다. 현존하는 율장은 모두 붓다가 직접 제정한 율을 바탕으로 각 부파에서 전승해 온 것이다.

부파불교의 율장에 대한 바뀐 의식 속에 대승계가 성립한 것이다.

> "대승계는 부파불교에서 전승한 여러 율장과는 그 성립 배경과 계통이 전혀 다르다. 원래 대승불교는 별도의 율장을 갖고 있지 않았다. 대승 계경에 나타난 대승계는 일정하지 않을 뿐만 아니라 그 종류도 다양 하다.
> 이를테면 『보살지지경(菩薩地持經)』의 사중사십이범사(四重四十二犯事), 『유가사지론(瑜伽師地論)』의 사중사십삼경계(四重四十三輕戒), 『우바새계경(優婆塞戒經)』의 육중이십팔실의계(六重二十八失意戒), 『보살내계경(菩薩內戒

---

300) 수계: 불교도는 일정한 의식을 통해 계를 받는다. 대승(大乘)·소승(소승)의 계법에는 5계·10계·구족계·보살계 등이 있다.

經)』의 사십칠계(四十七戒), 『범망경(梵網經)』의 십중사십팔경계(十重四十八輕戒), 『보살선계경(菩薩善戒經)』의 팔중사십팔경계(八重四十八輕戒) 등이다."301)

부파불교는 율을 엄격하게 준수하는 경향이 있으며, 율의 형식적인 규정을 중요하게 여긴다. 반면 대승계는 마음의 의도를 중요시한다. 부파불교의 율에서는 규정을 준수하는 것이 중요하며, 규정을 어길 경우 엄격한 제재가 가해질 수 있다. 대승계에서는 동기와 의도가 중요하며, 동기가 자비심 또는 교화를 위한 것이라면 엄격한 규정에 따르지 않을 수도 있다.

"소승계는 형식적 조문주의(條文主義)이며, 대승계는 정신적이다. 소승계는 신·구(身·口)를 주로 하지만 대승계는 의(意)를 주로 한다. 이 점에서 대·소승계는 현저한 차이가 있다. 예를 들면 소승계에서는 4바라이(四波羅夷)의 하나를 범하면 비구로서의 자격을 잃고 승단에서 추방되지만, 대승계에서는 가령 살인을 하고 음욕을 행하였어도 그 동기가 자비심에 있다면 계를 범하였다고 하지 않고 오히려 공덕이 있다고 하는 것이다. 대승경전에 난화맹악(難化猛惡)한 중생을 교화하기 위해서는 보살이 그 부인이 되어 음(婬)을 행하는 것을 설명함과 같은 사상을 나타내는 것이다."302)

대승계는 보살과 같은 구제적 사상을 중요시하며, 선한 의도로 부정적인 행동을 보호할 수 있다고 본다. 이는 대승불교의 보살 사상에서

---

301) 이수창(마성), 「小乘戒와 大乘戒의 兩立에 관한 문제」, 『불교문화연구』 7집, 2006, p.293
302) 睦楨培, 『戒律論』, 서울: 東國譯經院, 1988, pp.96-97.

중생을 교화하기 위해 고려된 사상적인 개념이다.

"대승불교의 삼취정계(三聚淨戒)에 따르면, 마촉여인계(摩觸女人戒)보다도 더 무거운 4바라이(四波羅夷)에 해당되는 불음계(不婬戒)를 범했다고 할지라도 중생에게 이익을 베풀기 위한 것이라면 파계(破戒)가 아닌 적극적인 선행(善行) 혹은 자비행(慈悲行)으로 해석될 수 있다."[303]

소승계와 대승계의 차이점은 다음과 같이 비교할 수 있다.

첫째, 소승계는 자기의 수도(修道)를 청정히 가지기 위해 엄격히 규제하는 것이므로 자리적(自利的)이라면, 대승계는 보살행을 행하는 이타의 정신으로까지 그 영역이 넓어진다.

둘째, 소승계를 받을 때는 마음으로 일생 동안 수지할 것을 서약하나, 대승계는 과거·현재·미래의 삼세에 걸쳐서 서약하는 것이다.

셋째, 소승계는 삼사칠증(三師七證)에게 받으나, 대승계는 시방 삼세 모든 붓다에게 받는 것이다. 그러므로 소승계는 타인에게 받으며(從他受), 대승계는 스스로 서원을 하여 받는 것이다(自誓受).

넷째, 소승계는 법·율의 경우 율장에 따르나, 대승계는 자율적인 참회에 의한다.

다섯째, 소승계는 구체적으로 지은 신업과 구업이 법·율의 기준이 되나, 대승계는 정신적인 엄격함이 강조되고 있다.

여섯째, 소승계는 수도의 과정으로 보아 신업과 구업을 규제하나, 대승계는 의업을 더 중하게 여긴다.[304]

---

303) 이수창(마성), 「小乘戒와 大乘戒의 兩立에 관한 문제」, 『불교문화연구』7집, 2006, p.294.
304) 土橋秀高, 「大乘戒と小乘戒 佛敎における戒の問題」, 京都: 日本佛敎學會, 1984,

2) 십선계(十善戒)

(1) 십선계의 성립

대승불교 이전의 부파불교의 율과는 별도로 '대승의 계'로서 보살계가 인도 대승불교의 보살 사상과 더불어 나타나게 된다. 대승불교가 발생하면서 성립된 초기대승계경(大乘戒經)으로는 『반야경(般若經)』과 『화엄경(華嚴經)』을 대표 경전으로 들 수 있다. 이들 경전은 재가 보살이 지녀야 할 실천 덕목으로서 십선계를 제시하고 있다.[305]

최초기 인도의 대승불교의 보살계는 별도로 새로이 만들지 않고 초기불교의 십선도를 사용하였다.

십선도(十善道)는 초기불교 시대부터 이미 확정되어 있었던 것이다. 초기불교에서는 출가자에게는 엄격한 율이 강조되고, 재가자에게는 5계나 8계가 중시되었기 때문에, 십선도는 일반적인 교리적 가르침으로 여겨지고 있었다. 대승불교의 시라바라밀(尸羅波羅蜜, Śīla Pāramitā, 계율을 지키는 지계바라밀)은 십선도의 이타행(利他行)으로 자리이타(自利利他)를 목표로 하는 대승 보살의 세계관을 보여준다.

초기대승불교도들이 초기불교의 십선도를 대승보살계로 제정한 이유는 대승불교의 흥기 배경에서 그 답을 찾을 수 있다. 출가 중심의 부파불교에 대항하여 형식적인 출가의 유무와 상관없이 보살의 이상형을 제시하면서 십선도가 대승계로 여겨지게 된 것이다.

---

pp.114-120; 이수창, 「남·북방 계율의 상호보완성 탐구」, 『불교문화연구』 pp.134-135.
305) 辛順南(寂然), 「梵網經의 受戒行法과 修行體系 연구」, 東國大學校 大學院 박사학위논문, 2016, p.15.

대승불교는 점점 더 대중으로부터 멀어져가는 부파승단의 형식화에 대해 불만을 가진 이들이 승단의 참모습과 계율 정신을 회복하고자 하는 의도에서 일어난 종교개혁운동이다. 그들은 출가자와 재가자가 함께 지킬 수 있는 계율을 필요로 하였으며, 결국 승속을 일관한 사회윤리가 설정되게 된 것이다. 대승불교도들이 제정하고자 했던 계율은 출가자의 율(律)도 아니고 재가자의 계(戒)도 아니었다. 양자를 포섭한 공통 윤리에 입각하여 가장 적합하다고 판단된 것이 바로 육바라밀이요, 십선도였던 것이다.[306]

초기 경전에서 '십선(十善)'은 '십선업도(十善業道)'라고 불렸지만, 계로 인식되지는 않았다. '십선업도(dasakusalakammapathā)'는 '십악업도'와 함께 도덕의 덕목으로 선악의 기준을 나타내는 것으로 다루어지고 있었다. 이러한 십선도가 초기대승불교에서는 계바라밀의 계로서 중요시 되었다. 초기대승불교에서는 초기불교의 십선도가 십선계가 되었다.

화엄경 전체에 나타난 보살계는 십선계지만, 화엄경안에서는 보살계가 발전된 개념이 도입된 것임을 알 수 있다. 화엄의 이세간품(離世間品)의 십종계(十種戒)와 십종청정계(十種淸淨戒), 십무진장품(十無盡藏品)의 십종계장(十種戒藏), 십지품(十地品)의 십선도(十善道) 등이다.[307]

(2) 십선계의 내용

대승불교에 와서 전개된 육바라밀(六波羅蜜)의 체계 가운데 십선도(十

---

306) 원영, 「삼취정계의 형성과 자서수계」, 『대각사상』10집, 2007, p.51.
307) 히라가와 아키라, 「초기대승불교의 종교생활」;이수창(마성), 「小乘戒와 大乘戒의 兩立에 관한 문제」, 『불교문화연구』7집, 2006, p.296.

善道)가 계(戒)의 역할을 하고 있는 점에 주목할 필요가 있다. 초기대승불교 보살계(菩薩戒)의 수행덕목은 십선계인데, 초기불교에서는 직접 '계(戒)'라고 하지 않고 '십선업(十善業)', 내지 '십선업도(十善業道)'라고 하였다. "저 남녀 등이 정진하고 부지런히 수행하고, 묘법을 행하면 십선업도를 완성한다."308) 초기불교와 부파불교에서는 십선업이 계로 여겨지지 않았지만, 초기대승불교의 수행법인 육바라밀 가운데 지계바라밀(持戒波羅蜜)이 십선계로서 자리 잡고 있다. 초기 대승의 계바라밀은 곧 십선업을 말하는 것이다.

초기대승불교 경전인 『대품반야경(大品般若經)』에서는 육바라밀 가운데 지계바라밀의 실천덕목으로 십선업의 실천을 설하고 있다. 초기대승불교의 경전에서는 대승보살의 실천덕목으로 육바라밀을 강조하고 있다. 육바라밀 중 지계바라밀은 초기대승의 불교도가 중시했던 계율이라고 할 수 있다. 초기대승경전에서는 계바라밀로서 십선계가 반복적으로 설해지고 있다.

> "어떤 것이 시라바라밀(尸羅波羅蜜)인가? 수보리여! 보살마하살은 살바야에 상응하는 마음을 가지고 스스로 십선도(十善道)를 행하고, 다른 사람에게도 가르쳐서 십선도를 행하게 해야 한다. 얻을 것이 없기 때문에 보살마하살의 시라바라밀이라고 한다."309)

초기대승불교에서는 보살이 실천해야 할 계바라밀의 덕목으로 십선

---

308) 『중아함경』(T1, 440b), "彼男女等, 精進勤修, 而行妙法, 成十善業道."
309) 『大品般若經』5(T8, 250a), "云何名尸羅波羅蜜? 須菩提! 菩薩摩訶薩 以應薩婆若心自行 十善道, 亦教他 行十善道. 以無所得故, 是名菩薩摩訶薩 尸羅波羅蜜."

도(十善道)를 밝히고 있다. 시라바라밀(尸羅波羅蜜)은 곧 십선도를 가리킨다. 십선도라고 하는 것은 삼업(三業)을 열 가지로 나누어 일상의 윤리덕목을 규정한 것이다. 불살생(不殺生)·불투도(不偸盜)·불사음(不邪淫)·불망어(不妄語)·불기어(不綺語)·불악구(不惡口)·불양설(不兩舌)·불간탐(不慳貪)·불진에(不瞋恚)·불사견(不邪見) 등 열 가지 항목이다.

『소품반야경(小品般若經)』의 「아유월치상품(阿惟越致相品)」에서는 재가보살이 지녀야 할 실천덕목으로 십선도를 다음과 같이 설하고 있다.

> "아유월치보살은 끝내 삼악도(惡道)에 떨어지지 않는다. 여인의 몸을 받지 않는다. 수보리여! 이 모습을 갖고 이것을 아유월치보살이라고 알아야 한다. 또 수보리여, 아유월치보살은 스스로 살생하지 않고, 또 다른 사람으로 하여금 살생하지 않게 한다. 스스로 투도(偸盜)하지 않고, 사음(邪婬)하지 않고, 망어(妄語)하지 않고, 양설(兩舌)하지 않고, 악구(惡口)하지 않고, 무익어(無益語)하지 않고, 탐질(貪嫉)하지 않고, 진뇌(瞋惱)하지 않고, 사견(邪見)하지 않으며, 또 다른 사람으로 하여금 사견을 행하지 않게 한다. 이 십선도를 항상 스스로 행하며, 또 다른 사람으로 하여금 행하게 한다. 이 보살은 꿈속에서도 십불선도를 행하지 않는다. 나아가 꿈속에서도 역시 항상 십선도를 행한다. 수보리여, 이 모습을 갖고 이것을 아유월치보살이라고 마땅히 알아야 한다."310)

『화엄경』의 십지품은 이본들이 많이 남아 있는데, 그 가운데 설해지고 있는 십선도에 관한 설명은 거의 동일하다. 이 이본들 가운데 『점비일체지덕경(漸備一切智德經)』에서는 십선에 대해서 다음과 같이 설명하고 있다.

---

310) 『小品般若經』권6(T8, 564a).

"보살은 이미 제2 이구지에 머물러 살생을 여읜다. 칼과 몽둥이를 잡지 않고 마음에 부끄러움을 품는다…. 또한 훔치지 않는다. 마음은 항상 베풀기를 좋아하고 남의 재물을 탐내지 않는다…. 또한 애욕의 사음행을 버린다. 무거운 습관을 원하지 않고 자신의 처실에게 있어서 지족을 알며 일찍이 마음을 일으켜 남의 부인을 모략하지 않는다…. 또한 망어하지 않는다. 헛된 말을 좋아하지 않으며 말하는 바는 지성으로 한다…. 또한 양설(兩舌)을 여읜다. 이 사람과 저 사람에게 전하여 그들을 싸우지 않게 한다…. 또한 매(罵, 욕설)하지 않는다. 거친 말과 악언을 하지 않으며 사람의 마음을 상하게 하지 않는다…. 또한 기어(綺語)하지 않는다. 꾸미는 말을 여의며 말에 범한 바가 없고 일찍이 전어(傳語)하지 않는다…. 또한 질투하지 않아 탐착을 품지 않는다…. 또한 진한(嗔恨)이 없다. 마음은 항상 자애로움을 품으며 애민하는 마음, 조화로운 마음, 안온한 마음, 우연한 마음이어서 그 마음은 항상 일체를 제도하고자 생각한다…. 또한 사견(邪見)을 버린다. 바른 견해를 받들어 외학(外學)을 좇지 않는다…. 이것을 십선이라 한다. 항상 이 십선의 덕을 마땅히 수호해야 한다."[311]

여기서는 십선을 계로 취급하고 이구지에서 실천하는 덕이 십선임을 밝히고 있다. 초기불교의 십선업도와 비교해 보면 십선계의 내용이 더욱 구체적으로 제시되어 있으며 이타적인 측면을 강조하고 있다. 초기불교의 십선업도는 일반적인 도덕적 지표를 제공하는 반면, 보살계는 더 구체적인 행동 및 태도에 대한 지침을 제시한다. 보살계는 이타적 행동을 중요하게 강조한다. 십선업도는 개인적인 도덕성을 강조하며

---

311) 『漸備一切智德經』권1(T10, 465c-466b).

다른 이에 대한 직접적인 관련성을 다루지 않는다. 반면 보살계는 다른 이들을 도우며 이해하려는 마음가짐을 강조하여 이타적 행동에 더 중점을 둔다.

보살이 계바라밀로써 불살생(不殺生) 등의 십선도를 지키고, 또한 다른 사람에게도 가르쳐서 지키도록 해야 한다는 것을 강조하고 있다.

> "이 점은 『아함경』의 십선업도가 단순히 자신의 악을 여의는 것만을 결의하고 있는 것과는 다르다. 『반야경』은 초기불교의 십선을 계로써 수용하면서 그들이 놓치고 있는 이타적인 면을 겸비하여 재가 보살의 실천덕목으로 채택하였다. 이 점은 초기불교의 정신을 계승하는 동시에 대승불교의 자리와 이타적인 양면을 잘 나타내는 것이다."[312]

재가 보살의 입장에서 십선계를 계바라밀로 하고, 이 십선계는 자리(自利)에서 끝내지 말고 이타(利他)에 이르러야 한다는 폭넓은 입장을 보여주고 있다. 이 점에서 대승불교의 특징이 잘 드러나고 있다.

『십주비바사론』에서는 십선계의 수계는 붓다로부터 직접 받는다고 설하고 있다.

> "즉 능히 사사(四事)로써 모든 붓다께 공양한다. 능히 모든 붓다가 계신 곳에서 다시 십업도를 받는다. 사사란 의복·음식·와구·의약이다. 다른 뜻은 곧 가히 알 것이다. 이와 같은 행을 짓고 나서 붓다로부터 선도를 받는다. 백천만겁에 이르기까지 훼손시키지 않고 또한 잃지 않는다."[313]

---

312) 신성현, 「菩薩戒의 전개와 발전에 대한 一考」, 『佛敎學報』제54집, 2010, p.56.
313) 『十住毘婆沙論』16, 「護戒品」31(T26, 109b).

붓다 멸후 붓다에게 계를 받는다는 것은 성문승, 즉 부파불교에서는 볼 수 없는 대승불교의 특징이라 할 수 있다. 대승불교는 보살의 가르침과 역할을 강조하며, 보살로서의 도덕적 역할을 수행하는 것이 중요하다고 여겨진다. 불멸 후 계사로부터 계를 받는 전통적인 성문승과 대조적이다.

(3) 십선계의 특징

십선계는 초기계율의 한계를 보완하여 출가 보살과 재가 보살이 함께 수지할 수 있는 대승계로 자리 잡았다. 부파불교의 율장이 출가수행자에 국한된 것을 비판하며 초기불교의 십선업도를 출가자와 재가자가 함께 수지할 수 있는 십선계로 활용하였다. 이런 점에서 초기불교의 정신을 이어받고 있지만, 부파불교의 율장은 무시하고 있다. 초기대승불교에서는 부파승단을 소승이라 폄하하며 맹렬히 비판하고 있었다. 그렇기에 계율 또한 붓다 당시로 돌아가 십선도라고 하는 불교 기본 윤리를 강조했던 것이다.[314]

초기불교에서는 계로 취급되지 않았던 십선업도를 초기대승불교에서 계로 수지된 이유는 "처음 대승교단이 형성되었을 당시에 승속(僧俗)이 함께 지킬 수 있는 계율이 필요했기 때문이다. 왜냐하면 십선도(十善道)는 재가와 출가의 둘 사이에 공통으로 필요한 요건을 충족해 주는 계율로 선정된 것이다."[315]

---

314) 원영, 「삼취정계의 형성과 자서수계」, 『대각사상』10집, 2007, p.56.
315) 辛順南(寂然), 「梵網經의 受戒行法과 修行體系 연구」, 東國大學校 大學院 박사학위논문, 2016, p.23.

대승불교의 십선계(十善戒)는 초기불교의 십선업도의 자리적(自利的) 한계를 넘어 이타적(利他的) 요소의 수행들을 실천하려는 통합방식으로 발전하였다. 대승불교의 십선계는 자기 자신만 십선을 행하는 것에 국한되지 않고 다른 사람에게도 권선하는 것이 특징이다. 대승불교의 십선계(十善戒)는 초기불교의 '십선업도'에서 더 나아가 자기 자신의 이익을 넘어서 타인에게 이익을 주려고 하는 이타적인 방식으로 발전한 것이다.

열 가지 선계는 자기 자신만을 위한 것이 아니라 다른 사람들에게도 이로운 것을 제공하려는 특징을 갖고 있다. 이것은 대승불교가 이타적인 이해와 행동, 즉 자기의 이익을 초월하고 다른 이들의 이익을 존중하는 가르침을 중시하는 보살 사상에 입각한 것이다.

붓다 멸후 붓다로부터 십선계를 받는다는 것은 부파불교에서는 볼 수 없는 대승불교의 특징이다. 붓다 재세 시에는 붓다로부터 또는 계사로부터 계를 받는 전통적인 방법과 달리 직접 붓다로부터 십선계를 받는다는 것은 초기불교의 석가모니불과 직접 연결되어 있다는 것을 강조하고 있다.

3) 유가계(瑜伽戒)

(1) 유가계의 성립

중기 대승 경전에 나타난 보살계의 특징은 삼취정계(三聚淨戒)라고 할 수 있다. 중기 이후의 대승 경전은 크게 여래장계 경전과 유가계(瑜伽系) 경전으로 나눌 수 있다.

여래장계의 대표적인 경전인 『열반경(涅槃經)』, 유가계인 『해심밀경(解深密經)』·『보살선계경(菩薩善戒經)』·『보살지지경(菩薩地持經)』·『유가사지론

(瑜伽師地論)』의 '본지분중보살지(本地分中菩薩地)' 등에 삼취정계에 관한 언급이 있다. 삼취정계는 이미 『십지경』에 그 선구가 보인다. 『화엄경』에 "능히 스스로 삼종의 계법을 구족하고, 또 중생으로 하여금 삼종의 계를 구족하게 한다. … 일체중생으로 하여금 삼취정계(三聚淨戒)에 안주하게 한다"라고 했다.

또한 『해심밀경』에서는 계에 삼종이란 첫째 전사불선계(轉捨不善戒), 둘째 전생선계(轉生善戒), 셋째 전생요익유정계(轉生饒益有情戒)이다. 『해심밀경』의 다른 번역인 심밀해탈경(深密解脫經)에는 이제악행계(離諸惡行戒), 수제선행계(修諸善行戒), 이익중생계(利益衆生戒)라고 했다. 이것이 삼종정계에 대한 최초의 언급이라고 한다. 삼취정계가 『유가사지론』에 이르러 비로소 완전한 형태로 설해지게 되었다.[316] 『유가사지론』의 삼종정계 사상은 같은 계열인 『보살선계경』과 『보살지지경』의 사상을 계승한 것이다.[317]

유가계 관련 문헌을 살펴보면 보살계는 출가 보살 중심의 『보살선계경』과 재가 보살 중심의 『우바새계경』에서 모든 보살을 대상으로 하는 『보살지지경』과 『유가론』의 보살지(菩薩地)로 정비되었다. 출가 교단과 재가 신자라는 이원적 구조를 되돌아간 것이다. 이것은 원래 대승불교가 기존의 출가자 중심의 불교를 비판하여 십선계를 출가와 재가와 구분 없이 모두 수지하도록 하였던 것을 부정하게 된 것이다.

"대승불교의 초기에는 소승계를 배척했지만, 중기에는 다시 소승계를

---

[316] 平川彰, 『初期大乗仏教の研究』, 平川彰著作集 第4巻, 東京: 春秋社, 1999, pp.6-9.
[317] 이수창(마성), 「小乘戒와 大乘戒의 兩立에 관한 문제」, 『불교문화연구』 7집, 2006, pp.298-299.

포용하게 되었다. 이것은 재가자 중심의 교단에서 출가자 중심의 교단으로의 복귀 혹은 회귀의 현상이라고 할 수 있다. 이러한 인도 대승불교의 전통이 일부 중국에 전해져 대승불교권인 중국·한국·일본불교에서는 대승 보살이라 하더라도 출가하여 비구가 될 때에는 성문과 똑같은 구족계를 받아야 비구가 되는 것으로 생각하였다. 이것은 중국에서 『사분율』을 중심으로 종남산(終南山)에서 남산종인 율종(律宗)을 개창한 도선(道宣, 596-667)의 저서에서도 이러한 사실을 확인할 수 있다."[318]

대승불교 초기에는 소승계를 배척했지만, 중기에는 다시 소승계를 포용하게 된 것은 재가자 중심의 교단에서 출가자 중심의 교단으로의 변화를 나타낸다. 중국 등 동아시아 불교에서 대승 보살이 출가할 때 성문과 유사한 구족계를 받아야 하는 전통이 되었다.

중기 대승불교 계경(戒經)으로는 『열반경』·『해심밀경』·『보살선계경』·『보살지지경』·『유가사지론』·『우바새계경』 등을 대표로 들 수 있다. 대승불교 중기에 와서는 십선계가 삼취정계로 정리되는 과정을 거치게 된다. 삼취정계에서 보살계에 성문계를 접수하여 섭율의계(攝律儀戒)에 편성시키고 있다는 특징을 찾아볼 수 있다. 삼취정계의 이론적 배경은 유가계 계통의 대표적인 경전이라 할 수 있는 『유가사지론』에서 설하는 대승보살계의 사상을 통해서 살펴볼 수 있다. 『해심밀경』에 이어 『보살선계경』과 『보살지지경』 등의 사상을 계승한 『유가사지론』에서 삼취정계는 절정을 이룬다.[319]

---

318) 이수창(마성), 앞의 논문, p.313.
319) 辛順南(寂然), 위의 논문, 2016, p.27.

(2) 유가계의 내용

유가계는 법상종을 중심으로 행해왔던 것으로 '삼취정계(三聚淨戒)'를 보살계로 삼고 있다. 삼취정계(trividhāni śīlāni)란 삼종정계·삼취청정계·삼취계라고도 하는데, 대승의 보살이 받아 지녀야 할 세 가지 계를 말한다. 섭율의계(攝律儀戒), 섭선법계(攝善法戒), 섭중생계(攝衆生戒)이다.

①섭율의계란 악을 방지하기 위해 제정한 모든 금지 조항을 말한다. ②섭선법계란 선행을 실천하는 계를 말한다. ③섭중생계 혹은 요익유정계(饒益有情戒)란 선을 행하면서 중생에게 이익을 베푸는 계를 말한다.

『유가사지론』은 보살이 어떻게 성장하고 발전해야 하는지를 설명한다. 이 논서에 따르면, 보살은 세 가지 단계를 거쳐야 한다.

첫째, 보살은 율의계(律儀戒)에서 섭선법계(攝善法戒)로 진행해야 한다. 율의계는 소승계에 해당하며, 이 단계에서는 율장의 계율을 따르고 선한 행동을 수행하는 것이 중요하다. 그러나 이는 아직 대승계에 해당하지 않는 준비 단계에 불과하다.

둘째, 보살은 섭선법계를 넘어서 요익중생계(饒益衆生戒)로 나아가야 한다. 섭선법계는 선한 행동을 수행하는 영역이며, 요익중생계는 모든 존생에게 이익을 주는 것이다. 이 단계에서는 보살은 모든 중생을 구제하고 이익을 주는 방법과 원리를 깨닫고 실천해야 한다. 이것이 진정한 의미의 보살계이다.

『유가사지론』에 따르면, 보살은 율의계에서 섭선법계로 나아가고, 그다음에 요익중생계로 나아가야 진정한 의미의 보살이라 할 수 있다. 율의계는 준비 단계에 불과하며, 섭선법계와 요익중생계가 보살의 발전과 성장을 의미하는 주요 단계라고 설명되고 있다. 『유가사지론』의 보살지에서는 삼취정계(三聚淨戒)에 대해서 다음과 같이 설하고 있다.

> 어떤 것을 보살의 일체계라고 하는가? 보살계에는 두 가지가 있다. 하나는 재가(在家)용 계이고, 또 하나는 출가(出家)용 계이다. 이것을 일체계(一切戒)라고 한다. 한편 출가와 재가의 두 가지 깨끗한 계에는 다시 세 가지가 있다. 첫째는 율의계(律儀戒)이고, 둘째는 섭선법계(攝善法戒)이고, 셋째는 요익유정계(饒益有情戒)이다.[320]

『유가사지론』에서는 보살계(菩薩戒)에 관한 구체적인 설명을 다음과 같이 요약하고 있음을 알 수 있다. 즉 보살의 일체계를 재가계와 출가계의 2분계로 분류하고 있다. 그리고 율의계, 섭선법계, 요익유정계의 삼취정계로 나누어 설하였다. 삼취정계는 대승경전 가운데 여래장계 경전과 유가계 경전 등에서 주로 언급되고 있다. 여래장계 가운데 『유가사지론』의 보살지에서 말하는 삼취정계가 가장 정비된 형태이다.

『유가사지론』에서 설하는 삼취정계(三聚淨戒)의 첫 번째인 율의계를 살펴보기로 한다.

> 율의계(律儀戒)는 모든 보살이 받는 7중의 별해탈율의(別解脫律儀)이다. 즉, 비구계·비구니계·식차마나계·사미계·사미니계·우바새계·우바이계이다. 이 일곱 종류의 계는 출가(出家)와 재가(在家)의 두 부류가 의지해야 하는 것으로 보살의 율의계라고 하는 줄을 알아야 한다.[321]

---

[320] 『瑜伽師地論』40(T30, 511a), "云何菩薩一切戒? 謂菩薩戒 略有二種. 一在家分戒, 二 出家分戒 是名一切戒. 又即依此 在家出家二分淨戒, 略說三種. 一律儀戒, 二攝善法戒, 三 饒益有情戒."

[321] 『瑜伽師地論』40(T30, 511a), "律儀戒者, 謂諸菩薩所受, 七眾別解脫律儀. 即是苾芻戒,

율의계는 성문(聲聞)의 250계목뿐만 아니라 6중의 계까지 대승계에 포함시키고 있다. 유가계는 성문계를 보살계로 받아들이고 있다. 율의계는 7중의 별해탈율의인 출가와 재가의 계율을 모두 포함하고 있다. 『유가사지론』은 율의계에 7중의 계, 즉 비구의 250계, 비구니의 350계, 식차마나의 6법계, 사미·사미니의 10계, 우바새·우바이의 5계와 8재계를 보살계로 섭수하고 있다.

초기대승불교에서는 십선계가 보살 율의계의 역할을 다해 왔다. 그러나 시대가 흐름에 따라 율의계의 계목에 변화가 생기게 되면서 그 의미가 확대해석 되게 된 것이다. 즉 초기에는 십선도가 계로서 강조되던 것이 점차 죄를 짓지 않고 모든 선행을 행한다고 하는 적극적인 태도로 바뀌게 된다.[322] 『유가사지론』의 보살지에서는 성문계를 체계적으로 보살계 속에 정착시켜 보살이 악을 끊는 것에 머물지 말고 적극적으로 모든 선을 행하도록 전개시키고 있다.

다음으로 섭선법계(攝善法戒)에 대하여 살펴보면 지계(持戒)와 지관 수행을 강조하고 있다.

> 섭선법계는 모든 보살이 율의계를 받은 후에 일체의 대보리를 성취하기 위하여 몸과 말과 뜻으로 모든 선행을 실천하는 것을 말한다. … 어떻게 하는 것을 말하는가 말하자면 일체 보살은 계율에 의하여 머물고, 들으며 생각하여 지(止)와 관(觀)을 닦음에 혼자 있는 것을 좋아하며, 부지런히 닦고 배우는 것이다.[323]

苾芻尼戒, 正學戒, 勤策男戒, 勤策女戒, 近事男戒, 近事女戒. 如是七種, 依止在家 出家 二分, 如應當知 是名菩薩律儀戒."
322) 원영, 「삼취정계의 형성과 자서수계」, 『대각사상』10집, 2007, p.56.
323) 『瑜伽師地論』40(T30, 511a), "攝善法戒者, 謂菩薩受律儀戒後, 所有一切為大菩提, 由

일체의 선법을 적극적으로 실천하는 모든 행위를 섭선법계(攝善法戒)에 모두 포함할 것을 제시하고 있다. 섭선법계에서는 율의계를 받은 다음 단계로서 단순히 계를 지키는 것에서 한 걸음 더 나아가서 대승 계율의 실천 범위를 확대하고 있음을 살필 수 있다.

섭선법계는 보살이 율의계를 받은 후에 최고의 깨달음을 얻기 위해서 신구의(身口意) 삼업으로 모든 선을 결집하는 것을 말한다. 그 구체적인 방법으로는 육바라밀행을 제시하고 있다. ①몸과 재물에 집착하지 않는다. ②파계(破戒)의 원인·번뇌를 제거한다. ③분노와 원한의 마음을 제거한다. ④게으름이나 방종을 제거한다. ⑤선정 삼매에 집착하거나 번거로움을 끊는다. ⑥다섯 가지의 여실지견(如實知見)을 얻는다.[324] 이것은 계바라밀이 육바라밀을 섭수하는 상즉의 입장을 밝히는 것으로서, 보살지에서 보살행이 광범위한 내용으로 전개되고 있다는 것을 보여준다.[325] 이 사례들은 자리이타의 양면을 포괄하고 있는데, 이타(利他)의 면에서는 요익유정계와 중복되고 있다. 섭선법계가 율의계보다 위에 위치하고 있으며, 의업(意業)이 포함되어 있고, 깨달음에의 서원과 직결되어 있다는 것을 나타내고 있다. 이것은 보살지에 있어 보살계의 특징을 분명히 보여 주고 있는 것이다.[326]

다음으로 삼취정계(三聚淨戒)의 세 번째인 요익유정계(饒益有情戒)에 대하여 살펴보면 다음과 같다.

身語意積集諸善. ⋯ 此復云何 謂諸菩薩依戒住戒, 於聞, 於思於修止觀, 於樂獨處, 精勤修學."
324) 『瑜伽師地論』권40(T30, p.512b).
325) 平川彰 外 著·정승석 譯, 『초기대승불교의 종교생활』, 민족사, 1989, p.270.
326) 平川彰 外 著·정승석 譯, 위의 책, p.2.

어떤 것이 보살의 요익유정계인가? 이 계에는 간략히 열한 가지의 모습이 있음을 알아야 한다. 모든 보살은 유정들에게 이롭고 옳게 인도해야 한다.…모든 유정들에게 옳고 이롭지 않은 것은 싫증을 내어 여의게 한다. 방편으로 붓다의 성스러운 가르침에 들어오게 이끌어서 기쁘게 믿고 즐기게 하며, 드문 일이라는 마음을 내게 하여 바른 행을 부지런히 닦게 한다.[327)]

요익유정계는 중생을 위하여 적극적인 선(善)을 행하는 것으로 보살이 중생을 이롭게 하는 실천 덕목을 말한다. 요익유정계는 삼취정계 가운데 가장 핵심이다. 대승 보살이 계를 지키는 목적은 중생을 위한 자비를 실천하는 것에 있다. 보살이 자비심을 가지고 몸소 중생을 보살피고, 지켜주며, 베푸는 등의 일체 행위는 모두 요익중생계에 귀착된다.

요익유정계는 중생들을 위해서 열두 가지 선행을 말하고 있다. ①의리 있는 행위의 협력자가 된다. ②병고의 간호 등을 한다. ③법을 설하고 방편을 설한다. ④은혜를 알고 보은한다. ⑤공포로부터 중생을 지킨다. ⑥고통스러운 유정의 근심을 없애 준다. ⑦물건을 찾는 자에게 준다. ⑧자비심으로 중생을 섭수한다. ⑨마음에 적합한 것을 행하고 다른 것을 멀리한다. ⑩진실의 공덕을 기뻐한다. ⑪과실을 막는다. ⑫신통력으로 중생을 인도한다.[328)]

삼취정계의 수계는 스스로 계를 받는 자서수계(自誓受戒)와 스승으로부터 계를 받는 종타수계(從他受戒)에 의해서 이루어진다. 자서수계는 스

---

327) 『瑜伽師地論』(T30, 511b), "云何菩薩饒益有情戒? 當知此戒略有十一相. 何等十一. 謂諸菩薩 於諸有情能引義利. … 令諸有情厭離不善. 方便引令入佛聖教 歡喜信樂, 生希有心 勤修正行."
328) 신성현,「菩薩戒의 전개와 발전에 대한 일고」,『불교학보』54집, 2010, p.56.

승이 없는 상황을 전제로 한다. 자서수계란, 수계해 주는 계사가 없이 혼자서 지계의 서원을 하고 계를 지니는 것을 의미한다. 이것은 대개 대승계로만 인식되고 있다. 자서수계는 『보살선계경』과 『보살지지경』에 시설되어 있으며 『유가사지론』의 보살지에서는 자서수계와 종타수계가 나타나고 있다.[329] 자서수계하는 방법은 먼저 일체의 불보살에게 스승으로 모셔야 한다고 밝히고 있다.

> '제게는 지금 스승이 없사오니 시방불보살을 스승으로 삼겠습니다.' 두 번째도 세 번째도 또한 그와 같으니라. 그때에 시방불보살이 곧 상(相)을 지어 보이면 마땅히 계를 얻은 것임을 알라.[330]
>
> '만약 이와 같은 공덕을 구족한 스승이 없는데 보살계를 받고자 하는 자는 다음과 같이 해야 한다. 보살은 불상 앞에 서서 스스로 받을지니 마땅히 이와 같이 받아야 한다. 의복을 정돈하고 편단우견 우슬착지하라. 몸을 굽혀 합장하고 다음과 같이 말하여라. '저 아무개는 시방세계 일체제불 및 제보살중(諸菩薩衆)에게 사뢰옵니다. 저는 지금 제불보살 앞에서 일체보살계를 받고자 합니다. 율의계·섭선법계·섭중생계, 이 모든 계는 과거 일체보살이 다 배웠고, 미래 일체보살이 다 마땅히 배워야 하며, 현재 일체보살이 지금 다 배우고 있습니다.' 제2, 제3도 이와 같이 설한다.[331]

『유가론』에서 부파 승단을 섭수하여 승단의 계율조차 보살계의 일

---

329) 신성현, 앞의 논문, p.56.
330) 『菩薩善戒経』(T30. 1014a). "今我無師, 十方佛菩薩爲師, 第二第三亦爾. 爾時十方佛 菩薩卽作相示, 當知得戒."
331) 『菩薩地持経』(T30. 919a).

부로서 인정했으며, 자서수계가 대두되었던 것은 중간 시점에서 대승으로 전향한 출가 스승이 없을 가능성이 높다는 것을 나타낸다. 이것은 대승의 보살계를 받기 위해서는 대승불교 스승 아래에서 받는 것이 일반적이었는데, 유가론이 성립 단계에서 아직 완전히 대승불교로 전향하지 못한 승단이 존재할 수 있다는 가능성을 시사한다. 따라서 자서수계가 소승에서 대승으로 전향하는 불교도들을 지원하기 위한 수단으로 사용되었을 가능성이 높다는 것을 나타낸다.[332]

(3) 유가계의 특징

삼취정계의 율의계가 대승계 중 특별하다. 즉 소승계를 보살계 속에 받아들인 것이다. 이것이 유가계(瑜伽戒)의 특징이다. 『유가사지론』에서 삼취정계의 율의계를 칠중(七衆)의 율이라고 해석하고 있다. 이것은 보살계에 성문계(소승계)를 포함시킨 것이다. 초기대승불교에서는 부파승단을 소승이라 폄하하였는데 중기 대승불교의 유가론의 삼취정계에 이르러서는 소승이라 여기던 성문율을 포섭하고 보살의 율의계로서 설정한 것이다.

> "성문율을 삼취정계 안에 포함시킨 것은 출가승단을 포섭하기 위한 발상에서 비롯되었다고 할 수 있다. 뿐만 아니라 그러한 승단의 참여로 인해 성문율을 대승보살계로써 편입시키지 않으면 안 되었다고 하는 시대 상황을 추론할 수 있다."[333]

---

332) 원영, 「삼취정계의 형성과 자서수계」, 『대각사상』10집, 2007, p.61.
333) 원영, 위의 책, p.56.

보살계를 수지하기 위해서는 우선 마음을 맑혀 7종계를 받아야 한다. 성문계와 보살계를 구분하여 두 종류로 나누어 보살계를 한층 높은 차원의 것으로 보고 있다. 성문계와 보살계를 구분하여 보살계를 보다 높은 차원의 것으로 간주하는 것은 보살계는 보살로서 다른 이들의 이익을 도모하고, 보살의 고귀한 가르침과 행동을 추구하기 때문이다. 대승불교에서 보살은 다른 이들을 구제하고 가르치는 역할을 수행하는 인물로 성문계보다 더 높은 도덕적·윤리적 수준을 요구한다는 의미이다.

중루계(重樓戒)는 7종의 계율인 우바새계·우바이계·사미계·사미니계·식차마나계·비구계·비구니계가 누각의 층처럼 단계별로 이루어짐을 말한다. 즉, 나열 순서대로 계를 수지해야 하며, 이를 다 받은 후에 최종적으로 보살계를 받아야 한다는 것이 중루계이다. 보살마하살이 계를 성취하고 선계를 성취하고 이익중생계를 성취하기 위해서는 우선 우바새계, 사미계, 비구계를 구족하여 마땅히 배워야 한다.[334]

『유가사지론』의 율의계는 성문의 구족계를 수용하고 있다. 『화엄경』의 섭율의계와 『유가사지론』의 율의계의 내용이 서로 다르다. 『화엄경』의 섭율의계는 십선계(十善戒)를 내용으로 할 뿐, 아직 성문의 구족계를 수용하지 않았다.[335] 그러나 똑같은 '삼취정계'라는 용어를 사용하고 있지만, 전혀 다르다. 『유가사지론』에서는 『화엄경』의 십선계를 성문의 7중계(七衆戒)로 대체하였다.

보살계의 수계(受戒)가 유가계(瑜伽戒)에 의해 중층적으로 이루어졌다. 출가자에게는 5계, 사미·사미니계·구족계·보살계의 순서로 수계하는 것이 전통이 되었으며, 재가자에게는 『우바새계경』에 의해 수계하는

---

334) 『菩薩善戒經』(T30. 1013c).
335) 히라가와 아키라, 심법제 역, 『초기대승불교의 종교생활』, 민족사, 1989, p.100.

것이 전통이 되었다. 대승불교의 초기에 출가자와 재가자가 공통으로 받들어야 마땅했던 계에 출가자와 재가자라는 구별이 생기게 되었다. 유가계는 부파의 율장을 교단의 운영 기반으로 삼았다. 유가계는 인도 대승계의 정점(頂點)으로 여겨지지만, 대승불교가 기존의 불교와 타협한 것이라는 점에서 만족하지 않는 견해가 있었을 것이다.

초기대승불교에서 수지된 십선계(十善戒)만으로 출가 보살의 모든 것을 규정하기에 부족했기 때문에 유가계에서 출가승의 계를 채용하게 된 것이다. 중기대승불교의 유가계의 삼취정계는 하나의 독립적인 계로써 확립되어 감을 조명할 수 있다.[336]

> "초기대승불교는 재가 보살이 주도적으로 이끌었기 때문에 스스로의 내적 결의만으로 수계가 이루어졌고, 번잡한 의식도 멀리하게 되었다. 그러나 대승불교가 중기에 이르러 출가보살이 중심이 되고 성문계를 수용하면서 계의 정비와 수계에 의한 결의의 표명이 요청된 것이다."[337]

3사 7증 아래에서 출가 수계를 받아야만 인정되는 출가자에게 계사(戒師) 없이 보살계를 받을 수 있다고 하는 자서수계는 부파불교의 율장에서는 상상하기 힘든 출가방식이다. 승려로 출가하려는 경우, 초기불교 및 부파불교에서는 반드시 3사 7증 아래에서 출가 수계를 받아야 한다. 자서수계는 이러한 전통적인 방식과는 다르다. 자서수계는 전통적인 방식으로 출가수계를 받지 않고도 보살계를 수용하고 보살로서의

---

336) 辛順南(寂然), 「梵網經의 受戒行法과 修行體系 연구」, 東國大學校大學院 박사학위논문, 2016, p.27.
337) 신성현, 「菩薩戒의 전개와 발전에 대한 일고」, 『불교학보』40, 2004, p.57.

역할을 수행할 수 있다는 것을 나타내며, 이것은 대승불교의 특이한 특징이다.

자서수계가 등장하는 초기의 경론으로는 『십송율(十誦律)』의 주석서인 『살바다비니비바사(薩婆多毘尼毘婆沙)』가 있다. 여기서 말하는 자서수계는 보살계의 자서수계와 상당한 차이가 있다. 대가섭(大迦葉)이 자신의 스승은 붓다이며, 자신은 제자라고 선언한 것이 자서수계이다. 대가섭이 붓다께 귀의하여 비구가 된 것을 의미하는데, 당시에는 구족계가 성립되기 이전이었기에 승가의 비구로서 율의를 갖춘 상태가 되는 것을 가리킨다. 『살바다비니비바사』의 자서수계는 재세 시의 샤카무니 붓다를 믿고 따르기 위해 귀의하는 것임을 밝히고 있다.

"즉 대가섭의 자서수계는 현실에 실존하는 붓다를 뵙고 귀의하여 제자가 된다는 것으로 이후의 보살계의 자서수계에 나오는 견불 체험과 호상의 불타관과는 확연한 차이를 보인다."[338]

부파불교의 율장과 달리 유가계에서는 악인이 무간업을 지으려고 할 때는 그 악인을 죽여도 좋다고 하고 있다.[339] 또한 유정을 구하기 위해서는 망어·이간어·추악어·기어 등을 해도 좋다고 하고 있다. 또 재가보살은 자만심을 가지면서 비범행을 해도 좋다고 한다. 이와 같이 특정한 경우라 하더라도 살인·도둑·망어·비범행 등을 허락하는 내용은 부파불교의 율장에는 없다. 특히 이유야 어찌 되었든 살인을 허락하는 것을 『율장』에서는 인정하지 않는다.

---

338) 이충환(법장),「보살계관의 변용에 관한 고찰」,『한국불교학』제104집, 2022, p.25.
339) 『瑜伽師地論』41, 제9조(T30, 51).

IV. 중국 불교에서의 정법(淨法)

1. 중국적 배경

1) 종교·문화적 배경

중국은 인도와 여러 가지 면에서 달랐기 때문에, 인도에서 성립한 불교가 동아시아에 정착하면서 이전과 다른 양상을 띠는 것은 너무나 자연스러운 현상이다. 중국 문화는 인도 문화와 구분되는 독특한 특징과 표현 방식을 갖고 있다. 중국은 다양한 지역과 문화권으로 구성되어 있어 지역마다 다양한 문화와 풍속이 존재한다.

중국 문화는 이러한 특징들을 통해 독자적인 정신과 가치 체계를 형성하고 있으며, 이는 중국의 역사, 지리, 정치, 경제 등 여러 측면에 영향을 미치고 있다. 중국 문화는 다양한 요소들의 조화와 균형을 중시하며, 철학적인 사고와 예술적인 표현을 포괄적으로 발전시켜 왔다.

중국 고유 문화는 유교, 도가 등 다양한 폭넓은 철학적 전통을 갖고 있다. 세계관은 우주와 자연, 인간의 관계에 대한 중국적인 이해를 반영하고 있다. 예를 들어 '하늘과 인간의 조화', '음양 상생' 등의 개념이 중요한 역할을 한다. 인도 문화는 베다(Veda)를 비롯한 수많은 종교적·철학적 서적들로 알려져 있다. 베다와 우파니샤드(Upanishad) 등은 인도 철학의 중심을 이루며, 고대 인도인의 생각과 세계관을 보여준다. 반면 중국 문화는 유교, 도교를 바탕으로 핵심 전통을 이루고 있다. 중국은 유교의 인간 중심주의와 도가의 자연주의 등 현재의 삶을 중시하는 데 비해서 인도는 현세를 부정하는 경향이 강하다.

중국 문화는 사회적 질서와 가족 중심의 가치를 강조한다. 가족 유대, 예절, 경서적인 규범 등이 중요한 역할을 하며, 선조 숭배와 양반 제도 등 중국 특유의 사회적 질서를 형성했다. 중국 문화에서는 가족 유대가 중요한 역할을 한다. 가족은 사회의 핵심 단위로 간주되었으며, 가족 구성원 간의 상호 존중·충성·돌봄·협력 등을 강조한다. 가족은 상속과 선조 숭배를 통해 세속적인 지위와 유산의 계승을 중시한다. 중국 불교에서는 가족 중심의 가치와 예절, 공동체의 조화를 강조하며, 계율을 통해 가정의 안정과 사회적인 질서를 유지하려는 면모가 강조되었다.

중국 문화에서 예절은 사회적 관계에서 존중과 예의를 지키는 것을 의미하며, 사회 질서와 조화를 유지하기 위해 중요한 가치로 여겨진다. 유교 경전인 사서삼경(四書三經)을 비롯하여 다양한 경서들이 중국 사회에서 도덕과 규범을 제시하는 역할을 한다. 가부장적 제도는 사회적 질서와 규범을 유지하며, 예절과 선조 숭배를 통해 사회적 존경과 지위를 유지했다. 가족 중시 가치와 사회적 질서는 중국 문화의 핵심적인 특징이자 중국 사회의 구조와 관계망에 영향을 미치는 중요한 원칙이다.

인도의 제정분리의 문화 기반과 달리 제정일치의 문화구조를 가지는 중국문화권은 왕권의 영향력이 종교에도 절대적으로 미쳤다. 유교의 사군이충(事君以忠)의 사상은 출가 사문에게 적용되기도 하였다.

중국은 인도와는 종교적으로 다른 문화적 배경을 가지고 있었다. 중국 고대의 유교, 도교에 대해서 외래종교인 불교는 유교, 도교와 함께 갈등하면서 자리 잡아가는 역사였다. 중국 삼국시대의 불교, 위나라·오나라·진에 통일되면서의 흐름을 보면, 후한 말에서 삼국시대에 걸쳐서 살던 모자(牟子)가 유학, 신선 사상과 불교사상에 이르기까지 연구한 결과로 『이혹론(理惑論)』을 저술하였다. 불교사상이 유교나 노장사상과도 상반되는 것이 아님을 논하면서 결론적으로 불교의 선양에 있었으며,

유불도(儒佛道) 삼교 교섭에 대한 최초의 저술[340]이다.

서진의 불교를 격의불교라 불리는 때가 있었는데 불교가 전래된 지 300여 년이 지난 때로서, 당의 혜제는 낙양에 홍성사를 건립하였고, 민제는 장안에 통영사와 백마사를 짓는 등의 불교 보호 정책을 폈다. 그리하여 낙양, 장안의 사원이 180군데나 되고 승려 수도 3700여 명에 달했다. 하지만 사상적 측면에서는 번역시대였으며, 주석이나 강경에 주력한 시기로서 불교사상은 아직 자리 잡지 못한 상태였다.

당시 한대 사상은 유학의 고증훈고학적인 학풍이 성행하여 불교사상과 조화를 이루지 못하였기 때문에 일반 지식층에서도 쉽게 이해하지 못하는 시기였다. 삼국시대에서 서진시대로 오면서부터는 노장사상의 발달과 함께 청담이 유행하면서 허무주의를 숭상하는 풍조가 한 시대를 풍미하였다. 이 때 반야개공(般若皆空)의 불교사상은 노장사상의 무(無)와 상통하는 점이 있어서 사람들에게 쉽게 이해되었다. 이에 따라 불교사상도 점차 폭넓게 자리 잡아갔다. 특히 반야의 공 사상이 중심이었다. 그래서 일반인들에게 불교를 이해시키고자 할 때면 노장사상을 빌려 설명하기도 하였다. 이것을 격의불교라고 하며 서진 말에서 동진시대에 걸쳐서 크게 유행하였다.

중국의 도교는 노장사상에 근거를 두고 있으며, 유교에 대응하여 중국 고래로부터 민중 속에 깊숙이 뿌리내리게 되었다. 불교가 후한 명제 연평 10년(67) 불교가 전래되면서 도교 신도의 반발로 불교와 영험을 겨루어 불교를 몰아내려고 하는 논쟁이 빈번하였다. 이러한 논쟁은 「이혹론」이라는 내용으로 도교와 불교의 논쟁으로서 다음과 같다.

①출가는 도덕에 위배가 된다는 윤상(倫常) 문제, ②신멸불멸(神滅不滅)

---

340) 계환, 『중국 불교사』, 우리출판사, 1997, p.28.

문제, ③중국인은 이민족의 가르침에 따라서는 안 된다고 하는 이하론(夷夏論), ④불교의 타락상의 문제 등 모든 게 기술되어 있다.

이러한 도교, 불교 논쟁은 동진 이후 더욱 격심해지고 여기에 유교까지 가담하면서 논쟁과 반박을 통해 차츰 서로 조화 융합하는 결과를 가져왔다. 도교와 불교는 무와 공의 관계에서 상통하는 점이 있어 불교는 도교를 이용한 격의적인 해석을 취하였으며, 도교도 불교를 도입, 교단 조직에 중대한 역할을 하였다. 유교의 세간법과 불교의 출세간법은 정반대되는 것으로서 논쟁이 많을 수밖에 없었다. 중국에서 효(孝) 사상을 배경으로 한 불교문화가 자리 잡을 수밖에 없었던 것은 유교에 바탕을 둔 중국의 문화적 흐름이 있었기 때문이다.

당시 중국 사회는 효 사상이 뿌리 깊게 자리 잡고 있었다. 효는 가정의 질서를 보전하고 사회를 유지하였으며, 국가의 정치에도 효의 기능이 작용하였다. 이러한 효 사상의 배경을 둔 중국 문화에 불교가 정착하기까지 많은 어려움이 있었다. 그래서 중국 문화를 흡수하고 중국에 불교를 뿌리내리기 위해서 불교사상에는 없었던 관혼, 제례 등의 효 문화를 수용하였던 것이다.

불교가 중국에서 토착화되던 시기에 받았던 가장 큰 비난이 '불교를 일삼는 출세간의 도'라는 것이었다. 유교식 사고방식에 찬동하는 이들의 비난을 극복하는 과정에서 중국 불교계에서는 효를 강조하는 내용을 담은 위경(僞經)[341]을 다수 제작하였다. 『부모은중경』, 『우란분경』 등이 대표적인 위경이라고 할 수 있다.[342]

---

341) 정성본, 『중국 선종의 성립사 연구』, 민족사, 2000, p.814, "원래 僞經이란 글자 그대로 사람이 만든 경을 말한다. 민중의 종교적 요구가 불설의 권위를 빌어오지 않으면 감히 주장할 수 없었던 시대, 혹은 그러한 사회의 부산물인 것이다."
342) 안양규, 「'출가 즉 불효'라는 유교의 비판에 대비한 붓다의 견해」, 『불교문화』, 2010, p.301.

불교 승려들의 출가입산(出家入山)은 유교에서는 대불효(大不孝)라고 지탄하였다. 따라서 불교가 중국 사회에 자리 잡기 위해서는 유교의 효사상을 받아들일 필요가 있었다. 현재를 사는 우리 문화에도 조선 시대의 유교적 문화풍토가 생활 전반에 남아 있는 것을 돌이켜보면, 당시 불교의 중국적 성향을 이해할 수 있다.

부모로부터 물려받은 머리카락을 절대로 자를 수 없는 유교 사회에서 머리를 자르는 삭발 출가가 기본인 불교 수행자들의 모습은 절대 이해할 수 없는 행동이었을 것이다. 삭발은 유교에서 보면 불효의 행위라고 규정한다.

"자신의 몸과 머리털과 피부는 부모로부터 받은 것이니 감히 손상시키지 않는 것이 효도의 시작이다"343)라고 하는 유교 사회의 반발이 얼마나 컸을지는 명약관화하다.

출가인의 삭발은 부모로부터 받은 몸을 훼손하는 것으로 간주하며, 불교는 불효를 가르치는 종교로 비난한 내용에서도 삭발하는 것 자체가 효를 거스르는 것으로 이해하고 있음을 알 수 있다. 모자의 「이혹론(理惑論)」에서 『효경』을 인용하였다. "증자가 임종에 이르러 자신의 손과 발을 보이며 말했다. 지금 사문은 삭발하니 성인의 말씀을 어긴 것이 아니겠는가? 효자의 도리에 적합하지 않다."344)

증자는 임종에 이르면서도 자신의 손발에 훼손이 없는 것을 강조하며 사문은 삭발하였으므로 효자의 도가 아닌 '불효'를 했다고 역설했다. 하지만, 불교의 중국적 수용에 있어서 유교·불교 서로 간의 다툼은 불

---

343) 『효경』, "身體髮膚, 受之父母不敢毁傷孝之始也."
344) 『홍명집』(T52, 2a), "曾之臨沒, 啓予手啓予足. 今沙門剃頭, 何其違聖人之語? 不合孝子之道也."

교 경전의 번역과 『부모은중경(父母恩重經)』³⁴⁵⁾ 등 효경전(孝經典)의 성립으로 유교 사회에 점차로 융합되어 갔다.

송대(宋代)에 이르면서는 유·불·도 삼교가 융화되면서 조화를 이루게 되었다. 초기의 중국 불교는 신선적(神仙的)·노장적(老莊的)인 불교였으며 다시 실질적인 윤리로서 불교의 효경전이 성립하게 되었던 것이다.

효경전의 종류에는 『효자경(孝子經)』·『우란분경(盂蘭盆經)』³⁴⁶⁾·『부모사유보경(父母思維報經)』·『육방예경(六方禮經)』·『심지관경(心地觀經)』·『불승도리천위모설법경(佛昇忉利天爲母說法經)』·『부모은중경(父母恩重經)』 등이 있다. 주로 부모의 은혜에 대한 경전이다. 불교에서는 사은(四恩)으로서 부모의 은혜를 설한다. 『우란분경』은 붓다의 제자인 목련(目連)이 붓다에게 아귀(餓鬼)가 된 어머니를 구할 수단에 대해서 여쭙자, 중승(衆僧)의 자자일(自恣日)인 7월 15일에 백미(百味)의 음식과 오과(五菓) 등을 준비하여 시방(十方)의 불승(佛僧)에게 공양하면 그 고통이 제거된다는 내용이다.

초기불교에 있어서 재가자의 윤리는 인간관계의 평등을 기조로 하고 있다. 유교적인 신분적 상하, 지배와 주종의 예속이 아닌 자유 평등의 인간적 관계라는 점이 불교 윤리의 특징이다. 그리고 아버지와 아들의 관계에 대해서도 아버지와 아들이 평등하게 오사(五事)를 행해야 하는 것으로, 부모와 자식 관계에 대한 기본적인 입장을 보여준다. 이것은 사회 전체를 향하여 불교 윤리가 유교 윤리와는 다르다는 것을 의미한다.³⁴⁷⁾

---

345) 『부모은중경(父母恩重經)』(T85, 1403); (K20, 1257); (한73). 고려대장경에는 『父母難報經』1권이 안세고의 번역으로 수록되었다.
346) 『우란분경(盂蘭盆經)』(T16, 779); (K11, 625); (한731). 축법란 번역, 『佛說盂蘭盆經』.
347) 『육방예경』은 불교의 가족 윤리를 설한 대표 경전으로서 부자(父子), 사제(師弟), 부부(夫婦), 붕우(朋友), 주종(主從), 도속(道俗) 등 여섯 종류의 인간관계에 대하여 불교적 입장에서의 윤리를 설한 것이다.

인도 불교에서의 출가자에 대한 재가자의 존경과 예경은 중국 문화에서는 수용하기 어려운 것으로서 출가자가 부모와 국왕에게 기존의 예의를 표시하지 않으면서 문제가 야기되었다. "부모님 위에 다리를 뻗고 앉아 자칭 사문이라 한다. 군주 앞에서 오만하면서 석가의 씨앗(釋種)이라 한다."[348]

불교 입장에서는 출가자가 부모에게 예경하지 않아도 되는데, 유교 입장에서는 부모를 업신여기는 행위로 보았다. 그리고 북주의 무제(武帝)가 훼불하며, 출가는 인륜 도덕을 어기는 것이라고 하면서 출가를 막은 내용은 다음과 같다.

"부모의 은혜가 중한데도 부모를 공경하지 않는 것은 인륜 즉 도리를 어기는 것이 심해서 국법도 이를 허락하지 않는다. 모두 출가를 그만두고 집으로 돌아가 효양을 다하라."[349]

불교의 원 경전에는 효(孝)에 관한 내용이 없지만, 유교로부터의 배척을 막아 내기 위한 방편으로 위경을 만들었던 것이다. 많이 알려진 『우란분경』은 중국 사회에서 '출가는 불효'라는 유교의 비판에 맞서 불교인들은 불교가 효를 가르치고 있다는 것을 다양한 방편을 써서 주장하였다. 효를 중시하는 위와 같은 경전이 중국에서 제작됨으로써[350] 중국에 불교가 빨리 유입이 되고 널리 유행하여 우란분회가 왕성하게 이루어졌다. 불교가 중국 인륜 사상의 핵심인 효와 예를 수용하면서 중국에

---

348) 『광홍명집』(T52, 531a), "箕踞父兄之上, 自號桑門. 傲慢君王之前, 乃稱釋種."
349) 『광홍명집』(T52, 153b), "父母恩重, 沙門不敬 悖逆之甚國法不容. 並退還家, 用崇孝 治."
350) 안양규, 「'출가 즉 불효'라는 유교의 비판에 대비한 붓다의 견해」, 『불교문화』, 2010, p.300.

널리 퍼지게 된 것이다.

　유교적 육신관에 근거하면, 부모로부터 받은 터럭 하나조차도 잘 보존해야 하지만, 붓다는 삭발을 통해 세속적 욕망 내지 번뇌의 단절로써 청정 수행의 의지를 표출하는 것이며, 교만심을 제거하기 위한 것이라고 밝히고 있다.[351)]

　중국의 유교인들은 불교의 사문들은 출가하여 자손을 남기지 않으며, 부모를 모시지 않고, 삭발하는 등 중국 전래의 풍습과 전통을 훼손한다고 비난하였다.

　이러한 비판에 대하여 인도의 초기불교 관점에서 보면 윤회를 통하여 일체중생이 부모가 될 수 있다. 이번 생애에 나를 낳아주고 길러 주신 현생의 부모뿐만 아니라 과거 전생 부모에 대한 효의 실천은 사실상 일체중생에 대한 자비로 확산할 수 있다.[352)]

　후대 동진불교는 귀족불교로서 역경이 많았으며, 궁정 출입을 하면서 사대부 귀족들과 교제한 귀족불교의 대표적인 인물로 축잠과 지둔이 있었다.[353)] 그 가운데서도 점차 증가한 승려들에 의하여 불교 교단이 성립되기 시작했으며, 교단을 통제하는 기관으로서 승관이 설치되었다. 승관의 설치는 가람과 승니의 급격한 증가와 여러 가지 사건이 발생하였음을 의미한다.[354)]

　귀족불교적 국가불교라는 타이틀 덕분에 경제적 부를 축적하게 됨으로써 일부 문란한 승니가 등장하게 되었고, 세속적인 범죄 등이 일어나

---

351) 『우란분경』(T24, 816a). (T25, 412b).
352) 안양규, 「'출가 즉 불효'라는 유교의 비판에 대비한 붓다의 견해」, 『불교문화』, 2010, pp.323-324.
353) 계환, 『중국 불교사』, 우리출판사, 1997, p.57.
354) 계환, 위의 책, 1997, p.59.

게 되었다. 또한 승니의 증가와 함께 불교 승가 내의 문제점들을 통제해야 되는 상황이 발생함으로써 불교 교단을 올바른 방향으로 이끄는 승관 제도가 나오게 되었다. 승관은 국가에서 주도하는 것으로서 국가 차원의 대우와 경제적인 원조를 받았다.

한족은 불교를 외래의 종교, 오랑캐의 종교라고 멸시하여 민족적 반감을 가졌으나, 북방 호족들은 국가불교적인 형태로서 우호적 입장이었다. 점차 노장사상에서 독립하여 불교 본래의 사상으로 돌아가면서부터는 불교 전문적 연구 시대가 되었다.

중국 불교는 네 번의 폐불[355]의 시대를 겪으면서 여러 가지 불교 교단의 문제가 도출되었으며, 교종은 쇠퇴하고 선종이 자리 잡았다. 1949년 이후 공산당이 집권하면서부터는 종교로서의 불교는 사실상 존재하지 않게 되었다.[356]

2) 지리·기후적 배경

인도와 중국은 지리적으로 다양한 기후 조건을 가지고 있다. 인도는

---

[355] 三武一宗으로서 중국 불교사에서 황제의 정치적 목적과 편향된 종교관으로 발생한 네 차례의 대표적 법난이다. ① 北魏 太武帝(423-452); 장안의 스님들을 살해, 경전과 불상을 대규모로 파괴, ② 北周 武帝(543-578); 불교, 도교의 경전과 상징물을 훼손, 사문과 도사를 환속시킴. 배불정책으로서 황제가 죽은 뒤 다시 도교, 불교가 일어났다. ③ 唐 武宗(814-846); 회창 51년 소수의 절을 제외하고 모두 폐기, 승려 30명을 제외하고 모두 환속시킴. 회창법난으로 무종이 죽고 선종이 즉위하면서 다시 불교를 일으켰다. ④ 後周 世宗(955); 955년 3천 3백 36곳의 절을 폐지, 불상 훼손(진주 관음동상), 이후 송 태조가 불교를 다시 일으켰다.

[356] 중국은 1982년 이후 문화정책이라는 명분 아래 직업승을 만들어 사찰에 기거하게 하거나, 출퇴근을 하는 직업이 만들어져서 사찰을 문화적 관점에서 접근, 해외여행객을 유치하는 방법론이 문화 정책인 것이다. 그것은 경제적 외화 수입의 통로로서 널리 편재해 있는 불교 문화를 알리면서도 어떤 목적을 달성할 수 있는 것이라고 보인다.

크게 남부의 열대 기후, 중부의 사막과 습윤대륙 기후, 그리고 북부의 지중해 기후와 산악 기후 등 다양한 기후 영향을 받는다. 남부 지방은 고온 다습한 기후로 유명하며, 몬순 기간에는 강한 강우가 일어난다. 중부의 사막과 습윤대륙 기후 지역은 더 건조하고, 여름은 매우 덥다. 북부 지중해 기후와 산악 기후는 상대적으로 온화하며, 강수량이 풍부하다.

중국도 넓은 영토에 걸쳐 다양한 기후 영향을 받는다. 북부 지방은 대부분 대륙성 기후로 겨울은 매우 춥고 여름은 덥다. 동부 지방은 지중해 기후와 습윤대륙 기후의 영향을 받아 강수량이 풍부하며, 여름은 덥고 비가 많이 온다. 남부 지방은 열대 기후로 따뜻하고 습도가 높으며, 일년 내내 강수량이 분산되어 비가 내린다.

걸식이 인도만큼 중국에서 성행하지 못한 이유는 기후와 농산물의 생산과 관련이 있다. "인도에서 걸식문화가 발달할 수 있었던 것은 2모작, 3모작이 가능한 조건에서 농산물이 풍부하다는 점, 그리고 무더운 기후로 인하여 남은 음식을 묵혀두고 먹을 수 없는 자연 환경적인 측면 때문이다."[357] 그러나 중국은 다소 추운 기후대에 속하는 지역의 특성상 겨울에는 음식이 부족하고, 남은 음식을 저장해서 먹을 수도 있었다. 이러한 점 또한 걸식이 정착되지 못한 까닭으로 보인다.

중국은 인도의 더운 기후와 지리적 환경과는 다른 계절의 변화가 있는 관계로 인도의 승려 생활의 의식주와는 전혀 다르게 변화하였다. 인도는 필수 의복이 3의 1벌[358]로서 가사 1벌만 가지고도 생활이 가능한

---

357) 염중섭(자현), 「律의 改變 가능성과 <僧侶法>의 당위성 검토」, 『불교학보』 61집, 2012, p.401.
358) 『사분율』40, 「의건도」(T22, 856a).

데 비하여 중국은 계절이 바뀌는 추운 지방이어서 가사를 비롯한 3의, 즉 1벌의 옷으로는 생활하기 힘들다. 따라서 기후에 대처할 수 있는 승려의 복식이 발달하게 되었다.

동북아의 중국과 같은 지리적 위치와 기후를 지닌 우리나라 역시 현재 승려가 착용하고 있는 두루막, 동방아, 적삼, 고의 등과 같은 속옷과 겉옷을 입은 다음, 도복 같은 장삼을 입고 그 위에 가사를 수하는 방식으로 복식이 발전하였다.

중국 불교의 특징 중에 보청법이 있다. 이는 노동에 대한 것으로 노동을 할 때는 의복 또한 인도와는 다른 형태로 발달할 수밖에 없었다. 하의(下衣)인 고의를 예로 들면, 일하는 데 걸리적거리지 않게 하기 위하여 묶는 행전은 동북아불교 즉 한국, 일본에서도 나타난다. 이는 수행하는 데 있어 의식주 관련하여 지역에 맞게 변화하여 수용되는 복식에 있어서의 정법(淨法)이라 할 수 있다.

인도와는 전혀 다른 형태의 의복을 입은 후 그 위에 장삼과 가사를 수하는 방식이다. 그리고 겨울에는 지리적으로 추운 계절로 인하여 눈이 오는 날씨에는 장삼 속에 털로 만든 의복(누비옷)을 입는다든지, 여러 벌의 의복이 필요하게 되었다.

다음으로 붓다 당시에도 정주문화는 있었으나, 승가공동체의 식사 시간을 공양 시간이라 하는데 식생활에서도 인도의 탁발문화가 아닌 정주(定住) 생활 공간인 사원에서 식생활을 해결하는 방식으로 바뀌었다. 인도 붓다시대 탁발에 사용되던 발우가 정주 사원에서는 식사(공양) 시간에 식기로 발우를 사용한다.

현재 발우 공양을 하는 나라는 전 세계 가운데 한국 승가밖에 없다. 동남아 상좌부, 금강승 등에서는 탁발할 때만 발우를 사용하며 사원에서 음식을 먹을 때는 다른 일반 그릇을 사용하여 나눠 먹는 형태이다. 그리고 현재 중국은 식당(좌식) 문화로서 일반 그릇을 사용하고 있으며, 일본 또한 같다. 하지만 일본의 고야산 일대의 수행승들은[359] 탁발 수행을 하기도 한다.

 인도에서는 상상할 수 없는 일이 생겼다. 중국에서는 땅을 파고 곡식을 심는 등 경작 형태의 노동을 하는 보청법이 등장한 것이 그리고 중국은 인도의 유행 생활에서와 같은 수하좌, 나무 밑에서 생활하기 힘들다. 동북아는 기후 변화가 심한 지역으로 추위 등에 대처할 수밖에 없는 환경으로 인하여, 사찰에 주거하며 정착 생활하는 방식으로 변화된 것이다. 이는 지역적·문화적 상황에 맞게 변화 수용된 정법(淨法)으로 받아들일 수 있다.

3) 계율의 중국적 변화

 계율의 생명은 죽어 있는 문화의 규범에 있는 것이 아니라 살아 움직이는 데 있다. 불교의 율장은 가장 초기에 이루어진 경전으로서 내용에 있어서는 불교의 존재 가치를 지속적으로 유지시키는 기본적 조건을 명시하고 있다. 인도에서는 가장 먼저 우빨리의 암송에 의해 결집되었고, 붓다의 법을 오래 유지 발전을 위한 목적으로 매우 중요하게 결집된 것이 율장이었다. 그러나 불교가 중국으로 전래되면서부터는 소승 경전보다는 대승 경전을 위주로 하였으며, 중국에서의 율장은 윤리

---

359) 고야산 일대의 수행자들은 수행시간을 할애하여 맨발에 발우를 들고 옛 인도나 동남아 상좌부의 형태에 준하는 모습을 보이기도 한다. 하지만, 비구, 비구니를 출생할 계단이 존재하지 않는 이유로 인하여 비구의 계체가 존재하지 않는 현실이기 때문에 재가불자의 수행 모습이라 할 수 있다.

와 계율에 부가되는 참고 자료로서의 역할 정도에 그치게 되었다.

이와 같은 형태는 한국이나 일본에서도 비슷하다. 계율의 중요성이 부각된 것은 교단이 확고하게 자리를 잡으면서 수계 및 의례의 필요성이 생겨나고, 교단의 질서를 유지하기 위한 규칙이 필요해지면서 시작되었다. 대승불교권에서는 율장이 별도로 있는 것이 아니라 소의경전(所依經典)에 율장이 포함되어 있으며, 대승 계경(大乘 戒經)이라고 불리는 경들이다. 광의적으로 율장을 정의할 때는 『화엄경(華嚴經)』[360], 『법화경(法華經)』[361]을 비롯한 대승의 경전들도 포함된다.[362]

인도에서 중국으로 불교가 전해지는 과정에서 불교는 인간의 도덕적 행위 자체보다는 도덕적 행위가 가지고 있는 근본정신에 대한 것들에 가치를 두었다. 중국에서의 계체론(戒體論)이라는 논쟁은 계율 자체가 수계자를 자각과 신념에 의한 생활 규율로서 자리 잡았던 이유이다. 그것은 도덕적 규범에 정신을 총괄하는 절대적 권위를 부여하는 의미다. 계율의 소극적 측면인 방비지악(防非止惡)인 지지계(止持戒)와 적극적인 측면인 작지계를 구분하였으며, 지지계보다는 적극적 측면의 작지계에 비중을 더 크게 두었다.

인도의 불교가 중국으로 전해지는 과정에서 볼 때 경전을 한역으로 번역, 경전 가운데서도 율장이 다른 경전보다 비교적 늦게 번역되었다는 것은 율장 연구가 왕성하게 진행되지 않았음을 의미한다. 여러 가지 이유가 있겠지만, 중국은 인도와 같은 교단의 규율이 정비되지 못한

---

360) 불타발타라 역, 60권『화엄경』(T9, 395). (K8, 1), (한41); 실차난타 역, 80권『화엄경』(T10, 1). (K8, 425), (한42, 43).
361) 『묘법연화경』(T9, 1). (K9, 725), (한38).
362) 박호남,「불교 율장의 성립과 대승 율의 발달 연구」, 박사학위논문, 한국정신문화연구원 한국학 대학원, 1992, pp.6-7 참고.

점, 중국적인 생활 관습과 고래로부터 자리 잡고 있는 도교(道教), 그리고 유교(儒教)의 의례 등에 걸림돌이 되었던 규범 등이 확립되면서 확연히 인도와는 다른 성격의 계율(戒律)이 성립하게 되었다고 볼 수 있다.

율장이 중국어로 번역되면서 도교(道教)의 교리를 통한 불교의 해석 방법에 있어서 무(無)를 무무(無無), 공가중(空假中)으로 섭하여 선종의 청규와 같은 독특한 계율로 발전하게 되었다. 중국 불교에서 도선의 율종이 하나의 종파로서만의 역할로 존재한 이유가 여기에 있었던 것이다. 초기에 번역된 대승의 경전과 반야 계통의 경전을 중심으로 하는 대승 불교의 사상에 더하여 중국적 사고(思考)로 발달하였다. 대승 보살도의 사상이 상구보리(上求菩提) 하화중생(下化衆生)에 입각한 것으로서 중국 불교의 특색이다.

도교의 사상을 포괄하는 선종이 출현하면서 도덕성과 규율이 밑바탕에 깔린 청규가 완성되었다. 이러한 경향은 인도 불교에서 계율이 엄격함보다는 도덕적 문제, 그리고 사회·정치적 문제까지도 영향을 미칠 정도였다면, 중국 불교는 계율에 있어서 관대한 입장을 보였다.

중국선에서는 일상의 보편적인 삶을 중요시하였다. 예를 들면, 마조의 제자인 방거사의 '신통 및 묘용은 물을 긷고, 또 땔나무를 나르는 것'에서 엿볼 수 있듯 일상생활 속 밥 짓고, 물 긷고, 장작을 패는 것들에 신통이라는 것은 없다는 의미다.

2. 범망계(梵網戒)

1) 범망계의 성립

범망계는 중국적인 대승계로 일종의 중국 불교의 정법이다. 범망계는 『범망경』에 기초하고 있다. 『범망경』[363]은 원제목이 『범망경보살계경』 또는 『범망경노사나불설보살심지계품』 제10으로서, 『범망경』 또는 『보살계본』이라 한다. 초기경전과 구별하기 위해서는 『범망경보살계본』이라 통용되고 있다.

『범망경』은 『금광명경(金光明經)』, 『보량경(寶梁經)』, 『인왕반야경(仁王般若經)』, 『비구응공경(比丘應恭經)』 등의 경전에 의거했으며, 소승의 율문(律文)과도 연관성이 있으며, 『보살지지경』과 『우바새계경』의 영향을 많이 받았다. 『범망경』이 성립하는 근저에 『화엄경』·『열반경』·『인왕반야경』 등의 대승불교 사상이 흐르고는 있으나, 전체적 흐름에서는 『화엄경』의 결경(結經)이다. 대승계경과 율문을 수용하여 계율의 궤범을 정리했으며, 심지(心地)에 근본을 둔 계바라밀을 강조하여 대승계라는 것을 드러내고 있다.

『범망경』은 대승보살계(大乘菩薩戒)의 근본 경으로서 원래 『범망경 광본(廣本)』 120권 61품 중 보살의 위계와 계율에 관한 제10 「보살심지품(心地品)」만을 역출(譯出)한 것이다.

승조(僧肇)의 서(序)에 의하면, 대략 보살에 대한 설명과 『화엄경(華嚴經)』과 연관된 보살의 심지를 상세히 설명하는 것을 목적으로 했으나,

---

363) 『범망경』(T24, 997); (K40, 314).

그중에서 계에 관한 것만을 발췌하여 번역한 것이 지금의 『범망경(梵網經)』이다.[364] 이 시기에 비로소 상세한 대승계가 중국에 전해져서 도융, 도영 등 300여 인이 보살계를 받았다고 전한다.

『범망경』의 성립에 대하여 세 가지 설이 있다. 하나는 5세기 중엽 유송 무렵(420년경)에 중국에서 먼저 유행하고 있던 여러 종류의 대승계경과 소승율, 대승경전인 『열반경(涅槃經)』 등을 기본으로 하였다는 설과 두 번째는 첫 번째에 대하여 다시 중국 고유의 효(孝) 사상까지 수용하여 찬술된 중국 성립의 경전이라는 설과 세 번째는 중국적인 윤리 사상이 들어가 있더라도 전통적인 인도 찬술이라고 보는 설 등이 있다.

『범망경』의 계는 범망계라고 하는데, 범망계는 중국 등 동아시아로 인도의 대승불교 계율이 전해지면서 발전한 정법이다. 자기의 불성을 개발하는 것을 목적으로 하는 불성계라는 것에 있다. 『범망경』의 본래 제목은 『범망경노사나불설보살심지계품제십』이며, 그 내용은 『보살지지경』과 비슷하다.

부파 율장과 보살계의 양립은 중국 불교가 해결해야 할 숙제 가운데 하나였다. 중국에서는 유가계가 부파 율장의 연장선에서 수용 및 변용되어서 그 장점이 드러나지 못한 것으로 여겨진다.

중국에서 찬술된 것으로 여겨지는 『범망경』에 근거한 범망계가 점차 유가계를 대체하게 된다. 범망계는 『유가론』의 통불교적 성격에 비해 순 대승적 성격을 간직한 것이다. 또한 재가와 출가를 불문하고 수용하고 있다.

---

364) 구마라집이 장안의 초당사(草堂寺)에서 홍시(弘始) 8년(A,D,406)에 50여 부의 『범망경』을 맨 나중에 번역.

"기원후 5세기 후반경에 중국에서 성립한 『범망경』 하권에서는 10중 48경계를 설한다. 이는 출가·재가의 보살교단이 일체가 되어 대승보살로서 준수해야 할 순(純) 대승적 성격을 지닌 규범이다."[365]

여러 대승 경전을 소재로 한 『범망경(梵網經)』에는 불성(佛性)이 계(戒)의 근본이 되어 성불할 수 있다고 설하며, 부모에 대한 효(孝)를 강조하고 있다. 다시 말해 이 경전에는 남북조 시대에 큰 영향을 미쳤던 『열반경(涅槃經)』의 불성 사상과 중국인들이 중요시하는 효순(孝順)이 스며들어 있다. 이로 인해 동아시아에 범망계(梵網戒)가 큰 거부감 없이 수용되었던 것으로 여겨지기도 한다.

"범망계는 율장이나 유가계 등 기존의 계율에 근거하면서도 중국의 상황을 반영하여 인도와는 다른 중국에서 필요한 실천 요령으로 구성되었다. 살생 등 기존의 계율서에서 다루고 있는 여러 행위에 대해 '예외를 언급하지 않는' 엄격한 입장을 보인다."[366]

2) 범망계의 내용

『범망경』의 계율은 윤리적으로 좋지 않은 것을 금지할 뿐만 아니라, 금욕적 입장에서 제정된 것과 교단의 통제와 질서 유지의 필요에 의해서 만들어진 것도 있다. 이 경전의 내용에는 붓다시대의 일반 사상계의 동향을 밝히고 있다.

---

365) 이자랑, 「동아시아 불교에서 계율의 수용과 발전」, 『남도문화연구』 44호, 2021, p.73.
366) 이자랑, 위의 논문, p.76.

『범망경』은 상하 2권으로 되어 있으며 상권에는 노사나불에 대한 설명과 보살의 심지(心地) 즉 십신(十身)·십발취(十發趣)·십장양(十長養)·십금강심(十金剛心)·십지(十地) 등의 보살의 정신세계의 증장 단계를 설명하고, 하권에서는 보살이 지켜야 할 계조(戒條)인 10중 48경계로서, 십중금계(十重禁戒) 48경계(輕戒)의 58조인 10무진장계품(無盡藏戒品)을 설명하고 있다. 이 경은 동북아지역 중국, 한국, 일본에서 대승계 즉 보살계의 소의경전으로서 범망계라고 하면 대승계의 다른 이름이 되었으며 일본에서는 『사분율장(四分律藏)』이 빠진 원돈계(圓頓戒)만을 수지하고 있다.

『범망경』에서 하권을 별책으로 독립시킨 것을 『보살계경』이라 한다. 10중 48경계를 설하는 데 있어서 연화장세계의 노사나불이나 천엽(千葉)의 석가, 그리고 천백억석가(千百億釋迦)의 금강천광왕좌(金剛天光王座)를 비롯하여 마혜수라천왕궁(摩醯首羅天王宮)에 이르는 전체적인 설법회좌(說法會座) 구조는 『화엄경』의 영향이며, 『보살계경(菩薩戒經)』으로 별행되는 것은 담무참의 『보살계본(菩薩戒本)』의 형식을 계승한 것으로 보며, 10중 48경계가 설해지기 이전에는 이 계를 자기의 불성을 개발하기 위한 목적으로 '불성계(佛性戒)' 또는 '불계(佛戒)' 등으로 불렸었는데 『열반경』의 영향이다.

10발취(十發趣) 이하의 40심(四十心)은 『인왕반야경(仁王般若經)』에 의거한 것이며 그리고 계(戒)를 '효(孝)'라고 이름한 것은 유교사상을 도입하였으며 '효'의 의미를 불교의 자비심과 병용하여 사용되어지고 있음도 볼 수 있다.

부모(父母) 사승(師僧) 삼보(三寶) 등에 효순(孝順)하길 권하는 효순과 자비(慈悲)를 중시하여 "중생이 불계를 받으면 곧 제불(諸佛)의 위치에 들어간다"라고 설한 의미에서도 불자가 자각을 바탕으로 하여 보살도를 행함을 우선으로 삼는 계이다. 여기서, '효를 이름하여 계라 한다'라고 하는 데서도 중국적인 특색이 강함을 알 수 있다.

10중계는 『보살지지경(菩薩地持經)』,[367] 『보살선계경(菩薩善戒經)』과 관련이 있으며 『우바새계경』[368], 『열반경』 등도 관련이 있다. 즉, 『보살지지경』의 4중은 범망(梵網) 10중 가운데 제7 이하의 4와 합치하고 『선계경』의 8중은 범망의 제5, 제6의 2계를 제외하였으며, 『우바새계경』의 6중계는 범망(梵網)의 처음의 6중(六重), 『열반경』의 성중계(性重戒)는 범망의 4중(四重)과 합치된다. 그러니까 『선계경』 8중계, 『우바새계경』의 6중계 등으로부터 채용한 것이다.

48경계는 불교사장(佛敎師長)·음주(飮酒)·식육(食肉)·식오신(食五辛)·불거교참(不擧敎懺)·주불청(住不請) 등으로 식육과 오신채의 금지, 방생의 권유, 명리 사용의 금지, 추선공양(追善供養), 일상행의(日常行儀)의 규정 등은 후세에 많은 영향을 끼쳤다.

소승율의 4바라이는 범망의 4중(四重)과 통하지만, 다른 점이라 한다면 소극적인 금지 조항뿐만 아니라 적극적인 작선(作善)과 구제를 명확히 제시함으로써 보살계(菩薩戒)의 삼취계(三聚戒)로서의 성격을 보여 준다. 48경계 또한 앞의 경전들의 영향을 받고 있다.

---

367) 『보살지지경』(T30, 888); (K14, 7). 『보살지지론』, 『지지론』, 『보살계경』이라고도 한다. 원어 「Bodhiaattva-bhūmi」(菩薩地)이다. 담무참이 판석이며 『보살지지경』은 본래 논으로서 미륵의 설법을 무착이 기록했다고 한다. 수행방법과 방편을 상세히 설했으며 初方便處, 次方便處, 畢竟方便處로 분류, 다시 27품으로 세분하였다. 이 속에 大乘戒가 설해져 있다. 초방편처의 계품 제10(권4, 5)에는 보살의 戒波羅蜜을 自性戒 一切戒 등 9종으로 제시하였으며, 보살의 일체계를 在家戒와 出家戒로 나누고 三聚淨戒도 나누어 설하고 있다. 제1율의계는 7중의 別解脫戒, 즉 비구·비구니, 식차마나니계, 사미계, 사미니계, 우바새, 우바이계이다. 여기서의 삼취정계는 소승계를 포함한다. 다시 적극적 선을 행하는 대승계의 폭넓은 입장을 드러내고, 大·小乘의 戒의 입장에서 종합한다.

368) 『우바새계경』(T24, 1034); (K14, 251). 『선계경』이라고도 하며, 북량의 담무참이 426년 한역하였다. 한역만이 현존한다.

『범망경』의 상권에는 노사나불에 대한 설명과 십발취심(十發趣心)·십장양심(十長養心)·십금강심(十金剛心)·십지(十地)의 보살 수도의 사십위(四十位)에 대한 설명이 있다.

하권에는 10바라이와 48경구죄를 설하고 있다. 10중(十重)은 ①고의로 모든 생명 있는 것을 죽이는 것을 금한다(快意殺生戒). ②남의 것을 훔치는 것을 금한다(劫盜人物戒). ③자비심 없이 음욕을 행하는 것을 금한다(無慈行欲戒). ④고의로 망어를 하는 것을 금한다(故心妄語戒). ⑤술을 사고 파는 것을 금한다(沽酒生罪戒). ⑥타인의 허물을 말하는 것을 금한다(談他過失戒). ⑦자신을 칭찬하고 남을 비방하는 것을 금한다(自讚毁他戒). ⑧욕심을 내어 구하는 사람에게 수치심을 주는 것을 금한다(慳生毁辱戒). ⑨성을 낸 사람의 사죄를 받지 않는 것을 금한다(瞋不受謝戒). ⑩삼보를 비방하는 것을 금한다(毁謗三寶戒)를 말한다.

10중계는 각 조에서 '불살생·불투도(不殺生·不偸盜)'라는 지악(止惡)의 방면을 설하는 동시에 각 조마다 "상주(常住)의 자비심(慈悲心), 효순심(孝順心)을 일으켜 방편으로 일체중생을 구호하라"라는 등의 행선·이타(行善·利他)의 방편을 설하고 있다.[369]

48경계(四十八輕戒)는 대승불교의 독자적인 계로 비교적 가벼운 계이다. 내용은 국왕과 백관에 관한 것, 대승경율의 수지와 독송·홍통(弘通) 등을 강조, 병자와 육친(六親) 등의 애호를 역설, 교만을 경계, 음식과 소지품에 관한 금제 및 각종 행사나 의식 등의 규정을 말하고 있다. 48경계(輕戒)는 가벼운 죄[輕垢罪]를 범하는 것을 경계하고 있는데, 그 계목을 자세히 살펴보면 다음과 같다.

혹은 덕 있는 사람을 공경하지 않음을 금한다(不敬師長戒)·술 마시는

---

369) 신성현,「菩薩戒의 전개와 발전에 대한 일고」,『불교학보』40, 2004, p.60.

것을 금한다(飮酒戒)·고기 먹는 것을 금한다(食肉戒)·다섯 가지 매운 것을 먹는 것을 금한다(食五辛戒)·계를 범한 사람을 가르쳐서 참회시키지 않는 것을 금한다(不擧敎懺戒) 등 48종의 계를 금하고 있는데, 식육과 식오신(食五辛)의 금지, 방생의 권유, 명리사욕(名利私慾)의 금지, 추선공양(追善供養), 일상행의(日常行儀)의 규정 등은 후세에 많은 영향을 끼쳤다.

범망계의 10중계는 반드시 지켜야 하는 계이다. 48경계는 10중계를 잘 호지하기 위한 계이므로 소홀히 하면 중계를 깨뜨릴 염려가 있어 가벼이 해서는 안 된다. 『범망경』의 10중(十重)·48경계는 오늘날까지도 보살계를 대표하는 것으로 인식되고 있다. 범망계는 지혜와 자비를 실현해 나가는 출가와 재가보살이 받아 지켜야 할 실천 덕목이다.

구족계에서도 범망계에서도 공통적으로 살생은 바라이라는 중죄로 다스렸는데, 차이가 있다면 구족계가 금지하는 살생은 '살인'이며, 범망계가 금지하는 살생은 일체 생류 모두를 포함한다. 구족계에서는 비구가 타인을 고의로 죽이거나 타인의 자살을 찬양하거나 조장하면 바라이죄로 승가에서 추방된다.

> "만약 비구가 고의로 자신의 손으로 타인의 목숨을 빼앗거나, 다른 사람에게 칼을 주거나, 죽음을 찬탄하고 죽음을 기꺼이 권유하여 '오, 남자여! 이 악한 생활을 무엇 때문에 하는가. 차라리 죽어 태어나지 않음이 낫다.' 이렇게 생각하여 여러 방편을 가지고 죽음을 찬탄하고, 죽음을 기꺼이 권유한다면 이 비구는 바라이죄로 공주(共住)해서는 안 되느니라."[370]

---

370) 『사분율』(T22, 576), "若比丘, 故自手斷人命, 持刀與人, 歎譽死 快勸死, 咄男子, 用此惡活爲寧死不生. 作如是心思惟 種種方便歎譽死, 快勸死, 是比丘波羅夷, 不共住."

범망계에서 출가든 재가든 고의로 생류를 죽이는 행위는 절대 용납될 수 없다는 입장이다.

> 붓다께서 말씀하시기를 "불자야, 스스로 죽이거나, 남을 시켜 죽이거나, 방편을 써서 죽이는 것을 찬탄하거나, 죽이는 것을 보고 따라 기뻐하거나, 내지 주문으로 죽이는 것까지, 살인의 직접적인 원인, 살인의 간접적인 원인, 살인의 방법, 살인의 행위가 성립한다. 생명 있는 모든 것에 이르기까지 고의로 죽여서는 안 된다. 보살은 항상 자비심과 효순심에 머무르고 일으켜야 하며, 방법을 찾아 일체중생을 구호해야 하거늘, 도리어 자신의 방자한 마음에서 즐겨 생물을 죽인다면, 이는 보살의 바라이죄이니라."[371]

『범망경』은 살인뿐만 아니라 다른 일반적인 살생 행위까지 바라이로 본다는 점에서 성문계보다 훨씬 엄격한 '불살생'의 입장을 취한다. 또한 기존의 율장과 달리 술에 대해 엄격하게 다루고 있다. 율장에서는 불음주만 제시했으나 『범망경』의 경우 10중 48경계 중 고주는 제5중계에서, 음주는 제2경계에서 각각 금지한다. 요컨대 고주는 중죄이지만, 음주는 경죄인 것이다. 먼저 '고주계'를 보면 다음과 같다.

> 만약에 불자가 스스로 술을 팔거나, 다른 사람에게 팔게 하거나 한다면, 술 판매의 직접적인 원인, 술 판매의 간접적인 원인, 술 판매의 방

---

[371] 『우바새계경』(T24, 1004), "佛言 佛子, 若自殺, 教人殺, 方便讚歎殺見作隨喜, 乃至呪殺 殺因 殺緣殺法 殺業乃至一切有命者 不得故殺. 是菩薩 應起常住慈悲心孝順心, 方便 救護 一切衆生, 而自恣心快意殺生者, 是菩薩波羅夷罪."

법, 술 판매의 행위가 성립한다. 모든 술은 팔아서는 안 된다.
술은 죄를 일으키는 직접·간접적인 원인이다. 보살은 일체중생에게 명달의 지혜를 일으켜야 하거늘 도리어 일체중생에게 전도된 마음을 일으키게 한다면 이것은 보살의 바라이죄이니라.[372]

본인이 직접 팔든 다른 사람을 시켜서 팔든 술을 파는 행위는 엄격하게 금지하고 있다. 이를 중계, 즉 바라이로 다룬다는 것은 고주 행위를 매우 심각한 죄로 보고 있음을 보여 준다. 제2경계 '음주계'는 다음과 같다.

만약 불자가 일부러 술을 마시고, 술의 과실을 낳는다면 (그 해는) 헤아릴 수 없다. 만약 자신의 손으로 술잔을 다른 이에게 주어 술을 마시게 한다면, 5백세를 윤회하는 동안 손이 없는 자가 된다. 하물며 스스로 마신다면 더 말할 필요도 없다. 어떤 사람도 어떤 생물도 술을 마시게 해서는 안 된다. 하물며 스스로 술을 마신다면 더 말할 필요가 없다. 만약 고의로 스스로 술을 마시고, 다른 이에게 마시게 한다면 경구죄(輕垢罪)에 해당한다.[373]

범망계에서는 스스로 마시는 것뿐만 아니라 타인에게 권하는 것 역시 문제시한다. 음주는 술을 만들어 파는 행위보다는 가벼운 죄이지만,

---

372) 『범망경』(T24, 1004), "若佛子 自酤酒, 教人酤酒, 酤酒因, 酤酒緣酤酒法, 酤酒業. 一切酒不得. 酤是酒起罪因. 緣而菩薩 應生一切眾生明達之慧, 而反更生一切眾生顛倒之心者, 是菩薩 波羅夷罪."
373) 『범망경』(T24, 1005), "若佛子 故飲酒而生酒過失無量. 若自身手過酒器與人飲酒者, 五百世無手. 何況自飲, 不得教一切人飲. 及一切眾生飲酒. 況自飲酒, 若故自飲教人飲者, 犯輕垢罪."

타인에게 술을 권하는 것은 중대한 악업이라 여기고 있다. 혼자 술을 마시면 본인에게만 해를 끼치지만, 술을 만들어 팔면 다수의 사람에게 해를 끼친다. 보살계는 이타의 이념을 담고 있기 때문에 대중에게 해로운 행위를 하는 것은 매우 중대한 죄가 된다.

『범망경』의 자서수계를 주목할 필요가 있다, 자서수계를 다루고 있는 타경전과 다른 점은 호상을 강조한다는 점이다. 계를 받기 위해서는 우선 멸죄를 목적으로 하는 참회가 필요하지만, 『범망경』에서는 참회를 통해 업장을 소멸시킴과 동시에 호상에 의한 증명을 필요로 한다. 우선, 그 내용을 살펴보자.

> "불자야, 불멸 후에 좋은 마음으로 보살계를 받고자 하면 불보살의 형상 앞에서 자서수계를 하라. 마땅히 7일 동안 불전에서 참회를 하되, 호상을 보았으면 계를 얻은 것이 되느니라. … 만약 호상을 얻지 못하였으면 비록 불상 앞에서 수계를 하였다 할지라도 계를 얻지 못한 것이니라. … 만약 천 리 안에 수계해 줄 스승이 없으면 불보살의 형상 앞에서 수계를 하되 반드시 호상을 보아야 하느니라."[374]

불멸 후에 보살계를 얻고자 할 때, 불보살의 형상 앞에서 자서수계를 수행해야 한다. 이 과정은 7일 동안 불전에서 참회를 포함하며, 호상을 보게 된다면 보살계를 얻은 것이다. 불보살의 형상 앞에서 수계를 진행하되 반드시 호상을 보아야 한다는 것을 강조하고 있다. 이것은 보살계

---

374) 『범망경』第二十三輕戒(T24. 1006c), "若佛子, 佛滅度後 欲心 好心 受菩薩戒時, 於佛菩薩形像前 自誓受戒. 當七日佛前懺悔, 得見好相便得戒. 若不得好相, 雖佛像前受戒不得戒. … 若千里內無能授戒師, 得佛菩薩形像前受戒, 而要見好相."

를 받기 위한 엄격한 요건을 강조하는 내용이다.

> "만약 십계를 범한 자가 있으면 마땅히 참회를 가르쳐야만 한다. … 호상이라는 것은 붓다가 오셔서 정수리를 어루만지거나 빛을 보거나 꽃을 보는 등 여러 가지 이상(異相)을 보는 것으로 죄를 멸할 수가 있느니라. 만약 호상이 없으면 비록 참회하였다 하더라도 아무런 이익이 없느니라."[375]

붓다가 나타나 수계자의 머리를 쓰다듬거나 빛을 본다든지, 꽃비가 내리는 등 특이한 현상을 체험하는 것이 호상이라고 명확히 명시되어 있다. 그 가운데에서도 제불보살이 수계자의 눈앞에 나타나는 견불(見佛) 체험이 대표적인 호상이다.

『범망경』에서 말하는 호상을 자서수계의 증명으로 받아들인 불교도들은 호상을 통해 수계를 증명받기 위해 더욱더 정진하게 되고 참회를 계속하게 되었다. 그런 까닭에 자서수계의 명칭 또한 서상수계(瑞祥受戒)라고 불리게 된다.

3) 범망계의 특징

보살계를 설하는 『범망경』은 중국의 효사상까지 수용하여 성립한 경으로서 효순(孝順)을 강조하고 망자에 대한 추복(追福)을 역설하고 있다. 계를 효순으로 이해하는 『범망경』은 유교와 불교 간의 갈등을 완화해

---

375) 『범망경』第四十一輕戒(T24. 1008c), "若有犯十戒者, 應教懺悔. … 好相者, 佛來摩頂見光 見華 種種異相. 便得滅罪, 若無好相, 雖懺無益."

주는 역할도 하였다.

『범망경』에는 유가계(瑜伽戒)인 삼취정계(三聚淨戒)에 대한 언급은 보이지 않는다. 아마도 불성사상을 바탕으로 하는 이 경전에서는 일천제(一闡提)는 성불할 수 없다는 유식학파의 주장을 받아들일 수 없었기 때문일 것이다.[376]

대승계인 범망계는 출가자와 재가자 모두에게 적용되며, 지범(持犯)이라고 불리는 판단 기준은 표면적인 행위보다는 중생제도라는 내면적인 동기였다. "범망계는 출가자와 재가자 모두에게 적용되는 계율로서 지범(持犯)의 판단 기준은 표면적인 행위보다는 중생제도라는 내면적 동기에 두어 더욱 중요시하고 있다"[377]라는 내용에서도 잘 알 수 있다.

중생제도는 모든 존재가 상호 의존적인 관계에 있는 것을 강조하는 개념으로 범망계에 이를 고려하여 계율 위반을 판단한다. 예를 들어, 범망계에 살생(殺生)을 금지하는 계율이 있다. 일반적으로 살생은 생명체를 죽이는 외적인 행위로 이해될 수 있지만, 범망계에서는 중생제도의 관점에서 내면적인 동기와 의도를 고려한다. 따라서, 중생제도를 위해서라면 계율을 위반할 수도 있다. 이처럼 범망계는 외적인 행위뿐만 아니라 내면적인 동기와 의도를 중시하는 특징을 가지고 있다. 중생제도에 대한 이해와 그를 기반으로 한 행동의 판단은 범망계에서 중요한

---

376) 5세기 후반, 중국에서 성립된 것으로 여겨지는 『보살영락본업경(菩薩瓔珞本業經)』에서는 『범망경』을 소재로 하면서도 삼취정계를 수용하고 있다. 이 경전의 「대중수학품(大衆受學品)」에서는 '모든 계의 근본'을 삼수문(三受門)이라고 설한다. 즉, 섭선법계(攝善法戒)는 팔만사천의 법문이며, 섭중생계(攝衆生戒)는 자(慈)·비(悲)·희(喜)·사(捨)이며, 섭율의계(攝律儀戒)는 10바라이(波羅夷)라고 설한다. 눈에 띄는 변화는 『범망경』에서 설하는 10바라이를 섭율의계로 규정한 것이다. 이런 변화가 의미하는 것은 『범망경』의 10중계(重戒)를 수지하고 있다면 보살계가 성립한다는 것이다.

377) 신성현, 「동아시아 계율 이해 연구」, 『선문화연구』 제19집, 2015 p.118.

역할을 한다.

　중국 불교의 정법으로서의 범망계는 중국 고대 문화의 효사상에 근거하고 있다. "효를 이름하여 계라고 한다"라는 설명은 중국적인 색채를 강하게 반영하고 있다는 것을 나타낸다. 이는 계율의 중국적인 문화 영향을 강조하고, 중국 문화와 전통에 근거한 해석임을 보여주는 것이다. 이와 함께, 중국에서의 정법의 발전과 중요성을 강조하는 것으로 이해할 수 있다.

　『범망경』에서 비록 바라이라는 말이 사용되고는 있지만, 사분율에서 사용하는 의미가 아니다. 바라이란 근본 율장에서는 교단에서 추방되는 죄를 의미하지만, 『범망경』에서는 "십중계를 범한 사실이 있으면 가르쳐서 참회하도록 해야 한다"라고 하며 바라이는 지옥에 떨어지는 죄로 설명하여 율장에서의 바라이와 이해를 달리한다.

　『범망경』의 섭율의계는 순전히 대승의 율의계로 지목되고 있다.[378] 섭율의계에 성문의 구족계를 포함하고 있지 않다는 점이 특이하다. 섭율의계를 십바라이(十波羅夷)로 해석하고 있다. 십바라이란 ①불살(不殺), ②불투도(不偸盜), ③불음(不婬), ④불망어(不妄語), ⑤불설죄과(不說罪過), ⑥불고주(不沽酒), ⑦부자찬훼타(不自贊毁他), ⑧불간(不慳), ⑨부진(不瞋), ⑩불방삼보(不謗三寶) 등이다.

　『범망경』에서는 초기대승불교의 입장으로 되돌아가서 성문의 가르침과 성문계(소승계)를 철저하게 배척하고 있다. 『범망경』의 보살계에서는 대승경율(大乘經律)을 매우 중시, 48경계 중 12계에서 대승계의 우월성을 강조하고 있다. 그중에서 소승계와 상충하는 네 가지 계(戒)만 소개하면 다음과 같다.

---

378) 쯔川彰 外, 정승석 역, 『大乘佛敎槪說』, 김영사, 1986, p.242.

제8 배정향사계(背正向邪戒, 背大向小戒)는 대승의 올바름에 배반하고 외도소승의 잘못됨에 향하는 것을 금함이며, 제15 법화위종계(法化違宗戒, 僻敎戒)는 대승의 법으로써 가르쳐야 할 것에 종이 달라서 외도소승의 법을 가르치는 것을 금함이며, 제24 포승원열계(怖勝願劣戒, 不習學佛戒)는 대승의 수승함을 두려워하고, 소승의 열등함에 따르는 것을 금함이며 제34 퇴보리심계(退菩提心戒, 暫念小乘戒)는 보리심이 후퇴하는 것을 금(소승계를 잠시라도 생각하는 것을 금함)한다는 내용이다.

『유가사지론』에서는 섭율의계에 구족계를 포함시켰지만, 『범망경』에서는 섭율의계에 십중계 즉 십바라이를 포함시켰다. 이러한 이유 때문에 『사분율』의 구족계와 『범망경』의 보살계는 양립할 수 없다.[379]

범망계에서는 제3경계에 '고기를 먹지 말라(不肉食戒)'라는 규정이 있다. 성문계에서는 육식을 하지 말라는 계목은 없다. 그러나 범망계에서는 육식까지 금지하고 있다. 이것은 일체중생을 구제하겠다는 대승보살의 사상에 의하면, 살생한 고기를 먹는 것 자체가 살생을 방조한 것이라고 보기 때문이다.

보살이 10중계를 범계하면 바라이죄에 해당한다고 범망계는 규정하고 있다. 바라이란 성문계에서 승가로부터 추방당하는 중죄로 알려져 있지만, 『범망경』에서는 "10중죄를 범하는 일이 있다면 가르쳐서 참회시킨다"라고 하여 부파불교의 바라이의 의미를 변경하고 있다.

범망계는 보살의 윤리로서 단순히 악을 제지하는 데 그치지 않고 적극적으로 선을 실천할 것을 역설하고 있다. 그리고 대승『열반경』의 사상을 받아들여서 모든 중생에게 불성이 있다고 설하고 있으며, 중국적

---

379) 현재 대만(臺灣)에서는 『범망경』의 보살계를 버리고, 『유가사지론』의 보살계를 채택하고 있다. 이는 유가계의 소승섭율의계를 대승계로 포섭한 부분이 있기 때문이라고 보인다.

인 효사상까지 받아들여서 계를 지키는 것이 효라고 주장하고 있다.

중국의 계율 특징 가운데 불교에 함축된 효(孝)사상은 중국 불교의 중요한 특이점이다. 중국에서 발생한 효경전들의 영향을 받아서 신라에서도 태현의 『범망경고적기』[380], 원광의 「세속5계」에서 효에 대한 내용이 보인다. 효순이 인(因)이 되고 대원(大願)이 선(善)이 되어 원하는 바를 성취한다는 의미다. 중국적 계율인 범망경은 효사상을 포함하고 있다.

『범망경』 하권에서 설해지는 10중 48경계는 성립 이후 중국뿐만 아니라 한국, 일본에도 지대한 영향을 미쳤다. 소승계를 율의계로서 실천 체계 안에 포함시킨 유가계와 달리 범망계는 그 틀을 넘어 출가·재가의 보살교단이 일체가 되어 대승보살로서 준수해야 할 순(純) 대승적 성격을 지닌 규범이다.

과거 중국에서의 불교도는 『사분율』을 일상생활의 생활 규범으로 지키는 것과 『사분율』을 지키면서 함께 『범망경』의 보살계까지 수지하고 있었음은 중국 불교 계율의 특색이다. 선종도 예외가 아니며 그것은 종색의 『선원청규』를 비롯한 모든 청규가 소승의 『사분율』과 대승 『범망경』의 보살계를 겸수하고 있다.[381]

---

380) 『범망경고적기』(T40, 689). (한3, 418); 속 제60冊. 태현은 8세기 종취가 '심행(心行)'을 바탕으로 증각리생(證覺理生)하는 데에 있다'라는 입장에서 10종 48경계를 주석하였다.
381) 최법혜, 「계율과 청규」, 『근대 한국불교 율풍 진작과 자운 대종사』, 사)가산불교문화연구원출판부, 1990, p.134.

3. 청규(淸規)

1) 청규의 성립

선종은 8~9세기에 독자적인 교단생활을 유지하기 위한 규범이 필요하였다. 그 결과로 청규가 제정되었으며, 이는 기존의 계율에 따른 수행보다는 청규에 따라 수행 생활을 진행하는 방식을 채택했다. 청규란 중국·한국·일본 등의 선종 총림(叢林)에서 지켜야 할 일상적인 생활 규범 혹은 그러한 규범들을 모아놓은 규범집을 일컫는다.

최초의 청규는 당(唐) 중엽에 백장산(百丈山)의 회해(懷海, 720-814 혹은 749-814)가 제정한 일명 『백장청규』라고 알려져 있다. 이 고청규는 당말 오대에 산실되었으며 대강과 면목은 『위산영우선사어록』에서 편린을 알 수 있다. 그리고 찬녕의 『대송승사략』과 경덕 원년 한림학사 양억의 「백장청규 서문」에서 볼 수 있을 뿐이다. 현존하는 최고(最古)의 청규는 북송 숭녕(崇寧) 2년(1103)에 자각종색(自覺宗賾)이 고청규 사상을 널리 펴면서 지은 『선원청규(禪苑淸規)』이다.[382]

선종은 집단적인 수행 생활의 규범과 교단의 조직 및 운영을 위해 체계적으로 정비된 백장청규의 등장을 통해 내부적인 기반을 갖추고 안정성을 확보했다.

일설에 선원청규보다 100년이 앞선다고 하지만 자료가 거의 없으며

---

382) 『경덕전등록(景德傳燈錄)』 6권(1004년), 백장전에 부가된 『선문규식(禪門規式)』과 『선원청규(禪苑淸規)』의 끝에 있는 자료로서 『선원청규』는 숭녕2년(1103)에 종색 선사가 고청규 사상을 널리 전하고자 당시 총림사찰을 역방하여 행법규식의 자료를 수집하여 진정부 홍제선원에서 자각종색이 청규 10권을 찬술한 것이다.

편린을 보면 다음과 같다. 국청사 천태의 내규는 수나라의 사문 관정이 편찬한 『국청백록』에는 내규에 해당하는 몇 가지 조항이 있다. 천태지의가 도반들과 더불어 수행하면서 제시한 것으로 중국에 전래된 율장과는 다른 문중 개념의 성격을 지니고 있다.

『국청백록』에는 집단의 규약에 해당하는 것으로 자파에 적용되는 법규를 수립해야 하는 이유를 비롯하여 일상의 생활에서 적용되는 열 가지 사항과 제불보살에게 예배하는 보례법(普禮法)을 비롯하여 공경법(恭敬法)과 주원법(呪願法) 및 지사(知事)가 행해야 할 임무 등이 구체적으로 엿보인다.[383] 『국청백록』의 서문에서는 새롭게 규범을 제정해야 하는 필요성을 말하고, 이어서 열 가지 반드시 지켜야 할 사항을 열거하였다.

지의가 제정한 규범은 계율이 중국 불교에 뿌리를 내리면서 상황에 적절하게 대응 내지 창조적인 운용의 사례에 속한다. 그러나 보다 본격적으로는 이후 시대에 해당하는 선종에서 청규라는 모습으로 출현하여 소위 계율의 완전한 중국적으로 수용 변화되어 정착되어 갔다.

> "선종은 8~9세기에 걸쳐 교단의 세력이 커지고 발전함에 따라 독자적으로 교단생활을 유지할 규범이 필요했다. 그래서 청규를 제정하여 종래의 계율에 의한 수행보다는 청규에 의해서 교단을 운영하고 수행 생활을 하였다. 청규는 율장의 건도부에 해당한다고 볼 수 있다. 시대 요청에 따라 율장의 형태로서 선림의 규범을 규정한 것이 바로 청규인 것이다. 선종은 수행승들의 집단적인 수도 생활의 규범과 주체적인 교단의 조직 및 운영 등을 위해 체계적으로 성문화한 백장청규의 등장과

---

383) 김호귀, 「조계종 선원청규의 내용과 편찬 의의」, 『불교평론』, 2011.

함께 안으로는 기반을 정비시키고 정착시켰다."[384]

율종(律宗)에서 수행론의 변화로 선종(禪宗)이 독립하면서 『백장청규』가 두각을 나타내었다. 선종은 백장회해에 의해 독립된 교단으로 형성되었다. 백장은 전통적인 계율이 적합하지 않다고 판단하여 현실적이고 수행에 적합한 규범인 청규를 제정했다. 『백장청규』 제정은 『선문규식(禪門規式)』에서 "불전(佛殿)을 세우지 않고 오직 법당(法堂)만을 세우는 것은 불조(佛祖)로부터 친히 부촉 받은 것으로 당대(唐代)에 존중되고 있음을 나타내는 것이다"[385]라고 하는 데서 그 의미를 찾을 수 있다. 중국 선종은 생산 활동을 수행의 일환으로 간주하고 노동을 중요한 덕목으로 삼았다. 교단의 자급자족 수행 생활은 중국 불교의 혁신을 일으키는 중요한 요소가 되었다.

"선종은 처음으로 백장회해(百丈懷海, 749-814)에 의해서 선종교단으로서 독립되었다. 백장은 그 당시 선종의 수행이 전통적인 계율로는 적합하지 않다고 생각하고 대소승의 계율을 절충하여 그 정신을 살리고 현실 생활에 적합한 규범을 제정하여 수행에 힘쓰도록 하였다. 그리고 청규는 생산 노동을 규정하고 있다는 점에 독자성이 있다.
인도 불교에서는 생산 활동을 율로써 금지하고 있으나 중국 선종은 노동도 좌선과 동일시하여 수행의 중요한 덕목으로 삼았다. 교단의 경제적인 자급자족의 수행 생활은 불교가 중국 사회에서 잘 적응한 예로

---

384) 신성현, 「동아시아 계율 이해 연구」, 『선문화연구』 제19집, 2015, p.130.
385) 『경덕전등록(景德傳燈錄)』 6권(T51, 251a), "不立佛殿 唯樹法堂者, 表佛祖親囑授, 唐代爲尊也."

중국 불교의 일대 혁신을 일으켰다."386)

청규는 중국 선종에서 형성된 독특한 정법으로 생산 노동을 규정하고 있다. 이는 인도 불교와는 매우 대조적이다. 중국 선종은 노동을 수행의 일부로 여기며 중요한 가치로 삼았다. 교단은 경제적인 자급자족을 통한 수행 생활을 추구하여 중국 사회에서 잘 적응한 예시가 되었으며, 이는 중국 불교의 혁신을 일으키는 중요한 요소였다.

인도 불교가 대승불교를 거치면서 종교의 변혁을 이루었다면, 중국에서의 종교 변혁은 선종을 통해 이루어졌다고 할 수 있다. 선종 초기의 보리달마에서 시작하여 5조 홍인에 이르기까지의 선승들은 대부분 깊은 산에 거주하면서 좌선에 힘썼다. 이들은 계율에 얽매이기보다 자급자족할 수 있는 체제에서 수행하였다.

중국 선종은 마조 이후 조사선 시대를 전개하면서 많은 수행승들이 한 곳에 운집하여 선종 교단이 형성되었다. 따라서 여러 가지 생활 규정이 요구되어 교단의 조직과 기구, 직무 분담과 생활 규칙 등을 제정하여 중국 불교의 변화를 가져왔다. 선종은 별도의 선원이 없었다. 초조달마 이후 선승들은 율원(律院)에서 거주했다.

율종에서 수행론의 변화로 선종이 독립하면서 『백장청규』가 두각을 나타내었다. 남북종 이후 732년 무차대회에서 신회의 활약으로 남종이 북종을 점수적 입장으로 치부하고 남종은 돈오적 입장이라서 우월함을 강조하며 6조를 내세우게 된 계기가 되었다. 백장회해(720-814)에 이르러 선승들은 독자적인 수행 터전을 갖추게 되었다. 백장회해는 남악의 법손이자 마조도일의 제자로서 선원의 생활 규범인 『백장청규』를 제정했다.

---

386) 신성현, 「동아시아 계율 이해 연구」, 『선문화연구』 제19집, 2015, p.130.

중국 선종사에 있어서 백장회해의 공적은 선종의 독립과 선종 교단의 청규 제정을 손꼽을 수 있다. 『선문규식』에 "선문을 독립하여 실행하게 된 것은 백장으로부터 비롯되었다"라는 내용에서도 잘 알 수 있다. 또한 송대(宋代) 찬녕의 『속고승전』「백장회해전」에 선종의 독립이 백장회해로부터 시작되었음을 강조한 구절이다. "천하의 선종(禪宗) 바람에 풀들이 눕는 것과 같다. 선문이 독립하여 실시된 것은 회해로부터 비롯되었다."[387] 이를 통해 선종 교단이 백장회해에 의해서 독립되고 청규를 제정하여 새로운 교단 형태가 되었다는 것을 알 수 있다.

『백장청규』는 독립된 선종 교단의 수행승들의 생활 규범이라 할 수 있다. 중국 불교의 시조라 할 수 있는 보리달마에서 비롯되는 초기선종의 승려들은 선종 사찰이 없었기 때문에 율원·사(律院·寺)에서 함께 거주하면서 수행해 왔지만, 선종의 법규에 맞지 않은 점들이 많았다. 그래서 『선문규식』·『유가론』·『영락경』 등에서 "조사선의 불교를 널리 펴고 미래에까지 끊이지 않게 하려면 어찌 제부 아함(阿含)의 가르침만을 따라서 행할 수가 있겠는가. 그리고 『유가론』·『영락경』은 대승의 계율인데 어찌 그것에 따라 수행하지 않으리오"라는 것에서 당시 선 수행자들이 전통 율원(律院) 생활에 의문을 제기하였으며, 대승불교의 승려들이 대승계율을 따르지 않고 전통적인 소승의 계율에만 의지하는 문제점이 있었음을 알 수 있다.

당시 시대적 요구에 부합하도록 하는 『백장청규』는 선종의 존재 의미와 선종 수행승들에게 적합하고 현실적인 선종 규범 문화를 만들어 낸 것이다. 실제 중국 불교는 소승의 계율을 수용하였지만, 지리·기후·

---

387) 『續高僧傳』권10(T50, 771a), "百丈山懷海云에, 天下禪宗 如風靡草 禪門獨行 由海之始也."

풍토 등 여러 가지 생활문화와 사고가 다른 인도 불교의 입장과는 상당히 다른 점이 많아서 계율의 세세한 조목에는 구애받지 않았다.[388] 중국 불교는 율장의 전래보다 대소승의 경전이 무차별하게 전래되면서 불교 교단을 이끌어가기 위해서는 일찍부터 승제(僧制)라는 개념의 생활 율의가 나타나게 되었다. 그것은 인도 불교의 율장이 지리적·문화적 풍토가 다른 중국에서는 변화할 수밖에 없는 것으로서 중국 불교에서는 중국 풍토에 맞는 교단생활의 율제가 필요했던 것이다. 그래서 계율에 승제, 다음으로 『선문규식』그리고 청규가 확립되게 되었다.

물론 제율(諸律)의 내용을 반영하였다. 총림(叢林)을 경영하기 위한 생활규범인 청규의 기본은 율장(律藏)이다. 그러므로 청규를 논하기에 앞서 계율과의 관계에 대해 살펴보고자 한다. 계정혜(戒定慧) 삼학(三學)은 열반에 이르는 수행 방법으로 정의하였다. 그것은 실천 수행에 의해서만 얻어질 수 있는 것이다. 바로 실천 수행의 덕목이 계와 율로 계율을 지킴으로써 심의식의 흔들림을 안정시킬 수 있으며 흔들림이 없는 마음에서만이 지혜가 나타난다.

붓다가 열반에 들 때 "계로써 스승을 삼으라"고 한 것과 같은 의미로서 계율은 승단을 통솔하는 기본법칙이며 승단 필수의 수행 방법이다. 승단 수행에 있어서 계율은 정(定)을 위주로 한다. 선종의 전적인 어록(語錄) 등에서 한결같이 지계(持戒)를 주장하고 있는 까닭이 여기에 있다. 율장은 주로 이분되어 있는데 승가 내의 출가와 재가의 생활 규정인 바라제목차(戒經, prātimokṣs)이며, 다른 하나는 단체의 법규인 승가 규정으로서 건도(犍度, khanda)를 말한다.

---

388) 정성본, 「선종의 성립과 조사선의 전개」, 『中國禪宗의 成立史 硏究』, 민족사, 2000, p.787. 한국에서 선원청규 성립과정을 세세히 연구한 자료로서 참고에 용이하다.

청규(淸規)에서 '청'은 청정대해중(淸淨大海衆)으로 생략하여 청중(淸衆)이라고도 하는데 이는 총림의 중승(衆僧)을 의미하며, '규'는 규구준승(規矩準繩), 또는 생략하여 규구로서 규칙이라는 말이다.[389] 즉, 청규란 청정한 총림 수행자가 의존할 계율로서 지켜야 할 사람과 지킬 법인 능소 관계의 합성어로 선종의 대표적인 용어다. 백장이 특별한 생활 규범으로 청규를 만들었다고 하더라도 그 기원은 삼장(三藏, 經·律·論)에 있다. 청규 자체에 바라제목차와 건도가 포함되어 있음은 청규의 내용이 율장의 갈마와 건도분에서 나온 법칙이며, 선종의 총림 생활에서 율장을 의존해서 규율로 하기 위한 선종의 율장임을 알 수 있다. 청규가 성립하게 된 시대적 배경은 역대의 승제에서도 엿볼 수 있다.

동진의 도안 법사 이래로 중국 불교의 승단에서는 자신들의 역사와 문화풍토에 알맞은 승제를 꾸준히 제정해 왔으며 이러한 사실은 청규의 성립에 직접·간접으로 영향을 미쳤다. 선종의 흥기와 더불어 총림이 형성되자 이에 따라 총림 규모의 승제가 제정될 필요에 의해서 청규가 만들어졌다.

유교 윤리가 강하게 지배하고 있던 중국 사회에서 승니의 생활도 교단 내부의 생활 규범만으로는 불가능했을 것이다. 계율이 전래되어 번역되고, 대소승의 계율이 갖추어진 후대에도 각 사원의 성격에 따라 승제가 만들어졌으며, 각지의 교단에서 여러 형태의 승제가 제정되었으며, 때로는 국가적 차원에서 승제를 제정하였다. "불교가 중국에 전래되어 점차 교단의 형태를 갖추면서 계율을 중심으로 모든 승가 생활이

---

389) 최법혜,「계율과 청규」,『근대 한국불교 율풍진작과 자운 대종사』, 사)가산불교문화연구원출판부, 1990, p.22 각주 53) 재인용. 법혜 스님은 일본과 한국에서 청규 관련 연구를 많이 하였으며『선원청규』·『칙수백장청규』·『고려판 선원청규』를 비롯한 백장청규까지 연구서가 다수 있다.

이루어지면서 중국 불교는 진(晉)의 도안(道安) 법사에 의해 승제가 제정되어 청규의 성립에 큰 영향을 주었다"[390]는 내용에서도 잘 알 수 있다.

의윤(儀潤)은 『백장청규증의기』에서 칙령에 의해 법운이 제정한 승제를 청규의 기원으로 삼았다는 내용을 다음과 같이 밝히고 있다.

> "청규는 양(梁)의 승(僧) 법운(法雲)이 광택사에 머물면서 칙령(勅令)을 받아 승제를 제정했으나, 지금은 양(梁)의 것은 사라지고, 당(唐)의 것만 드러났다. 양나라 시절에는 선(禪)의 가르침이 융성하지 못했으나 당에 이르러 선법이 완비되고 선승들이 융성해져 백장 선사가 거듭 집록하니 그에 따라 특히 그 이름이 유명해진 것이다."[391]

승제는 대내외적으로 승단의 규범과 의례를 정비하여 중국의 현실에 맞도록 제정한 것이다.

> "이러한 점에서 볼 때 승제의 제정은 인도에서 제정된 계율의 조목이 실제 중국인들의 생활 습관이나 풍토에 맞지 않는 점이 많아 중국 불교에서 현실적인 승단 생활에 적합한 새로운 수행 생활의 규율이 필요하다 해서 제정된 것이다. 백장이 청규를 제정하는 데 있어서 승제를 바탕으로 청규의 기초적 토대를 마련했다고 볼 수 있다."[392]

---

390) 신공, 「淸規에서의 生活文化硏究-衣食住를 中心으로-」, 동국대학교 박사학위논문, 2006, p.44.
391) 『百丈淸規證義記』(『卍續藏經』 111, p.580a), "淸規始 於梁僧法雲 住光宅寺, 奉詔所制, 今 梁而著唐者, 梁時禪敎未盛, 至唐 法備僧盛. 百丈重集, 故特彰其名也."
392) 신공, 「淸規에서의 生活文化硏究-衣食住를 中心으로-」, 동국대학교 박사학위논문, 2006, p.43.

인도 불교 교단생활과는 다른 형태의 중국의 지리적·사회적 문화를 반영한 것으로 먼저 교학이 발달하다가 마지막 밀교학이 끝날 즈음 선종이 대두되면서 『백장청규』가 중국 불교 선종의 기틀을 잡게 되었다. 불전은 세우지 않고 법당(法堂)·방장(方丈)·승당(僧堂)·고원(庫園)을 갖추고, 선승은 승당에서 기거하면서 보청법(普請法)을 정하여 자급자족의 생활을 하기 위해 밭을 갈아 농사를 짓거나, 여러 가지 사찰에 필요한 일을 하였다. 그리고 승당에는 앉는 자리가 법랍(法臘, 출가 시기)에 따라 위계질서가 정해졌으며 좌선 도중에 주장자를 사용하여 등에 예를 고하고 치게 되면 졸음 등을 멀리하게 하고 생활 규범 중 중죄를 범한 경우에 한하여 대중 앞에서 의발을 불사른 후 편문(偏門)으로 쫓아냈다.

『백장청규』는 『선원청규』·『칙수백장청규』·『고려판 선원청규』 등으로 전해져 왔다. 당시 선승들은 율사 안에서 살았다. 별원이 있기는 하지만 설법을 하고 거주하는 정도여서 율종 규범을 선종 중승이 따라 행하기에는 부족함이 있어서 새로운 규범인 『백장청규』가 만들어졌다.

교화를 펴는 방장과 불전은 두지 않고 법당만을 세웠다. 선승들은 수계를 받은 연차, 위계에 따라 승당에 거주하면서, 장로와 방장을 두어서 아침저녁으로 하는 조참과 석참에 상당 법문과 불교 종요를 펼쳤다. 그리고 '보청법(普請法)'은 중국에서 처음으로 시작된 것인데 상하 관계없이 거주하는 대중이 모두 참여하여 여러 가지 잡무를 하였다.

불교가 널리 회통하기 위해서는 지리, 기후 등 지역적 문화를 흡수해야 했다. 예로 인도처럼 더운 지역에서는 가사 몇 벌만으로도 생활할 수 있지만, 중국은 사계절이 있는 지역으로 의복에서도 변화를 가져올 수밖에 없었다. 또한 음식도 탁발이 아닌 집단생활을 하는 교단이 정착하기 위해서는 다른 방법론이 필요했다.

중국 불교와 인도 불교가 다른 특이점이 보청법이다. 보청법을 통해 생산 노동이 좌선과 같은 수행 차원으로 인식할 수 있게 되었다. 일을 하는 동안에도 수행이 계속되고 모든 것이 수행이라는 의미로 행주좌와어묵동정(行住坐臥語默動靜)이라는 말이 생겼다. 이는 수행자의 모든 생활이 곧 수행이라는 개념을 포함하는 것이다.

『선원청규』는 현존하는 최고(最古)의 청규로서 이후 동아시아에서 출현한 많은 청규의 연원이 되었다. 곧 그것을 시대별로 나열하면『선원청규』는 북송,『일용청규』·『입중수지』·『교정청규』는 남송,『비용청규』·『환주암청규』·『칙수청규』는 원대에 성립되었다.

『선원청규』는 백장(730-814)이 제정한『고청규』로서 당말 오대 사이에 모두 산실되어 버리고 지금 전해오는 것은 없다. 보녕(918-999)은『송고승전』에서 "천하의 선종풍이 풀을 눕게 하는 것과 같이 선문의 독자적인 수행도 해선사로 말미암아 시작되었다"[393]라고 하였다. 이 내용을 통해 백장전의 편린을 알 수 있는데, 경덕 원년(1004) 한림원의 학사 양억의 찬인『백장청규』의 서문이 '선문규식'으로 하여 백장청규 말미에 기록되어 볼 수 있을 뿐이다.

그 이후 북송의 희종대에는『고청규』의 모습은 전혀 찾아볼 수 없게 되었다. 그래서 숭녕 2년에 종색 선사가 홍국선원에서 청규 10권을 찬술한 것이『선원청규(禪苑淸規)』이다.[394]

『선원청규』이후 송원대의 청규를 보면 남송 희정 2년(1209) 무량종수(無量宗壽)의『입중일용청규(入衆日用淸規)』·남송 경정 4년(1264)경의『입중

---

393) 법혜 역주,『고려판 선원청규』, 사)가산불교문화연구원출판부, 2002, p.20. "天下禪宗 如風輾草 禪門獨行 由海之始也."
394) 법혜 역주, 위의 논문, 2002, p.21.

수지(入衆須知)』·남송(1274) 유근의 『총림교정청규총요(叢林校定淸規總要)』·원 지대 4년(1311) 택산일감의 『총림비용청규(叢林備用淸規)』·원 연우 4년(1317) 중봉명본(中峰明本)의 『환주암청규(幻住庵淸規)』·원 지원 4년(1338) 동양덕휘(東陽德輝)의 『칙수백장청규(勅修百丈淸規)』6본이다.

이 가운데 『일용청규』와 『입중수지』는 총림에서 초심자를 위한 계몽적인 청규이며, 『환주암청규』는 중봉명본의 일가에서 만든 내규적인 것으로 많이 알려지지 않았다. 『선원청규』·『교정청규』·『비용청규』·『칙수청규』 4본이 중국에서 중요한 청규이다. 그 가운데 『칙수청규』는 칙서에 의하여 편찬된 것으로 앞의 3본을 정리한 청규이다. 법혜가 "청규는 각기 그 성립한 시대와 사회를 반영한 변이를 포함하고 있다"[395]라고 한 것처럼 청규는 시대에 적합하게 수용되어 변화된 정법청규(淨法淸規)라 할 수 있다.

북송대에 성립한 『선원청규』와 그리고 500년 후 원대 『칙수청규』는 백장 『고청규』를 변용한 것이다. 장로사라는 절에 머물면서 자각종색이 만든 『선원청규』는 변형되기 전 청규로서 중요하다고 하겠다. 선원청규 10권을 통하여 승단 규칙과 염불의 규정까지도 기술한 것으로 미루어 보면 선정(禪淨) 융합사상에 기초를 두고 있는 것으로 북송 시대 운문종의 사상적인 경향이 담겨 있음을 알 수 있다.[396]

2) 청규의 내용

백장회해가 처음으로 제정했다는 청규는 오늘날 소위 『백장고청규』

---

395) 법혜 역주, 앞의 논문, 2002, pp.21-22.
396) 법혜 역주, 위의 논문, 2002, p.25.

로서 그 전모가 거의 산실되어 버려서 원형을 알 수가 없다. 그러나 몇 가지 사항에 대해서는 몇몇 기록을 통해서 부분적으로나마『백장고청규』의 면모를 엿볼 수가 있다. 곧 대중의 운력은 반드시 평등하게 행해졌다는 것, 선원의 건립에 재가인의 후원이 있었다는 것, 장례의식은 선원의 독자적인 방식이 아니라 불교의 방식을 따랐다는 것 등이다.[397]

『선원청규』의 편자인 자각종색은 법수(法秀) 및 장로응부(長蘆應夫)에게 참문하여 그 법을 잇고 숭녕 연간(1102-1106)에 진정부 홍제선원에 주석하면서『선원청규』를 편찬하였다. 종색은『선원청규』권1의 수계 항 서두에서 다음과 같이 기술한다.

> "삼세의 제불(諸佛)이 모두 출가하여 도를 이루셨다. 인도의 28대 조사와 중국의 6대 조사들이 부처의 심인(心印)을 전했는데 모두 사문이었다. 모두 계율을 엄정히 지녀 두루두루 삼계에 커다란 모범이 될 수 있었다. 그러므로 참선하며 도를 묻는 데는 계율이 첫 번째가 된다. 허물을 여의고 잘못을 막지 않았다면 어떻게 부처를 이루며 조사가 되었겠는가."[398]

이상과 같이 종색은 계율의 수지가 성불의 요체임을 확신하고 있다.

---

[397] 『백장청규』의 대체적인 모습을 미루어 살펴볼 수 있는 것으로는 다음과 같은 여러 종류의 경전이 있다.『송고승전』권10 수록「百丈懷海傳」(T50, 770c-771a),『경덕전등록』권6,「禪門規式」(T51, 250c),『선원청규』권10,「百丈 規繩頌」(속장경, 16-5),『칙수백장청규』권8「古淸規序」(T48, 1157c-1158b),『당 홍주백장산고회해선사탑명』(T48, 1156b-1157a).
[398] 『선원청규』제1권 수계 "三世諸佛, 皆曰出家成道. 西天二十八祖 唐土六祖, 傳佛心印, 盡是沙門. 蓋以嚴淨毘尼, 方能洪範三界. 然則參禪問道, 戒律爲先. 卽非離過防非, 何以成佛, 作祖." 최법혜 편, 1987, p.19.

여기서 말하는 계율은 성문·대승의 두 계를 가리킨다. "성문계를 받고 난 뒤에는 반드시 보살계를 받아야 하니, 이것이 불법에 들어오는 순서이다"[399)]라는 기록처럼 당시의 수계제도는 당대에 성립한 남산 율종의 소의 율장인 『사분율』의 구족계를 기본으로 하고, 그 위에 대승의 보살계를 수지하는 것이 통례였다. 자각종색은 청규에서 율장과 보살계의 가르침을 적절하게 더불어 반영하고 있다. 청규는 율장을 기본적으로 계승하고 있다. 청규는 석가모니불이 제정한 율을 전혀 훼손함이 없이 온전하게 수용하고 호지(護持)하고 있다.

"『사분율(四分律)』에서 말한다. '붓다께서 제정하신 것은 폐지해서는 안 되며, 붓다께서 제정하지 않으신 것은 제정해서는 안 된다'는 이것이 청규의 뜻이며, 백장(百丈)이 중집(重集)한 뜻이기도 하다."[400)]

자각종색의 『고려판 선원청규』[401)]의 내용은 9권으로 나누어져 있으며 다음과 같다. 1권에는 수계(受戒), 호계(護戒), 판도구(辨道具), 장포(裝包), 단과(旦過), 괘탑(掛搭), 도죽반(徒粥飯), 도다탕(徒茶湯)의 8항목으로 출가자가 선원에서 해야 하는 필수요건 등을 자세하게 설명하고 있다.

성문 비구계와 보살계를 받으며, 사분율의 비구계와 범망경의 보살계를 호시함과 총림 생활에 필요한 모든 도구를 분별하고 행각할 때 복

---

399) 『칙수백장청규』제1권 수계 "旣受聲聞戒 應受菩薩戒, 此入法之漸也." 최법혜 편, 1987, p.20.
400) 儀潤述,「百丈叢林淸規元義」百丈淸規證義記 (卍續藏 111, 591a). "四分律云 是佛所制者 不應却, 非佛所制者不應制. 凡此皆淸規之義, 百丈重集之意也."
401) 법혜 역주,『고려판 선원청규』, 사)가산불교문화연구원출판부, 2002, pp.55-364. 이 선원청규는 일본 서점에서 산재된 것이 발견되어 일본인이 먼저 연구를 시작한 것으로서,『중첨족본 선원청규』라고도 한다. 이하 선원청규 관련 사항은 법혜 역주를 따랐다.

장을 차려입고 절에 들어가는 법과 객승이 해야 하는 법식, 총림에 입방하는 절차, 아침과 점심의 죽과 밥(공양)에 임하는 법, 차를 마시는 자리에 임하는 법 등이다.

2권은 주로 주지(존숙)와의 점검 등에 대한 것으로 청인연(請因緣), 입실(入室), 상당(上堂), 염송(念誦), 소참(小參), 결하(結夏), 해하(解夏), 동년인사(冬年人事), 순료(巡寮), 영접(迎接)의 10항목으로 주지에게 불도증입의 인연의 교화를 청함과 주지실에 들어가서 각자의 수행에 대한 것을 검증받음, 그리고 주지의 상당 법문에 관한 사항, 매월 3, 8일에 행하는 기념의례, 주지의 저녁 법문에 관한 사항, 하안거 결제에 관한 사항, 하안거 해제에 관한 사항, 겨울 절기에 인사에 관한 사항, 대중의 요사를 점검함과 절에 오는 어른스님을 영접하는 내용이다.

3권에서는 10무 가운데, 4지사에 관한 내용이다. 청지사(請知事), 감원(監院), 유나(維那), 전좌(典座), 직세(直歲), 하지사(下知事)로 감원·유나·전좌·직세의 4지사를 청함과 감원의 직무, 유나의 직무, 전좌의 직무, 직세의 직무 등 4지사 직책의 임기 만료에 관한 사항 등이다.

4권의 내용을 보면 입방한 일반 선원 대중의 직무로서 청두수(請頭首), 수좌(首座), 서장(書狀), 장주(藏主), 지객(知客), 고두(庫頭), 욕주(浴主), 가방·수두·탄두·화엄두(街坊·水頭·炭頭·華嚴頭), 마두·원두·장주·해원주(磨頭·園頭·莊主·廨院主), 연수당주(延壽堂主), 정두(淨頭), 전주(殿主), 종두(鐘頭), 성승시자(聖僧侍者), 노두(爐頭), 직당(直堂), 요주(寮主), 요수좌(寮首座)요, 당두 시자(堂頭侍者), 화주(化主), 하두수(下頭首)로 수좌에서 욕주까지 6두수를 청함과 상수 수좌, 서기 담당, 사찰 기물 등 담당, 객을 영접하는 이, 창고 담당, 목욕탕 담당, 거리 주변의 화주, 물 담당, 화로 담당, 교화적 경 낭송 담당, 마두 담당, 채소밭 담당, 장주 담당, 행정적 집무에서 곡식과 화주 전반을 담당, 연수당 당주, 화장실 관리, 각 전각 담당, 종두의 직무, 승당의 성승상을 공양하는 시자의 직무, 화로 담당, 승당의 일직 당번, 대중의 요사채를 담당, 요사채의 상수 수좌, 당두시자, 화주의 직무와 6두수의 임기 만료에 관한 것이 상세하게 보인다.

5권에서는 다례에 대한 의식으로 당두전점(堂頭煎點)[402] 주지 또는 대중의 승당에서 하는 전반적 다례의식이다. 6권에는 간경당에서 간경과 대중 및 개인의 출입에서 스님의 장례에 관한 내용이며 7권은 입승 수좌를 청함에서부터 주지의 총림 퇴원에 관한 내용이다. 8권은 귀경문이란 총림의 수행 대중이 지켜야 할 의무와 봉사에 대한 내용이며, 9권은 비구(니) 등의 구족계를 받은 승이 사미(니) 등과 동행에 있어서의 부적절함에 대한 훈계의 내용이다.

종색에 의하면, 선문에서 수행은 모두 계율에 의거한 생활에서 시작하는 것으로, 성문계·보살계를 수지하는 것이 수행의 첫걸음이다.

"수계 후에는 항상 수호해야 한다. 차라리 법 있어 죽을지라도 법 없이 살지 아니한다. 소승의 『사분율』은 4바라이·13승가바시사·2부정·30니살기·90바일제·4바라제제사니·100중학·7멸쟁이며, 대승의 『범망경』은 10중 48경[계]이다. 모두 모름지기 독송 통리하되 지범개차를 잘 알 지니라."[403]

---

402) 초발심자경문의 '승의비구'와 같은 것으로서 벌이 문풍지로 나가려고 하는데, 제자가 깨닫고, 스승이 깨닫지 못했을 때, 스승이 제자에게 존경을 표하는 것도 여기에 해당. 우리나라의 금담이 서상수계한 대은 제자에게 존경을 표한 내용과 같은 것으로 승당에서의 차서에 대한 특징이다.
403) 『선원청규』제1권 호계, "受戒之後常應守護. 寧有法死, 不無法生. 如小乘四分律, 四 波羅夷·十三僧伽婆尸沙·二不定·三十尼薩耆·九十波逸提·四波羅提提舍尼·一百衆學·七 滅諍, 大乘梵網經, 十重四十八輕. 竝須讀誦通利, 善知持犯開遮." 최법혜 편, 1987, p.20.

『사분율』에서 규정한 4바라이를 비롯한 구족계 및 대승『범망경』에서 설하는 10중 48경계를 잘 알고 그 지범개차를 아는 것이다. 이로 보아 종색은 성문율인『사분율』과 대승보살계인 '보살계' 양자를 모두 고려하여 계율에 근거한 청규를 제시하고 있음을 알 수 있다. 이는 백장의 경우에도 마찬가지이다.

"내가 기본으로 주장하는 바는 대소승에 국한하지 않고, 또한 대소승과 다른 것도 아니다. 마땅히 박(博)과 약(約)을 절충하여 새로운 규범을 제정하여 수행에 힘쓰도록 하기 위한 것이다. 그리하여 창조적인 뜻[創意]으로 선종의 처소를 따로 건립하게 되었다."[404]

백장회해를 비롯하여, 종색 역시 성문율과 보살계를 기본으로 청규를 제정하려는 의도를 갖고 있었다. 먹어서는 안 될 음식에 대해『선원청규』제1권 호계(護戒)에서는 다음과 같이 규정한다.

불응식(不應食)으로 파·부추·염교·마늘·고수·술과 고기(酒肉)·생선·토끼(魚兔)·유병(乳餅)·소락(酥酪)·굼벵이즙(蠐螬汁)·돼지·양의 기름(猪羊脂)을 쓰는 것은 모두 불응식이다. 병연(病緣)을 만날 경우 오히려 신명을 버릴지라도 끝내 술과 고기의 속된 맛으로 금계를 깨뜨리지 말지어다.[405]

'파(蔥)·부추(韭)·염교(薤)·마늘(蒜)·고수(園荽)'는 오신채(五辛菜)로 오신채

---

404) 『경덕전등록』제6권, 「禪門規式」(T51, 250a), "吾所宗非局大小乘, 非異大小乘. 當博約折中 設於制範, 務其宜也. 於是創意 別立禪居."
405) 「선원청규』제1권, 「護戒」, "不應食, 蔥韭薤蒜園荽·酒肉·魚兔及乳餅·酥酪·用蠐螬汁·猪羊脂竝 不應食. 如遇病緣 寧捨身命, 終不以酒肉俗味 毀佛禁戒." 최법혜 편, 1987, p.20.

는 탐심과 분심(嗔心) 등을 일으킨다고 하여, 인도에서 편찬된 대승경전을 비롯하여 중국 찬술 경전인 『범망경』 등에서 육식과 더불어 엄격하게 섭취를 금지하고 있다. 술 역시 율장은 물론이고 보살계에서도 금지하는 음식이다. 청규에서도 이러한 입장을 이어받고 있다.

『선원청규』 호계 항에서 언급하는 불응식은 율장에서 말하는 미식의 내용과 일치한다. 고기나 생선, 토끼를 비롯하여 유제품과 관련된 유병과 소락 등은 모두 율장에서 말하는 미식의 범주 안에 포함된다.

"불응식을 제시하는 데 있어 청규가 율장과 다른 점은 율장의 경우에는 이런 미식들 자체를 금지하지 않는 데 비해서 청규는 완전 금지하고 있다는 점이다. 다시 말해 금지 내지 규제하는 이유나 강도가 좀 더 명확하고 강하다."[406]

비시식이란 비시(非時, vikāla), 즉 때가 아닌 때에 취하는 식사를 말한다. 비시란 한낮부터 다음날, 날이 밝기 전까지를 가리키는 말로, 율장에 의하면, 정오까지 식사를 마쳐야 하며 비시에는 음식물을 섭취해서는 안 된다. 정오 이후에는 묽은 주스만이 허용된다.[407] 비시식의 문제에 대해 『선원청규』에서도 다음과 같이 규정한다.

"비시식이란 소식(小食)·약석(藥石)·과자·미음·콩죽(荳湯)·야채죽(菱汁)류 등 재죽이시(齋粥二時)가 아니면 이는 모두 비시식이니라. 모두 엄금한다."[408]

---

406) 이자랑, 「『선원청규』로부터 본 총림의 식생활」, 『동아시아불교문화』 32집, 2017. p.266.
407) 『사분율』(T22, 662c; Vin.IV, 85-86). 바일제법 제37조 '非時食戒'. 걸식이든 청식이든 식사는 오전 중 한 번으로 끝내야 한다.
408) 『선원청규』 제1권, 「護戒」, "非時食(小食·藥石·與菓子·米飲·荳湯·菱汁之類 如非齋 粥二

소식이란 묽은 죽처럼 간단하게 먹을 수 있는 음식을 말하고, 약석은 선원에서 저녁에 먹는 죽을 말한다. 비시식으로 언급되는 것들은 죽과 같은 가볍게 허기를 달랠 수 있을 정도의 음식이다. 율장에서 비시장(非時漿)을 비시식으로 언급하는 것과 비교해 볼 때 차이가 있다.

> "율장에서는 이들 장류를 비시식으로 언급, 다시 말해 비시에 마시는 음료로서 허용하고 있다. 이에 비해 위의 인용문에서는 비시식의 종류를 언급한 후에 '모두 엄금한다'라고 기술하고 있는 것으로 보아 불응식과 더불어 이들 비시식도 금지하고 있음을 알 수 있다."[409]

청규의 부죽반에서는 발우 공양에 관한 규정을 자세히 제시하고 있다. 기존의 율장에서는 찾아보기 어려운 내용이며, 선종사원 특유의 발우 공양법이라고 볼 수 있다. '행식법'에서 다음과 같이 설한다.

> "마땅히 정인의 손으로 행하여야 한다. 승가는 손수 식을 취하지 말라. 정인의 행익은 그 예가 겸손하고 섬세하여야 한다."[410]

승가는 직접 음식을 취하지 말고 정인(淨人, 스님들을 대신해서 현금, 귀금속 등을 받아서 관리하는 재가자)의 손으로 행하라고 지시하는 것은 최소한 율장의 탁발 의식을 준수하려는 노력으로 보인다. 비구들이 탁발로 얻은 음식을 먹는 것을 전제로 하는 율장과는 달리, 선원에서는 준비된 음식을

時 竝是非時食也 竝宜嚴禁)" 최법혜 편, 1987, p.20.
409) 이자랑,「『선원청규』로부터 본 총림의 식생활」,『동아시아불교문화』 32집, 2017. p.268.
410) 『선원청규』 제1권, 부죽반 "當淨人自行. 僧家不得自手取食. 淨人行益, 禮合低細." 최법혜 편, 1987, p.34.

스스로 취하지 않고, 정인이 발우에 나누어 주는 형식을 취한다. 정인은 발우 안에 음식물을 넣어줌으로써 사실상 '불수식계'를 지키는 상황을 만들어 내고 있는 것이다. 음식을 먹을 때의 행의와 관련해서 부죽반에서는 다음과 같이 기술하고 있다.

"『사분율』에 이르되 '마음(意)을 바르게 하여 음식을 받으라. 발우를 잘 잡고 국과 밥을 받으라. 국과 밥을 함께 먹어라. 차곡차곡 먹어라. 발우의 중앙을 후벼 파서 먹지 말라. 병이 없는데 자신을 위해 국과 밥을 찾아 얻지 말라. 밥으로 국을 덮고 나서 다시 얻기를 바라지 말라. 다른 이의 발우 안을 보고 불만스러워하는 마음을 일으키지 말라. 마땅히 발우에 생각을 매어두며 먹어야 한다. 밥을 크고 둥글게 뭉쳐서 먹지 말라. 입을 벌리고 반식을 기다리지 말라. 음식을 입에 넣고 말하지 말라. 밥을 둥글게 뭉쳐서 입속에 던져 넣지 말라. 밥을 떨어뜨리며 먹지 말라. 밥을 볼에 넣고 볼록거리면서 먹지 말라. 밥을 씹으며 소리내지 말라. 밥을 숨 들이쉬며 먹지 말라. 혀로 핥으며 먹지 말라. 손을 흔들며 먹지 말라. 흩어진 밥알을 손으로 뿌리며 먹지 말라. 더러운 손으로 식기를 잡지 말라.'
위의 율문은 모두 마땅히 준수하라."[411]

이상의 율은 『사분율』 중학법(衆學法)에 근거한 규정들이 삼의(三衣)의

---

411) 『선원청규』 제1권, 부죽반, "四分律云 正意受食. 平鉢, 受羹飰. 羹飰俱食. 以次食. 不得挑鉢中央食. 無病, 不可得為己索羹飰. 不得以飰覆, 羹更望得. 不得視比座鉢中起嫌 心. 當繫鉢想食, 不得大搏飰食. 不得張口待飯食. 不得含食語 不得搏飰擲口中. 不得遺落飰食. 不得頰飰食. 不得嚼飰作聲. 不得噏飰食. 不得舌舐食. 不得振手食. 不得手把散 飰食. 不得汙手捉食器. 以上律文, 竝宜遵守." 최법혜 편, 1987, p.34.

착용법이나 식사 예절 등 일상생활에서 출가자가 갖추어야 할 위의를 다룬다. 위의 인용문에 등장하는 여러 규칙들은 중학법의 조문 중에서도 탁발할 때 지켜야 할 21가지의 규정들이다.[412] 선종의 경우에는 일정한 장소에 선승들이 모여 발우 공양을 하기 때문에 탁발 위주로 만들어진 중학법의 규정들이 필수불가결하지는 않다.

"특히 손으로 음식물을 취하여 먹는 행위는 인도 고유의 것으로 중국의 선원에서 이런 행위를 전제로 한 규정이 필요할 리 없다. 하지만 청규에서는 이를 비구의 '위의'라는 면에서 중시하며『사분율』의 규정을 거의 그대로 수용하고 있다."[413]

청규에는 다탕(茶湯)에 따르는 의례 절차가 자세히 설명되어 있다. 총림 생활 그 자체가 다탕의식(茶湯儀式)이라고 할 수 있을 정도로, 총림에서는 늘상 차 마시는 행사가 있어서 차와 선원 생활은 불가분의 관계를 맺고 있었다. 차 마시는 의식이 별도로 정해져 있는 것은 물론 모든 행사 의식 때마다 다탕은 의식 자체에 포함되어 행해졌다. 식사 후, 또는 상당(上堂)과 소참(小參), 결제(結制)와 해제(解制), 순료(巡寮)와 영접(迎接), 지사·두수(知事·頭首)의 퇴진(進退) 등 거의 모든 행사에서 차 마시는 의식 절차는 빠지지 않았다.

"산문(山門)에 처음 왔을 때에는 특위점다(特爲點茶)가 있으며, 그 예(禮)는 지극히 중하다. 잔탁(盞橐)을 받고 보냄에는 공근(恭謹)함이 있어야

---

412) 『사분율』(T22, 702b-709a)에 내용은 말할 것도 없고 순서도 똑같이 나타난다.
413) 이자랑,「『선원청규』로부터 본 총림의 식생활」,『동아시아불교문화』 32집, 2017. p.276.

한다. 상하를 기읍(祗揖)하되, 경만하게 하거나 예의를 잃는 일이 있어서는 안 된다."[414]

위의 내용에서 차 마시는 행법과 장소 등을 나열하고 있는데, 산문의 입문에 있어서 졸음을 멀리하기 위해 수행정진 중에 차를 마셨던 일화가 수도 없이 전해 내려온다. 흔한 일상의 일을 뜻하는 다반사(茶飯事)도 여기에서 유래되었다. 또한 차로 공경을 올리는 다례도 발달하였다. 지역에 따라서 수질이 다르고 중국적 기후로 인해 다례가 더욱 발달하였다고 본다.

3) 청규의 특징

자각종색은 『선원청규』 권1의 수계 항 서두에서 분명히 하고 있다. "성문계를 받고 난 뒤에는 반드시 보살계를 받아야 하니, 이것이 불법에 들어오는 순서이다"[415]라는 내용에서도 엿볼 수 있듯『사분율』의 구족계를 기본으로 하고, 그 위에 대승의 보살계를 수지하라는 것이다.[416] 중국은 『보살지지경』을 위주로 했다면 우리나라는 『범망경』을 위주로 하였으며 앞에서 언급한 것과 같이 계율의 변화가 계율에서 승제 그리고 청규로서 『선원청규』가 제2의 율장이 된 것이다.

청규의 보청법은 선종의 대표적인 정법(淨法)이라고 할 수 있다. 보청

---

414) 「百丈規繩頌」,『禪苑淸規』, p.193. "新到山門時, 特爲點茶. 其禮, 至重凡接送. 盡棄切在恭謹祗揖上下. 不可慢易有失禮儀."
415) 『선원청규』제1권, 수계, "旣受聲聞戒, 應受菩薩戒, 此入法之漸也." 최법혜 편, 1987, p.20.
416) 중국 불교 교단의 형태에서 소승·대승을 다 받아들인 점이 현재 한국의 대한불교조계종 계단의 의식에서도 동일하다.

에 대하여 『선원청규』에서는 다음과 같이 규정하고 있다.

"보청에는 요주(寮主)와 직당(直堂)을 제외하고는 모두 반드시 함께 임해야 한다. 질병과 관객(官客)을 제외하고는 주지일지라도 참여하지 않으면 시자가 대신하여 대중으로부터 추방당해야 한다."

이것은 조사선의 가풍에서 일상의 모든 행위가 수행이고 깨침의 실천임을 그대로 보여주고 있는 것이다. 보청(普請)이란 '두루 청(請)하다'라는 의미로서 선림(禪林)에 큰 작업이 있거나 당직비구(當直比丘)의 힘으로 안 될 때 일산대덕(一山大德)이 도움을 청하여 대중의 힘을 모아 작업을 달성한다는 뜻이다. 보청법의 정신은 모든 대중이 함께 운력을 하는 행위이다. "보청법을 실행하는 것은 상하(上下)가 힘을 합치는 것이다"[417]라는 말처럼 상(上)은 주지(住持)로부터 하(下)는 행자(行者; 초심자)에 이르기까지 한 사람의 예외도 없이 모두가 동등한 입장에서 운력(運力) 생활을 준수할 것을 규정하였다.

보청은 총림의 장로(長老)를 비롯하여 전 대중이 빠짐없이 평등하게 사원의 작업이나 생산 노동에 참여하도록 하는 규정이다. 보청법은 선종 사원 수행승의 생활로서 사원경제의 문제를 해결한 것으로 볼 수 있다. 인도의 탁발문화와는 다른 중국적 문화를 수용한 것으로서 신자들의 보시에 의존해서는 해결할 수 없는 부분을 최소한의 경제생활을 유지하기 위한 목적에서 자급자족의 농경 생산 활동을 한 것이다.

백장이 선원을 율사에서 독립하여 독자적인 『선원청규』를 만들어 보청법을 규정한 것은 불교의 불경불직(不耕不職)의 법에 위배되는 것이었

---

417) 『경덕전등록』6권(T51, 251a), "行普請法, 上下均力也."

지만 중국 문화엔 부합하는 것이었다. 그리고 선종 교단의 "일일부작(一日不作)이면 일일불식(一日不食)"이라는 자급자족의 경제생활 개념을 만들었다고 할 수 있다. 전통 율원 중심의 불교 교단의 권위주의와 지나치게 형식화된 율법주의 불교를 탈피하여 독자적인 선종청규를 제정한 것은 중국 불교의 지리·문화를 반영한 것으로 이 점을 높이 평가할 수 있다.

탁발문화가 가능했던 인도와는 다른 지역 환경이었다. 출가도 국가의 허락을 받아야 했던 중국은 자급자족 형태의 독특한 노동을 해야 하는 보청법이 나올 수밖에 없었다. 이런 청규의 성립에서도 중국 불교는 인도 불교와는 다른 특징을 보인다. 지역적·문화적으로 변화 수용되어 가는 불교의 모습이다.

대소승(大小乘)을 겸수하는 내용에서 소승의 『사분율』의 차용과 대승계의 『범망경』 성립, 그리고 지역 상황에 대처한 청규의 보청법은 중국 불교의 특징을 보여준다. 범망계가 인도 불교의 계율을 중국화한 것이라고 한다면, 출가 승려의 경우 가장 중국적인 모습은 인도의 계율과 아울러 불교 교단생활을 규제하고 그에 상응하는 권위를 지닌 다양한 승제(僧制)의 출현이었다. 선종 청규의 출현은 중국식 정법이다.

> "이를테면 종파로서 등장한 선종에서는 붓다와 거의 동등하게 자격을 부여했던 조사들의 일상의 삶과 말씀과 그 기록이야말로 계율의 바라제목차와 같은 권위를 지녔기 때문에 가능한 것이었다. 그것이 인물에 국한되지 않고 제도적인 발전으로 확대되어 가람의 배치와 규모와 직무 분담과 수행 방식 등에까지 폭넓게 적용됨으로써 선종의 청규 제정과 그에 따른 교단 운영은 더 이상 인도 불교의 연장이 아니라 그것을

승화시킨 중국 불교로서 새로운 면모를 보여준 것이다."[418]

　선원에서 가람의 구조나 수행자의 소임과 생활상에서 나타나는 모습을 통해 청규의 특징을 살펴볼 수 있다. 법당(法堂)의 개념은 사찰의 주지가 상당 설법하는 곳으로서 붓다의 법을 직접 설하는 곳이 법당이다. "불전(佛殿)을 세우지 말고 법당(法堂)만을 건립하라."[419]는 내용에서도 볼 수 있듯 청규의 제정으로 가람의 중심이 불전(佛殿)에서 법당(法堂)으로 바뀐 것이 선종 가람의 특징이다.
　청규에서는 기존의 전통적인 사원(寺院)의 가람 배치와 형식을 따르지 않았다. 처음 청규가 제정되었을 때는 이 규정에 따라 선종 사원의 가람 구조와 기능에 많은 변화를 가져왔다. 그렇지만 백장 이후가 되면 선종의 가람 구조도 다양한 형태를 갖추게 되었다. 선종 가람의 구조는 칠당가람(七堂伽藍)의 형태를 갖추고 있다.[420] 백장회해는 당시 선종 사원에 법당을 세워 의례 중심 사원의 기능을 수행 중심 선원으로 바꾸고자 했던 것으로 보인다.

"백장(百丈) 당시 불교사원(佛敎寺院)의 중심 건물인 불전(佛殿)의 기능이 국가(國家)와 황제(皇帝)에 대한 의례(儀禮)·기도 중심(祈禱中心)이었던 것에서 법당(法堂)을 세워 수행 중심 도량으로 바꾸고자 했다. 당대(唐代)에는 불전(佛殿)의 기능이 나라를 위한 기도와 여러 제왕(諸帝王)의 성수

---

418) 김호귀,「중국 불교의 계율과 청규의 출현」,『불교평론』53, 2013.
419) 『경덕전등록』6권,「禪門規式」(T51, 251a), "不立佛殿, 唯樹法堂者."
420) 칠당가람(七堂伽藍)은 선종사원의 형태에서만 나타난 것은 아니었지만, 선종사원에서 칠당이라고 하는 것은 산문·불전·법당·고원·승당·욕실·동사(山門·佛殿·法堂·庫院·僧堂·浴室·東司)의 칠당우(七堂宇)를 가리킨다.

만세(聖壽萬歲)를 축원하는 법요의식(法要儀式)을 봉행(奉行)하는 도량으로 나타났다."[421]

청규의 특징 가운데 선종 교단의 직제(職制)에 대한 부분이다. 『선문규식(禪門規式)』에서는 총림 운영의 책임자로서 주지를 비롯한 십무(十務)·대중(大衆)이라는 체계를 갖추어 교단을 운영했다고 나타나 있다. 하지만, 십무가 어떤 직제인지에 대해서는 알 수 없고 다만 『선원청규』에 언급된 사지사(四知事)와 육두수(六頭首)는 이것에 영향을 받았음을 알 수 있다.[422]

총림에서 주지는 대중에게 법을 설하는 직책으로 당시의 대중은 주지에게 참문(參問)하고 주지가 답해 주는 것이 주된 임무였다. 선원의 대중은 아침에 참문하고 저녁에 모여야 하며, 장로(長老)가 법당에 올라 설법할 적에 소임을 맡은 이나 대중들은 모두 모여서 경청해야 한다.

대승보살계가 중국 사회에 급속히 퍼져 가는 과정에 있어서 많은 승제류(僧制類)가 오랜 기간에 걸쳐 재가자와 출가자의 손에 의해 만들어졌다. 생활 규범의 형태를 갖춘 '승제'라는 독특한 집단적 규율이 만들어진 것이다.

"승제는 시대와 사회 환경의 변화에 따라 굴절되고 변용되어 역사와 보조를 맞추어 가면서 중국적 계율로 변용되어 나타났는데, 이것이 점차 발전되어 선문(禪門)에서는 선원 생활의 규범의례서(規範儀禮書)인 청

---

421) 신공, 「淸規에서의 生活文化硏究-衣食住를 中心으로-」, 동국대학교 박사학위 논문, 2006, p.139.
422) 신공, 위의 논문, 2006, pp.16-17.

규로 발전된 것이다."[423]

법의는 본래 출가자의 가사만을 지칭하였으나, 청규에서는 삼의(三衣) 이외에 수행자들이 착복하는 의복 전체를 가리킨다. 이것은 불교가 중국에 전래된 이후 기후적인 조건과 관습이 달라 삼의 안에 다른 옷을 따로 입고 법의(法衣)는 승려의 신분을 상징하기 위해 걸치는 형태로서 고유의 복장 위에 덧입는 형태로 변화된 것이다. 법의는 실용적인 의복이 아닌 표상적인 복장이 되다 보니 차츰 미화(美化)하고 또 그에 부수적인 수식 내지는 장식품이 나타나 자연스레 중국의 법의는 인도의 전형적인 형태와는 다른 유형의 특징을 갖는다.[424]

불교의 성립과 더불어 율장이 확립되었지만, 불교가 인도에서 동아시아로 전해지면서 각 지역의 사상과 문화가 불교에 흡수될 수밖에 없었다. 그에 따라 기존의 율장을 그대로 고수하는 것이 어렵게 되거나 시대에 맞는 새로운 규율이 만들어지게 되었다. 특히 중앙아시아를 거쳐 중국으로 전파된 대승불교는 동아시아에서만의 새로운 형태로 발전하며, 계율에 큰 변화를 일으켰다.

중국 불교는 기존의 인도 불교와는 다른 특징을 보이며, 동아시아 지역의 사상과 문화가 중국 불교 내부로 흡수되었다. 예를 들어, 중국에서는 유교와의 상호작용을 통해 불교가 형성되었고, 불교 자체도 중국의 문화적인 영향을 받아 현지화되었다. 이러한 지역적인 특징으로 인해 청규가 탄생한 것이다.

---

423) 신공, 앞의 논문, 2006, p.60.
424) 신공, 위의 논문, 2006, p.64.

V. 한국불교에서의 정법(淨法)

한국 불교의 대표적인 종단인 조계종은 단일계단(單一戒壇)에서 수계 의식이 이루어진다. 하지만 단일계단이 있기 전에는 여러 계맥에 따라 각 사찰에서 독자적으로 이루어짐으로써 형식적이며 산만하고 통제의 어려움이 있었다. 계단사를 정리하는 것은 한국 불교 교단사를 이해하는 데 중요한 역할을 한다.

한국에서 고대로부터 현대까지의 율장 전래상(像)을 통하여 현대 단일계단이 이루어진 내용을 살펴보고자 한다. 고구려「담시전」의 삼귀5계와「의연전」의 대승보살계, 백제 겸익의 오부율(五部律) 전래와 신라 자장의 계율행에 의한 계단 정립과 진표의 참회 행적 교화, 그리고 고려 나옹의 무생계(無生戒)가 선계(禪戒)임을 살펴보았다. 조선 백파(白坡亘璇 1767~1852)의『작법귀감』에서 십선계가 비구계 대용인 점에서 조선불교가 겨우 명맥을 잇고 있음과 대은낭오(大隱朗旿, 1780~1841)와 금담보명(金潭普明, 1765~1848)이 율종(律宗)을 다시 일으키기 위한 서상수계(瑞祥受戒)는 그 시대 상황을 반영하였다.

만하(萬下僧琳, 1842~1906)가 중국 계맥을 중흥함으로써 한국에는 대은파와 만하파가 공존하게 되었다. 해방 이후의 불교 내부는 비구, 대처 간의 극렬한 분쟁으로 혼돈의 상황이었다. 이를 극복한 것이 불교 정화운동이며 현대 단일계단이 성립한 배경이다.

각 사찰 호계첩에서 통도사의 중국 계맥인 만하 맥과 서상수계의 대은 맥이 나누어 내려오다가 범어사 동산혜일(東山慧日, 1989~1965)에서 합쳐져 자운의 단일계단으로 이어졌다. 일제 때 용성진종(龍城震鐘, 1864-1940)의 1, 2차 건백서는 사부대중의 구분과 반월마다의 포살 및『범망경』과『사분율』에 근거한 것으로 현재의 단일계단이 성립되는 데 일정 부분 역할을 했다. 대한불교조계종의 사부대중은 대소승(大小乘) 겸수함을 전통으로 이어왔으며 현대에 와서는 제도 개혁과 함께 통합적인 운영이 요청되었다. 이러한 분위기 속에서 자운성우(慈雲盛祐, 1911~1992)는 1980년 10.27법난을 계기로 자정 운동의 일환으로서 조계종 단일계단을 정립하고 식차마나계와 이부승수계(二部僧授戒) 의식을 새로 복원하였다.

불교 교단은 철저한 지계 정신에 의한 화합중이다. 『사분율』의 '결계십구의(結戒十句義)'[425]에서 철저한 수행은 곧 철저한 계율의 이행이다. 이는 4바라이법의 이행과 승단의 자율적인 갈마제도 확립에 있으며 수계의식의 확립으로부터 시작된다.[426]

대한불교조계종의 수계의식은 계단(戒壇)[427]에서 이루어진다. 계단은 계법(戒法)을 전수하는 장소로서 주로 출가해서 계율(戒律)을 받는 의식이 행해지기 위해 설치된 특정한 단을 말한다. 한국 불교는 신라말 임제선(臨濟禪)의 유입으로 고려와 억불의 조선과 일제강점기 그리고 해방과 근현대를 거치면서 승가 본연의 승가상에 문제점이 도출되었다. 그것은 선원에서 오직 깨달음만 추구함으로써 율장은 등한시하게 된 점이다.

시대상에서의 우여곡절이 있었지만, 형식적인 수계의식에서 나아가 합당한 수계의식 절차가 필요하게 되었다. 1981년 전까지만 해도 각 사

---

425) 『四分律』(T22, 570c).
426) 대한불교조계종계단위원회, 『대한불교조계종單一戒壇二十年』, 서울: 토방, 2001, pp.185-186.
427) 사토미츠오 저, 崔法慧 역, 『律藏』, 서울: 동국역경원, 1994, p.42. "이를 漢譯律藏에서는 戒壇 혹은 戒場, 壇이라고 譯하게 되었지만 界壇(巴: sīmāmandala)이라고 하는 것이 原意다. 壇은 여기서는 조건을 갖춘 장소를 의미하며 이 小界의 크기는 出罪를 위하여 쓰일 대에는 二十一人이, 受戒만의 장소로는 十一人이 들어갈 수 있는 곳이면 된다." ; 平川彰, 『原始佛敎の硏究』, 東京: 春秋社, 1980, p.373. "『사분율』에서는 戒場이라 하고, 오분율에서는 戒壇이라 한다."; 慧南, 「불교의 수계의식과 계단」, 『동아시아불교문화』2집, 동아시아불교문화학회, 2008, pp.101-123.

찰에서 여러 계맥의 수계식이 이루어졌었다. 이는 산만하고 통제가 어려운 문제점이 있었다. 1981년 불교 정화 이후 자운의 주도로 통도사에서 고암상언(古庵祥彦, 1899-1988)을 첫 단주(壇主)로 통합된 조계종 수계계단이 단일계단이다.[428] 계단 역사의 정리는 교단에 대해서 폭넓은 이해를 할 수 있게 되는 데 의의가 있다.

본 장에서는 고대로부터 현대의 율장 전래를 통하여 현대 통합계단이 이루어진 과정을 살펴보았다. 가산지관의 『한국불교계율전통』 등을 근거로 하여 참고하였다.

---

428) 대한불교조계종계단위원회, 앞의 책, 2001, p.190. "1981년 2월 17일."

1. 삼국시대 및 통일신라시대의 정법(淨法)

1) 고구려·백제 불교의 정법

고구려 불교에서 계율에 관한 것은 『해동고승전』의 「석담시전」과 「의연전」에서 볼 수 있다.

> "석담시…태원 말년에 경(經)과 율수십부(律數十部)를 가지고 요동으로 가서 불교를 폈다. 여기에서 삼승을 가르쳐 즉시 불계에 귀의했으니 대개 고구려에 불교를 알게 한 시초였다."[429]

석담시의 계율에 관한 기록으로 경율 10부를 가지고 요동에 와서 불교를 크게 펼쳐서 삼귀5계[430]의 법을 세웠다는 것을 통해서 고구려에 불교가 시작되었음을 알 수 있었다.

그 내용에 "삼승(三乘)의 교를 베풀고 삼귀오계(三歸五戒)를 세웠다"[431]라는 '현수삼승립이귀계(顯授三乘立以歸戒)'에서 삼승(三乘)은 성문·연각·보살(聲聞·緣覺·菩薩)로서 여기에 보살승이 나오는 것은 대승불교가 되는 것으로 순도전의 불법은 인천·인과교의 불법이며, 담시전의 불법은 소승

---

429) 『삼국유사』3, 「석담시전」(49, 987a); 『양고승전』10(T50, 392a); 『해동고승전』1(T50, 1016c-1017a), "釋曇始, … 大元之末 齎經律數十部往遼東宣化. 顯授三乘立以歸戒, 蓋高句驪聞道之始也."
430) 三歸五戒; 佛法僧과 不殺生, 不偸盜, 不邪淫, 不忘語, 不飮酒의 5戒이다. 歸戒를 5계로 함은 채인환의 해석(채인환, 『한국불교계율사상연구』, 서울: 토방, 1997, p.103)을 따랐다.
431) 김동화, 『삼국시대의 불교사상』, 서울: 뇌허불교학술원, 2001, pp.34-35.

교가 되는 셈이다. 인천교와 소승교는 대동소이하다고 말하기 때문이다. 초기에는 삼귀5계 그 자체가 계의 역할을 했으며, 계가 성립되는 것이었다. 이후 불교 교단이 확장되면서 계율(戒律)이 필요하게 되었고, 이는 계율의 시작을 의미한다.

다음은 의연(義淵)의 대승계 관련 기록이다.

> "의연(義淵)은 고구려(高句麗) 25대 평원왕(平原王, 559-589) 때의 고승으로 우리나라 불교사상에 중요한 존재이다. 의연이라는 이름이 널리 알려지지 않은 원인은 사기(史記)나 기타 문헌에서는 보이지 않고『속고승전(續高僧傳)』(당고승전) 권10에「법상전(法上傳)」·「역대이보기(歷代二寶記)」등에 간접으로 기록된 까닭이다."[432]
>
> "승려 의연(義淵)은 고구려인으로 … 계율을 잘 지켰다. … 지지론에는 아 승가(阿僧伽) 비구가 미륵보살에게서 그 책을 받았으며, … 십지론과 금강반야론은 … 의연은 그 가르침을 명심하여 심오한 이치를 두루 통하였다."[433]

고구려에 불교가 들어온 후 240년이 지나서 비로소 불교사와 십지(十地) 등의 문제점을 물어 온 기록으로[434] 불교 문제에 있어서 ①교조 석가모니불이 열반에 드신 뒤로부터 평원왕 때까지의 년수 ②인도에서 얼마나 경과 후에 중국에 불교가 처음으로 전래되었는가? ③중국에 불교가 전래 되는 때의 왕명 및 연대 ④제, 진에 이르기까지 전도 약전 등

---

432) 우정상,「의연과 불기 문제」,『조선전기불교사상연구』, 서울: 동국대학교출판부, 1985, p.366. 의연에 대한 기록은『海東高僧傳』권1과『續高僧傳』권10에서 찾아볼 수 있다.
433) 각훈,『海東高僧傳』1,「義淵傳」(T50, 1016b).
434) 한기두,『한국불교사상연구』, 서울: 일지사, 1992, p.27.

과 사상적인 면에서 그 당시 성행되고 있었던 경론 가운데서 『십지론』·『대지론』·『지지론』·『금강반야경』 등 저자, 저술의 동기 각론에 대해서 자세한 특기 사항 등을 연구하게 하였다. 의연(義淵)은 불교 문제를 중국 법상으로부터 해명하였다.[435] 그리고 고구려 계율에 관련한 『지지론』이 연구되어 있었음을 알 수 있다. 이 논은 『보살지지경(菩薩地持經)』으로 『유가사지론(瑜伽師地論)』의 본지부 가운데 보살지에 해당되는 부분을 초역한 것이다.

이 논에서는 대승보살계(大乘菩薩戒)의 계학적 의의와 삼취정계(三聚淨戒) 그리고 사중사십이범사(四重四十二犯事)의 계조(戒條)를 설정하였다. 이는 고구려 불교의 대승보살계의 근본이 되었다. 의연은 지론(地論)의 학설을 펴는 동시에 널리 대승(大乘)의 계학(戒學)을 전하여 보살계(菩薩戒)를 주어서 고구려 사람들을 불법(佛法)으로 제도하는 등 크게 활약하였음을 전하고 있다.[436]

위의 내용 가운데 의연의 불교 문제는 지금도 이어지고 있는 유가사지론 계통의 대승보살계가 고구려 시대에 적합하게 수용되어 변화된 모습의 정법으로 시작되었음을 알 수 있었다.

백제(百濟) 불교의 정법적인 면에서 고승 겸익(謙益)은 중인도의 상가나대율사(常伽那大律寺)에 5년 동안 머물면서 범어(梵語)와 율학(律學)을 배웠다. 성왕 대에 인도승 배달다(倍達多) 삼장과 함께 귀국하면서 오부율문(五部律文)[437]과 범본 아비담(阿毘曇)을 가지고 돌아왔다.

---

435) 우정상, 앞의 책, 1985, pp.366-367.
436) 채인환, 앞의 책, 1997, pp.124-126.
437) 오부율은 광율로서 인도 소승 20부파 중의 ①설일체유부(『십송율』61권, 404-409역), ②법장부(『사분율』60권, 410-412), ③대중부(『마하승기율』40권, 416-418) ④화지부(『미사색부으분율』30권, 422-423) ⑤음광부의 다섯 부파에 전해지는 율장이다.

V. 한국불교에서의 정법(淨法)

겸익은 국내의 명승들과 함께 범본을 번역하여 72권의 율부(律部)를 만들었으며, 이에 담욱(曇旭)과 혜인(惠仁) 두 법사가 율문의 소(疏) 36권을 저술하였다.[438]

주로 『조선불교통사』에 인용된 것으로 오부율의 완전한 전래는 중국에서도 실현되지 못한 일이었다. 당시 백제에 율종이 성립했다면, 겸익의 업적과 활동은 현존 한역 오부율장이 백제 때 전래 되었다는 것은 백제에 율종이 최초로 창시되었다는 뜻이다. 이는 당나라 도선이 남산율종을 성립(624)한 시기보다 백제 율종의 성립이 무려 1세기가량 앞섰음을 의미한다.

이렇게 백제가 계율을 중시하자 584년에는 일본의 비구니들이 계를 받기 위해 백제로 올 정도였다. 당시 일본에 비구·비구니가 존재했다는 것과 백제에서 일본으로 불교가 전래되었음을 반증하는 대목이기도 하다. 현재 일본에서는 불교가 인도, 중국에서 직접 들어왔다고 주장하지만, 한국 전란으로 소실된 찬란한 백제 문화유산을 일본 나라 지역의 여러 사찰에서 만나볼 수 있는 것에서도 백제 전래설을 미루어 짐작할 수 있다.

2) 신라 및 통일신라 불교의 정법

현대 대한불교조계종 수계계단(戒壇)의 근본은 신라 자장(慈藏)의 정법적 계단정립(戒壇定立)에서 시작이 되었음을 확인하고자 한다.

신라 불교는 한국 고대기의 원류이자 중심에 위치하고 있으며, 신라 자장의 정법적 계율 정립 또한 대한불교조계종 단일계단의 원류라 할

---

438) 이능화, 『조선불교통사』권상, 서울: 신문관, 1918, p.33; 이능화, 같은 책, 권하, p.103.

수 있다. 자장에 대한 선행연구[439]는 많았으나 신라 자장의 계율행이 현 조계종 단일계단[440]의 수계내용에 이어짐을 보인 연구는 없었으며, 이러한 시도는 의미 있는 작업이라고 할 수 있다.

자장의 계율 활동은 입당(入唐) 전 고골관과 자서수계인 5계(五戒) 수계, 그리고 입당해서는 대승계와 대재의 출가 수계(授戒), 귀국 후 대승론을 강하고 사중(四衆)에게 보살계본을 설함과 대국통으로서의 반월 설계와 통도사에 사리와 가사를 봉안한 계단정립으로 특징지을 수 있다. 여기서 사부대중이 존재했다는 것은 대승율에는 없는 구족계가 있었다는 것을 의미하며, 보살계본은 대승계경으로서 이는 대소승율(大小乘律)을 겸하고 있었음을 알 수 있다.

고대신라에서 대소승을 겸수한 것과 같이 현 종단의 단일계단에서도

---

439) 자장에 대한 논저는 주로 다음과 같다.
徐京保,「慈藏律師」1,『佛敎』48, 서울: 한국불교태고종총무원, 1943, pp.33-36; 安啓賢,『韓國佛敎思想史硏究』, 서울: 東國大學校出版部, 1983, pp.94-104; 趙明基,『신라 불교의 이념과 역사』, 서울: 경서원, 1982; 남무희,『신라자장연구』, 서울: 서경문화사, 2012;「삼국유사에 반영된 고려 국내 유통 자장전의 복원과 그 의미」,『한국학논총』, 서울: 한국학연구소, 2010, pp.529-550; 辛鍾遠,『新羅初期佛敎史硏究』, 서울: 民族社, 1992, pp.250-299;「자장의 불교사상에 대한 재검토」,『한국사연구』39, 서울: 한국사연구회, 1982, pp.1-25; 장충식,「慈藏律師」,『한국불교인물사상사』, 서울: 민족사, 1997, pp.26-33; 차인환,「자장의 계율과 계단창설」,『동국사상』15, 서울: 동국대학교불교학회, 1982, pp.23-36; 한국불교계율사상연구(Ⅰ), 서울: 土房, 1997, pp.227-335; 慧南,「慈藏律師의 생애」,『승가대학교 교수 논문집』10, 서울: 2003, pp.11-35; 남동신,「자장 정율과 사분율」,『불교문화연구』4, 양산: 영취불교문화연구원, 1995; 김경집,「자장과 금강계단」,『동아시아불교문화』2, 부산: 동아시아불교문화학회,2008, pp.133-159; 김복순,「자장의 생애와 율사로서의 위상」,『대각사상』10, 서울: 대각사상연구원, 2007, pp.9-40; 박미선,「자장정율조로 본 자장의 생애와정률의 의미」,『신라문화』33, 경주: 신라문화연구원, 2012, pp.73-101; 박태원,자장사상의 기반」,『불교문화연구』4, 양산: 영취불교문화연구원, 1995, pp.106-117.
440) 계단은 계율을 주는 단이며, 단일계단은 1981년 전까지만 하여도 여러 계맥이 내려와 각 사찰에서 수계식이 이루어져 산만하고 통제가 어려운 문제점이 있어 1981년 불교 정화 이후 자운 스님의 주도로 범어사에서 한 계단으로 통합된 수계계단이다. (대한불교조계종계단위원회,『대한불교조계종單一戒壇二十年』, 서울: 토방, 2001, pp.185-186) 참조.

소승계인 『사분율』과 대승계인 『범망경보살계』를 겸수 시행하고 있다. 이는 자장에 의한 율 정립의 내용이 근본이 되어 지금의 단일계단으로 이어졌다는 점에서 큰 의의가 있다.

근래에 들어 대승불교와 더불어 초기 불교의 관심이 많아지고 있는데, 서로 배타적이 아닌 상호보완의 관계를 유지한다면 종단 발전에 보탬이 되리라 본다.

자장이 활동했던 시대는 신라 불교 전래기의 갈등 극복과 토착화의 문제, 왕권 강화의 수단으로 수용되었던 시기를 지난 신라 중고대(中古代)로서, 문화·정치·사회를 기반으로 불교가 발전하던 시대였다. 이후 중대를 지나면서는 본질에 눈을 뜬 다양한 대승 교학 연구 발전이 이루어졌다.

아울러 붓다의 가르침이 대중으로 확산되어 활짝 꽃 피운 신라 불교는 한국 고대기 사상의 원류이자 중심적인 위치에 있었다. 자장의 계율 정립 또한 현대 한국 불교 계단의 원류라 할 수 있다.

그동안 자장에 대한 선행연구는 많았으나 신라 자장의 계율행이 정법으로서 대한불교조계종 단일계단(單一戒壇)의 수계내용에 이어짐을 보인 연구는 없었으며, 이러한 시도는 의미 있는 작업이라고 할 수 있다.

자장 율사에 대한 기록은 『삼국유사(三國遺事)』 권4 「자장정율(慈藏定律)」과 권3의 「오대산오만진신(五臺山五萬眞身)」, 『삼국사기(三國史記)』 그리고 『속고승전(續高僧傳)』의 「당신라국대승통석자장전(唐新羅國大僧統釋慈藏傳)」과 「당경사보광사석법상전(唐京師普光寺釋法常傳)」과 『법원주림(法苑珠林)』 권64 「당사문석자장전(唐沙門釋慈藏傳)」, 「신라황룡사구층목탑찰주본기(新羅皇龍寺九層木塔刹柱本紀)」와 「오대산월정사사적(五臺山月精寺事蹟)」 등에 전하고 있다.

이 책에서는 이 기록들에 의한 자장의 정법적 계단정립을 근거로 삼고 채인환의 논문 등을 참고하였다.

자장은 화엄(華嚴) 교학의 실천적인 신앙자로서 또 율(律)의 대가라 할 수 있으며 불교 교단의 지도자로서뿐만 아니라 국가 원로로서의 역할도 컸다.[441] 이처럼 자장의 교학 성향은 화엄과 계율임에도 이 책에서 정법으로서의 계율적인 면만을 보려는 것은 계율(戒律)이 승가 교단의 핵심이고 이것으로 인해 불교 교단이 이루어지고 있기 때문이다.

어떤 율맥의 정통성을 주장하려는 것보다 한 개인이 승가의 일원이 되려면 반드시 계단에서의 수계의식을 통해야 가능하므로 수계의식의 근본 도량인 자장이 창설한 통도사 계단은 매우 중요하다.

또한 조형물로서의 계단의 의미뿐만 아니라 계단정초(戒壇定礎)의 계율행이 현대 한국 불교 단일계단(單一戒壇)에 면면히 내려오고 있음을 보고자 함이다. 이 논문은 현대 대한불교조계종 계단(戒壇)[442]의 근본은 신라 자장(慈藏)의 계단 정립(戒壇定立)에서 시작이 되었다는 사실을 확인하려고 하였다.

(1) 입당(入唐) 전 정법(淨法)적 수행과 계율

자장[443]의 사상을 전체적으로 보면 근본적으로 화엄을 근간으로 하

---

[441] 이봉춘,『불교의 역사』, 서울: 민족사, 2003, p.112.
[442] 사토미츠오 저,『律藏』, 崔法慧 역, 서울: 동국역경원, 1994, p.42.; 平川彰,『原始佛敎の研究』, 東京: 春秋社, 1980, p.373. "사분율에서는 戒場이라 하고, 오분율에서는 戒壇이라 한다."; 慧南,「불교의 수계의식과 계단」,『동아시아불교문화』2집, 부산: 동아시아불교문화학회, 2008, pp.101-123 참조.
[443] 자장이 진흥왕 37년(576)에 출생하여 태종무열왕 2년(655)에 입적이라는 관점을 도선의『속고승전』「자장전」에서 설화 형식이기는 하지만 80세설을『법원주림』「자장전」이 따

여 전개되고 있다. 하지만 그의 실천행에 있어서 계율 사상 역시 중요한 위치를 차지하고 있다고 하겠다.[444]

신라에서도 처음엔 소승출가계(小乘出家戒)[445]의 연구가 행해지고 있었다. 그러나 원광(圓光), 자장(慈藏), 원승(圓勝)[446] 등에 의해 대승보살계(大乘菩薩戒)[447] 연구가 병행되고 있음은 백제[448]와 다른 신라 율학(新羅 律學)의 특색이라 하겠다. 지명(智明)[449]의 소승출가계와 원광의 대승보살계를 계승하여 신라의 율학을 정립한 사람은 27대 선덕왕 5~12년(636-643)에 당에 유학한 자장이다.[450]

자장의 계율은 입당 이전과 이후로 양분하여 그 특색을 살필 수 있다. 입당 이전엔 서상수계와 5계가 중심인데, 비교한다면 입당 이후에

랐으며「新羅皇龍寺九層木塔刹柱本紀」와 비교하여 같음(남무희,『신라자장연구』, 서울: 서경문화사, 2012, pp.43-45)을 피력하여 자장의 생애 복원을 시도했다. 하지만 608(-614)년에 출생하여 688(-694)년에 입적설(김복순, 앞의 글, 2007, p.21) 등도 있는데 남무희의 고증에 동의한다.

444) 장충식,「慈藏律師」,『한국불교인물사상사』, 서울: 민족사, 1997, p.30.
445) 소승의 율장에서 설하는 계율로,『四分律』(T22, 1000b)에서 비구의 250계, 비구니의 348계를 말한다.
446) 자장보다 앞서 유학했으며, 그의 저술로『범망경기』(대승계율)와『사분율목차기』가 있으며 목차기란 계본 즉 바라제목차로서 원승은 율 계통의 전문 율사였다. (동국대불교문화연구소,『한국불교찬술문헌총록』, 서울: 동국대학교출판부, 1976, p.9).
447) 後秦의 鳩摩羅什이 번역한『梵網經』下卷의 10重大戒와 48輕戒를 따로 뽑아 만든 책으로『菩薩戒本經』이다.
448)「彌勒佛光寺事蹟」에 겸익은 인도 常伽那大律寺에서 율문을 연구(526-530)하여 부파의 오부율문을 다 가지고 들어와 백제에 율을 시행(이능화,『조선불교통사』, 서울: 신문당, 1918, p.33)했는데 이는 중국 율종 형성(625년 사분율 강설)보다 100년이나 앞선 것이다.
449) 智明은『四分律羯磨記』(1권, 失)를 저술했으며, 이『사분율갈마기』에서는 출가 승려의 수계작법을 보여준다. (義天,『신편제종교장총록』3(T55, 1174a);『해동고승전』2, 석지명전(T50, 1020b).
450)『속고승전』권24「자장전」(T50, 639b). "乃啓本王西觀大化, 以貞觀十二年 將領門人 僧實等十有餘人."에 그의 入唐년을 정관 12년으로 한 것은 잘못임. 고익진,『한국학 기초자료선집 고대』, 서울: 한국정신문화원, 1987, p.605.

는 남산 율종의 영향을 받았다.[451] 자장은 입당 이전 서상수계와 5계 교화를 통해서 율사로서의 모습을 보이고 있다.

"실제로 자장은 서상수계를 받고 이를 통해서 신라인들을 교화했으며, 자장의 이러한 방식은 이후의 진표 등에서도 확인되는 한국 계율 전통의 한 흐름을 형성하기에 이른다. 즉 자장의 서상수계 방식이 한국 불교의 계율 전통에 있어서 하나의 전범을 구성하고 있는 것이다.[452] 서상수계로 기록되어 있는 지통(智通)의 보현보살(普賢菩薩) 수계 역시 자서수계이다."[453]

자장의 전기 문헌은 모두 서상수계를 전하고 있다. 『속고승전』의 「자장전」에 다음과 같은 내용이 나온다.

"문득 잠이 들었는데 두 장부(丈夫)가 나타나서 말하였다. '경이 유은(幽隱)하게 있는 것은 어떠한 이익을 위함입니까?' 자장이 말하였다. '오직 중생들의 이익을 위함입니다.'
그러자 두 장부가 자장에게 5계(五戒)를 주어서 마치고는 말했다. '장차

---

451) 염중섭, 「자장(慈藏)의 입당(入唐) 이전 율사(律師)로서의 위상에 관한 검토」, 『원불교사상과 종교문화』68집, p.67.
452) 염중섭, 「자장(慈藏)의 입당(入唐) 이전 율사(律師)로서의 위상에 관한 검토」, 『원불교사상과 종교문화』68집, p.69.
453) 『三國遺事』5, 「避隱第八-朗智乘雲普賢樹」(T49, 1015b), "忽見異人出, 曰我是普大士, 欲授汝戒品, 故來爾, 因宣戒訖乃隱," 『三國遺事』4, 「義解第五-真表傳簡」(T49, 1007b·c), "二七日終, 見地藏菩薩, 現受淨戒", "於中第八簡子喻新得妙戒, 第九簡子喻增得具戒,"; 『三國遺事』4, 「義解第五-關東楓岳鉢淵藪石記(此記乃寺主瑩岑所撰承安 四年己未立石)」(T49, 1008b), "地藏授與戒本, 慈氏復與二栍, 一題曰九者, 一題八者,", "復感慈氏, 從兜率駕雲而下, 與師受戒法."

이 5계로 중생들을 이익 되게 하십시오' 하고 또 자장에게 고하여 말하였다. '우리는 도리천에서 왔는데, 당신에게 계(戒)를 주기 위함입니다.' 그러고는 허공을 타고 사라졌다."[454]

「자장정율」에는, 문득 꿈에 천인(天人)이 와서 5계를 주었다."[455] 「개창조사전기」에는, "꿈에 이승(二僧)이 나타나 5계를 주면서 말하였다. '우리는 영축산에서 경(卿)에게 계를 주기 위하여 온 것입니다'라고 말을 마치자, 허공을 타고 사라졌다."[456]

그리고 『제일조사전기』에는, 홀연히 두 범승(梵僧)이 와서 5계를 주면서 말하였다. '우리는 경에게 계를 주기 위해서, 영축산에서 왔습니다'라는 말을 마치자 사라졌다. 이것은 깨고 보니 꿈이었다."[457]

자장이 꿈에 5계를 수지한다는 공통점을 가지고 있다. 이른바 자장의 자서수계는 천신이나 범승이 등장하고 있어 서상수계라고 할 수 있다. 자장은 5계를 자서수계한 이후, 많은 사람들을 5계로 교화하는 모습을 보인다.

이에 대한 해당 부분을 제시해 보면 다음과 같다.

『자장전』에서는 이에 출산(出山)하여 일월지간(一月之間)에 국중(國中)의 사·녀(士·女)들이 모두 5계를 받았다.[458] 『자장정율』은, 비로소 출곡(出谷)

---

454) 『續高僧傳』24,「護法下-唐新羅國大僧統釋慈藏傳(圓勝)」(T50, 639b), "遂於眠寐見 二丈夫曰, 卿在幽隱欲為何利, 藏曰, 惟為利益眾生, 乃授藏五戒訖曰, 可將此五戒利益 眾生, 又告藏曰, 吾從忉利天來, 故授汝戒, 因騰空滅."
455) 『三國遺事』4,「義解第五-慈藏定律」(T49, 1005a), "俄夢天人來授五戒."
456) 「五臺山事蹟記」,「五臺山月精寺開創祖師傳記」, "夢見二僧來授五戒, 曰我等從靈鷲 山爲授卿戒而來耳, 言訖登空而去."
457) 「五臺山事蹟記」,「五臺山月精寺開創祖師傳記」,「奉安舍利開建寺庵第一祖師傳記」, "忽二梵僧來授五戒, 曰吾等爲卿授戒來從靈鷲, 言訖而失焉, 乃一夢也."
458) 『續高僧傳』24,「護法下-唐新羅國大僧統釋慈藏傳(圓勝)」(T50, 639b), "於是出山, 一月

하니 향읍(鄕邑)의 사·녀들이 서로 앞다투어 와서 수계하였다.[459]

『개창조사전기』에는, 조사가 곧 사(師)가 계 받은 것을 마치 유발(油鉢)을 받쳐 든 것처럼 봉지(奉持)하였다. 이후 자장이 출산하니 일식지간(一息之間)에 국중의 사·녀가 모두 5계를 받았다. 수계로 인하여 맹자(盲者)는 보게 되고 농자(聾者)는 듣게 되었다.[460]

『제일조사전기』에는, 조사가 이에 계율을 마치 유발을 받쳐 든 것처럼 봉지하였다. 후에 다시금 홀연히 공중에서 소리가 들려와 말하였다.

"그 홀로 그 몸을 깨끗이 하는 것이, 어찌 두루 많은 사람들을 제도함만 같겠는가?"

이에 스스로 출산하여 사·녀를 묻지 않고 모두 균등하게 계법을 주었다.[461]

위의 내용을 보면, 자서수계 후 마을로 돌아와 5계 교화를 행한 것으로 되어 있다.

자장의 수계 교화는 5계 중심으로 이루어지고 있다. 자장에게서 발견되는 5계와 달리 원광에 대한 『원광서학』에는 보살계 중 십중대계로 판단되는 내용이 수록되어 있다.

자장의 출가 전 수행에 대하여 『삼국유사』 「자장정율」의 고골관(枯骨觀)[462]과 『속고승전』 「자장전」의 백골관(白骨觀)은 거의 같은 수행법으로 이 수행법은 원시불교의 수행법 또는 초기불교의 수행법으로 『열반경』

之間國中士女咸受五戒";『法苑珠林』64, 「感應緣-唐沙門釋慈藏」(T53, 779c)."
459) 『三國遺事』4, 「義解第五-慈藏定律」(T49, 1005a), "方始出谷, 鄕邑士女, 爭來受戒."
460) 「五臺山事蹟記」, 「五臺山月精寺開創祖師傳記」, "師旣受持如擎油及乎, 出山, 一息之間, 國中士女 咸授五戒, 盲者得視, 聾者得聞."
461) 「五臺山事蹟記」, 「奉安舍利開建寺庵第一祖師傳記」, "師旣奉持如擎油鉢, 忽聲空中 聲, 曰, 與其獨善其身, 塾若普濟海人, 自是出山, 不問士女, 均授戒法."
462) 枯骨觀은 초기불교의 수행관으로 무상을 알고, 오온이 화합된 몸에 집착한 생각을 없애기 위하여 송장의 피부와 근육이 다 없어지고 백골만 붙어 있거나 흩어져 낭자한 모습을 관하는 것으로 백골관과 같다. 박태원, 앞의 책, 1995, p.105.

을 의지[463]한 것이다. 여기에 전통계라 할 수 있는 자서수계를 천인으로부터 수지한 것 또한 정법(淨法)적 의미를 내포하고 있다.

그리고 왕의 칙명에 대하여 자장 율사가 "내가 차라리 하루 동안 계율(戒律)을 지키다가 죽을지언정, 일백 년 동안 계율을 어기고 사는 것을 원하지 않는다"[464]라고 답한 내용에서도 계(戒)뿐만 아니라 율(律)까지 언급하고 있는 것은 신라 사회에 계율이 깊이 뿌리내려 있었음을 짐작할 수 있다.

이 당시는 5계(五戒)[465]의 수계(受戒)로 출가가 가능했던 것이 아닌가 한다.[466] 사실 수계의식인 계단(戒壇)은 시대를 달리하면서 변천했다. 삼사칠증과 수계자를 합쳐 11인이 있어야 되는 백사갈마[十衆具足][467] 등은 후대에 만들어졌다.[468]

자장은 출가 후 새가 물어다 주는 과일을 받아먹으면서 돌봐주는 이 없이 심산유곡에서 정진을 계속했다. "이윽고 꿈에 천인이 와서 5계(五

---

463) 혜남, 「慈藏律師의 생애」, 『승가대학교 교수논문집』10, 2003, p.22.
464) 『삼국유사』권4「자장정율」(T49, 1005a), "吾寧一日持戒而死 不願百年破戒而生."
465) 五戒: 不殺生, 不偸盜, 不邪婬, 不妄語, 不飮酒. (사토미츠오 저, 崔法慧 역, 앞의 책, 1994, p.38).
466) "당시 신라 불교계에 수계의식이나 절차가 갖추어져 있지 않았음을 시사한다."(박미선, 「자장정율조로 본 자장의 생애와 정률의 의미」, 『신라문화』33, 경주: 신라 문화연구원, 2012, p.85)에 동의한다.
467) 사토미츠오 저, 崔法慧 역, 『律藏』, 1994, p.45. "白四羯磨(巴: ñatticatutthakamma) 는 같은 白에 대하여 세 번 거듭하여 贊否를 묻는 것이다. 이 贊否를 묻는 말을 羯磨說이라 한다."
468) 三師七證의 三師는 화상과 교수사와 갈마사를 지칭하며 七證이란 受具成立의 證明 師이다(사토미츠오 저, 崔法慧 역, 위의 책, p.27). 『十誦律』8권에서, 佛이 왕사성에 계실 때 비구들에게 밝힌 내용으로 自具足, 善來具足, 十衆具足(白四羯磨)으로 변천했다. 중국에서는 唐代(680년)의 자은규기가 삼사칠증의 정초자이다.
『마하승기율』에서 "자구족이라 함은 세존이 보리수하에 계실 때 마침내 확연대오하시고 자각묘증하시어 선구족하시었다고 선경의 가운데 광설한 것과 같다. 이것을 자구족이라고 이름한다."(목정배, 『계율론』, 1988, pp.216-217).

戒)를 주어 바야흐로 비로소 골짜기에서 나오니 향읍의 남녀가 다투어 와서 계(戒)를 받았다"⁴⁶⁹⁾라고 한다. 여기서도 천인이 와서 5계(五戒)를 주어 자장이 계를 수지하게 되었다는 내용과 전계한 내용에도 5계만을 언급하고 있지만, 붓다의 자서수계와 동일한 것으로 보아 정법적 의미로 볼 수 있다.

(2) 입당(入唐) 후 수계와 전계

입당 후 자장의 계율은 수계와 전계 그리고 포살이었다. 『삼국유사』의 「자장정률」에는 없는 내용으로 법상으로부터 법을 받은 내용이다.

> 신라 왕자 김자장은 귀한 자리를 가벼이 여겨 세속을 여의고 출가했다. 멀리서 들어 삼가 가르침을 우러러 받고자 마침내 …그는 법상으로부터 보살계를 받았으며, 예를 다하여 법상을 섬겼다.⁴⁷⁰⁾

여기에서 자장을 신라 왕자라 하고 있는데 이는 『속고승전』 「자장전」의 기록에서 당시 진골로 있던 소판 무림의 아들이었다는 것과도 차이가 없다. 그리고 원측의 경우도 신라국왕지손(新羅國王之孫)이라고 표현한 예가 있다. 자장이 청량산을 가기 전 법상과 만났음을 알 수 있으며 보살계 즉 대승계(大乘戒)⁴⁷¹⁾를 수지했음을 의미한다.

자장의 입당 유학은 일반적인 구법승들과는 그 동기와 성격이 달랐

---

469) 『삼국유사』권4 「자장정률」(T49, 1005a), "俄夢天人來授五戒 方始出, 谷鄉邑士女爭 來受戒."
470) 道宣, 『續高僧傳』15 「唐京師普光寺釋法常傳」(T50, 541a).
471) 남무희, 『신라자장연구』, 서울: 서경문화사, 2012, p.32.

다고 할 수 있다. 이미 신라 불교계에서 상당한 위치에 있었던 고승의 신분으로 중국 유학을 하였기 때문에 자장은 중국에서 법상으로부터 보살계를 받을 수 있었다.[472]

여기서 받은 보살계는 『유가사지론』계통과 『범망경』을 섭한 대승보살계로 보인다. 법상은 『섭대승론』즉 유식계이면서 범망계를 섭하여 자장에게 대승보살계를 주었을 가능성이 있으며 또한 십계[473] 정도로 짐작된다.

이 보살계의 의미는 중요하다. 유가계는 대·소승이 절충된 것으로서 대승의 삼취정계를 설명함과 동시에 그 율의계에 소승율을 넣어 소승계를 살린 것이다. 이 점이 범망계와 다른 점으로 일본은 대승계로서 범망경만을 받아들였다. 대한불교조계종 계단에서는 범망 대승보살계 및 유가사지론계의 섭율의계의 소승율(小乘律)과 대승율(大乘律)을 합쳐서 받고 있다.

그리고 종남산 운제사(終南山 雲際寺)를 참배하고 원향(圓香) 스님을 만나 많은 문답을 나누었다. 원향의 조언(助言)을 듣고 오대산(五臺山)으로 들어가 문수상전(文殊像前)에서 기도 끝에 문수(文殊)로부터의 감응 내용은 다음과 같다.

"일체법을 깨달아 알면 자성(自性)이 주한 바가 없다.
이와 같이 법성을 체득하면 곧 노사나를 보리라."[474]

---

472) 남무희, 『신라자장연구』, 서울: 서경문화사, 2012, p.33.
473) 법정 역, 『범망경보살계본』, 보살심지품 하, 대구: 수도산 대각사 금강계단, 1992, pp.19-25. "不殺生, 不偸盜, 不邪婬, 不妄語, 不酤酒, 不說過, 不自讚毀他, 不慳, 不謗三寶."
474) 『唐華嚴經』卷16 須彌山頂品(T10, 82a), "了知一切法, 自性無所有. 如是解法性, 卽見盧舍那."

이렇게 자장 율사가 청량산에서 문수보살상(文殊菩薩像) 앞에서 기도하고 명상하여 꿈에 게송을 얻고 신이(神異)한 승려로부터 범게(梵偈)의 해석[475]과 가사와 사리 등을 얻었다고 한다. 그러나 "처음에는 숨겨서 말하지 않아서 당승전(唐僧傳)에는 없다"[476]라고 『삼국유사』에서 말하고 있다.

굳이 이 대목을 보려 하는 것은 문수보살상 앞에서의 기도로 계와 가사와 사리를 언급하고 있어서다. 나중에 가사와 사리는 계단에 모셔져서 결국은 수계의식의 핵심이 되기 때문이다. 현재 통도사의 계단에는 사리가 모셔져 있으며 그곳에서 수계의식이 이루어지고 있다.

문수 감응을 받고 장안으로 들어와 승광별원(勝光別院)에 머무는 동안의 내용은 『삼국유사』 「자장정율」에는 없지만 『속고승전』과 『법원주림』에서는 도둑에게 계를 주고, 눈먼 이를 참회케 하여 눈을 뜨게 하였으며 그래서 그에게 계를 받기 위하여 많은 무리가 왔다고 전한다. 여기서도 많은 이에게 수계했다고 나오는데 자장을 신이한 인물로 만들려는 의도만은 아니라고 보인다. 보살계가 아니었을까 한다.[477] 또한 『삼국유사』 「자장정율」에서도 전계한 사실을 엿볼 수 있다.

> "자장은 그 번거로움을 꺼려서 표문을 올리고 종남산 운제사 동쪽 절벽에 들어가서 바위에 나무를 걸쳐 집을 지어 3년 살면서 사람과 신(神)들에게 계(戒)를 주어 영험이 날로 많았다."[478]

---

475) 『삼국유사』권3 「臺山五萬眞身」(T49, 998b-c).
476) 『삼국유사』권4 「자장정율」(T49, 1005a), "藏公初匿之故, 唐僧傳不載."
477) 자료들의 내용으로 보아 자신도 5계, 보살계 정도밖에 받지 않았는데 전계를 했다고 하는 것은 그에 타당하는 전계사로서의 내용이 누락된 것은 아닌가 하는 의심이 든다.
478) 『삼국유사』권4 「자장정율」(T49, 1005b), "藏嫌其繁, 擁啓表 入終南雲際寺之東崿 架嵒 爲室, 居三年 人神受戒 靈應日錯."

자장의 입당 기간 8년 가운데 3년을 종남산에서 살았다는 것은 5년이라는 시간을 법상으로부터의 보살계 수계와 섭대승론 사상 그리고 오대산에서의 문수 감응이라는 화엄 사상이 바탕이 되어 계율로 이어졌다고 보여진다.

이와 같이 신이한 사적이 전해지고 있는 것은 감통적인 면을 매우 강조하고 있는 도선의 『속고승전』의 영향이 크며, 당나라에 있어서의 8년 동안의 수학과 견문은 자장 개인뿐만 아니라, 신라에도 커다란 의의가 있는 일이었다. 청량산(清涼山)을 오대산이라고 하며 오대산에서의 문수 감응과 종남산(終南山)에서의 수행은 자장의 일생에 가장 커다란 영향을 주었다. 또 그의 높은 학덕과 깨끗한 계행은 당에서도 많은 사람들을 계율로써 교화하고도 남음이 있었다.[479] 입당 후 자장의 행적에 대하여 "입당 직후 장안으로 갔으며 청량산에는 가지 않았다"[480]라는 주장도 있지만, 필자는 자장이 ①입당 즉시 법상을 만나 보살계를 수지하고 ↦ ②문수 감응하여 ↦ ③장안 승광별원에서의 활동 ↦ ④종남산 운제사로의 행로로 보았다. 이렇게 입당해서 수계와 전계의 계율행이 이어짐을 알 수 있다.

『삼국유사』「자장정율」에는 없는 내용인데 『속고승전』에서는 수계 의식을 볼 수 있다.

"정관 17년 본국에서 돌아올 것을 청하는 계를 올림에 황제는 허락하고…홍복사에 나라를 위하는 대재를 개설하는데 대덕의 법을 모아 8

---

479) 채인환, 앞의 책, p.26.
480) 박미선,「자장정율조로 본 자장의 생애와 정률의 의미」,『신라문화』33, 경주: 신라문화연구원, 2012, p.88.

인을 득도시켰다."⁴⁸¹⁾

　귀국 전 대재를 베풀고 대덕을 모아 8인의 승려를 득도시켰다고 했는데 홍복사에 계단이 설치되어 수계의식이 이루어졌다는 것이다. 자장이 당에 들어갈 때 승실 등 10여 명이 대동하였는데 그 수만으로도 계를 설할 수 있는 인원이었다. 『삼국유사』「자장정율」과 『속고승전』「자장전」 등에서는 5계(五戒)만을 언급하고 있어서 자장이 신라에서 수지한 계가 무엇인지가 의문이다.⁴⁸²⁾

　한편 『속고승전』「자장전」에서는 자장이 귀국 때 계율서(戒律書) 등을 가지고 온 내용이 보인다.

　　"여러 경전과 계율과 관련된 소 10여 권과 관행법 한 권을 지었는데, 그 나라(신라)에서 성황리 유통되고 있다."⁴⁸³⁾

　여기에서 『계율소』와 『관행법』이라는 갈마에 관한 책들을 찬한 것을 보면 신라에는 통도사 계단과 같은 이미 정해진 장소는 없었을지라도 계장, 즉 계단을 설치하여 수계의식을 거행했었다고 추측된다. 이렇게 자장의 정법적 계율행은 대소승이 병행함을 알 수 있었다.

---

481) 『속고승전』「자장전」(T50, 639b-c), "貞觀十七年, 本國請還 啓勅蒙許…弘福 寺爲國設大齋, 大德法集 幷度八人."
482) 당시 신라는 『사분율』(소승율) 연구가 왕성했음을 감안한다면 여기서의 대승계만을 언급하는 것은 먼저 소승율 수계가 있었음을 바탕에 두는 것이 아닌가 한다.
483) 『속고승전』「자장전」(T50, 639c-640a), "撰諸經戒疏十餘卷, 出觀行法一卷, 盛流彼國."

(3) 자장의 정율(定律) 활동[귀국 후 설계, 승니(僧尼) 규범의 총괄]

귀국한 자장은 불사리와 대장경을 신라에 전하였고, 『대승론』[484]을 강의하며, 『보살계본』을 설하였고, 대국통에 취임하여 전국 승니의 반월 설계와 감찰은 계단 창설의 밑거름이 되었다.

앞에서도 언급했듯 자장이 귀국하면서 가지고 온 계단에 모셔진 불사리와 가사에 대하여 『삼국유사』 권3 「전후소장사리조(前後所將舍利條)」에 자세히 설명하고 있다.

> 국사(國史)에 이르기를 "진흥황(眞興王) 태청(太淸) 3년 기사(己巳)에 양(梁)나라에서 심호(沈湖)를 시켜 사리(舍利) 몇 알을 보내왔다. 선덕왕대(善德王代) 정관(貞觀) 17년 계묘(癸卯)에 자장 법사(慈藏法師)가 당(唐)나라에서 부처의 머리뼈와 어금니와 부처의 사리 백과와 부처가 입던 붉은 비단에 금색 점이 있는 가사 한 벌을 가지고 왔는데, 그 사리를 셋으로 나누어 일분(一分)은 황룡사탑(皇龍寺塔)에 모시고, 일분(一分)은 태화사탑(太和寺塔)에 모시고, 일분(一分)은 가사(袈裟)와 함께 통도사 계단(通度寺 戒壇)에 모셨다. 그 나머지는 어디에 있는지 알 수 없다. 통도사 계단에는 두 층이 있는데 위층 가운데에는 돌 뚜껑을 안치하여서 마치 가마솥을 엎어놓은 것과 같았다."[485]

---

484) 대승론은 『攝大乘論』으로 無着(310-390)이 찬했으며, 眞諦(499-569) 번역 등이 있다. 남무희, 앞의 책, 2012, p.79, "법상으로부터 보살계를 받으면서 『섭대승론』 사상도 많이 수용하였을 것이다. 그래서 귀국 후 궁중에서 『섭대승론』을 강의하였던 것이다."; 남무희, 앞의 책, 2010, p.544.

485) 『三國遺事』권3 「前後所將舍利」(T49, 993a-b), "國史云 眞興王 大淸三年 己巳 梁使 沈湖送舍利若干粒 善德王代貞觀十七年癸卯, 慈藏法師, 所將 佛頭骨 佛牙 佛舍利百粒. 佛所 著緋羅金點袈裟一領, 其舍利分爲三, 一分在皇龍塔, 一分在大和塔, 一分並袈裟在通度寺戒壇. 其餘未詳所在. 壇有二級, 上級之中 安石, 蓋如覆鑊."

자장 이전 그러니까 진평왕(眞興王) 태청(太淸) 3년[486] 기사(己巳, 549)년에 이미 양나라에서 사리 몇 과를 보내왔다는 내용에 의하면, 자장이 사리를 모시고 온 선덕왕대 정관 17년은 계묘년(643)으로 1세기에 가까운 세월이 지난 시점이어서 신라에 이미 사리에 대한 인식이 있었을 것이다. 그리고 통도사의 계단이 건립된 것은 646년으로 시기가 맞지 않음에 대하여 필자는 처음에는 소규모로 모셔졌다가 3년 정도 기간을 들여 정식으로 계단이 만들어져 모셔졌으리라고 본다. 자장은 도선과 교류하면서 도선으로부터 많은 영향을 받았을 것이다. 이 점은 귀국한 자장 관련 기록에 율부에 대한 언급이 있는 것과 자장이 통도사에 계단을 건립하는 점 등을 통해서 확인해 볼 수가 있다.[487]

> 황룡사(皇龍寺)에서 칠일칠야(7日7夜) 동안 보살계본(菩薩戒本)을 강연하게 하니 하늘에서 단비가 내리고 운무가 강당을 덮었다. 이를 보고 사중(四衆)이 전부 그의 기이함을 탄복했다. … 왕이 자장을 대국통으로 삼아 승니의 규범을 잡아 나가도록 하였다. 자장이 이와 같은 좋은 기회를 만나 씩씩하고 겁이 없이 불교를 홍통시켰다. 그는 승니의 오부(五部)를 각각 증가하여 배움을 진작시키고 15일마다 계(戒)를 설했으며, 겨울과 봄에는 시험을 치게 해서 지범(持犯)[488]을 알게 하였고 관원을

---

486) 南朝 梁나라 武帝의 연호.
487) 蔡印幻, '慈藏의 入唐求法과 戒壇創設', 「新羅佛敎 戒律思想 硏究 III」, 『佛敎學報』 제31권, 1994, pp.53-61 ; 蔡印幻, 『慈藏의 戒律과 戒壇創設』, 『東國思想』 제15집, 1982, pp.27-35 ; 김경집, 「慈藏과 金剛戒壇」, 『동아시아불교문화』 제2집, 2008, pp.146-152 ; 廉仲燮, 「慈藏 戒律思想의 한국불교적인 특징」, 『韓國佛敎學』 제65호, 2013, pp.275-279. 통도사 금강계단을 비롯한 태백산의 정암사, 오대산 상원사의 중대 적멸보궁, 사자산 법흥사 및 설악산 봉정암은 붓다의 진신사리를 봉안하고 있는 5대 적멸보궁으로 일반인들에게 널리 알려져 있다. 5대 적멸보궁은 모두 자장이 창건한 것으로 알려져 있다.
488) 持戒와 犯戒. 持戒는 戒律을 지니는 것이고 犯戒는 戒律을 범하는 것이다.

두어 유지해 나갔다. 서울 밖에 있는 절을 검사하여 승려의 과실을 경계하여 … 한 시대에 불법을 보호하는 것이 이때 성하였다.[489]

황룡사(皇龍寺)에서 『보살계본』을 강연했을 때, 상서로운 상황과 이를 보고 사중(四衆)이 탄복했다는 대목이 있다. 자장은 『사분율』에 근거하여 계율을 제정하고 대승보살계도 보급시켰다. 우리나라에서 계율의 제정과 시행의 기틀은 자장이 마련했다고 할 수 있다.[490] 그리고 『속고승전』24 「자장전」의 "15일마다 계를 설하고 율에 근거해서 참회하여 악을 제거하게 하였다"[491]라는 내용으로 미루어 더 구체적으로 언급하고 있음을 알 수 있다. 현재 조계종에서 시행하는 포살설계가 자장의 시대에도 진행되었음을 알 수 있는 대목이다.

귀국 후 자장의 계율 활동을 보면, 자장은 계단의 봉안물인 불사리와 가사를 신라에 전했으며, 대승을 섭하는 대승론을 강하였으며, 사중(四衆)에게 보살계본을 설했다. 그리고 대국통이 되어 승니의 규범을 철저히 하기 위하여 반월 설계를 시행하였다. 출가 대중인 사부대중이 존재했다는 것은 앞에서 언급한 것처럼 구족계가 있었음을 의미한다. 이와 같이 당시 이미 정법적 소승율과 대승율을 겸하고 있었던 것이다.

현대 대한불교조계종에서도 15일 포살설계와 겨울과 봄에 시험을 치지는 않지만, 승가 고시제도를 만들어 일정 기간이 지나면 시험에 응

---

489) 『삼국유사』권4 「자장정율」(T49, 1005b-c), "皇龍寺演 菩薩戒本, 七日七夜 天降甘澍, 雲霧暗靄覆所講堂. 四衆咸服其異. … 啓勅藏爲大國統 凡僧尼一切規猷 摠委僧統 主之. 藏值斯嘉會 勇激弘通. 令僧尼五部, 各增奮學 半月說戒, 冬春惣試令知持犯, 置 員管維持之. 又遣巡使歷撿外寺, 誡勵僧失 … 一代護法於斯盛矣."
490) 남동신, 「자장정율과 사분율」, 『불교문화연구』4, 양산: 영취불교문화연구원, 1995, pp.100-101.
491) 『속고승전』권24 「자장전」(T50, 639c), "半月說戒 依律懺除."

시하여 법계를 받는 등의 제도가 있는 점은 이 내용과 흡사하다 하겠다. 포살설계 때의 『범망경 보살계본』을 독송·수지하는 것도 옛날과 다르지 않다. 붓다 정법(正法)이 변화 수용된 정법(淨法)으로 신라 자장의 전통이 지금에 이른 것이라 본다.

(4) 통도사의 계단 건립

자장의 삶은 전반적으로 계율과 연관되어 있음을 알 수 있다. 자장이 대국통이 되고 나서 계율이 시행되어 성황을 이룬 사실을 『삼국유사』「자장정율」에서 볼 수 있다.

> 이때를 당하여 나라 안 사람으로서 계를 받고 불법을 받든 이가 열 집에 여덟, 아홉이었다. 머리를 깎고 스님 되기를 청하는 이가 세월이 더해질수록 많아지니 이에 통도사(通度寺)를 창건하고 계단(戒壇)을 쌓아 사방에서 오는 이들을 제도하였다.[492]

이 내용과 「신라황룡사구층목탑찰주본기」에서 "선덕여왕 12년 계묘에 본국으로 돌아가고자 남산 원향 선사를 만났다"라는 내용에서 원향 선사를 만난 것은 도선의 『속고승전』과 도세의 『법원주림』에는 없는 내용이다. 황룡사 구층탑과 통도사 금강계단의 설치는 645-646년 사이로[493] 자장은 68세이고 당시 도선은 48세, 자장은 도선보다 20년 선배

---

492) 『삼국유사』권4 「자장정율」(T49, 1005c), "當此之際 國中之人, 受戒奉佛 十室八九. 祝髮請度 歲月增至. 乃創通度寺 築戒壇, 以度四來."
493) 덕문, 「한국불교에서의 계단의 구조와 의미」, 『동아시아불교문화』2집, 부산: 동아시아불교문화학회, 2008, p.207 참조.

였음을 알 수 있다.⁴⁹⁴⁾ 이는 그 당시 외교적인 한계로 인해 언급되지 않았을 것이다. 도선의 『속고승전』에 자장이 종남산에서 운제사로 내려왔을 때 귀신들이 한 말에 "지금 죽지 않았으니 80여 세까지 살 것이다"⁴⁹⁵⁾라고 한 것과 도세의 『법원주림』에 "미질에 걸려 영휘 연간(650-655)에 졸하다"⁴⁹⁶⁾라는 내용에서 자장의 나이를 짐작할 수 있다.

여러 사료에서 '자장은 도선 남산종을 이어 받았다'⁴⁹⁷⁾라고 하는데 도선보다 20년이나 선배인 자장이 그랬다고는 보이지 않으며, 당에 유학할 당시 계율 사상을 교류했을 것으로 여겨진다. 중국 승려뿐만 아니라 인도 등 각국의 승려들과도 교류했다면 당연히 통도사 계단을 중국보다 이른 시기에 건립하는 것이 가능했으리라 보는 입장이다. 이렇게 당나라에서 유학하다 643년에 귀국한 자장에 의해서 신라 불교의 계율이 정비되었을 뿐만 아니라 탑과 계단이 설치되었다.

---

494) 남무희, 『신라자장연구』, 서울: 서경문화사, 2012, pp.38-40.
495) 『속고승전』권24 「자장전」(T50, 639b), "神語藏曰 今者不死 八十餘矣".
496) 道世, 『法苑珠林』권64 「唐沙門釋慈藏傳」(T53, 779c), "因遘微疾, 卒於永徽年中."
497) 辛種遠, 『新羅初期佛敎史硏究』, 서울: 民族社, 1992, p.259; 전국선원수좌회, 대한불교조계종 『선원청규』, 서울: ㈜조계종출판사, 2010, p.65; 박미선, 「자장정율조로 본 자장의 생애와 정율의 의미」 『신라문화』33, 경주: 신라문화연구원, 2012 등에서 설해지고 있다. 현 조계 종의 율이 남산율종의 내용과 같다고 하여 자장이 도선의 것을 이었다고 보는 것은 잘못이라 보인다. 그것은 이미 백제시대에 소승율(사분율)인 오부율문(광율)을 갖추고 있는 데서도 그 당시 중국은 율이 시행되지도 않았음을 보면 백제를 이어 소승, 대승을 다 겸수하는 신라는 굳이 중국적 남산율종이 아닌 다른 율이 성행되었을 것이다. 그러나 한국불교의 흐름에서, 고려 때의 율종을 중국의 남산종과 같은 것으로 보는 설이 있으며 조선 태종 때부터 남산종이 11종에 속하다가 7종으로 합쳐질 때 총남종이 되고 그 뒤 선종으로 흡수되었다. 숭유억불 시대의 참상이다.
조선 후기에 들어 율의 재흥을 위한 대은의 서상수계가 있었다. 이를 석연치 않게 여기는 이 가운데 만하가 중국에 가서 중국 계맥을 잇고 돌아오게 되어 대은계와 만하계가 공존하게 되었다. 그리고 현대에 와서 10.27법난과 비구, 대처 분규로 불교정화운동이 있게 되어 현대 단일계단이 성립하게 되었다. 현대의 단일계단에서는 중국 남산종의 대소승 겸수를 하고 있다. 내용은 같지만 신라시대 자장이 도선의 것을 이었다기보다 자장의 계율이 남산종과 같은 내용이었을 가능성이 있다고 본다.

자장이 가져온 불사리가 ①황룡사탑, ②울산 태화사 탑 그리고 ③통도사의 계단에 봉안되었던 사실은 곧 신라 불교에 불사리 신앙이 정립되었음을 미루어 짐작할 수 있다. 천인수계 사실뿐 아니라 신라 계율 사상을 독자적으로 개척하였다는 것에서도 자장이 신라 불교의 전통을 확립하는 데 있어서 크나큰 업적을 이룩하였다고 하겠다.[498] 자장이 계단을 세우고 승니를 득도케 함으로써 승단의 계율적인 틀이 갖춰졌다고 볼 수 있다.

여기서 계단 설립에 대하여 중국 도선(道宣)이 『계단도경(戒壇圖經)』[499]을 찬술한 것은 당 고종(唐 高宗)의 건봉 2년(667)이니 자장이 당에서 떠난 태종(太宗)의 정관(貞觀) 17년보다 24년이나 뒤의 일이다. 그래서 자장 이후에 누군가에 의해서 만들어진 것으로 추정되고 있다. 그것은 중국의 도선보다도 이전에 신라에서 자장이 계단을 축조(築造)하였다고 기록하고 있는 『삼국유사』의 기사(記事)[500]는 믿기 어려운 것이라는 의견이다.[501] 여기에 채인환은 그 기사를 뒷받침할 만한 것들에 대한 고찰을 시도했다.

불교의 근본은 계정혜(戒定慧) 삼학(三學)을 닦는 것으로, 계(戒)가 기본이 된다. 따라서 계를 받는 일이 법답게 행해지는 것이 계율에 있어서 가장 중요한 일이며, 불교 수행의 근본이 되는 계율을 받게 되는 장소인 계단(戒壇)을 어떻게 건립하여야 할 것인가 하는 것은 중대한 문제가 되는 것이다. 통도사(通度寺)의 기록에 의하면, "초창신라선덕왕십오년

---

498) 장충식,「慈藏律師」,『한국불교인물사상사』, 서울: 민족사, 1997, pp.32-33.
499) 『戒壇圖經』(T45, 817b).
500) 『삼국유사』권4「자장정율」(T49, 1005c).
501) 채인환,『한국불교계율사상연구』(Ⅰ), 서울: 土房, 1997, p.339.;「자장의 계율과 계단창설」,『동국사상』15, 서울: 동국대학교불교학회, 1982, p.29.

병오(初創新羅善德王十五年丙午, 646)"로 이렇게 초창에서 지금까지 일곱 차례의 중수(重修)가 행해졌다고 한다.

 통도사 계단의 규모(規模)나 양식(樣式)이 도선의『계단도경』의 방규(方規)와 상장(相狀)에 대체로 일치하고 있는 점에서 영향 받았다고 인정할 수 있을 것이다. 근본적으로 다른 점도 있다 한다. 그것은 도선의『계단도경』(667)에서는 노지(露地)의 삼중계단(三重戒壇)인데, 통도사 계단은 노지(露地)의 이중계단(二重戒壇)이며,『계단도경』에는 2층의 높이가 사척오촌(四尺五寸)으로 높은데, 통도사 계단은 2층의 상단이 일척삼촌(一尺三寸)으로 매우 낮다. 그리고『계단도경』에는 계단이 십이계단(十二階段)으로 되어 있는데, 통도사 계단은 전혀 계단이 없다.

 자장이 당에 8년 동안(636-643) 있었으며 이 시기는 도선이 종남산에서 계율(戒律)을 선양하던 같은 시기에 종남산 운제사(雲際寺)에 3년 동안 있으면서, 당 사녀(唐 士女)들에게 수계(授戒)하여 계율(戒律)로써 교화(敎化)를 펴고, 장안(長安)에도 장기간 머물러 있었으므로 여러 가지로 견문(見聞)을 넓히는 가운데 인도(印度), 서역(西域) 등의 여러 외국에서 온 사람들과 접촉하여 교류하면서, 그곳에서 행해지고 있는 계율의 사정, 그리고 계단에 관해서도 여러 가지로 물어서 듣고 계단에 대한 지식을 쌓을 수 있는 기회가 많았을 것이다.

가장 중요하고 근본적인 고치기 어려운 단층에 있어서『계단도경』에서 삼공(三空)을 표하기 위하여 삼층(三層)으로 한다는 설과는 달리 이층(二層)의 계단으로 만든 것은, 인도(印度)의 대석계단(大石戒壇)같이 인도, 서역 등지의 층수를 따라 이층계단으로 한 것으로 생각된다.[502]

---

502) 채인환,『한국불교계율사상연구』(Ⅰ), 서울: 土房, 1997, pp.340-346;「자장의 계율과 계

이는 당에서 8년간 견문(見聞)을 넓히고 귀국한 자장이 통도사(通度寺)를 창건하고 불사리(佛舍利)를 봉안하여 사방에서 출가하기 위하여 모여드는 사람들을 위해서 수계에 필요한 계단(戒壇)을 만들었을 것이다. 또한 그러한 계단이 중국에는 없었더라도 자장은 인도, 서역 등의 제도에 따라 계단으로서 창설할 수 있을 정도의 넓은 견문과 지식을 충분히 가지고 있었다. 그래서 당나라보다도 먼저 계단을 창설했을 수도 있음을 고증하려고 한 채인환의 의도였다. 필자도 이 견해에 대하여 동의하는 입장이다. 도선이 자장과 그의 제자 원승(圓勝)에 의하여 신라에 계율(戒律)과 호법(護法)이 확실하게 시행된 데 대한 내용을 보면 다음과 같다.

> 사문 원승이 있었는데 … 선정과 섭심에 뜻을 두면서 호법을 핵심으로 삼았다. 자장과 함께 불법의 성참을 주도하면서 유지하다가 함께 신라로 귀국하였다. 크게 행도를 드날리고 율부의 강당을 연 것은 오직 그가 처음으로 빛낸 것이었다. 옛날 동쪽의 오랑캐 나라에서 중국에 와서 배워 경율은 비록 알려졌을지라도 계율로써 점검함은 시행되지 못했다. 인연이 거듭되자 지금의 삼학이 갖추어지게 되었다. 이는 통법과 호법의 시대에 이 사람이 있었음을 알 수 있으니 중국은 탁하고 변방은 맑음이 증명된다.[503]

위 내용을 통해 원승이 자장을 도와 계율을 펴고 호법의 시대를 연 것을 알 수 있다. 도선이 신라에 율이 성황리에 유통됨을 찬탄한 것이

단 창설」, 『동국사상』15, 서울: 동국대학교불교학회, 1982, pp.30-34.
503) 『속고승전』권24 「자장전」(T50, 640a), "有沙門圓勝者,…志存定攝, 護法爲心. 與藏齊襟秉維, 城塹及同返. 國大敞行途, 講開律部, 惟其光肇自 昔東蕃有來西學 經術 雖 聞無行戒檢. 緣搆旣重, 今則三學備焉. 是知通法 護法代有斯人, 中濁邊淸於斯驗 矣."

다.『삼국유사』「자장정율」에서도 원승이 자장과 함께 귀국하여 율부를 널리 펴는 것을 도왔다는 내용이 있다.

자장의 저서는 현재 남아 있는 것이 없지만, 기록에 의하면,『사분율갈마사기(四分律羯磨私記)』1권,『십송율목차기(十誦律木叉記)』1권,『관행법(觀行法)』1권 등이 있었다고 한다.[504] 이러한 저술이 의미하는 것은 당시에 당(唐) 남산종이『사분율』을 근본으로 하였던 것과 같이 신라 자장의 시대에도『사분율』(소승율)과 함께 대승율이 승가의 규범이었음을 알 수 있다. 일연이 자장을 찬하는 마지막 대목에서는 대소승을 다 언급하고 있다.

> 찬하여 말하다. 일찍이 청량산을 향해서 꿈 깨고 돌아오니, 칠편삼취(七篇三聚)가 한 번에 열렸다.[505]

위에서 지금의 현대 조계종 단일계단에서도 시행되고 있는 유가계류 삼취정계인 대승 보살의 계법을 펴고 있었던 것으로 끝을 맺었다. 칠편삼취(七篇三聚)는 칠편과 삼취정계를 의미하며, 율장(律藏)에서의 범계(犯戒)의 죄(罪)인 ①바라이(波羅夷), ②승잔(僧殘), ③바일제(波逸提), ④바라제제사니(波羅提提舍尼), ⑤돌길라(突吉羅)를 오편(五篇)이라 하며 여기에 ⑥투란차(偸蘭遮, 未遂罪)와, ⑦은 ⑤의 돌길라를 악설(惡說, 언어)과 악작(惡作, 행위)으로 나눈 것을『사분율』에서 칠편(七篇)[506]이라 하며, 거기에 섭율의계(攝律儀戒)·섭선법계(攝善法戒)·섭중생계(攝衆生戒)를 삼취정계[507]라고 한

---

504) 義天,「新編諸宗敎藏總錄」(T55, 1173b).
505) 『삼국유사』권4「자장정율」(T49, 1006a), "讚曰 曾向淸涼夢破廻, 七篇三聚一時開."
506) 佐藤密雄,『律藏』, 東京: 大藏出版社, 1972, pp.18-19.
507) 목정배, 앞의 책, 1988, pp.56-57.

다. 소승 율장이며 뒤의 삼취정계는 대승 광율로서 섭율의계(소승율)를 넣어 소승계를 살린 것이며, 이는 대소승이 절충된 유가계 계통이다.

중국·한국은 유가사지론 계통으로 소승계와 대승계를 받고 있지만, 일본은 『범망경』 계통의 원돈계만 수지하므로 구족계를 받은 승려가 존재하지 않는다. 현대 한국 불교 단일계단에서도 위의 소승율인 『사분율』과 삼취정계를 포함한 『범망경보살계』의 대승보살계를 받는 대소승율을 겸수[503]하고 있다. 신라 자장의 계율관이 지금의 계단에 이어지고 있는 것이다.

자장의 계단 정립은 그의 정법(淨法)적 계율행에 의한 것으로 첫째, 입당 전 고골관(枯骨觀)[509] 같은 초기불교의 자리(自利)적 수행관에서 출발하여 천인(天人)으로부터 5계수지(五戒受持)함과 이타(利他)적으로 마을의 남녀에게 수계(授戒)하였다. 둘째, 입당하여 법상으로부터 대승계 수지와 본국으로 귀국 전 홍복사 대재에서 8인을 출가수계(出家授戒)하였으며 셋째, 귀국 후 『대승론』을[510] 강하고 사부대중에게[511] 『보살계본』을 설했다.

사부대중(四部大衆)의 존재에서 구족계가 당시 존재하고 있었음을 알 수 있으며, 대국통이 되어 반월 설계를 시행하였음은 대소승율을 겸수

---

508) 전국선원수좌회, 앞의 책, 2010, p.61.
509) 枯骨觀: 초기불교의 수행관(박태원, 「자장사상의 기반」, 『불교문화연구』4, 양산: 영취불교문화연구원, 1995, p.105)으로 무상을 알고, 오온이 화합된 몸에 집착한 생각을 없애기 위하여 송장의 피부와 근육이 다 없어지고 백골만 붙어 있거나 흩어져 낭자한 모습을 관하는 것이다.
510) 대승론은 『攝大乘論』으로 無着(310~390, 인도)이 찬했으며, 眞諦(499~569, 중국) 번역. 남무희의 『신라 자장 연구』(2012, p.79)에서 "법상으로부터 보살계를 받으면서 『섭대승론』 사상도 많이 수용하였을 것이다. 그래서 귀국 후 궁중에서 『섭대승론』을 강의하였던 것이다."; 앞의 책, 2010, p.544.
511) 대한불교조계종총무원, 『종단법령집』, 서울: ㈜조계종출판사, 2010. "宗憲 第8條. 本宗은 僧侶(比丘·比丘尼)와 信徒(優婆塞·優婆夷)로서 構成한다."

하고 있었음을 알 수 있는 대목이다. 넷째, 통도사에 불사리와 가사를 봉안한 계단 정립으로 특징지을 수 있다. 그가 저술한 것은 의천록에 나오는데『십송율목차기(十誦律木叉記)』,『사분율갈마사기(四分律羯磨私記)』,『관행법』등은 대소승의 계율과 계단에 관련한 서(書)로서 자장이 율사의 삶을 살았음을 의미한다.

 한 개인이 승가의 일원이 되려면 반드시 계단에서의 수계의식을 통해서 가능한 것으로 만약 대소승율을 겸수하지 않고 대승율만을 수지하게 되면 일본의 경우처럼 사미·사미니만이 존재하게 된다. 구족계를 수지하려면 소승율인 사분율 갈마가 반드시 필요한 것으로 현재 한국의 대한불교조계종 단일계단의 수계에서는 먼저 소승율을 받고 대승율을 겸수하고 있으며 이를 통해서 승단에 입단이 되고 비구·비구니가 존재할 수 있는 것이다.

 현재 존재하는 통도사 계단(戒壇)은 대한불교조계종 수계의식이 행해지는 정신적·물질적으로 자장에 의한 계율 정립의 내용이 변화 수용된 정법으로 지금에 이르기까지 면면히 이어지고 있다. 그리고 자장이 대국통이 되어 승니의 규범을 철저히 하기 위하여 반월 설계를 시행한 것과 같이 현재 대한불교조계종에서도 봄·여름으로 결계·포살을 시행하고 있으며 승과시험을 신설하여 법계 취득 절차도 제도화하고 있다.

 한국 불교사를 볼 때 현재 대한불교조계종 역사의 흐름에서 불교의 수계의식이 굵었다 가늘어졌다가 거의 없어질 듯한 시기를 거쳤으나 고대 신라에서 대소승을 겸수한 것과 같이 현대 대한불교조계종 단일계단에서도 소승계인『사분율』과 대승계인 유가계와 범망계를 섭한 대승보살계를 겸수 시행하고 있다. 이는 자장에 의한 계율 정립의 내용이 지금의 단일계단으로 이어진 근본으로서 그 의의가 크다고 하겠다. 근래에 들어 대승불교와 더불어 초기불교에 대한 관심이 많아지고 있다. 서로 배타적이 아닌 상호보완의 관계를 유지한다면 종단 발전에 보탬이 될 것이다.

다음으로 경덕왕 대의 진표(眞表, 718-?)에 이르러 성립된 점찰법회는 새로운 발전을 한다. 그것은 제3 육윤상의 숫자(1-189)를 간자화(189 간자)하여, 그것을 미륵자존의 수여라 하고, 그중의 제8·제9 간자를 특히 중요시한다.[512] 이는 미래 지향적인 적극성과 미륵신앙·계율 사상을 하나로 결합한 독창적인 착상이며 하나의 교단을 형성하여 사자상승되고 있다.[513]

진표는 참된 계를 얻기 위한 수행인 망신참회(亡身懺悔)와 견성득계(見性得戒)가 특징인데 망신참(亡身懺) 수행으로 신·구·의 삼업(身·口·意 三業)을 청정(淸淨)히 하고, 오체투지(五體投地)의 수행 끝에 ①지장보살로부터 정계(淨戒)를 받았으며, ②미륵보살로부터『점찰경』2권과 시각(始覺), 본각(本覺)에 비유된 두 개의 간자 즉 189개의 간자를 받았다. 이때부터 계단(戒壇)을 열어 교화하였는데, 일반 서민은 물론 소나 어류에도 계를 주었다. 그리고 중앙의 귀족들, 경덕왕과 왕실·종친 등에게 계를 주어 그들로부터 받은 시물로 발연사(鉢淵寺)를 창건, 많은 재민을 구제하고 포교하였다.[514]

이 점찰경에서 설하고 있는 계법은 보살계를 총괄한 삼취정계며 이는 지악, 작선, 이타를 의미하는 섭율의계·섭선법계·섭중생계를 말한다. 미륵보살이 설한 보살계본의 계법과의 관련 사실로서 진표가 금산

---

512) 『삼국유사』4, 의해편 제5,「心地繼祖」(T49, p.1009).
513) 고익진,「眞表의 占察敎團과 그 相承」,『한국학기초자료선집고대』, 서울: 한국 정신문화원, 1987, p.593.
514) 『삼국유사』4, 의해편 제5,「진표전간」(T49, p.1007).

사에 미륵장육상을 조성하고 금당 남쪽 벽에 미륵이 하강하여 수계하는 벽화를 그려 넣은 내용에서 유가파(법상종) 계통 성격이 보인다.[515] 진표의 참회 행적 수행과 교화는 계법을 강조한 삶이 그에게서도 정법적 계율행과 교화가 자장과 같이 율사의 칭호가 붙여진 것이다. 신라에 있어서의 대승보살계의 2대 조류로서 자장의 범망계 계통과 진표의 점찰 참회 계법적 정법을 보았다.

2. 고려불교의 정법(淨法)

1) 지눌의「계초심학인문(誡初心學人文)」

고려시대의 청규 정법으로서 지눌의 『계초심학인문(誡初心學人文)』을 들 수 있다. 중국의 자각종색의 『선원청규』는 1103년에 간행된 것에 비해 지눌의 『계초심학인문』은 1205년에 간행되었다. 약 100여 년 동안 청규서가 한국에 도입되지 않았다고 단언할 수 없다[516]고는 하지만, 그 기간 동안 청규에 대한 흔적을 찾아볼 수 없다. 이에 대해 우리나라에 선종이 도입된 신라 헌덕왕(809-825) 시기부터 고려 태조(918-948) 대까지 구산선문의 선불교가 완성되었는데,[517] 청규 사상을 접하지 않았다는

---

515) 김복순, 앞의 책, p.92.
516) 정재일(적멸),「고려시대 청규의 연구」, 동국대학교 대학원 선학과 석사학위 논문, 1999, p.59.
517) 이지관,「한국불교 소의 경전 연구」, 서울: 가산문고, 1993, p.425.

것에 대하여 의문이라고 하였다.

하지만, 문헌상 한국 선문에 청규의 형태로 보이는 것은 고려 보조지눌(1158~1210)의 『계초심학인문』이 존재한다. 『계초심학인문』은 그 제목에서 알 수 있듯이 '초심 학인을 경계하는 글'이기 때문에 청규적 성격과 동시에 수행의 자세와 정신을 강조하고 있다. 지눌이 송광사에서 구체적인 정혜결사의 과정에서 반포한 것이기 때문에 청규서로서의 성격이 분명히 있다고 본다.[518]

송광사 불일보조국사 비문에 의하면 보조지눌은 태어나면서부터 허약한 체질로 병이 잦아 백약이 무효일 정도였다. 자장의 부모가 천수관음에게 기도했던 것처럼 지눌의 아버지도 붓다께 기도하기를 '만약 병을 낫게 하여 주시면 출가(出家)시켜 붓다를 섬기도록 하겠다'라는 서원을 세우자마자 병이 나았으며, 8세에 종선 선사를 은사로 삭발하였다. 이어서 구족계를 받고는 일정한 스승을 두지 않고 오직 도덕이 높은 스님이면 곧 찾아가 배웠다. 지조가 무리 중에서 뛰어났다[519]고 한다. 『계초심학인문』에 대한 다음과 같은 내용에서도 매우 중요한 저술임을 알 수 있다.

> "선교일치를 위하여, 정혜쌍수를 주장했던 보조의 저술 가운데서 유일한 청규서이며, 우리나라 선종 역사에서 하나의 분기점이 될 수 있는 중요한 저술이다."[520]

---

518) 김방룡, 「고중세 한국선원청규의 특징과 의의」, 『승가교육』5집, 서울: 조계종 교육원, 2004, p.207.
519) 이지관, 「校訂譯註 歷代高僧碑文」, 고려편4, 서울: 가산문화연구원, 1997, p.79.
520) 정재일(적멸), 「고려시대 청규의 연구」, 동국대학교 대학원 선학과 석사학위논문, 1999, p.64.

그리고 『계초심학인문』은 당시 해태해 가던 교단을 바로잡고, 명리(名利)를 떠나 정진(精進), 정혜를 닦아 진인(眞人)의 자취대로 살고자 하는 승가 본연의 수행을 위하여 설립했던 수선사(修禪寺, 순천 송광사)의 청규로서 사용하고자 한 것이다. 1205년 겨울 동사(同社)의 낙성식에서 선포한 내용이다.[521] 『계초심학인문』의 내용을 세 가지로 분류한 예이다.

"첫째, 사미승을 경책하고 훈계하며
둘째, 일반 대중들을 경책하고 훈계하며
셋째, 선방의 승려를 경책하고 각성케 한 것이다."[522]

이에 대하여 적멸은 탄허의 강의를 인용한 것으로서, 청규의 세 가지 요소와 대비하여 간단한 분류라 하여 네 가지로 하였는데 다음과 같다.

"첫째, 『계초심학인문』의 계율(戒律)
둘째, 『계초심학인문』의 의식(儀式)
셋째, 『계초심학인문』의 노동(勞動)
넷째, 『계초심학인문』의 결론(結論)."[523]

초발심자가 승가에 입문한 초기에 사찰 생활에 유익한 내용으로서 선원생활의 지침서라 할 수 있다. 『선원청규』에는 선원 입문자만을 대상으로 하고 있지만 여기에서는 일반대중까지 범위를 확장했음을 알

---

521) 林錫珍, 『松廣寺誌』, 순천: 송광사, 1965, p.74.
522) 오형근, 「원효대사와 지눌선사의 청규사상」, 『불교대학원 논총』3집, 서울: 동국대 불교대학원, 1996, p.40.
523) 呑虛 講義, 「계초심학인문」, 『初發心自警文』, 서울: 불서보급사, 1995, pp.12-14.

수 있다.

다음은 보조의 『계초심학인문』과 자각종색의 『선원청규』에서 보이는 지계에 대한 내용 비교이다. 먼저, 『선원청규』의 내용이다.

"소승사분율과 대승범망경의 10중48경계를 반드시 독송하여 통리하여야 하며, 지범과 개차를 잘 알아야 한다. 다만 금구와 성어에 의지할지언정 용렬한 무리를 따르지 말라."[524]

종색의 『선원청규』에서도 지금까지 이어지고 있는 『사분율』과 『대승범망경』을 독송하여 계를 지키는 것을 독려하고 있다. 그리고 다음은 보조지눌의 『계초심학인문』의 내용이다.

"5계와 십계 등을 받아야 하며, 지범과 개차를 잘 알아야 한다. 다만 금구와 성언에 의지할지언정 용렬한 무리들의 망녕된 말을 따르지 말라."[525]

『선원청규』의 내용과 위의 보조지눌의 『계초심학인문』 내용에서 거의 비슷한 연관성을 알 수 있다.

"보조지눌의 『계초심학인문』의 내용이 『중첨족본 선원청규』와 많이 상통하기 때문이다. 이 문헌은 A.D. 1205년 이전에 이미 고려로 들어와서 선종(禪宗)의 청규로서 일정한 작용을 하고 있었다.

이와 같이 『중첨족본(重添足本)』은 고려 후기 불교를 주도했던 수선사(修禪

---

524) 『重彫補註禪院淸規』(p.869a-c), "小乘四分律…大乘梵網經 十重四十八經竝須讀誦 通利, 善知持犯開遮. 但依金口聖言, 莫澶隨於庸輩."
525) 呑虛 講義, 「계초심학인문」, 『初發心自警文』, "受五戒十戒等, 善知持犯開遮. 但依 金口聖言, 莫順庸流妄說." 서울: 불서보급사, 1995, p.12.

社) 계열에 의하여 선종 사찰의 수행 가풍을 진작시키는 데 영향을 미쳤다. 보조지눌은 이 초심(初心)에 의거해서 대중 생활에 있어서 행지(行持)와 의범(儀範)을 제시하고 수선(修禪)·청법(聽法) 정신을 규정하였다."[526]

보조지눌의 『계초심학인문』의 전체적인 내용에는 처음 발심한 이들이 대중 생활 속에서 생활하기 위해서 몸가짐과 마음가짐을 어떻게 가져야 하는가를 비교적 상세하게 밝혔다. 초심에서는 5계와 십계 등을 수지하고, 대중 생활을 함에 있어 예불과 참회, 대중 방에서의 생활 예법, 사당(社堂)의 생활 방법 등이 명확하게 제시되었다.

중국 선종의 청규는 선수행승들의 선원 생활의 제도나 의례적인 측면에서 여러 형태의 청규를 간행했음에 비해, 한국 선종의 청규의『계초심학인문』은 선원 생활에 있어 정혜(定慧)를 닦는 데 있어서 필요한 수행에 목적을 두어 나타났다는 점이 다르다.[527]

『계초심학인문』은 바로 정혜(定慧)를 닦고자 하는 결사 대중들에게 적용되는 구체적인 청규의 내용이다. 왜냐하면 제목에서 알 수 있듯이 몸가짐과 마음가짐을 어떻게 가질 것인가에 대한 요점을 밝히고 있다.『계초심학인문』의 전체 내용은 당시 수행자의 일상 행위를 경책한 것이다.

2) 태고보우의「현릉칙간『백장청규』발문」

태고보우(1301-1382)는 원융부를 설치하여 구산선문을 하나로 통합시

---

526) 김방룡,「고중세 한국선원청규의 특징과 의의」,『승가교육』5집, 서울: 조계종 교육원, 2004, p.208. 허훈, p.148.
527) 허훈, p.152.

키고, 중국으로부터 새로 들여온 『백장청규』의 시행 및 『치문경훈緇門警訓』의 보급을 통하여 선원의 계율을 재정비하여 흐트러진 수행 가풍을 세워 불교적 기강을 확립하고자 했다. 고려의 선종은 보조지눌과 태고보우에 의해서 정리되고 육성되었다. 다음은 태고보우가 석옥청공에게 가사를 전해 받은 내용이다.

"사(師)가 삼각산 중흥사에 6년 머무르다가 지정병술(고려 충렬왕2)년 봄에 법을 구하러 천하를 두루 다닐 뜻이 있어서 바로 연도에 들어갔다. 정해년 가을 호주 가무산을 찾아가서는 석옥 화상을 뵙고 법을 잇는 가사를 전하여 받았다. 그해 시월에 대도에 돌아왔다."[528]

위에서 천하에 법을 구하고자 뜻을 세워 석옥청공에게 의발을 전수받아서 왔지만, 당시 고려의 선풍은 구산선문이 투쟁을 일삼음으로써 쇠퇴의 길을 가고 있는 와중이었다. 태고보우는 이를 염려하여 공민왕(1330-1374)에게 구산을 통합하여 백장청규로 선문의 문제를 정리하려는 상서를 올렸다. 지금은 그 판본이 산실되어 내용을 알 수 없으며, 태고의 어록에 다음과 같이 발문(跋文)만 전해진다.

"현릉칙간 백장청규발 붓다와 붓다, 조사와 조사가 주고 받아 전해진 묘한 법이 문자에 있겠는가마는 사람이 예의가 없으면 마음과 행동이 정돈이 되지 않기에 위로 모든 성현을 따라 행하는 것을 가르쳐 다함

---

528) 太古, 『太古和尚語錄』(한불전 6, 671a), "師住三角山重興寺之六年 至正丙戌春 有求 法 於 天下之志 逐入燕都. 丁亥秋 尋往湖州霞霧山 謁石屋和尚, 嗣法傳衣. 是年十月 廻大 都."

이 없도록 해야 한다. 이제 성군의 믿음으로 (청규를) 유통하게 하니, 이미 숙세로부터의 반야광명이 아니라 할 수 없으며 어찌 보현보살이 대원행을 행함이라 하지 않겠는가. 수행자들이 이제 성현의 교화를 만났으니 어찌 스스로 기뻐하며 닦지 않을 수 있겠는가."[529]

태고보우는 선의 전통에 입각해 선문을 규합하여 당시 흐트러진 승풍을 세우기 위해 청규를 제정하였다.

이리하여 공민왕 5년(1356)에 원융부를 설치하였다. 적멸은 원융부가 그 때 설치되었으므로 소의의 청규가 있었으리라고 보았으며 태고가 원으로 구법하러 간 해는 동양덕휘 선사의 『칙수백장청규』가 간행(1336-1338)된 지 8년이 지난 때로서 당시에 『칙수백장청규』가 성행했을 것으로 보인다. 또한 스님의 어록에 국왕에 대한 많은 축원을 올리고 있는 것은 『칙수백장청규』의 영향으로 보인다.[530]

『치문경훈』에는 청규와 관련된 내용이 많이 게재되어 있다. 특히, 상권에는 「장로자각종색선사좌선의(長老慈覺宗賾禪師坐禪儀)」·「권참선문(勸參禪文)」·「자경문(自警文)」이 실려 있고, 중권에는 「귀경문(龜警文)」이 있다. 이 내용은 『선원청규(禪苑淸規)』에 있는 내용으로 총림의 운용, 선 수행의 필요성, 좌선의 방법, 생활의 경책 등을 서술한 것이다.[531]

태고보우는 공민왕 5년(1356)에 왕사가 되어 선문(禪門)의 기강을 세

---

529) 太古, 『太古和尙語錄』(한불전 6, 694a), "玄陵勅刊 百丈淸規跋, 佛佛祖調 授受相傳之妙 不在乎貴墨, 然人無禮儀則不得整其心行 是以從上諸聖 莫不兼行, 而垂訓於無窮諸矣 今聖君矜信於斯, 命使流通. 豈非爲植般若光明. 而行普賢大願行也哉. 大家遇斯聖化, 可不自 可而修之敵."
530) 정재일(적멸), 「고려시대 청규의 연구」, 동국대학교 대학원 선학과 석사학위 논문, 1999, p.93.
531) 정재일(적멸), 위의 논문, 1999, p.95.

우고 국가 이념을 하나로 만들기 위하여 『백장청규(百丈淸規)』를 간행하였다.

3) 나옹(懶翁)의 무생계(無生戒)

고려 후기 무신이 집권하자 문신 귀족과 연결된 교종 사찰 소속 승려들이 여러 차례 난을 일으키고 집권자를 암살하고자 하였다. 이러한 일련의 사건으로 수많은 승려가 참살당하고 교종의 교세가 급격히 약화되었다.

고려(高麗)불교는 여러 방면에서 종교 이상의 기능과 역할을 수행해 왔으나 내부의 문제들을 극복하지 못하였다. 그 결과 고려 말기의 불교는 자체의 활력과 국가, 사회에 대한 지도력을 잃고[532] 오히려 배불론(排佛論)이 거세게 일어나는 새로운 현실에 직면하지 않을 수 없게 되었다.[533]

숭유배불(崇儒排佛)시대 조선(朝鮮)[534]의 개막은 고려시대 타락한 불교가 조선시대의 배불, 척불을 자초한 것으로 자업자득의 면이 있다고 하지만, 시대 상황이 만들어 낸 불교 성쇠의 카테고리 안의 순환이라 본다.

---

532) 김규봉(도원), 「麗末鮮初佛敎敎團의 衰退」, 『한국불교학』38집, 한국불교학회, 2004, pp.109-148.
533) 이봉춘, 앞의 책, 2003, p.140.
534) 그 시대를 우리는 살지 않았다. 하지만 모든 것이 이루어졌던 불교국가 신라를 지나 고려는 현재 남아 있는 『삼국유사』 등 찬란한 문화를 간직하고 있다. 성주괴공의 이치에서 보면 정점을 지나 쇠퇴의 길이라고 할 수 있는 것이 고려말에서 시작하여 조선 개국에서 정치적 논리로서 불교의 문이 닫혔다고 본다. 멀리 바라본다면 다시 역사라는 것은 반복을 하는 것으로 한 시대의 상황인 것이다.

고려 말에 서천의 지공 화상이 전한 무생계를 나옹(懶翁, 1320-1376)이 펼친 것으로 나옹은 무인 정권이 몰락하고 몽골과의 항쟁을 포기하면서 원의 간섭기에 접어든 고려 말기를 살다 간 선승이다.[535] 선(禪)이 주도한 고려는 계율에 대한 체계적인 내용이 없었으며, 단지 나옹의 정법적 무생계가 있을 뿐이었다.

"대저 무생 계법이란 일천 성인을 건립하는 지반(地盤)이며, 모든 선행을 출생시키는 기초이다. … 생사고해를 건너가려면 반드시 자비의 배를 의지하여야 하고, 악도(惡道)의 어두운 거리를 파하려면 반드시 지혜의 횃불을 밝혀야 한다. … 이 무생계법은 일체 유형과 무형 등 모든 중생이 선택함이 없이 누구나 받아 지닐 수 있느니라."[536]
- 「문수최상승무생계법(文殊最上乘無生戒法)」[537]

이 무생계는 해인사 비로자나불(佛) 복장(腹藏)에서 나온 것으로 "법신계라 함과 보살계를 한 단계 진전시킨 것이다"라고 해인사에서 강조하지만, 그 당시만 유통되었다.[538]

---

535) 김형우, 「懶翁和尙」, 『한국불교인물사상사』, 서울: 민족사, 1997, pp.253-255.
536) 가산지관, 앞의 책, 2005, p.195.
537) 文殊最上乘無生戒法은 지공에게서 1327년에 수지한 나옹혜근의 호계첩으로 세로 96cm, 가로 66.41cm이며 국립중앙박물관에 소장 중이다. (가산지관, 『한국불교계율전통』, 서울: 가산불교문화연구원, 2005, p.202.
538) 무생계를 『대한불교조계종선원청규』에서 '傳統 禪戒'라고 하지만 오류라고 본다. 그것은 엄연히 대한불교조계종은 소승『사분율』과 대승『범망경』을 수지하는 종단으로 『선원청규』의 한 항목은 되지만 현재 대한불교조계종은 단일계단이 성립되어 있어서 전통 선계 무생계 등을 포섭하고 있는 상황이라는 것을 언급해야 되는 것으로서 후학들이 이러한 계도 있었다는 인식을 할 수 있게 해주면서도 단일계단에서 대소승계를 받는 것이 절대화 되었다는 명문을 넣어야 타당하다고 본다. 시대상 흐름에서 불교가 고려 조선을 거치면서 선승들에 의해 내려와 지금의 대한불교조계종이 '선종'을 표방하지만 단어의 다름이지 결국은 선종(禪宗)만이 아닌 불교 전체를 의미하는 것이다.

청정한 계율에 의지해야 한다는 의미로서 수계의 중요함을 강조하고 있음과 고려의 계율은 신라의 계율과는 달리 다만 나옹이 선승이었기에 선계(禪戒)라 할 수 있다.

"무생이란 생멸이 없는 열반, 무생법인(無生法忍)을 말하는 것이다."[539] 무생(無生)의 어원에는 불생(不生)·무생(無生)·미생(未生)·비생(非生)·미기(未起) 등의 의미가 포함되어 있다. 무생계는 고려말 타락한 불교계에 계율 수지와 선 수행을 통해 승풍을 바로 세우고자 율종(律宗)이 아닌 선종(禪宗)에서 설하게 되었다.

『무생계경』에 설하기를, "무생계라고 하는 것은 제불세존 일체 여래의 무생법인이다"라고 하였다. 제법이 생겨나거나 멸하여 없어지지 않는 것이라고 하는 공(空)의 이치에 안주하는 것을 계율로 삼는 것으로서 붓다가 직접 설한 계율의 조목을 통틀어서 사계(事戒)라고 하며, 공·가·중(空·假·中)의 오묘한 이치에 안주하는 것을 이계(理戒)라고 한다.

> "계율을 지켜 청정히 하면 삼매가 현전한다. 지(止)와 관(觀)을 개발하면 사계(事戒)가 청정해지기 때문에 근본삼매가 현전하고, 세속을 통달하여 아는 지혜와 다른 사람의 마음을 아는 지혜를 개발하면 무생계가 청정해지기 때문에 진제삼매가 현전하며, 일체지를 개발하면 곧 가계(假戒)가 청정해지기 때문에 속제삼매가 현전하고 도종지를 개발하면 곧 중계(中戒)가 청정해지기 때문에 왕삼매가 현전한다."[540]

---

539) 전국선원수좌회, 『대한불교조계종선원청규』, 서울: ㈜조계종출판사, 2010, p.79.
540) 『摩訶止觀』(T46, 41b-41b), "尸羅淸淨三昧現前. 止觀開發 事戒淨故 根本三昧現前, 世智他心智開發. 無生戒淨故 眞諦三昧現前 一切智開發, 卽假戒淨故 俗諦三昧現前, 道種智開發, 卽中戒淨故 王三昧現前."

『무생계경』「서」에 "회사증리(回事證理)라고 설하고 있는 것처럼, 현상[事]적인 면을 돌이켜 그것을 초월하는 궁극적 이치[理]를 깨닫게 하는 것을 나타내고 있다. 즉 무생이란 생멸이 없는 열반, 무생법인(無生法忍)을 말한다. 그것은 태어남이 없는 것으로 태어남이 없다는 것은 멸하지도 않는다는 의미로서 무생멸(無生滅), 또는 무생무멸(無生無滅)이라 하며 이것은 곧 불생불멸의 진여를 깨달아 알아서 거기에 안주하여 움직이지 않는 상태이다.

생이 없음을 뜻하는 상대적인 의미가 아니라 생겨난 것도 없고 생겨나지 않는 것도 없는 궁극적 진리가 무생의 의미로서 인연에 의하여 생겨난 법은 그 자성적 실체가 없기 때문에 생겨난 것이 아니지만, 그렇다고 해서 전혀 없는 것은 아니기에 생겨나지 않는 것도 아니라고 하는 것이다.

3. 조선불교의 정법(淨法)

1) 백파의 십선계

폐불시대 조선의 백파긍선(白坡亘璇, 1767-1852)[541]의 속성은 이(李)씨이고, 무장(茂長) 사람으로 일찍이 12세에 선운사(禪雲寺) 시헌(詩憲) 법사에게 출가하였다. 초산 용문암에서 안거하다가 심지(心地)가 열렸으며, 지리산 영원암의 설파 상언(雪坡尙彦, 1707-1791)에게 구족계와 서래종지(西來宗旨)를 전해 받고, 구암사 설봉거일(雪峰巨日, 1678~1738)의 법통을 이었다. 백양산 운문암에서 개당(開堂)하여, 학인이 백여 명이었으며 구암사에서 선강법회(禪講法會)를 개최하면서 팔도의 납자가 모여와서 선문 중흥(禪門重興)의 종주(宗主)가 되었다.[542]

많은 학인이 모이면서부터는 숭유억불의 조선이었지만, 선문에 대한 논쟁도 있었다. 『선문수경(禪文手經)』은 선을 조사선·여래선·의리선으로 분류 차별하여 이를 깊이 구명하고 있다. 당시 선사들의 선관(禪觀)을 엿보게 할 뿐만 아니라, 조선조 말기의 선가(禪家)에 선론(禪論)을 불러일으킨 뜻깊은 저술이다. 이에 대하여 초의의순이 『선문사변만어(禪門四辨漫

---

541) 백파의 휘(諱)는 긍선(亘璇), 호(號)가 백파(白坡)이다. 경허 이전 1812년부터 5년간, 평북 초산의 용문암에서 수선결사운동이 있었으나, 그 후 제자들에 의해 계승되지 못하였다. 조선 철종 3년 입적으로 세수 86, 법랍 75세였다. 저서에 『작법귀감(作法龜鑑)』, 『수선결사문(修禪結社文)』, 『선문수경(禪文手經)』, 『법보단경요해(法寶壇經要解)』, 『오종강요기(五宗綱要記)』, 『선문염송(禪門拈頌記)』, 『금강팔해경(金剛八解鏡)』, 『선요기(禪要記)』 등이 있음. (범해, 金侖世 역, 『동사열전』, 서울: 광제원, 1991.)
542) 김영태, 『한국불교고전명저의 세계』, 민족사, 1994. p.397; 정태혁, 『한국불교융통사』, 정우서적, 2002, p.302.

語)』를 지어, 격외선·여래선·조사선과 살인검·활인검·진공·묘유의 넷으로 변별하였다. 또한 우담홍기(優曇洪基, 1822~1881)가 『선문증정록(禪門證正錄)』을 지어, 백파의 『선문수경』의 이론에 상대하였으며, 이에 대하여 백파의 문인인 설두유형(雪竇有炯, 1824-1889)이 『선원소류(禪源溯流)』를 지어 백파의 설을 따랐다. 그 뒤에 진하축원(震河竺源, 1861~1925)이 『선문재정록(禪文再正錄)』을 지어 백파의 설을 놓고 시비를 논했다.[543]

백파가 율사라는 것은 탑의 비문[544]과 그의 저서 『작법귀감(作法龜鑑)』에서 율사로서 계를 수계[545]한 사실에서 정법(淨法)적임을 알 수 있다.

『작법귀감』은 수계의식문을 체계적으로 정리하여 수록하고 있다. 이 수계의식문에는 '비구십계(比丘十戒)·사미십계(沙彌十戒)·거사5계(居士五戒)·니팔경계(尼八敬戒)'가 나오며 그중에서도 비구 250계가 아닌 비구 10계로서 구족계(具足戒) 수계를 했음이 주목된다.

이렇게 비구 계법이 『작법귀감』에서 십선계가 비구계 대용인 점은 조선시대의 불교가 사회적으로 좋지 않았던 상황을 보여주는 것이다. 하지만 형식적이라고 해도 불교의 명맥을 잇는 출가승의 배출이 있었다는 사실이 중요하다고 하겠다.

붓다 당시 멀리 변방에서 수계를 할 때는 5명만으로도 수계식이 허락되었던 예가 있었던 것처럼, 숭유억불의 상황에서도 계율이 변화하여 수용된 정법(淨法)의 의미를 담고 있다 하겠다.

---

543) 정태혁, 앞의 책, p.314.
544) 화엄종주백파대율사대기대용지비(華嚴宗主白坡大律師大機大用之碑)는 1858년에 김정희(金正喜)가 찬(撰)한 비(碑)이다. [조동원(趙東元) 편저(編著), 『한국금석문대계(韓國金石文大系)』 <전라북도 편(全羅北道 篇)> 원광대학교출판부(圓光大學校出版 部), 1979, pp.188-189 ; 지관 편, 『한국고승비문총집』, 서울: 가산불교문화연구원, 2000, p.668.].
545) 백파 긍선, 김두재 옮김, 『작법귀감』, 서울: 동국대학교출판부, 2012, pp.134-139.

비구 250계가 아닌 10계로 수계했음은 시대적 상황이 그만큼 어려웠다는 것을 의미하며, 간략하게 축소한 수계라도 해서 출가를 가능하게 한 것은 교단의 명맥 유지를 위한 백파의 노력이라고 평가할 수 있다. 승가에 입문하려면 반드시 수계를 해야 한다. 결국 승가가 존재한다는 것은 선종에서의 범계로 전계를 하든 교종의 규정된 율로써 하든 수계를 했다는 데 의미가 있다. '약식 수계'라고 할 수는 있으나, 그 시대의 상황으로 수용되어 변화된 정법으로『작법귀감』에서 참회함으로써 수계한 내용을 볼 수 있는 것은 오늘의 불제자들에게 의의가 있다고 본다.

2) 대은(大隱)의 서상수계(瑞祥受戒)

조선시대에는 배불숭유(排佛崇儒)정책으로 불교에 대한 탄압과 배척이 심해서 승려들이 산중으로 숨어 들어가서 초당을 지어 수행하는 경우가 많았다. 심지어 탄압으로 인해 사찰이 유학자들의 사당으로 탈바꿈된 예도 부지기수였다. 또한 도회지의 사찰에는 승려들을 살지 못하게 하려고 도성 출입을 금지했고, 유생들의 밀고로 잡혀가서 산성 축조 등의 온갖 부역과 승병 징집을 당하는 일도 빈번했다.

그러한 열악한 상황에서 계율(戒律)이 존재한다는 것 자체가 어려운 일이었다. 그래도 고구려·백제·신라 삼국시대, 통일신라와 고려 등 불교가 국교로서 왕성했던 시기를 거쳤기에 백성들의 마음에 깊이 뿌리내려 있었다. 조선이라는 시대 상황이 불교 수행자가 존재할 수 없을 정도로 열악했던 것을 비유하여 '땅은 많은데 바늘 하나 꽂을 터가 없는 것처럼'이라는 글에서 엿볼 수 있듯이 불교는 명맥을 잇기 힘들 정도가 되었다. 따라서 계학(戒學)이 이어지지는 않았지만, 다음의 명맥을 잇는 노력으로 불교는 겨우 존재할 수 있었다.

계율의 명맥이 끊어지는 것을 염려한 대은(大隱, 1780-1841)과 대은의 은사인 금담(金潭)이 율종(律宗)을 다시 일으키기 위하여 1826년 7월 15일 해제 후 지리산(智異山) 하동(河東) 칠불암(七佛庵) 아자방(亞字房)에서 기도에 들어갔다. 『범망경(梵網經)』의 "천리 내에 계를 전해줄 법사가 없을 경우 불전에서 서상수계(瑞祥受戒)하라"[546]라는 내용에 의지하여 붓다께 청정한 계를 받고자 스승과 상좌 간에 서원(誓願)을 세우고 계법(戒法)을 구하는 7일간의 기도(祈禱)를 봉행(奉行)하던 중, 7일 만에 일도 선광(一道祥光)이 대은의 정상(頂上)에 권주(灌注)하였다.

스승인 금담이 이르기를, "나는 오직 법(法)을 위함이요, 스승과 제자의 사자(師資)의 서열에는 구애받지 않는다"라고 하면서 곧 상좌인 대은을 전계사(傳戒師)로 하여 보살계(菩薩戒)와 비구계(比丘戒)를 받았다.[547] 이 맥이 대은파로서 해인사·송광사·망월사·화엄사 등 계단(戒壇)에서 이어져 왔다.[548]

서상수계는 붓다 당시부터 있었던 수계법으로서 정법이다. 앞에서 기술한 것처럼 "천리 안에 수계(授戒)할 증사인 법사가 없는 경우, 불전

---

546) 가산지관, 『범망경포살계본(梵網經布薩戒本)』, 계23, 계41, 서울: 가산불교문화연구원, 2008, pp.106,145.
547) 가산지관, 위의 책, 2005, pp.150, 183.
548) 大隱派 系譜는 다음과 같다. 海印寺金剛戒壇護戒牒文에 의하면 慈藏律師의 脈을 잇고 지공→원무→용성→동산에 전하였다. 松廣寺護戒牒文에도 金潭→草衣→梵海로 계승, 望月寺 龍城律師護戒牒文과 華嚴寺護戒牒文도 大隱戒脈이다. 東山의 系譜에는 二系로, 그 첫째는 梵魚寺金剛戒壇의 護戒牒文에 따르면 萬下→惺月→一鳳→雲峰→永明→東山으로 萬下의 系譜이고, 다른 한편 龍城이 東山에게 傳戒한 傳戒證에는 大隱→金潭→草衣→梵海→禪谷→龍城→東山으로 계승되어 있다. (가산지관, 위의 책, 2005, pp.256-258).

에 지극정성 기도하여 서상수계할 수 있다"라는 것이다. 붓다 또한 같은 맥락으로 수계를 받았다고 할 수 있다.

하지만 붓다의 성도를 통하여 교단이 성립되고 이후 붓다에 의한 불교 계율 즉, 법칙이 존재하면서 출가하고자 하는 자는 삼사칠증의 수계계단을 통과해야 하는 규율이 제정되었다. 이 제정은 이전의 다른 수계법은 극한 상황이 아니면 할 수 없는 법이라는 의미다. 여기서 대한불교조계종에 서상수계라는 전통이 이어지긴 하였으나 현대 대한불교조계종의 단일계단 수계가 정립되면서부터는 일부 지역의 전통계로 남게 되었으며, 지금은 단일계단에서의 수계만을 인정하고 있다.

3) 만하(萬下) 중국 계맥 수용

대은의 율맥, 서상수계에 대한 논란이 일어나자, 만하는 1892년에 한국 계맥이 쇠퇴함을 염려하고는 중국(中國)으로 가서 법원사 황성계단(法源寺皇城戒壇)에서 창수한파 율사(昌濤漢波 律師)로부터 비구계(比丘戒)와 보살계(菩薩戒)를 수계(受戒)하고 귀국(歸國)하였다. 1897년 양산 통도사 금강계단(金剛戒壇)에서 처음으로 수계법회(授戒法會)를 가졌다. 이후 범어사, 월정사, 선학원 등의 계단(戒壇)에서 전계(傳戒)하여 이어져 왔다. 그것은 쇠퇴해진 계맥을 중흥시키고자 함이었다.[549]

인도에서 내려오는 중국 계맥 수용은 매우 중요하게 다뤄야 한다. 앞에서의 서상수계는 자서수계와 같은 대승계 쪽으로서 조선시대 한국에서 이루어진 수계이다. 붓다로부터 내려온 계맥이 끊어진 문제가 논란의 대상이 되자 만하가 소승율에 의한 중국 계맥을 이었던 것이다. 인

---

549) 가산지관, 앞의 책, 2005, pp.268, 487.

도에서 출발한 불교가 해로와 초원을 거치면서 한국에 오기까지 앞에서의 붓다 제자로부터 내려와서 한국 불교가 서천 28조 달마를 거쳐 지금 선종을 표방하는 조계종까지 내려온 내력이 불교의 명맥이기에 논란이 되었던 것은 당연하다 하겠다. 어쩌면 두 방법론이 다 맞는 것이지만, 다른 것은 나무가 뿌리에서 새싹 그리고 잎까지 이어져 있는 형태를 가지고 있어야 하기에 인도에서 발생한 정통 불교라고 하기 위해서 중국 계맥을 수용하는 것을 택하였던 것이다. 이 시기는 국가적으로 불교가 탄압을 받고 있었던 변방의 불교였기 때문에 더욱 정통성을 갖춰야 했던 것이다.

종교는 국가에서 정교분리의 원칙이 있어야 한다. 하지만, 위정자의 종교관에 따라 부침의 세월을 건널 수밖에 없는 현실이 지금이나 옛이나 다르지 않다. 조선 500년의 긴 시간 동안 불교는 숭유억불 정책으로 말미암아 가느다란 명맥만 이어진 시기로서 인고의 세월을 보내야 했다. 간혹 왕실에서 도움을 받는 시기도 있었지만, 국가 정책적으로 불교 탄압기였기에 또다시 험난한 상황이 이어졌던 것이다.

그렇듯 불교 수난의 시대를 거치면서도 당시 만하에 의하여 중국에서 정법적 계맥을 수용했다는 것은 매우 중요한 역사적 사실이라 하겠다. 만하파의 계보는 현대 이전 통도사·범어사·월정사·선학원 등 계단에서 이어져 왔다.

지금까지 현대 이전의 율장 전래를 정법의 통시적 발달상으로 보았다. 먼저 고구려의 「담시전」에서 초기에는 삼귀5계 그 자체가 계(戒)의 성립이며 율(律)의 시작이었다. 그리고 「의연전」에서는 대승보살계를 논설하고 있는 지지론이 연구되어 있었음을 보았다. 다음으로 백제 겸익의 오부율의 완전한 전래는 백제에 율종이 창시되었다는 의미로서 그것은 당의 남산 율종 성립보다 무려 1세기가량이 앞선 것이다.

　신라 자장의 계율행에 의한 계단 정립은 소승출가계와 대승보살계를 겸수하는 것으로 현대 단일계단과 같다. 진표의 참회 행적 교화는 자장과는 다른 계율행이었으며, 고려 나옹은 무생계를 표방함으로써 선계(禪戒)임을 살펴보았다. 고려 중후기부터 선승들에 의해서 불교의 맥이 이어졌다는 것은 도시불교에서 산중불교로 바뀌고 있음을 뜻한다.

　이렇게 고구려의 대승계와 백제의 소승계, 신라의 대소승 겸수를 살펴보았다. 한편 고려는 점찰 참회행과 선계가 매우 다른 특징을 지니고 있었음도 고찰해 보았다. 다음으로 조선에서는 백파의 『작법귀감』에서의 십선계가 비구계 대용인 점을 통해 조선시대의 불교가 형식적으로 겨우 명맥을 잇고 있었음을 보았다.

　또한 불교가 거의 쇠멸하고 있는 상태에서 대은과 그의 스승인 금담이 율종(律宗)을 다시 일으키기 위한 서상수계가 그 시대 상황을 반영한 정법임도 살펴보았다. 아울러 서상수계에 대한 논란이 일어나자, 만하가 중국으로 가서 비구계(比丘戒)와 보살계(菩薩戒)를 수계(受戒)하고 귀국하여 중국 계맥을 중흥시킴으로써 한국에는 대은파와 만하파가 공존하게 되었음을 알 수 있었다. 이렇듯 각 시대마다 그 시대에 부합하는 정법이 존재했음을 고증해 보았다.

4. 대한불교조계종의 단일계단의 정법(淨法)

1) 단일계단 성립 배경

(1) 조선의 숭유배불

조선이 건국이념으로 유교를 채택했다는 것은 동시에 숭유배불 시대의 개막을 알리는 것이었다. 불교가 국교였던 고려는 후기에 들어와 불교 승려들이 정치세력과의 결합 및 부패 등으로 인하여 그 자체 모순이 심화되고 있었다. "고려시대 타락한 불교가 조선시대의 배불, 척불을 자초한 것은 자업자득의 면이 있다"[550]라고도 한다. 하지만 중생계에 살고 있다면 성주괴공의 사이클에서 벗어날 수 없다고 본다.

조선은 몇 차례 흥불의 시기도 있었으나 전체적으로 불교의 암흑기였다. 태종대에 불교의 종파 수를 11종[551]에서 7종으로 통폐합했고, 세종대에는 7종을 선·교 양종으로 폐합하고 연소자의 출가 금지, 승려의 도성 출입 금지 등이 단행되었다.

불교는 조선 초기에 국가정책으로 말미암아 경제적·사회적 기반을 거의 상실하게 되었다. 그리고 성종 대와 연산군 대에 불교문화 전반이 황폐화되었으며, 중종 대에는 선·교 양종을 철폐하고, 승니를 강제 환속·노비화했으며, 승과제도를 공식적으로 폐지했다. 이렇게 조선 중기

---

550) 이기영, 「한국불교의 회고와 전망」, 『한국불교총람』, 서울: 대한불교진흥원, 1993, p.130.
551) 『太宗實錄』권11, 6年 4月條.

이후 말기에 이르기까지 불교 수난의 역사가 지속되었다.[552]

당시 율종인 남산종은 율업이라 불리다가 남산종이라는 종명을 쓰게 되었다. 남산종은 태종 대에 11종 안에 이름이 보였으나, 7종으로 축소될 때는 총남종이 되었으며, 그 뒤 세종 6년에 모든 종파가 선·교(禪·敎) 양종(兩宗)으로 통폐합되면서 선종(禪宗) 속으로 흡수되고 말았다.[553] 그리고 잠시 명종 대의 흥불 시기가 끝나자, 다시 산중에 들어가 오직 그 존속을 도모해야 했던 조선불교는 타율적으로나마 통불교를 지향할 수밖에 없었다. 종파적 특성을 상실한 산중 승단은 이처럼 선사들의 법맥 상전이라는 정법(淨法)으로 유지되어 왔다.

조선 말기로 오면서 승단은 한편으로는 교단의 유지·존속을 위함과 종파·법맥에 상관없이 수선·강학·염불을 수용하는 이른바 삼문 수업의 보편화는 시대가 낳은 정법이다. 이는 배불정책이라는 외부의 타율적 요소와 함께 불교 내부의 의지가 결합하여 이루어진 통불교적 현상이라고 말할 수 있다. 또한 조선 말기에는 이판·사판승의 유별[554]이 생겨났다. 이들 양자는 불교 교단의 유지와 존속에 서로 보완적인 역할을 분담하였다. 뒤에 역할과 위치에 조화와 균형이 깨지면서 대립과 상쟁의 한 요인이 되기도 하였다. 시대의 상황 윤리적 불가분의 결과로서 당시 일제의 먹구름이 시작되는 시기로서, 이판·사판이라는 단어를 사용함은 분파를 위한 시작이라 볼 수 있다.

근세 불교, 특히 일제강점기 식민치하에서 불교계가 그 힘을 응집할

---

552) 이봉춘, 『불교의 역사』, 서울: 민족사, 2003, pp.141-146.
553) 김영태, 『한국불교사』, 서울: 경서원, 2006, p.429.
554) 수선·강학·염불의 삼문수업에 전념하는 수행승을 이판승, 가람수호 등 사원의 관리와 행정적인 임무를 전담하던 사무승을 사판승이라고 불렀다. 일제의 침략기간에 만들어진 단어들을 요즘도 아무 의심 없이 사용하고 있는 것에 대하여 우리 승가는 무엇을 해야 하는지를 고민해야 한다.

수 없는 상황이 된 것도 바로 이 같은 사정 때문이라고 할 수 있다.

(2) 일제강점기 식민치하 불교계

1878년 말 일본 정토진종(淨土眞宗)이 부산에 본원과 별원을 세운 것으로 일본 불교가 이 땅에 침투해 오기 시작하였다. 이때 경허는 정법 확립을 위한 정혜결사 운동[555]을 시작하고 용성은 대각교 운동인 선율겸행(禪律兼行)과 선농일치(禪農一致)를 강조하였다.[556]

1895년 승려의 도성 출입 금지 해제는 불교계에서 환영할 일이었으나 일본 불교에 귀속되는 시초[557]였다. 이는 죽을 고비를 지나니 앞에 강이 가로막는 형상으로 진흙탕의 연속인 시대상이었다. 급기야 1910년 일본 불교의 침투로 승려의 결혼에 대한 찬반 이론이 일기 시작했다.[558] 이와 관련하여 용성이 진정서와 건백서를 제출하였다.[559] 하지만 일본은 1926년 10월 '본말사법'의 주지 자격 조항 중 '비구계를 구족할 것'이라는 내용을 삭제하였다. 이는 소승계가 없어짐을 의미하며, 재가자만이 존재하는, 대승계만을 받는 일본과 같아진 것을 뜻한다.

---

555) 정완용, 「근대한국불교에 있어서 혁신운동의 이념과 전개」, 『한국불교학』43집, 한국불교학회, 2005, pp.247-248.
556) 정완용, 위의 책, p.249.
557) 정광호, 「일제의 종교정책과 식민지불교」, 『한국불교사관계논문선집』1, 서울: 중앙승가대학, 1982, pp.363-365.
558) ①찬; 한용운의 건의서. (이능화·이병두 역주, 『조선불교통사-근대편』, 서울: 혜안, 2003, pp.14-18.) ②반; 이능화는 불음계를 지키는 것이야말로 청정한 승가를 유지하는 기본 요건이라 하다.(이능화·이병두 역주, 위의 책, pp.144-146.)
559) 정완용, 위의 논문, p.252. 백용성의 건백서에 대해서는 「1926년 불교계의 대처식육론과 백용성의 건백서」(김광식, 『한국근대불교의 현실 인식』, 서울: 민족사, 1998, pp.177-215)를 참조.

1941년 현재 대한불교조계종단의 종명[560]을 조계종으로 결정하였다.

(3) 해방 후의 불교 정화 운동

해방 후 1945년 조선불교 중앙종무원을 설치함으로써 통합종단 기관이 탄생하였다. 하지만 "해방 공간으로부터 군정기를 거치는 시기에 한국 사회에서 기준 부합하는 종교는 기독교였으며 … 불교 등은 밀려날 수밖에 없었다"[561]라는 말에서도 미루어 알 수 있듯 불교계는 불리한 위치에 있었다. 해방 후의 불교계는 정화 문제로 비구·대처 간의 극렬한 싸움이 이어졌다. 이는 미군정의 기독교 우위 정책과 술책에서 비롯된 것임을 불교 내부에서는 알지 못하였다고 본다. 해방이라는 물길이 천지 분간을 할 수 없는 상황에서 한국 불교는 문제점을 해결하고 결속을 다져 나가야 하는 상황에서 분파가 되어 협소한 불교가 되었다.

불교정화운동[562]과 10·27법난[563]에 대하여 다음과 같은 글이 있다.

---

560) 한국에 존재하는 한국의 전통적 불교종단 전체를 섭수한 종단이 종계종이다. 하지만 현재 분파가 되어 있어서 불교가 찬란했던 신라, 그리고 고려의 불교문화를 보지 못하고 있을 뿐이다. 불교학 중 예를 들어서 화엄학 하나만을 가져가서는 화엄종이라 하고, 천태학 하나만을 가져가서는 천태종이라 하는 등 전체를 보지 못하고 부속품 역할을 하고 있는 상황이 어이가 없다. 이 시간이 흘러서 인도 붓다시대의 불교에서 현재의 상황적 불교를 우리는 이해되어야 되고 이해해야 되며, 골수까지 불교가 지구촌 사람들의 삶의 원동력이 되는 불교 선지식이 나오기를 바란다.
561) 대한불교조계종불학연구소, 『불교정화운동의 재조명』, 서울: ㈜조계종출판사, 2008, p.17.
562) 비구 대처의 계율분쟁(1950-1960). 이는 최법혜, 「조계종의 계율과 수행」(『부처님 숲』, 경주: 동국대학교석림회, 2007, 이 제시한 연도를 따랐으나, 봉암사 결사가 1947-49년으로 자세한 것은 김광식의 『한국불교 100년』(서울: 민족사, 2000, pp.200-219)을 참조.
563) 1980년대의 정부의 불교탄압. 10.27법난에 관하여는 김광식의 「민주화운동기(1980-1994)의 불교와 국가권력」(『대각사상』17집, 대각사상연구원, 2012, pp.173-187) 참조.

"불교 정화운동의 본질은 비구승과 대처승 간의 계율 분쟁으로 볼 수 있다. 그 의의는 1600여 년의 한국불교의 전통인 비구 교단을 수호하였다는 것이다. 만일 그때 이 운동이 실패하였다면 비구『사분율』과 대승보살『범망경』을 수지하는 한국의 비구 교단은 그 명맥이 단절되고 일본 불교의 잔재인 대처승으로 살게 되었을 것이다. 1980년, 계엄 하에 전두환 정권이 불교 교단에 탄압을 가하였다. 종단은 이에 대하여 정부에 사과를 요구하는 한편 교단을 중흥하고자 노력하였다. 그 결과 불교 사상 처음으로 단일계단을 설립하여 계율을 정비…이부승 제도를 처음으로 제정하고 식차마나니계를 받는 수계절차를 제정하였다. 이는 조계종단의 계단은 명실공히 붓다의 계율을 가장 완전하게 전승하는 비구 교단으로 승격하였다고 할 수 있다."[564]

불교 정화 운동과 10·27법난은 계율을 더욱 정비하는 근간이 되었다는 것을 알 수 있다. 조선과 일제 치하를 거친 해방 이후의 불교 내부는 그야말로 혼돈의 상황이었다. 이를 극복한 것이 당시 불교 정화 운동이며 대한불교조계종 단일계단이 성립되게 한 배경이다. 당시 정화 운동이 전적으로 잘 된 것은 아니라고 본다. 그 당시 사정상 더 좋은 방법론을 찾을 만한 환경이 안 된 상황에서 행해진 것으로서 정화로 인하여 불교 축소라는 심각한 손실을 가져 온 것은 사실이다. 조금 더 넓은 안목으로 다른 종파들을 끌어안아야 하며, 이는 조계종이 고심해야 할 문제라고 본다. 불교 정화 운동은 극한 시대 상황에서도 적합하게 수용하여 변화된 정법이라 할 수 있다.

---

564) 최법혜, 「조계종의 계율과 수행」, 『부처님 숲』, 경주: 동국대학교석림회, 2007, p.32.

2) 단일계단의 형성

(1) 각 사찰 계단(戒壇)의 특징

전국 각 사찰 계단의 호계 첩문[565]에서 각 계맥이 통합되어 가는 과정을 볼 수 있다.

①경상도 취서산 통도사 금강계단 호계첩[566]에서는 먼저 삼학을 설하고 그중 계가 근본임을 강조하였으며 다음으로 율전이 대소승(大小乘)이 서토, 동토(西土, 東土)에서 홍양(弘揚)되어 유통되고 있는 내용이다. 당나라 도선이 종남산 정업사(淨業寺)에 계단(戒壇) 설치와 계를 설하였으며, 825년 방등계단(方等戒壇)에서 대승보살계를 설했다. 848년에는 각 주(州)에 계단이 세워졌다.

… 그러나 율종(律宗)은 유명무실하여 승강(僧綱)이 현사(懸絲)의 위기에 놓여 있었다. 이를 개탄한 고심 율사(古心律師)가 오대산 문수(文殊)상전에서 기도 중 운서중수계(雲瑞中授戒)의 기별(記莂)을 감득한 후, 대소승율을 홍포하여 율종을 중흥 … 문해 율사(文海律師)가 전계(傳戒)하였는데, 수계자(受戒者)가 무려 1800여 명에 달하였다고 한다. 이어 성실(性實) 율사(律師)→원림(圓林) 율사→ … →창도(昌濤) 율사→(한국)만하(萬下) 율사→해담(海曇) 율사→회당(晦堂) 율사→월하(月下) 율사→청하(淸霞) 율사로 이어진다.

중국의 계맥을 이은 한국의 만하(萬下)가 귀국하여 1897년 통도사(通

---

565) 『한국불교계율전통』(가산지관, 2005, pp.139-222)에서 볼 수 있는 전국 각 계단의 호계첩들은 개인 자격으로 각 사찰에 가서는 접할 수 없는 귀중한 자료로서 책에서나마 볼 수 있는 것에 대하여 감사하다.
566) 가산지관, 위의 책, 2005, p.146, "慶尙道鷲棲山通度寺金剛戒 壇護戒牒."

度寺)에 계단(戒壇)을 세워 처음으로 수계법회(授戒法會)를 가졌으며 청하(淸霞) 율사에게로 이어졌다.

②경상도 가야산 해인사 금강계단 호계첩[567]에서도 삼학이 중요하며 계가 성지에 들어가고자 하는 데 필수조건임을 설했다. 다음으로 "모든 조사가 거의 불립문자(不立文字)인 선지(禪旨)로써 종(宗)을 삼은 까닭으로 그 당시 활동한 율사의 행적이 다분히 세상에 나타나지 않고 있는 실정이다"라는 내용에서 신라 말부터 시작된 구산선문의 개창으로 선(禪)의 주도로 율종이 쇠퇴해진 상황을 알 수 있다.

그리고 자장(慈藏)이 당(唐)에서 계법(戒法)과 불법(佛法)을 구하고자 종남산 운제사(終南山 雲際寺)로 찾아가 문수보살상(文殊菩薩像) 앞에서 용맹정진으로 기도를 봉행했다.[568] 자장의 맥(脈)을 잇고 있던 고려대에 인도(印度)의 지공(指空)이 통도사에서 수계(授戒)할 때 원무(元無)가 계를 받았다. 그 후 대은의 서상수계(瑞祥受戒)에 대하여 스승인 금담이 "나는 오직 법(法)을 위함이요, 사자(師資)의 서열에는 구애받지 않는다"라고 하면서 곧바로 상좌인 대은(大隱)에게 보살계와 비구계를 받았다. 그래서 대은(大隱)→금담(金潭)→초의(草衣)→범해(梵海)→해인사(海印寺) 호암(虎岩)에게 전(傳)하였다.

여기서 지공의 맥을 통도사 원무가 이었고, 그리고 대은 계맥을 해인사에서 잇고 있음이 특징이라 할 수 있다.

③칙사대승 선종 조계산 송광사 금강계단 호계첩[569]도 먼저 삼학을 설하고 사분율과 범망경 보살계를 받는 자는 불위(佛位)에 들어가게 된

---

567) 가산지관, 앞의 책, 2005, p.152. "慶尙道伽倻山海印寺金剛戒壇護戒牒."
568) 이 내용은 잘못된 것으로 終南山 雲際寺에서는 圓香 스님을 만나 문답을 나누었으 며, 원향의 조언으로 오대산의 文殊像 앞에서 기도한 것이 맞는 내용이다.
569) 가산지관, 위의 책, 2005, p.157. "勅賜大乘禪宗曹溪山松廣寺金剛戒壇 護戒牒."

다는 것과 인도에서부터 해동의 총림에 이르름을 보이고 있다.

그런데 조선 이전의 내용은 없으며 "조선조에 접어들어서는 다만 혜명현사(慧命懸絲)의 참기(讖記)를 지킬 뿐이었다"라는 조선의 현실을 간단하게 설명하고 있다.

"이때 금담 대사(金潭大師)가 기도 끝에 광명서상(光明瑞祥)의 수계(受戒)를 감득하였다"라는 내용은 대은의 서상수계를 잘못 기록한 것이다. 이후로 초의(草衣)→접성(鰈城)→범해(梵海)로 대은 계맥이 이어졌다.

④대한민국 선찰대본산 금정산 범어사 금강계단 호계첩[570]에서도 삼학을 설하고 세존으로부터 인도, 중국을 거쳐 한국의 만하(萬下)→성월(惺月)→일봉(一鳳)→운봉(雲峰)→영명(永明)→동산(東山)→고암(古庵)→석암(昔岩)→고암(古庵)→자운(慈雲)→금하(金河)→남곡(南谷)→서해(瑞海)에게 전해지고 있다. 이는 자운(慈雲) 전승 계맥이 수록된 계첩이며 현재 유통본이다.

⑤대한민국 강원도 금강산 건봉사 금강계단 호계첩[571]은 1908년의 수계첩으로 ②해인사의 계첩과 동일하며 행적이 남아 있지 않은 수월음관이 존중아사리로 되어 있는 것이 특징이다.

⑥조선 강원도 오대산 월정사 금강계단 호계첩[572]은 만하에게서 1914년에 한암이 수계한 후 1933년에 오대산 월정사에 계단을 열고 수계법회를 열어 계법을 전수한 내용이다. 계를 받으려는 제자 이름과 은사, 그리고 비구계, 보살 대계를 수지하는 것 등 구체적으로 명시된 것이 특이하다.

---

570) 가산지관, 앞의 책, p.167. "大韓民國禪刹大本山金井山梵魚寺金剛戒壇護戒牒."
571) 가산지관, 위의 책, p.171. "大韓江原道金剛山乾鳳寺金剛戒壇護戒牒."
572) 가산지관, 위의 책, p.177. "朝鮮江原道五臺山月精寺金剛戒壇護戒牒."

⑦조선 경기도 양주군 도봉산 망월사 금강계단 호계첩[573]은 당시의 상황을 피력한 내용이 보인다.

> 5계를 받은 불자를 청신사·청신녀라 하고, 십계를 받으면 사미라 하며, 이백오십계를 받으면 비구라 하고, 오백계를 받은 이는 비구니라 하며, 사백계를 받은 이를 보살이라 일컫는다. 이곳 동토에서는 다만 범망경의 심지품과 보살계목인 상하 양권만이 전역되었으니 이는 근본인 약본으로써 지말인 광본을 모두 섭하는 셈이다. 우리나라에 불교가 전래된 이후로 계법이 있은 적도 있고 또한 없었던 적도 있었으므로 스님이 없었던 때도 있었으니 이는 당연한 이치인 것이다.[574]

이에서 『범망경』의 심지품과 보살 계목을 근본인 약본으로써 지말인 광본을 모두 섭했다는 데서 그 당시 불교가 실오라기 같은 맥을 붙들고 있음을 알 수 있다. 그리고 중간에 자장 이후 진표, 고려 지공, 그리고 조선의 불교가 멸망 상태에 이르렀을 때 대은이 서상수계로 대은→금담→초의→범해→선곡→용성에게로 계승되었다.

⑧조선불교 선종 경성 중앙선원 금강계단 계첩[575]은 1935년 일봉(一鳳)이 선학원에 계단을 개설한 내용이며 ④의 범어사 호계첩과 그 내용이 동일하다.

⑨범망경 심지품 금강계단 호계첩[576]은 용성 스님이 1925년 날마다 쇠퇴해 가는 불교의 현실을 개탄하고 계(戒)로써 스승을 삼는 율풍진작

---

573) 가산지관, 앞의 책, 2005, p.185. "朝鮮京畿道楊州郡道峰山望月寺金剛戒壇護戒牒."
574) 가산지관, 위의 책, p.179.
575) 가산지관, 위의 책, p.188. "朝鮮佛敎禪宗京城中央禪院金剛戒壇金剛戒牒."
576) 가산지관, 『한국불교계율전통』, 2005, p.191. "梵網經心地品金剛戒壇護戒牒."

(律風振作)을 위해 제작한 것이다.

⑩지리산 대화엄사 금강계단 호계첩[577]은 1912년 1월 화엄사 각황전에 금강계단(金剛戒壇)을 설치하고 호은 율사(虎隱律師)를 전계화상(傳戒和尙)으로 하였다.[578] ⑨와 동일하다.

⑪지공전수 각경수지 문수최상승무생계법 호계첩[579]은 무생계법[580]으로 앞에서 설한 바와 같다. 지공 스님이 수계한 무상계첩 3본[581]이 남아 있다.

⑫팔공산 동화사 금강계단 호계첩[582]은 1908년에 36명이 동화사에서 부운 율사로부터 계를 받은 내용으로 동계록(同戒錄)과 원문(原文)으로 구성되어 있다. 동계록은 수계 명단으로 승속의 수계자를 포함하고 있음이 특징이다.

⑬남섬부주 가야산 해인사 감로계단 비구계 호계첩[583]에는 칠불법계(七佛法偈)와 비니찬(毘尼讚), 비니정맥(毘尼正脈)에서 만하→일붕→자운[584]으로 계법(戒法)이 전수(傳授)됨을 알 수 있으며, 입서게(立誓偈)로 끝을 맺었다.

---

577) 가산지관, 앞의 책, 2005, p.194. "智異山大華嚴寺金剛戒壇護戒牒."
578) 『화엄사지』, 亞細亞文化社版, p.149. (가산지관, 위의 책, p.193. 재인용).
579) 가산지관, 위의 책, pp.198-199. "指空傳授覺慶受持文殊最上乘無生戒法護戒牒."
580) 가산지관, 위의 책, p.195. 필자는 일부 언급된 무생계, 자서수계 등은 대승계에 속하는 것으로 만약에 대승계만을 받는 것을 옳다고 하게 되면 일본과 같은 입장이 되어 구족계를 받은 승려가 없게 된다. 소승계를 받아야 비로소 구족계가 완성된 自利에서 대승계를 받아 利他의 보살행을 할 수 있는 것이다.
581) 가산지관, 위의 책, pp.7-9.
582) 가산지관, 위의 책, pp.206-209. "八公山桐華寺金剛戒壇護戒牒."
583) 가산지관, 위의 책, p.216. "南贍部洲伽倻山海印寺甘露戒壇比丘戒護戒牒."
584) "자운성우 율사는 율종을 중흥하기 위해 오대산 상원사 적멸보궁에서 백일기도 끝에 문수의 감응을 받고, 율문을 홍포하고 계율을 받들었다."(가산지관, 위의 책, p.214. 각주 41) 재인용).

⑭연화대장 금강계 가야산 해인사 천화계단 보살계 호계첩[585]은 해인사 천화계단에서 자운(慈雲)이 사용한 것으로 대승계의 삼취정계를 강조하고 있으며, 만하→일붕→자운으로의 계법(戒法) 전수(傳授)이다. 사귀의(四歸依, 無形의 佛, 無生의 正法門, 無諍의 僧家, 無作의 戒律法), 삼업죄(三業罪)를 참회함과 여섯 가지 서원(誓願)을 하고 항상 최상승무상계(最上乘無上戒)를 의지하겠다는 서원이 있다.

앞에서의 각 사찰의 호계첩을 요약하면, ①에서 당나라 도선의 계단 설치를 시초로 왕들에 의한 계단 축조가 있었다. 그리고 중국 계맥을 이은 한국 만하가 통도사(通度寺)에 계단(戒壇)을 세워 처음으로 수계법회(授戒法會)를 가졌으며 청하(淸霞)에게 이른 것이다. 중국 계단은 주로 관단으로서의 기능을 하는 데 비하여 한국은 고려 말에 관단이 사라지고 거의 사단(寺壇)에서 수계를 했다.

②에서는 신라 말부터 선문의 개창으로 율이 쇠퇴함과 자장의 맥을 잇는 상황에 지공이 통도사에서 수계함에 해인사 원무가 계를 받았다. 대은의 서상수계는 ①과는 다른 파가 시작되는 것이다. 이후는 앞의 ①, ②를 계승하고 있다. 먼저, ①의 만하계로는 ④영명(永明)→동산(東山)→…→자운(慈雲), ⑥, ⑧, ⑬, ⑭이다. 다음, ②는 대은계로서 ③, ⑤, ⑦(대은→…→선곡→용성), ⑨, ⑩이며 ⑪은 지공으로부터 각경이 무생계 수계이다.

이렇게 ①-⑭의 호계첩에서 ②의 해인사 대은맥과 ①의 통도사 만하맥이 나누어 내려오다가 ④의 범어사 동산에서 합쳐져 자운의 계단으로 이어지고 있음을 보았다.

---

585) 가산지관, 앞의 책, 2005, pp.217-221. "蓮花臺藏金剛界伽倻山海印寺千華戒壇菩薩戒護戒牒."

대한불교조계종의 사부대중은 대소승계(大小乘戒) 겸수를 전통으로 이어왔다. 이는 계단(戒壇)에 금강(金剛)·감로(甘露)·방등(方等)·영감(靈感) 등 네 가지[586] 형태가 전승된 것에서도 알 수 있다. 이러한 여러 종류의 계단이 편재했다는 의미는 불교가 왕성한 고려까지만 해도 통합적으로 파악이 가능했을 것이다. 이 또한 변화하는 상황에 수용되어 변화된 정법이다. 그러나 조선, 일제를 거치고 현대에 와서는 제도 개혁과 함께 통합적으로 운영될 필요성이 요청되었다고 본다.

(2) 용성의 율풍진작(律風振作)

용성(龍城, 1864-1940)[587]은 1925년 망월사(望月寺)에서 활구참선만일결사(活句參禪萬日結社)를 창설하여 쇠퇴하는 불교 현실을 개탄하여 "계(戒)

---

586) 가산지관, 『한국불교계율전통』, 2005, pp.127-130 참조, 계단의 4가지: 금강계단은 엄격한 자격심사인 羯磨를 통과해야만 受戒할 수 있는 비구계를 중심으로 보살계도 겸수한다. 具足戒가 중심으로 수계자의 엄격한 羯磨(자격심사)와 三師七證도 淸淨 如法하지 않으면 受戒와 授戒가 성립될 수 없다. 감로계단이란, 甘露는 곧 涅槃이라는 뜻으로 戒는 열반으로 나아가는 初門이기에 이름한 것이다. 방등계단에서는 전계사의 말만 알아들을 수 있으면 사람뿐 아니라, 人天八部衆의 누구나 제한 없이 받을 수 있는 대승보살계를 授受한다. 사부대중을 망라하는 것으로 금강계단과는 다르다. 다음으로 영감계단은 영묘하고 신령한 감응이라는 뜻의 계단으로 필자는 서상수계를 의미한다고 본다. 唐 乾封 2년(667)에 道宣이 淸官村精舍에 靈感戒壇을 건립하여 初學뿐만 아니라 天下의 名德들이 모두 受戒하였다고 하였다.
587) 용성은 1916년 불교 본연의 진면목을 드러낼 수 있는 '覺'에 창안하여 대각교의 宗旨는 붓다가 三處傳心한 뜻이며, 수행은 話頭參究의 법이라고 하였다. (용성, 「대각교지취」, 「수심론」, 『용성대종사전집』1, 서울: 신영사, 1991, pp.65-67). 용성에 대해서는 한보광, 『용성선사연구』(서울: 감로당, 1981), 「용성 스님의 전반기의 생애」(대각사상 창간호, 대각사상 연구원, 1998), 「백용성 스님과 한국불교의 계율 문제」(『대각사상』10집, 대각사상 연구원, 2007), 「백용성 스님의 대각증득과 점검에 관한 연구」(『대각사상』11집, 대각사상 연구원, 2008) 등이 있다.

를 스승으로 삼는"[588] 율풍진작을 위하여 계첩(戒牒)[589]을 만들고 그해 10월 15일 해인사 금강계단에서 수계(授戒)법회를 가졌다.[590]

용성이 동산(東山)에게 전한 전계증의 내용은 다음과 같다.

> 내가 이제 전하는 바의 계맥은 … 대은 율사의 정수리에 권주하는 서상을 얻고 불계를 받은 후, 금담 … 초의 … 범해 … 선곡 율사께서 나에게 전해 주셨으니 … 동산 혜일에게 전하노니 너는 굳게 이를 호지하여 정법안장의 혜명으로 하여금 단절됨이 없도록 해서 붓다의 정법과 더불어 이 계맥이 영원무궁토록 할지어다. 세존응화 2963년 병자 11월 18일 용성 진종이 전수하니 동산 혜일은 받아 지킬지어다.[591]

위에서 용성은 대은맥으로 동산에게 전한 해인사 금강계단(金剛戒壇) 전계증의 내용에서 대은→금담→초의→범해→선곡→용성→동산으로의 전계의 특징이 있다.

용성의 규칙과 주의 사항 및 건백서에서는 청규에 앞서 철저한 계율관이 엿보인다.[592] 용성의 1, 2차 건백서[593]는 사부대중의 구분과 반월마다의 포살 및 『범망경』과 『사분율』에 근거한 것으로 현재의 조계종단 일계단이 성립되기 전에 성립한 것으로 중대한 의의가 있다고 본다.

---

588) 以戒爲師.
589) 호계첩의 특징을 보면 玉石板이며 크기는 높이 3자 2치, 너비 2자이고, 제목은 梵網經心地品金剛戒壇이며 右面에 伽倻山人 白龍城製라 하고 左面에 葦滄居士吳世昌 書라 새겨져 있고 현재 해인사성보박물관에 있다. (가산지관, 앞의 책, p.190).
590) 가산지관, 앞의 책, 2005, p.190.
591) 가산지관, 위의 책, 2005, p.246.
592) 덕산, 「용성문도와 불교정화이념」, 『범어사와불교정화운동』, 부산: 영광도서, 2008, p.649.
593) 용성, 앞의 책, 1991, pp.550-554.

(3) 동산 두 계맥 계승

앞에서 대은계인 용성에서 동산(1860-1965)[594]에게 전계됨을 보았는데, 동산은 또 다른 계맥으로부터 전계받은 사실로서 범어사 금강계단의 호계첩의 내용은 다음과 같다.

> "만하운림 율사는 성월일전 율사에게, 일전은 일붕경념 율사에게, 경념은 운봉성수 율사에게 성수는 영명보제 율사에게, 보제는 동산혜일 율사에게 …."[595]

이는 만하→영명→동산으로의 계승으로서 여러 갈래로 내려온 흐름이 동산에게서 합쳐짐을 의미하는 것이다. 중요한 사안이다. 하나로 정리되는 과정으로서 여러 파가 아닌 화합 종단으로 가는 불교 교단의 모습을 엿볼 수 있다.다음에 동산은 자운에게 전계하여 범어사에서 통합 단일계단이 완성된 것이다.

3) 자운(慈雲)의 단일계단(單一戒壇)

여러 계맥의 각 사찰에서 하는 수계식이 아닌 종단에서 지정한 계단에서 하는 통합 수계의식을 단일계단이라고 한다. 자운성우(慈雲盛祐,

---

594) 동산은 정화운동을 통해 우리나라 불교의 중흥을 위해 평생 매진한 스님이다. 스님에 대한 논고는 거의 없으며 이덕신의「동산혜일의 선법에 대한 일고찰」(『한국불교학』43집, 한국불교학회, 2005, pp.83-131)을 참조.
595) 가산지관, 위의 책, 2005, pp.163-166, "大韓民國禪刹大本山金井山梵魚寺金剛戒壇護戒牒文; 萬下勝林律師는 惺月一全 律師에게, 一全은 一鳳敬念律師에게, 敬念은 雲峰性粹律師에게, 性粹는 永明普濟律師에게, 普濟는 東山慧日律師에게."

1911-1992)에 의한 단일계단 성립(1981년) 이전까지는 개별 사찰에서 사미와 사미니계를 전하고, 특별 법회 형식으로 구족계를 전하였다. 그러다 보니 수계 사실이 종단에 정확하게 통보되지 않아 수계 여부를 둘러싸고 논란이 많았다.

해인사·범어사·통도사를 중심으로 한 구족계 수계의식은 1년에 1회 또는 몇 년에 한 번씩 부정기적으로, 또는 각 본사에서 몇 시간 안에 이루어지고 있었다. 전국의 각 본사가 통일하지 못하는 상황이었다. 이러한 연유로 통합 단일계단이 요청되어 일주일간의 기간을 설정하여 계본(戒本)에 대한 강의를 마치고 수계식을 갖게 된 것이다.[596]

종단은 종단 차원에서 개설하는 단일계단에서만 계를 전하도록 하였다.[597] 그리고 이 단일계단에서는 이부승수계(二部僧授戒)의 제정이 특징이다.

이부승수계란 비구니(比丘尼)가 되는 구족계(具足戒)로서 식차마나(式叉摩那)의 6계(六戒)를 받은 다음, 2년간에 걸쳐 미리 비구니계(戒)를 배운 자로서 갈마(羯磨)를 거쳐 비구니 삼사칠증(三師七證)[598]으로부터 비구니계를 받고, 다시 비구의 처소(處所)로 가서 비구의 삼사칠증 앞에서 이부승니(二部僧尼) 20명 증사(證師)로부터의 수계(授戒) 절차이다.[599] 이는 비구니 승가 내에서 삼사칠증에 의해 갈마한 후, 비구 승가에 나아가 다시 수계(受戒)하는 이중수계제도이다. 이 제도는 인도 초기 비구니교단

---

596) 대한불교조계종계단위원회, 『대한불교조계종 單一戒壇二十年』, 서울: 토방, 2001, pp.186-187 참조.
597) 종헌 제16조, 대한불교조계종총무원, 『종단법령집』, 제5장 계단, 서울: ㈜조계종출판사, 2010.
598) 三師七證: 三師는 화상과 교수사와 갈마사를 지칭하며 七證이란 受具成立의 證明師이다. (사토미츠오 저, 崔法慧 역, 『율장』, p.27).
599) 가산지관, 위의 책, 2005, p.103.

(比丘尼敎團) 형성기부터 시행되었다.[600]

근세에 자운의 노력으로 1980년에 봉녕사(奉寧寺), 진관사(津寬寺) 등에서 10여 차례에 걸쳐 비구니 계율 특강(比丘尼戒律特講)을 시행하였으며, 중앙종회(中央宗會)의 의결(議決)을 거쳐 1981년부터 이부승수계 제도를 부활시켜서 지금은 정착되어 여법하게 시행되고 있다.[601]

근세 이전의 기록들에서도 비구니들이 등장하지만, 이부승수계에 대해선 보이지 않는다. 수계 건을 계율 전통 자료에서 보면 단일계단 제정 전에는 사미·사미니·비구·비구니 수계가 구분이 있는 것도 있지만 정확하지 않다는 문제점이 있었다. 그런데 단일화가 되면서 명확하게 되었다. 이부승수계제도 이전에 계를 구족한 비구니는 많았지만, 완전한 수계의식은 없었다. 이러한 맹점들이 단일계단에서 정리가 된 점은 중요한 의의라고 할 수 있다.

이것은 1980년 10.27법난을 계기로 종단 차원의 자정 운동의 일환으로 계단을 통합하여 단일계단을 정립하여 식차마나계와 이부승득의 수계의식을 새로 복원하여 가장 완전한 수계의식을 완비하게 되었다.[602] 자운에 의한 계단의 특징은 통합 단일계단의 정립과 이부승수계(二部僧受戒) 제도로서 수용되어 변화된 정법이라 할 수 있다. 한국에 1980년 이전에도 비구니가 있었다고는 하지만, 이부승수계에서 완전한 비구니가 탄생할 수 있었으며, 사부대중이 출생하는 계단이 단일계단이다.

지금까지 현대 이전의 계율(戒律) 전래와 통합계단의 성립 배경을 통

---

600) 가산지관, 앞의 책, p.94.
601) 가산지관, 위의 책, p.106.
602) 전국선원수좌회, 『조계종 선원청규』, 2010, p.72.

하여 단일계단의 성립에 대하여 보았다. 고구려의 대승계(大乘戒)와 백제의 소승계(小乘戒), 신라의 대소승(大小乘) 겸수(兼修), 고려 때는 당시의 시대상을 반영한 정법적 점찰 참회행과 선계가 특징이었다. 나말여초(羅末麗初) 임제선(臨濟禪)의 유입으로 교학(敎學)이 쇠퇴하면서 선(禪)이 주도하게 되어 율장이 아닌 청규가 제2의 율장 역할을 하게 되었다. 수계의식에서도 변화를 가져와 율장의 내용과는 다르게 전법게로써 사자상승의 의식이 가능하면서 계단의 설치도 무의미하게 되었다.

고려(高麗) 불교는 고려 말기에 이르러 자체의 활력은 물론이거니와 국가와 사회에 대한 지도력을 잃게 되었다.[603] 뿐만 아니라 배불론(排佛論)이 거세게 일어나는 새로운 현실에 직면하지 않을 수 없게 되었다.[604] 한편 숭유배불(崇儒排佛) 시대로 불리는 조선은 청규까지도 부지하기 어려운 상황이었다. 그나마 다행히 산중의 선승들이 교단을 유지하여 오늘에 이른 것이다.

조선 초부터 말기까지 조선은 극심한 불교 수난의 역사라 할 수 있다. 종파적 특성을 상실한 산중 승단은 선사들의 법맥 상전으로 겨우 유지되어 왔다. 하지만, 교학의 전통이 완전히 끊어졌던 것은 아니다. 조선 말기로 오면서 승단은 종파(宗派)·법맥(法脈)에 상관없이 수선(修禪)·강학(講學)·염불(念佛)을 수용하는 이른바 삼문수업이 보편화되었다. 그리고 이판(理判)·사판(事判)승의 유별이 생겨났다. 조선과 일제강점기를 거친 해방 이후의 비구와 대처 간의 극렬한 싸움으로 불교 내부는 그야말로 혼돈의 상황이었다. 이를 극복한 것이 불교 정화 운동이며 현대

---

603) 김규봉(도원),「麗末鮮初佛教教團의 衰退」,『한국불교학』38집, 한국불교학회, 2004, pp.109-148.
604) 이봉춘,『불교의 역사』, 서울: 민족사, 2003, p.140.

조계종 단일계단이 성립하게 된 배경이기도 하다.

현대 대한불교조계종 단일계단의 성립 과정을 각 사찰 호계첩에서 보면, ①통도사의 중국 계맥을 이은 만하파와 ②서상수계의 대은파로 크게 분류된다. 먼저, 만하계는 통도사, 범어사, 월정사, 선학원 등이고 대은계는 해인사, 송광사, 망월사, 화엄사 등 계단(戒壇)에서 이어져 왔다. 이렇게 ①의 통도사 만하맥과 ②의 해인사 대은맥이 나누어져 내려오다가 ④의 범어사 동산에서 합쳐져 자운의 계단으로 이어졌다. 그리고 용성이 동산에게 전한 전계증에서 대은→ … →선곡→용성→동산으로의 전계의 특징을 보인다.

일제 때 용성의 1차, 2차 건백서는 사부대중의 구분과 반월마다의 포살 및 『범망경』과 『사분율』에 근거한 것으로 현재의 단일계단이 성립되기 전 중대한 의의가 있다. 한국 불교의 사부대중은 대소승계(大小乘戒) 겸수를 전통으로 이어왔다. 조선, 일제강점기를 거치고 현대에 와서는 제도 개혁과 함께 통합적으로 운영될 필요성이 요청되었다. 다행히 중국 『사분율』 계통의 만하맥과 서상수계의 대은맥이 동산에서 합쳐진 것은 한국에서 통합종단이 출범하게 되는 주춧돌과 같은 역할이라 할 수 있다.

자운의 단일계단은 1980년 10.27법난을 계기로 종단 차원의 자정운동의 일환으로서 계단을 통합하여 단일계단을 정립하고, 이부승득의 수계의식을 새로 복원함으로써 가장 완전한 수계의식을 완비하게 되었다. 지구촌 불교국가 종단 중에서 대한불교조계종만이 유일하게 자비와 평등이 존재하는 사부대중 수계의식이 존재한다는 것만으로도 매우 중요한 의미가 있다.

5. 단일계단 이후의 정법(淨法)

1) 대한불교조계종의 정법

(1) 종헌 종법의 제정

나말여초(羅末麗初) 교학이 쇠퇴하면서 임제선의 유입으로 선(禪)이 주도하게 됨으로써 율장이 아닌 정법적 청규가 제2의 율장 역할을 하게 되었다. 수계의식에서도 변화를 가져와 율장의 내용과는 상관없이 전법게로써 사자상승의 의식이 가능해지면서 계단의 설치도 무의미하게 되었다. 조선은 청규까지 부지하기 어려운 상황에서도 선승들에 의한 교단 유지로 오늘에 이르렀다.

조선과 일제강점기는 불교의 암흑기였지만 그 시대도 승려가 존재했다는 것은 불교가 있었다는 의미다. 그래서 현대 단일계단이 있기 전 근세의 상황은 더욱 중요하다.

조계종에는[605] 종헌, 종법, 종령과 규칙이 있다. 종헌은 종단의 이념, 조직, 권한, 운영 등 종단의 법적 기본질서인 규범으로서 법과 규칙이다. 종법과 종령은 종헌을 위배할 수 없다.

종헌은 종단이 출범하는 근거로서 이미 종헌에 따라 종단이 출범한 뒤 그 종단이 유지되는 상태에서는 다시 종헌을 제정할 수는 없다. 현재 조계종단의 종헌은 1962년에 제정되었으며, 그 후 23차에 걸쳐 개

---

605) 대한불교조계종 교육원 불학연구소 편찬, 『조계종법의 이해』, ㈜조계종출판사, 2011, pp.20-25.

정되었다.[606]

종헌을 개정하기 위해서는 총무원장이나 중앙종회의원 재적 3분의 1 이상의 발의가 있어야 하고, 발의된 개정안에 대하여 중앙종회의원 재적 3분의 2 이상의 찬성을 얻어야 의결된다.[607]

종법은 종헌에서 조직한 기관 기구의 운영에 관한 사항, 종헌에서 위임한 사항 등을 정한 규범으로, 중앙종회에서 제정하고 개정이 가능하다. 종법안은 ①발의 ②심의 ③의결 ④이송 ⑤공포 ⑥시행의 과정을 거치며 5인 이상의 서명을 받아 종법안을 발의할 수 있으며 중앙종무기관의 장도 종법안을 제출할 수 있다.

종령은 종법을 시행하기 위하여 필요한 사항과 위임한 사항 등을 정하는 명령 규범으로서 중앙종회의 입법 절차를 거치지 않고 종무회의 의결을 거쳐 총무원장이 공포한다.[608]

그리고 규칙은 각급 종무 기관의 그 소관 사무에 대하여 종법과 종령에 저촉되지 않는 범위 안에서 사무 처리 절차와 방법 등의 규칙을 정할 수 있다. 편찬의 글에, 그동안 총림을 중심으로 운영되어 오던 율원은 주로『사분율』과『범망경』에 대한 연구를 지속해 왔다. 오늘날 종단과 사찰의 운영체계는 중국으로부터 전래된『선원청규』를 근간으로 제정된 종헌 종법에 의하여 교단이 운영되고 있다.

그리고 현대 사회는 급변하고 있으며, 계율이 제정될 당시에는 예상할 수 없었던 현재의 다양한 윤리적 문제들이 대두되면서 체계적인 커리큘럼과 전문화된 계율 교육의 필요성을 느끼게 되었다. 승가 질서 확

---

606) 대한불교조계종 교육원 불학연구소 편찬, 앞의 책, 2011, p.20.
607) 종헌 제130조. 대한불교조계종총무원,『종단 법령집』, 서울: ㈜조계종출판사.
608) 종헌 제53조. 대한불교조계종총무원, 위의 책.

립과 사찰 및 교단 운영, 그리고 외부 사회와의 원만한 관계를 풀어가는 데 가장 필요한 저술이다. 승려 한 개인 개인이 종법 전문가로서 종단에서 제 역할을 다하는 계기가 됨은 물론 조계종도들이 불교의 가르침을 실천하고 널리 전하는 데 든든한 기틀이 되어 줄 것이다. 조계종의 종헌·종법 또한 지역과 환경에 적합하게 변화하여 수용된 정법(淨法)이다.

2) 종헌 종법의 개념

(1) 종헌 종법의 개념

종단의 질서를 구성하는 규범 체계를 종헌이라 한다. 종단 내부에서 유효하게 작용하는 규범에는 종헌 외에 계율, 청규, 도덕과 상식 등이 있다. 율장은 승단 운영을 위한 구성원의 생활 규범이며, 청규[609]는 특정한 기관에서 그 기관 내부에서 사용할 목적으로 계율을 보완하여 시행하는 규범이며, 도덕과 상식은 모든 종도에게 영향을 미칠 수도 있지만 강제력은 없다. 하지만 종헌은 모든 종도에게 적용되며 권리와 의무의 근거가 된다. 조계종 기관 기구의 권력과 그 한도를 정할 뿐만 아니라, 종헌을 위반할 때 적절한 징계를 부과함으로써 그 준수를 강제하게 된다.[610]

종헌의 특성은 종단의 질서를 구성하는 규범 체계인 종헌의 특징을 네 종류로 나누면 다음과 같다.

---

609) 청규는 총림의 내규로서 총림 바깥의 대중을 규율하지 못한다.
610) 대한불교조계종 교육원 불학연구소 편찬, 앞의 책, 2011, p.35.

①종헌은 종단의 최고 규범이자 기본 규범으로서 종법 체계 중에 가장 강력한 형식적 효력을 갖는다. 종헌 규정에 따라 구성된 중앙종회는 종헌에서 부여한 권한으로 종법을 제정하며, 종법 시행의 중심 기관인 총무원 등 중앙종무기관은 종법 시행상의 필요에 따라 종법의 위임을 받아 종령을 제정한다.

종법과 종령은 종헌의 정신을 실현하는 내용으로 규정되어야 한다. 종헌이 최고 규범이기 때문에 종헌은 종단의 법 규범 가운데 그 개정을 가장 어렵게 하고 있으며,[611] 종헌에 위반하는 종법령 규범을 심사하여 그 효력의 유무를 판단하는 제도[612]를 두고 있다. 종헌은 종단적 합의를 바탕으로 종도의 총의를 수렴하여 대의기관인 중앙종회에서 제정한다.

②종단 기관을 조직하고 권한을 부여한다. 종헌은 종정, 원로회의, 중앙종회, 총무원, 호계원 등 종단 기관을 조직하고 그 기관에 종단의 권력을 위임하며 그 권한의 소재와 절차, 타당 범위 등을 정하여 권한 행사의 정당성을 부여한다.

③권력을 제한한다. 종헌은 권력을 위임받은 기관의 권한을 법적으로 한정하여 그 행사 범위와 요건을 제한하며, 권력을 분립시키고 서로 억제하게 하여 권력의 악용이나 남용 가능성을 배제하고자 한다. 또 종도의 기본권을 보장하고 있다.

④정치 규범으로서 종헌은 종단 기관의 권능과 그 제한 종도의 권리와 의무, 재정을 통한 경제적 자원의 분배 등을 규정하고 있으며, 그 개정은 이러한 권력관계에 영향을 미친다. 이러한 점에서 종헌은 정치 규범이다. 여기서 정치라는 말은 한정된 자원을 사회 구성원들에게 배분

---

611) 종헌 제130조. 대한불교조계종총무원, 『종단 법령집』, 서울: ㈜조계종출판사.
612) 종헌 제80조 제1항.

하는 행위를 의미한다. 이 자원은 금전이나 물품뿐만 아니라 권리까지도 포함한다. 그런데 자원의 희소성, 한계성으로 인하여 국가, 종단, 호사, 가정 등 어느 영역에서건 이해관계의 대립이 발생할 수 있으며, 이 대립과 분쟁을 조정하고 통제하여 통일적인 질서를 유지하는 작용을 정치라고 한다.[613]

종헌 전문에서 통불교 정신을 강조하고 있음을 볼 수 있다. 통불교라는 의미는 초기불교와 대승불교, 선불교와 교학불교가 서로를 배격하는 입장을 버리고 화쟁 회통하는 의미로서 각각의 특색을 살리는 것이다.

> 9산선문이 차례차례 산문을 열고 교종의 다섯 종파가 함께 활동하여 참선 가풍과 교학 연찬이 이 나라에 흘러넘쳤다. 그런데 고려 왕조 후기에 이르러 국운이 쇠약해지면서 국교인 불교의 교세 또한 부진해지자 태고보우 국사께서 여러 종파를 하나로 아울러 단일한 조계종을 만들자고 천명하여 이 통불교는 우리나라 불교의 특색인지라, 세계만방에 자랑할 만한 사실이다.[614]

위에서 선불교와 교학 불교가 함께 융성하였던 시대의 의미를 적극적으로 인정하고 있으며 태고보우 국사의 조계종 천명이 선종의 독자성을 드러냄보다는 교세의 부진 속에 선과 교를 함께 발전시키기 위한 의미임을 알 수 있다. 종헌 제2조에 본종의 종지를 보면 다음과 같다.

---

613) 대한불교조계종 교육원 불학연구소 편찬, 『조계종법의 이해』, 2011, pp.36-37.
614) 종헌 전문, 九山門이 列開하고 五敎派가 竝立하여 禪風敎學이 權域에 彌漫하였더니 麗朝의 쇠퇴와 함께 敎勢가 不振하려 할 새 太古國師께서 諸宗을 包括하사 曹溪宗의 單一宗을 公稱하시니 이는 我國佛敎의 特色인지라 世界萬邦에 자랑할 만한 事實이어니와.

> 본종은 석가세존의 자각각타 각행원만한 근본교리를 봉체하며 직지인심 견성성불 전법도생함을 종지로 한다.[615]

여기서는 초기불교, 대승불교와 선불교가 서로를 배격하는 것이 아니라 불교 교리의 바탕 위에 선불교의 정신을 선양하고자 한다. 흔히 선종의 불립문자(不立文字)가 교학을 낮은 단계나 낮은 근기의 것으로 폄하하고 배제하는 것으로 오해받는 데 비견하여 지금의 종헌은 근본 교리를 받들고 잘 이해하는 바탕 위에서 선 수행을 하도록 종지를 제시하고 있다.

> 본종의 소의경전은 금강경과 전등법어로 한다. 기타 경전의 연구와 염불지주 등은 제한치 아니한다.[616]

위는 종헌 제3조, 소의경전과 관련하는 규정에서 선불교의 전통을 중심에 놓되 교학 연찬과 정토 수행, 밀교 수행까지 포괄하는 통불교 전통을 드러낸다.

이러한 통불교의 전통에 따라 총림은 선원, 승가대학, 율원, 염불원 등 기본선원을 종단의 기본교육과정으로 병립시키고 있으며[617] 전문교육기관으로도 학림, 율원, 승가대학원과 선학연수원을 병립시키고

---

615) 종헌 제2조. "本宗은 釋迦世尊의 自覺覺他 覺行圓滿한 根本敎理를 奉體하며 直指人心 見性成佛 傳法度生함을 宗旨로 한다." 대한불교조계종총무원, 『종단 법령집』, 서울: ㈜조계종출판사.
616) 종헌 제3조. "本宗의 所依經典은 金剛經과 傳燈法語로 한다. 其他 經典의 硏究와 念佛持呪 等은 制限치 아니한다." 대한불교조계종총무원, 『종단 법령집』, 서울: ㈜조계종출판사.
617) 종헌 제180조.

있다.⁶¹⁸⁾ 그리고 종헌에 나타난 불교 정신은 대승불교 정신을 표방하고 있다.

> 조계종단은 조선시대 500년의 불교 탄압에도 꺾이지 않고 실낱같이 불조의 혜명을 이어오면서 정혜쌍수와 이사무애를 드높이며 대승불교의 부처를 이루고 중생을 제도하는 보살행을 실천하여 온 것이다.⁶¹⁹⁾

조계종단이 대승불교에 입각하여 존속하고 활동해 왔음을 밝히고 있으며 종헌에서는 승려와 신도는 보살계를 수지하도록 하며⁶²⁰⁾ 교화사업을 전담하는 중앙종무기관으로 포교원을 두고 있으며⁶²¹⁾ 그리고 사회 문화를 창달하기 위하여 교육, 언론, 출판, 방송, 영상 등의 사업을 수행한다.⁶²²⁾ 현대 사회에서 약자의 지위에 있는 아동, 노인, 여성 등을 위한 사회봉사와 복지 활동, 인권 옹호, 환경, 통일, 인간소외 극복을 위한 활동 등 사회를 구제하기 위한 폭넓은 활동을 종단의 사업으로 설정하고 있다.⁶²³⁾

종헌 전문에서 종헌은 조계종단의 모태가 선종(禪宗)에 있음을 나타낸다.

> 우리 종조 도의 국사께서 중국 선종 조계(曹溪)의 정통 법인을 이어받

---

618) 종헌 제84조.
619) 종헌 전문, "我宗은 朝鮮朝 5百年의 排佛毁釋의 政治的 法難에도 不屈하고 慧命을 嗣續하면서 定慧雙修와 理事無礙를 提高하며 大乘佛敎의 成佛度生을 實踐하여 온 것이다."
620) 종헌 제9조, 제10조.
621) 종헌 제66조.
622) 종헌 제14조. 대한불교조계종총무원, 『종단 법령집』, 서울: ㈜조계종출판사.
623) 종헌 제115조.

아 가지산문에서 선종의 깃발을 드날리심으로부터 9산선문이 차례차례 산을 열고[624] 교종의 다섯 종파가 함께 활동하여 참선 가풍과 교화 연찬이 이 나라에 흘러 넘쳤다. 그러나 고려 왕조 후기에 이르러 국운이 쇠약해지면서 국교인 불교의 교세 또한 부진해지자 태고보우 국사가 여러 종파를 하나로 아울러 단일한 조계종을 만들자고 천명하여[625] 아, 종조 도의 국사께서 조계의 정통 법인을 사승하사[626]

여기서는 대한불교조계종이 선종을 계승함을 밝히고 있으며, 조계종의 종지인 직지인심(直指人心) 견성성불(見性成佛) 전법도생(傳法度生)도 선종의 지침이며,[627] 조계종의 소의경전 또한 중국 선종의 소의경전인 『금강경』과 전등법어이다.[628]

대한불교조계종의 종조는 중국 선종의 법을 인가받은 도의 국사이며, 중흥조는 고려 말의 태고보우 국사이다.[629] 그리고 조계종의 법맥 상승은 스승과 제자 간에 마주 보면서 법을 전하거나 전법게를 주는 방식으로 한다고 하여[630] 스승이 제자에게 법을 인가하고 부촉하는 것을 종헌으로 인정하고 있다. 조계종의 종지를 구현하는 참선 수행도량으로 선원을 둔다[631]고 하여 종지를 구현하는 수행으로 선원에서의 참선을 제시하고 있다.

---

624) 최초의 산문은 실상산문이지만, 중국에서 선종의 법을 인가받고 최초로 귀국하여 교화를 펼친 이가 도의 국사이므로 도의 국사를 종조로 한다.
625) 대한불교조계종 교육원 불학연구소 편찬, 앞의 책, p.44.
626) 대한불교조계종 교육원 불학연구소 편찬, 위의 책, p.14.
627) 종헌 제2조.
628) 종헌 제3조.
629) 종헌 제6조.
630) 종헌 제7조.
631) 종헌 제107조.

(2) 조계종법과 계율 비교

조계종법은 행위규범과 심판규범, 조직규범을 모두 갖추고 있다. 계율은 행위규범, 즉 승려가 각 수계 분상에 따라 개인이 지켜야 할 행위를 규정하고 있다. 붓다 당시에는 현전 승가를 중심으로 하는 수행공동체로서 행위규범이 중심이었다.

행위와 규범의 제정 시기를 종계종법은 발생 가능한 다양한 상황들을 미리 예견하여 법 규범을 만들고, 그 규범에 따라 조직체계를 구성하고 행위하며 심판한다. 이에 비하여 계율은 죄과를 범하는 자가 생기면 그때마다 금지하는 계목이 수범수제(隨犯隨制)로 만들어지고, 그 계목에 따라 문제가 생길 때 그것을 보완하는 항목이 수결이라는 형식으로 제정되었다.

행위에 대한 규범의 적용 시기에서 조계종법은 종법 규범이 제정 공포된 이후부터 발생한 행위에 대하여 적용되며, 조계종법 발효 이전에 있었던 행위에 대해서는 적용하지 않는다. 불소급의 원칙이다. 계율에 있어서도 계목이 정해지기 이전에 한 행위에 대해서는 계율 위반이 적용되지 않는다.

행위에 대한 규범의 존재 여부에 대해서는 조계종법에 비법과 불법으로 규정되지 않은 행동은 죄가 되지 않는다. 이것을 죄형법정주의라 한다. 계율에 있어서도 계목상 금지하지 않은 행위는 계율을 범한 것이 아니다. 행위와 관련하여 조계종법은 행위자가 그 행위를 할 의도, 즉 고의에 의한 행위는 심판하지만, 행위자가 의도하지 않았지만, 나타난 과실에 대해서는 벌한다. 계율도 의도에 따른 행위를 기준으로 한다.

적용 시기에 있어서 조계종법은 조계종 승려가 되는 순간부터 적용을 받으며, 계율은 계를 지키겠다고 하여 수계를 받는 때부터 그 규율이 적용된다. 규범의 적용 대상은 조계종법에서는 조계종 종도이면 규범의 적용을 일반적·통일적으로 반드시 받아야 하며, 계율은 지키기 어려운 상황에 처한 경우 계를 바쳤다가(捨戒) 이후 재수계하여 받을(還戒) 수 있다.

규범의 실제 효력에 있어서는 조계종법은 위반한 경우에 징계나 처분을 받게 되며, 징계가 끝나면 조계종도로서의 권리와 의무를 회복한다. 그것은 실질적 효력을 갖고 있는 규범이지만, 계율은 위반한 경우, 포살갈마나 치죄갈마를 통하여 참회하면 청정을 회복할 수 있는 것으로, 현실적으로 효력이 약하다고 할 수 있다.

이렇게 변화하는 현실에 대하여 제1차 결집에서 계율은 고칠 수 없는 것으로 만들어지면서 현실과 계율에 문제가 생겼다. 이 문제를 해결한 것이 중국에서의 청규 제정이라 할 수 있다. 조계종법에는 조계종단의 이념과 조직, 각종 기관 기구의 조직과 역할, 그리고 율장이 정한 행위규범 가운데 법령으로 할 만한 것은 거의 반영하고 있다. 이렇게 조계종단은 조계종법을 실질적 효력을 가진 규범으로 인정하고 있다.

계율은 불교 실천 수행에 가장 기본이 되는 계정혜 삼학의 실천 수행에 있다. 승가 질서 확립과 사찰 및 교단 운영, 그리고 외부 사회와의 원만한 관계 유지에서 계율에 대한 인식과 교육이 중요하다 하겠다.

> 오늘날 종단과 사찰의 운영체계는 중국으로부터 전래된 『선원청규』를 근간으로 제정된 종헌종법에 의하여 교단이 운영되고 있다.[632]

---

632) 대한불교조계종 교육원 불학연구소 편찬, 『조계종법의 이해』, ㈜조계종출판사, p.8.

위 내용에서도 알 수 있듯 조계종의 종헌과 종법은 『선원청규』를 근간으로 제정되었다. 더 나아가 종헌·종법까지도 정법(淨法)의 범주로 해석하여도 무방하다고 보인다. 조계종의 종헌·종법이 선원청규의 본질을 가지고 있다는 의미로서 결국, 붓다의 법이 적합하게 수용되어 변화된 정법(淨法)이 『선원청규』라 할 수 있다.

2) 조계종 선원청규

(1) 근·현대 청규

①1899년 경허 선사에 의한 30개 조항의 수선사 결사 청규 내용
경허 선사의 결사 청규(1899년 해인사)는 해인사 수선사의 "결동수정혜동생도솔동성불과계사문(結同修定慧同生兜率同成佛果禊社文)" 결사 맹주비구 성우(경허)의 글이다.

- 마땅히 무상한 생사의 일이 중대함을 생각하여 정(定)과 혜(慧)를 닦을 것이며 정혜를 닦지 않고 불과(佛果)를 구하고자 함은 뒷걸음질치며 북쪽으로 수레를 모는 것과 같은 헛된 유위법에 집착해서 평생을 그르치지 말라.
- 정혜를 닦아 공부 길이 잘 결택되었으면 힘을 허비하지 말고 반드시 선지식을 찾아야 한다.
- 붓다의 보살행을 이루려면 반드시 행업을 한 후에 판단할 수 있으므로 정혜를 수행하여, 도솔천 내원궁에 상생하는 원력을 세워 붓다를 이루어야 한다.

- 이미 결사에 참여하였다면 정혜 닦음에 힘을 쏟을지언정, 도솔천에 상생하기만을 원하면 안 된다. 원만 있고 행이 없으면 그 원은 허사가 된다.
- 정혜를 닦는 이는 도솔천에 나기를 원치 않더라도 또한 결사에 들기를 허락할 것이며, 극락에 왕생하기를 원하더라도 결사에 참여시킨다.
- 이 결사의 의미는 함께 결사한 도반과의 탁마함에 있으니 반드시 한 곳에 모여 공부해야 한다.
- 만약 분명히 결사를 택하여 정혜에 진실로 수행하는 사람은 한곳에 모이지 않더라도 무방하다.
- 하고자 하는 도(道)가 미숙하고 성숙함을 구별함이 없이, 그때의 형편이 어려우면 반드시 한곳에 모이지 않아도 된다.
- 결사에 참여하는 사람의 주소, 성명, 발원 내용 등을 기록해야 한다.
- 이 결사에 대하여 처음에는 선포하지 않았으나 해인사의 수선사에 결사의 장소를 정하였으니 참가자들의 인적 사항을 보내어 기록하고, 계원들에게 돌린다. 이러한 일로 참가자들을 가고 오게 번거롭게 해서는 안 된다.
- 결사 참가자들은 용맹심으로 수행하되, 도를 먼저 성취한 사람은 아직 성취하지 못한 사람들을 제도해야 한다. 그러나 타인에 의지하고 방일하는 참가자나 속이는 마음으로 참가한 사람들은 결사에 참가시키지 않는 것이 좋다.
- 마음과 행동이 흉악하거나 중죄자, 나쁜 병이 있는 사람들을 결사에 받아 들이면 안 된다. 이들은 교화를 손상하고 수행하는 대중들을 방해할 가능성이 많다.
- 만약 견해가 다르고 행동이 다른 사람은 결사에 참여시키지 말아야 한다.

- 발원하고 함께 맹세하는 것은 작은 일이 아니다. 결사한 사람 중에서 삼악도에 떨어지거나 마구니의 외도에 들어가면 먼저 도력을 이룬 사람이 그를 붙들어 맹세의 뜻을 어기지 말도록 해야 한다. 결사에 뜻을 둔 사람은 서로 화합하고 보호해야 한다.
- 도솔천에 상생하여 미륵여래를 친견하겠다는 원력이 있다면 그것은 항상 간절하여 자연스레 생각하고 잊어지지 않는 것이니 이것이 진실한 염불이다. 예불하고 공양함에 있어서도 정성스러운 마음에 힘을 쓰지 형식적으로 분주할 필요가 없다.
- 결사한 사람들은 때때로 각각 여러 곳에 모이되 많거나 적거나 서로 모여서 공부를 할 것이며 혼자서 산속에 들어가서 하지 말라. 결사한 사람들끼리 서로 도와주어야 한다. 이 조항은 반드시 준수할 것이며 혼자서 살 마음이 있는 이는 이 결사에 받아들이지 않는 것이 좋다.
- 병들어 사망하는 이가 있다면 계원은 성의껏 간호하고 그를 위해 무상법, 정혜의 이치, 도솔천에 상생하는 원을 설해주어 그로 하여금 도솔천에 상생하는 원력을 어둡지 않게 해야 한다.
- 사망하는 곳에 결사 도반이 있으면 미륵여래와 삼보에 공양을 올리고 명복을 빌되 정성껏 하면 된다.
- 사망 사유와 날짜를 적어 결사소에 보내면 결사소에서는 모든 계원에게 통보한다. 이 소식을 들은 계원들은 천리 밖에 있더라도 그 모임의 수에 관계 없이 맹세의 서약을 생각하여 망인을 위해 검소한 공양을 베풀고 미륵여래와 삼보에게 공양을 올린다. 회합 대중은 예배 축원으로 망인으로 하여금 도솔천 내원궁에 상생케 할 것이며, 망령을 위한 시식을 하고, 대소상에도 이것을 따라야 한다.
- 결사 추진에서 의문 나는 내용을 문답으로 서술한 것으로 도솔천에 상

생의 발원, 미타정토 왕생 발원과 정혜결사와의 상관관계와 참으로 정혜를 닦는 이라면 도솔과 정토에 구애받지 않는다는 회통성을 피력하고 소신과 방편을 이용하여서 중생들을 이익되게 하려는 의도가 드러나고 있다.

- 세상에 있을 적에 작은 선업을 지었더라도 동참계원에게 회향하여 함께 불과를 이루어야 한다.
- 성불한 사람이 동주자에게 회향하는 방법에 "이 동참계원이 함께 성불하기를 원하는 것은 실로 일체중생을 제도하기 위함에서 나온 것이다. 그래서 옛사람이 이르기를 '스스로 얽매임에서 풀려나지 못하고는 남의 결박을 풀어줄 수 없다'라고 하였으니 이 법을 떠나서 별다르게 중생에 회향하는 일은 있을 수 없다"라는 요지를 참고해야 한다.
- 이 결사문으로 타인에게 권하고 교화할 수 있는 사람은 각기 1통씩을 갖고 널리 인도하여 입사케 해야 한다.
- 결사를 창설하는 이들도 또한 목숨이 무상함을 알아서 정혜결사의 의의를 잊지 말고 오래도록 전하여 널리 미혹한 중생들을 제도해야 한다.
- 입사하고자 하는 이는 이 규례와 결사문을 자세히 보고 먼저 입사한 사람은 이를 자세히 가르쳐 깨닫게 하여 진정한 신심을 내어 바른 도업을 닦게 할 것이며 업력의 바람 기운을 따라 갈팡질팡하지 않게 해야 한다.
- 이 규례문은 하안거, 동안거, 혹은 같이 모여 수행할 때에 종지를 확실히 아는 이가 대중을 위하여 자세히 알려주도록 하며, 초심자와 글을 모르는 도반들이 이 규례문의 내용을 알지 못하여 혼미하게 하면 안 된다.

- 결사문 가운데 부적절한 내용이 있다고 손치더라도 동참자를 위한 것으로서 동참자가 아닌 자가 보고 맞지 않는 내용이라 시비를 일으키지 않게 하여야 한다.
- 이 규례는 동참자와 관계된 것으로서 경전에 갖추어진 내용은 인용하지 않았다.
- 다시 자세한 실행 세목은 있으나 처음 결사에 불편함이 있을까 하여 뒷날에 제정하기로 한다. 그러나 마음대로 제정하지 말고 반드시 종주와 해박한 어른이 의논하여 정한 뒤에 계책을 만들고 반포 시행한다.
- 위의 규례를 준수할 것이며 절대로 방임하지 말고 자리이타(自利利他)를 상실하면 안 된다.[633]

위의 수선사 경허 청규의 내용이 다른 내용들을 함축하는 것이라 보고 간략히 하였다.

청규라는 이름의 결사이다. 시대 상황을 반영한 내용임을 알 수 있다. 대표 글로서 '정혜를 함께 닦아서 함께 도솔천에 생하며 함께 성불하자는 계사문'을 필두로 처음에는 결사를 무상한 유위법(有爲法)의 세계를 멀리하기 위하여 정과 혜를 닦아야 하는 것에서 출발하고 있다. 붓다를 이루고 보살행을 이루기 위한 목적을 세웠으며, 내용으로는 정과 혜를 닦음으로써 도솔천에 나고자 하지 않더라도 왕생할 수 있다는 것과 결사한 도반끼리는 반드시 각각의 장소라도 한곳에 모여 탁마해야 함을 강조하였다. 그리고 성취한 자가 있다면 성취하지 못한 이를 도와야 하는 것과 결사에 참여한 이들에 대한 인적 사항과 장소를 반드시

---

633) 최법혜, 『「조계종선원청규」 편찬위원회발족식자료집』, 대한불교조계종교육원 전국선원 수좌회, 2006, 10.20 오전 11시 불교대구회관, pp.13-16.

명문화할 것을 강조하고 있다.

결사란 어쩌면 생사를 놓고 하는 수행 정진이라는 의미처럼 결사 도반이 도중 사망하는 경우, 어떻게 해야 되는지에 대해서도 명확히 밝히고 있다. 결사 추진에서 의문 나는 내용을 문답으로 서술한 것으로 도솔천에 상생의 발원, 미타 정토 왕생발원과 정혜 결사와의 상관관계에 있어서 참으로 정혜를 닦는 이라면 도솔과 정토에 구애받지 않는다는 회통성과 중생들을 이익되게 하려는 의도가 드러나고 있다.

동참계원이 함께 성불하기를 원하는 것은 실질적으로 일체중생을 제도하기 위함에서 나온 것으로서 스스로 얽매임에서 풀려나지 못하고는 남의 결박을 풀어줄 수 없다는 회향하는 법과 결사문을 타인에게 전도하여 입사케 해야 한다는 내용에서 붓다 법 결사의 홍포까지도 언급하고 있다. 말미에 규례를 준수함과 절대로 방임하지 말라고 하면서 자리이타(自利利他)를 강조하였다.

②1902년 경허 선사의 범어사계명암수선사방함청규(梵魚寺雞鳴庵修禪社芳啣淸規)는 범어사 경허에 의한 청규로서 대중 화합과 소임자 선출 그리고 일상생활규정 등의 10개 조항이다.

③내원암 청규는 1910년 음력 2월 범어사에서 수행 자격 조건 제시, 소임 선출, 대중 화합 등 7개 조항이다.

④선림규칙(禪林規則)은 1914년 1월에 개최된 조선불교 선교양종 30본산 주지회의소 제3회 회의록에 있는 선림규칙이다. 당시 1913년 현재 전국 선원이 72개소이며, 내용에 있어서 앞의 것과 비슷하지만 붓다

의 심법(心法)을 실참(實參)하여 견성성불(見性成佛)에 도달하는 것을 선림의 목적이라 하고, 선방의 운영, 방부 조건, 수좌의 자격 제시 등 10개 조항이다.

⑤만일선원규례(萬日禪院規例)는 1921년 방한암의 건봉사에서 선원의 종주로 추대된 겨울의 청규 규례이다. 만일결사운동을 만일선원규례라는 이름으로 소임자의 의무 규정과 대중 화합을 강조한 9개 조항이다.

⑥백용성의 만일참선결사회 규칙은 1925년 망월사에서 시작한 백용성의 만일참선결사회로서 명칭을 정수별전선종활구참선만일결사회(精修別傳禪宗活口參禪萬日結社會)의 청규 규칙이다. 9개 조항이며 특이한 내용이 현재 단일계단에서 정한 대승경인 『범망경』과 『소승율』인 사분율을 준수함과 반월포살에 대소승율을 송출함과 만 20세 이상에서 55세까지의 자로 한정하고 있다.

⑦내장선원규칙은 1925년 학명 선사가 지은 것으로서 백학명은 내장사를 근거로 수행한 선사이다. 선 수행을 하면서 노동을 겸한 반농반선(半農半禪)의 상징적 인물이다. 보청법으로 이해해도 된다. 1920년~1929년의 일이다. 선원의 목표를 반농반선으로 함과 선의 자선자수(自禪自修)와 자력자식(自力自食)의 내용은 현재 사찰에서 이루어지는 것과는 상당한 거리가 있다. 일제 치하에서 산중불교로 남기 위한 자구책이 아니었을까 한다. 당시뿐 아니라 물자가 녹록치 않은 상황에서 직접 탁발과 경작을 하며 참선을 했었다는 예는 많이 알려진 일들이다. 8개 조항이다.

⑧승가오칙(僧伽五則)이라는 이름의 청규는 1926년 방한암을 종주로 한 것으로서 내용을 보면 염불, 간경, 의식, 가람수호, 금강경 독송 등 8개 조항으로 되어 있다.

⑨조선승려수선제요(朝鮮僧侶修禪提要)는 전국 선원의 청규절목(淸規節目)으로서 1928년 전국 선원의 청규를 알려주는 조선총독부 종교과 사무 촉탁이었던 도변창(渡邊彰)이 1927년부터 시행한 자료 수집을 통해 당시 불교의 선에 관련된 제반 제도 및 실상을 정리하여 일반에게 알리기 위해 나왔다. 당시 전국의 선원을 75개소로 전제하면서 각 선원별 승직 명칭과 그 직무 등을 소개하였다. 선원 운영, 안거일 명시, 일상생활 규정 등의 18개 조항이다. 특이점은 제3항에 결제 개시 후의 기간에 입참할 수 없다고 되어 있지만, 정혜사에서는 안거기간 중에도 진실한 납자이면 입참할 수 있는 관례가 적용되었다.[634]

⑩봉암사결사 규약의 봉암사 결사는 1947년 가을부터 1950년 3월경까지 봉암사에서 진행된 결사로서 이 결사에 활용된 청규는 공주규약(共住規約)이다. 이 결사의 주축은 성철, 청담, 자운이며 식민지불교 극복, 자급자족의 선원 운영, 오조가사 착용, 괴색가사 착복, 보청법 강조 등 18개 조항이다. 당시의 획기적인 결사규약임은 틀림이 없다. 하지만 출가자의 의복인 가장 중요한 가사의 색을 규정한 것은 대한민국에서 현재의 조계종이 전통임을 표방하면서도 조계종의 가사는 전통을 고수하지 못하는 상황을 발생시켰다. 어떤 대안을 설계해 놓고 규정을 만들었

---

[634] 최법혜, 『「조계종선원청규」 편찬위원회발족식자료집』, 대한불교조계종교육원 전국선원수좌회, 2006, p.21 각주1) 참조.

었으면 하는 아쉬움이 있다.

⑪해인총림 규약의 해인총림은 1967년 7월 조계종단 제16회 종회 결의로 해인사에 설치된 종합수도 도량이다. 현대 한국 선원 총림법의 시원(始原)이며 성철을 종주로 한 규약으로 12개 조항이다.[635]

지금까지 11개의 근현대의 청규 자료를 보았다. 위의 내용을 간략히 정리하여 표로 만들었다.

〈표 5-1〉근·현대의 청규

청규명	제정연도	간행자	조항	청규 내용
해인사 수선사의 "결동수정혜동생도솔동성불과계사문 (結同修定慧同生兜率同成佛果禊社文)	1899년	경허 선사	30개	결사 추진 내용을 문답으로 서술한 것으로 도솔천에 상생 발원, 미타 정토 왕생 발원, 정혜결사에 있어서 정혜를 닦는 이라면 도솔과 정토에 구애받지 않는다는 회통성과 중생들을 이익되게 하려는 의도, 수선사 결사 계승
범어사계명암수선사방함청규 (梵魚寺雞鳴庵修禪社芳啣淸規)	1902년	경허 선사	10개	범어사 경허에 의한 청규로서 대중 화합과 소임자 선출 그리고 일상생활 규정 등
범어사 내원암 청규	1910년 음력 2월	범어사	7개	수행 자격 조건 제시, 소임 선출, 대중 화합 등

---

635) 최법혜, 「「조계종선원청규」 편찬위원회발족식자료집」, 대한불교조계종교육원전국선원 수좌회, 2006, p.27에서 본 자료 출처가 김광식, 「근대선원청규의 개요와 성격」, 조계종 교육원, 「승가교육」 제5집에서 재정리한 것임을 밝히고 있다.

선림규칙(禪林規則)	1914년 1월	조선불교선교양종 30본산 주지회의 3회 기록 선림규칙	10개	붓다의 심법(心法)을 실참(實參)하여 견성성불(見性成佛)에 도달하는 것을 선림의 목적으로 함. 선방의 운영, 방부 조건, 수좌의 자격 제시
건봉사 만일선원 규례(萬日禪院規例)	1921년	방한암	9개	만일결사운동을 만일선원 규례로 소임자의 의무 규정, 대중 화합을 강조
망월사 정수별전선종활구참선만일결사회(精修別傳禪宗活句參禪萬日結社會)의 청규 규칙	1925년	백용성	9개	만일참선결사회 규칙, 대승경인 범망경과 소승율인 사분율을 준수함, 반월포살에 대소승율을 송출, 만 20세-55세까지로 한정
내장선원 규칙	1925년	백학명	8개	선원의 목표를 반농반선, 선의 자선자수(自禪自修), 자력자식(自力自食)
승가오칙(僧伽五則) 청규	1926년	방한암	8개	염불, 간경, 의식, 가람수호, 금강경 독송 등
조선승려수선제요(朝鮮僧侶修禪提要)는 전국 선원의 청규절목 (淸規節目)	1928년	조선총독부 종교과 사무촉탁이었던 도변창(渡邊彰)	18개	각 선원별 승직 명칭, 직무 소개, 선원 운영, 안거일 명시, 일상생활 규정
봉암사 결사 공주규약(共住規約)	1947년 가을~1950년 3월	성철, 청담, 자운	18개	식민지불교 극복, 자급자족의 선원 운영, 오조가사 착용, 괴색가사 착복, 보청법 강조
해인총림 규약	1967년 7월	성철	12개	조계종단 제16회 종회 결의로 해인사에 설치된 종합수도 도량이 해인총림이다. 현대 한국선원 총림법 시원(始原)

(2) 대한불교조계종 선원수좌회 선원청규(禪院淸規)

전국선원수좌회에서 펴낸『조계종 선원청규(禪院淸規)』는 『고청규(古淸規)』에 의지해 온 한국 불교가 현대 사회에 맞는 '한국 불교의 청규'를 만들었다는 점에서 의미가 크다. 조계종의『조계종 선원청규』는 향후 한국 불교 수좌들은 물론 스님들과 재가불자들에게 '구체적인 수행 지침'을 제시하고 있다. 조계종의 『선원청규』는 중국 송나라 자각종색(慈覺宗賾)의 『선원청규(禪院淸規)』와 원나라 동양덕휘(東陽德輝)가 중편(重編)한 『칙수백장청규(勅修百丈淸規)』를 모본(母本)으로 삼았다.

편찬사를 보면 2004년에 한국의 조계종 선원수좌회에서 선원청규 제정을 위한 발의를 하였으며, 2006년 10월 선원청규 편찬위원회를 발족하였다. 전통과 수행 가풍을 담아 시대와 미래에 대응할 수 있도록 편찬 방향을 설정한 뒤, 청규 제정 발의 6년, 편찬위원회가 발족된 지 4년 만에 만들어졌다.[636]

이것만으로도 대단한 성과라고 할 수 있다. 하지만 편찬사의 서두에서 대한불교조계종이 선종임을 표방하고는 있지만, "우리 선자(禪者)들은 한국선의 정체성을 굳건히 하여 선풍을 진작…"의 내용에 선자(禪者)가 아닌 한국의 대한불교조계종 수행자로 바꿔야 한다. 대한불교조계종 수행자 구성원은 선승과 교학승 등 여러 소임 구성원 전체를 통괄할 수 있어야 하기 때문이다. 삼국시대와 신라·고려·조선의 불교 부침의 세월을 지나면서 현재는 선종, 화엄종, 유식종, 천태종, 법상종 등의 종명은 사라지고 화엄학, 유식학, 천태학 등의 학계를 포함하는 선종이라는 이름으로 대한불교조계종이 자리하고 있는 것이다.[637] 따라서 전체를 통괄하는 '조계종 선원청규'여야 옳다고 본다.[638]

---

636) 전국선원수좌회, 『대한불교조계종 선원청규』, ㈜조계종출판사, 2010. p.7. 이하 『대한불교조계종 선원청규』는 『조계종 선원청규』라 칭한다.
637) 한국에는 사실 다른 종단이 존재하고 있다. 붓다의 계율에 "수염과 머리카락을 삭발하고 가사·승복을 입고, 독신이어야 승이다"라고 하였다. 하지만 의복은 일을 할 때, 거사의를 입어도 된다(Vin, i, p. 280; vin, i, pp.281-282)는 예외 사항도 있다. 대한불교조계종의 승려를 제외하고는 타 종단은 독신이 아니기에 정리한다.
638) 동국대에서 2006년부터 법혜 스님에게 계율학 관련하여 학습 받은 필자로서, 당시 편찬

대한불교조계종은 선종(禪宗)이 주류가 되어 있다. 신라 대에 입당구법승(入唐求法僧)들에 의하여 전래된 한국의 선종은 중국의 영향을 받았으며, 현재 선원(禪院)에서 불립문자(不立文字) 교외별전(敎外別傳)이라는 문자에서 보이듯이 교리의 체계나 규범의 제약을 거부하고 있다. 그러나 어록과 같은 많은 전적이 선승들에 의해서 나온 것으로서 선종의 전적들은 대개 전등(傳燈)·어록(語錄)·계법(戒法)·청규(淸規)의 사부(四部)로 분류할 수 있다. 현재의 선원 등에서도 옛날의 선원에서 전적들이 나온 것처럼 나오지는 않고 있다.

청규는 선종에서 중시하는 제2의 율장(律藏)[639]으로서 마조(馬祖, 709-788)의 제자 백장(百丈, 720-814)에 의해 만들어진 이후로 많은 선사(禪師)들이 준수해 오면서 현재에 이르고 있다. 한국의 선종은 제도적인 청규보다는 이론적인 수행 방법에 있어서는 발전했으나, 선론(禪論)이나 전등에 대한 논란은 많아도 선승들의 총림 생활에 관한 청규의 저술은 거의 없다. 현대에 들어 식당 작법 등 조금씩 연구서가 나오고 있다. 청규를 이해하는 관점에서, "청규는 법규(法規)나 회칙(會則)이 아니다"[640]라고 주장하고 있다.

청규는 법규와 회칙으로 가능하다고 본다. 그것은 우리 승가에 불제불개변의 법이 붓다 입멸 후 생겨난 것이지, 붓다가 제정한 것은 아니기 때문이다. 또한 청규가 현재 승가의 법규가 되어서 전승되었기에 한국의 승려가 존재할 수 있다고 본다. 먼저, 수좌회 청규에서 여러 시대적·

에 대하여 관심을 가지고 있었다. 스님이 수정한 사항이 반영이 안 되었다는 것을 당시 들을 수 있었다.

639) 禪苑淸規序에 '天禪門事例, 雖無兩樣毘尼 衲子家風 別是一般規範.', 최법혜, 앞의 논문 각주 재인용, p.4.
640) 적멸, 「禪苑淸規의 內容構成에 관한 考察-高麗板本을 중심으로-」, 『한국선학』 8호, p.195.

사회적인 국가적 문제를 넘어오면서, 대한불교조계종의 선원수좌회에서 『조계종 선원청규』를 만들었다.

전국선원수좌회의 『조계종 선원청규』[641]의 구성은 『고려판 선원청규』와는 사뭇 다름을 알 수 있다. 그것은 현대에 만들어지면서 현재 조계종의 종헌·종법을 위시하여 소승 사분율과 대승불교의 범망경의 보살계로 정착된 단일계단에서 이루어지는 구성으로 다음과 같다. 전체적으로 보면 서론·1부·2부의 3단으로 나누어져 있다.

1부에는 조계종의 종지·역사·조계종의 율맥·사분율비구계·범망경보살계·포살계본 내용·수계의식·수계, 호계·전통선계로서 문수최상무생계법의 내용이다.

2부는 선원의 구성 체제·기본선원·전문선원·선원의 조직[642]과 소임·취임식·선원의 안거와 수행체계·보청법·운력과 홍법 및 복지 활동·선원경제·대중 생활과 법구·예경 행례와 선다례 등으로 구성되어 있다.

『조계종 선원청규』의 제정에 있어서 "율장 정신을 근거로 한 조계종문의 규범으로서 청정수행 가풍을 정립하고, 불조혜명(佛祖慧命)을 계승 유지해서 견성성불(見性成佛) 요익중생(饒益衆生)에 제정의 의의[643]가 있다"고 밝히면서 "『조계종 선원청규』에 ① 고래(古來)의 청규 정신을 계승하여 한국적인 선사상과 실천행의 전범(典範)을 수립, ② 종헌·종법의 연장선상에서 선 수행에 관한 의례와 규범 등을 발굴해 그 정신을 계승·발전, ③ 정법을 수호하고 청정교단을 유지, 발전시키기 위해 계·정·

---

641) 전국선원수좌회, 『조계종 선원청규』, ㈜조계종출판사, 2010.
642) 제목의 '조직'이라는 단어를 사용한 것 또한 붓다 입멸시 어떤 권위와 조직도 존재하지 않았다. 법을 뗏목으로 삼으라는 유훈에 벗어난다고 본다. 단어의 사용에 고심해야 할 부분이다.
643) 전국선원수좌회, 『조계종 선원청규』, ㈜조계종출판사, 2010. p.31.

혜 삼학등지(三學等地)의 토대 위에 현대적이고 미래지향적인 방향으로 찬술, ④ 이사원명(理事圓明)의 교설에 입각해 이판(理判)과 사판(事判)의 원융 화합을 토대로 이사무애(理事無碍)·행화일치(行化一致)의 정신을 발양하고자 한다"[644]는 찬술 방향을 네 가지로 설명하고 있다.

다음으로『조계종 선원청규』를 세분화한 내용을 보면, 1부에서는 조계종의 종지·역사·소의율장·법계와 승가교육을 설명하고, 2부는 7장으로 나누어서 수행자가 지켜야 하는 청규로서 2부의 내용이『고려판선원청규』와 부합되는 사항이다.『고려판선원청규』는 9권으로 나누어서 소임과 직무에 대한 사항들인 데 비하여『조계종 선원청규』는 승가 생활 전반에 대한 내용으로 이루어져 있다.『고려판선원청규』가 선원에 국한된 청규로서 전체로 보이는 경향이라면『조계종 선원청규』는 조계종 전반을 축소된 청규로 인식될 수 있는 점을 내포하고 있다.

1부의 1장에 조계종의 종지·역사가 있으며 2장에 소의율장, 3장에 법계와 승가교육을 설명한 가운데서 전통선계로서 문수최상무생계법을 넣은 것이 특이하다. 이것은 다음과 같은 오류가 나올 수 있는 여지를 안고 있다.

『조계종 선원청규』를 보고 11가지 사항으로 요약된 첫째를 보면 다음과 같다.

"첫째는 한국 고유의 대승불교의 무생계(無生戒)의 정신을 계승한다. 해인사 비로자나불 복장품 가운데서 발견된「무생계첩」의 내용은 그 하나이다. 그 무생계는 모든 붓다와 모든 선법(善法)을 발생시키는 터전이다. 무형불·무생법·무형승·최상무생계의 사귀의·삼업의 참회, 여

---

644) 전국선원수좌회, 위의 책, 2010. p.35.

섯 가지 서원 등에 의지해야 할 것을 말한다."[645]

위의 내용에서 전통계를 말하고 현재 행해지고 있는 것으로 오해를 살 수 있는 것은 부가 설명이 안 된 이유로 인한 결과로 보인다. 이미 대한불교조계종은 출가 수계에 있어서 단일계단에서 수계하는 것을 원칙으로 규정되어 있다.

2부의 1장은 선원의 구성체제로 기본선원·전문선원·선원의 조직[646]과 소임·취임식이다. 『고려판선원청규』의 3권·4권의 직무와 소임에 관한 사항과 같다. 2장에서는 선원의 안거와 수행체계로 방부·수행체계·선원의 일과와 제반 수칙이다. 3장은 보청법으로서 사중 운력·홍법 및 복지 활동·생태 및 환경교육·선심리치료가 있다. 보청법으로서의 현재 상황에 부합하는 내용을 첨가하였다고 보인다. 인구 소멸로 인한 출가자가 없어지고 종교를 의지하는 것보다는 자신을 의지하는 세태로 인하여 종교를 믿고 따르는 재가자가 줄어들면서 불교뿐만 아니라 종교 전체가 새로운 활로를 모색해야 하는 시점이다.

보청과 선원 경제는 불교에서 조금은 등한시했던 분야로서 이제 수행과 보청은 하나여야 되는 시대로서 세세하게 할 필요성이 있다. 그래서 미래의 선원 경제를 충당할 수 있는 대안으로 5가지를 제시하고 있는데 다음과 같다.

- 대도시의 선원에서 공동으로 운영하는 선센터를 건립하여 참선을 지도 한다.

---

645) 김호귀, 「『조계종 선원청규』의 내용과 편찬의의」, 『불교평론』, 2011.
646) 『고려판선원청규』3권과 4권에서는 직무라 되어 있다.

- 자연농법에 따른 청정 농산물과 임산물을 생산하여 직거래를 통해 도시사찰과 연계한다.
- 선체험 프로그램을 통해 참선, 명상, 상담 등을 행하여 심신의 안정과 삶의 질적 향상을 도모한다.
- 대선사 순회 법회와 선서화전, 명상 선 음악회, 선 심리치료, 사찰음식 및 선식 시식회, 선서 출판기념 법회 등을 적극적으로 활용한다.
- 선다회를 개최하여 선다 인구의 저변확대를 통해 선미다향의 풍토를 조성한다.

백장시대의 '하루 일하지 않으면 먹지 않는다'라는 것은 당시엔 획기적인 내용이었지만, 굉장히 아날로그적 사원 경제로서 당시 중국에서 선종이 유지될 수 있는 조건일 수 있다. 이에 비하여 위의 내용은 현대에서 필수 불가결의 상황에서 제시되었다고 보인다. 율에 있어서 위범되는 사례지만, 사실 위 내용은 각 사찰에서 행해져 오는 내용들이다. 우리 불교계가 다른 종교에 비하여 많이 뒤처진 감은 있지만, 지금이라도 활발발해지기를 바라는 입장이다.[647]

4장은 대중 생활과 법규로서 대중생활의 도구와 의생활·식생활에 관한 청규이며 5장은 예경 행례와 선다례 등으로 구성되어 있다. 여기에는 안거·결제·해제·선다례 등의 내용을 자세히 하고 있다. 예로부터 수선납자에게 망상을 막기 어렵고, 졸음을 막기 어렵고, 안좌하기 어렵다

---

647) 본인이 거주하는 사찰에서는 자급자족적 임업을 하고 있다. 이 분야에 대한 교육을 받기도 하고 그 분야의 사람들을 만나는 계기가 있어서 알게 되었는데, 타종교인들은 한발 빠르게 움직이면서 경영하고 있다는 것을 알 수 있었다. 그것은 불교사찰에 속한 많은 산림이 활용되지 않는 데 비하여 타종교인은 산이 없는데도 산림조합, 임업 후계자 등을 통하여 산을 소유하고 산림경영의 베테랑들이 많음을 알 수 있었다.

는 좌선 삼난(三難)을 차가 극복하게 해 준다는[648] 말처럼 차는 수행하는 데 도움이 된다.

　6장은 수행 생활과 복지로서 먼저, 수행자의 실생활에 필수적 요소인 경제적 금융 그리고 차량 및 전자용품 사용 등에 관한 사항이며, 문화생활·종단 차원의 복지 대책 등에 관한 내용이다. 한국에서 타종교는 복지정책이 일찍이 탄탄하게 자리 잡은 상태지만, 우리 불교계는 아직 미비하다고 할 수 있다. 이는 한국전쟁을 지나오면서 불교계가 성장할 수 있는 계기를 마련할 수 없었던 이유도 자리하고 있지만, 종단 차원에서 단합하여 자립적 기반을 만들지 못한 이유도 있다고 본다. 7장은 장례의례와 생명나눔으로 마무리하고 있다.

　현재 한국 불교를 대표하는 대한불교조계종 『수좌회 선원청규』의 규칙들을 자세히 보았을 때 여러 장으로 현대에 맞추어 만들어진 내용이기는 하지만, 거의 좌선 위주로서 경전 등을 허용하는 선원은 일부 기본선원과 승가 공동체라고 하는 선원 등에서 선학 관련 강좌가 있으며 전문선원은 거의가 불조 혜명을 잇기 위한 참선에 목적을 두고 있음을 알 수 있다. 이러한 현상은 조계종 『수좌회 선원청규』가 총림 전체를 통괄하지 못하기 때문으로 보인다.

　조계종이 5대 총림 사찰 외에는 총림이 아니라고 정리하였는데, 5대 총림만을 총림이라 지칭한다면, 총림의 원 의미를 축소하게 된다. 여기에 기술된 내용을 보면 "총림이란, 참선 수행 전문도량인 선원과 경론 전문교육기관인 강원, 계율 전문교육기관인 율원 등을 모두 갖춘 종합 수행도량을 말한다"[649]라고 하였다. 출가 중승(衆僧)이 머무는 모든 사찰

---

648) 전국선원수좌회, 『조계종 선원청규』, ㈜조계종출판사, 2010. p.331.
649) "현재 우리나라에는 해인총림 해인사, 조계총림 송광사, 영축총림 통도사, 덕숭총림 수덕

이 총림을 뜻하는 것인데, 왜 편협되게 나누었는지 이해가 안 된다. 하지만, 현재 인구가 줄어 수행하겠다고 하는 출가인이 줄어들고 숫자가 옛날과는 확연히 달라지는 현실에서 기존의 각 총림은 총림 고유의 전통을 가지되 조계종 산하 선원·강원·율원 등 교육기관 전체와 교구 본·말사와 암자까지 모든 사찰은 출가한 사부대중이 모여서 수행하는 수행도량으로서 모두 '총림'이 되어야 한다는 입장이다.

그것은 『선원청규』라는 청규가 선원에만 국한된 것이 아니어야 한다는 것이다. 조계종이 선종을 표방하는 불교종단이지만, 선원만 존재하는 대한불교조계종이 아니기 때문이다. 다시 말해서 선종·화엄종·천태종·율종·교종 등의 구별이 아닌 전체를 포섭한 가운데 한국 불교 전체를 통괄하는 대한불교조계종을 선종이라 하는 것으로서, 어떤 종도 빠져서는 안 되는 것이다.

최법혜가 "청규(淸規)는 총림(叢林)의 율장(律藏)과 같다"[650]라고 한 데서 보듯, 선원을 중시하는 조계종의 청규는 율장이라는 의미는 타당하다. 종헌이 율장으로 착각할 수도 있지만, 현재 조계종 종헌이 사회법에 근간을 두고 있어서 오히려 정법적 청규가 승가 공동체에는 맞는 것이라고 본다. 그리고 조계종을 선종이라 표방하는 점에서 보면 종헌과 청규를 유효 적절하게 합성한다면 좋은 개선된 방향이 나올 수 있다.

계율의 적용 범위가 불교 교단인 것처럼, 현재 조계종의 청규를 선종 총림만이 아닌 조계종 전체 불교 교단으로 바꿔야 할 것이다. 왜냐하면 '총림' 글자 자체에서 범위를 '조계종 전체 불교 교단'을 통칭해야 하는

사, 고불총림 백양사 등의 5대 총림" 전국선원수좌회, 『조계종 선원청규』, ㈜조계종출판사, 2010. p.113.
[650] 최법혜, 「고려시대의 선종청규에 대한 연구」, 동국대학교 대학원 불교학과 석사학위논문, 1974, p.14.

것이기 때문이다. 앞에서 청규를 계율로써만 보는 것이 아니라고 하였는데 선종의 계율은 청규가 타당하다고 본다. 그것은 정법적 청규는 대소승(大小乘)을 총망라하여 경·율·법(經·律·法)을 절충하여 조직한 것이기에 계(戒)·정(定)·혜(慧) 삼학(三學)의 결정체로서 작지(作止)[651]한다는 규칙의 의미에서 계를 강조하고 있다.

『조계종 선원청규』의 제정은 조계종뿐만이 아니라 선법이 수용된 지 1,200년 이상의 역사를 지닌 한국 불교에서 종단적인 차원으로 제정한 최초의 청규이다. 『조계종 선원청규』에서는 찬술의 의의에 대하여 밝히고 있다.

> "『조계종 선원청규』는 율장 정신을 근거로 한 조계종문의 규범으로서 청정수행 가풍을 정립하고 불조혜명을 계승·유지해서 견성성불·요익중생에 그 제정 의의가 있다."
>
> "불조의 심지 법문을 계승하여 한국 불교의 정체성과 한국의 선(禪) 고유의 직지심체·선교융회·간화경절·농선병중의 선풍을 재정립하고자 한다. 아울러 현재의 수행 풍토에 입각하여 미래지향적인 청정규범을 세워 능동적이며 역동적인 선정신으로 수행과 교화에 이바지하고자 한다."

『조계종 선원청규』는 선원의 생활에 근거하면서도 보살행에 근거한 대승의 청규라는 성격을 보여주고 있다. 『조계종 선원청규』는 계율에서 분립된 것도 아니고 계율에서 벗어나는 것도 아닌 계율의 적용에 있어서 운용의 묘를 세운 것임을 보여준다. 급변하는 현대 사회에 맞게끔

---

651) 최법혜, 위의 논문, p.22.

만든 『조계종 선원청규』는 현대 한국 불교의 정법이라고 할 수 있다. 새롭게 등장한 정법은 기존의 율장을 포섭하면서도 동시에 변화된 환경에 맞춰 수행자로서의 삶과 수행을 이어갈 수 있는 방법을 제시하였다. 정법은 불교의 또 다른 발전 형태이며 불교의 시대적 요청에 의한 적용인 것이다

(3) 조계종 선원청규와 자두마을의 청규 비교

틱낫한의 Plum Village(자두마을) 청규는 『REVISED PRATIMOKSHA』, 즉 『개정본 쁘라티목샤』[652]라는 이름으로 출간된 것으로서 정법(淨法)이며 '청규'에 해당하는 것이다. 원래 율 개정은 붓다밖에 할 수 없는 것으로서 개정된 율이 아닌 '청규' 또는 '정법(淨法)이라는 단어를 사용하여야 맞으므로 제목에 오류가 있다고 본다. 여기서는 승가의 수행의 자질에 대한 것으로서 수행자가 공동체 안에서 효율성과 적합성을 설한 이 개정본을 읽고 암송하고, 수행해야 할 절박한 필요를 인식하는 이들에게 권하기 위하여 만들어졌다.

자두마을 청규와 우리가 결제 때 또는 보름마다 하는 결계 포살에 사용하는 『비구 결계본』과 비교해 보면, 먼저 파면죄(罷免罪)는 조계종 결계본에서는 4바라이에 해당하는 것으로서 네 가지 중요한 계율에서는 거의 비슷하다. 다음의 '상가 복위죄(부동주)' 26가지는 현실적인 것, 즉 같이 생활할 수 없는 한계를 현대에 맞게 만들어진 것으로 내용에서 보

---

[652] 틱낫한 지음, 각성 스님 옮김, 『REVISED PRATIMOKSHA 개정된 쁘라띠목샤』, 동국대학교 경주캠퍼스 정각원, 2006,: 이 비구 계율 암송 의례는 법혜 스님의 원력으로 당시 정각원장 각성 스님이 번역하였으며 필자가 계율 수업에서 이수한 과목이다. 대승불교권의 승려인 베트남 출신 틱낫한의 현대적인 필요성을 담은 '율 개정' 시도였다.

면 정치단체나 정당의 일원 등이라는 현실적 단어를 사용하였다. 세 번째의 23가지 사타법은 매 2주마다 암송되는 승가에 사출(捨出)과 참회 고백해야 하는 죄로서 우리가 하는 결계 자자와 같다. 금지 사항에 대한 현실적인 내용들을 담고 있는 것이 우리의 결계본과는 상당한 차이를 보이고 있는데 다음과 같다. 특이한 부분을 위주로 정리하였다.

①담배나 정신을 잃게 하는(향정신성) 물질로 간주되는 어떤 종류의 마약을 소유하거나 피우는 비구는 사출과 참회 고백해야 하는 죄를 범하는 것이다.
②세속적인 소설들과 별점과 운수를 점치는 도구를 가지고 또는 장사하는 비구는 사출과 참회 고백해야 하는 죄를 범하는 것이다.
③돈을 벌기 위해서 팔려고 동물이나 가금을 기르는 비구는 사출과 참회 고백해야 하는 죄를 범하는 것이다.
④자기 자신의 차를 소유하는 비구는 사출과 참회 고백해야 하는 죄를 범하는 것이다.
⑩화장수와 바디로션과 다른 화장품들을 가지고 사용하는 비구는 사출과 참회 고백해야 하는 죄를 범하는 것이다.
⑪샴푸, 가루비누, 치약, 수건, 칫솔 등을 자기가 필요한 것 이상으로 가지고, 그것들을 상가와 나누려 하지 않는 비구는 사출과 참회 고백해야 하는 죄를 범하는 것이다.
⑫치료를 위해 병원에 입원하여 불필요하게 사치스럽고 값비싼 독방에 머무는 비구는 사출과 참회 고백해야 하는 죄를 범하는 것이다.
⑬값비싼 골동품들을 사서 쌓아두고, 그것들을 귀중한 소장품으로 다루는 비구는 참회 고백해야 하는 죄를 범하는 것이다.

⑮세속적인 영화, 비디오 테이프, 음악과 전자게임과 같은 그런 유해한 문화 품목들을 자기의 소유로 가지는 비구는 참회 고백해야 하는 죄를 범하는 것이다.

⑯텔레비전, 비디오 장치, 노래 부르는 장치, 전자게임기계, 그리고 세속적인 영화를 보여주고 세속적인 음악을 듣고, 전자게임을 하는 데 사용되는 다른 어떤 종류의 용품을 가진 비구는 참회 고백해야 하는 죄를 범하는 것이다.

⑱돈을 투자하거나, 주식과 증권을 사는 비구는 참회 고백해야 하는 죄를 범하는 것이다.

⑲불교를 공부하기 위해 해외로 유학을 가야만 할 때를 제외하고, 자기 자신의 계정으로 은행구좌를 가지거나, 개설하는 비구는 참회 고백해야 하는 죄를 범하는 것이다.

㉓사원의 돈, 물, 전기, 전화와 다른 요금들을 소비하는 비구는 참회 고백해야 하는 죄를 범하는 것이다.[653]

위의 '승가 사출과 참회 고백하는 죄'의 조항에서는 일찍이 어느 계본에도 없는 특이한 현대적 사항에 있어서 필수적인 조항들을 발견할 수 있었다. 우리의 청규는 옛날의 조항들을 답습하고 있는 데 반하여 여기서는 현대적 용어와 현실적인 조항으로서 율이라고 하기보다는 청규라 할 수 있는 것이라고 본다.

틱낫한이 현대 사회의 생활양식에 맞는 규칙을 만든 것을 정법으로 이해한다면 플럼 빌리지의 정법은 논란의 여지는 없다. 시대의 변화와 함께 율도 재해석되고 개변 필요가 있다고 주장하거나 혹은 율은 붓다

---

[653] 각성스님 옮김, 『개정된 쁘라띠목샤』, 경주: 동국대학교 정각원, 2006, pp.17-21.

만이 제정하거나 폐지할 수 있으므로 어떤 상황에서든 절대로 변화를 인정할 수 없다는 논란도 새로운 규정을 정법으로 이해하면 사라질 것이다. 다만 플럼 빌리지의 규칙이 정법인지 아닌지에 대한 이견은 있을 수 있다.

조계종의 『선원청규』에는 현대 사회에 부합하는 '새로운 내용'이 상당수 들어 있다. 공양물의 국내 농산물 이용과 입적 후 시신 및 장기기증 등도 눈에 띈다. 농약과 화학비료를 사용하지 않고, 퇴비를 이용해 곡물을 가꾸도록 하는 등 자연 농법에 의한 우리 농산물 재배와 자급자족을 하도록 했다. 사찰에는 한국 야생의 꽃을 심어 도량을 장엄하도록 했다. 또한 "만약 개인계좌나 일체의 유가증권, 기타 모든 자산은 유고시 종단이 정하는 규정에 의해 처리한다"라는 청규도 제정했다. 이와 함께 희망자는 생전에 장기기증 신청서를 작성하고, 기증 상황이 발생했을 때 장기기증운동본부나 가까운 병원에 연락하도록 하는 등 생명나눔을 실천하는 내용도 담았다.

자두마을의 청규와 조계종 선원청규는 불교사적으로 최근의 정법이라고 할 수 있다. 정법의 형성은 해당 지역의 문화와 환경을 반영하여 변화하고 발전한 것으로 볼 수 있다. 이러한 변화와 발전은 불교의 특성과 실천에 더욱 부합하도록 계율을 적용하는 과정이라고 평가할 수 있다.

(4) 『승가청규』

조계종에서는 2010년 『조계종선원청규』를 만들고 나서 2013년 『승가청규』를 만들게 된다. 『승가청규』는 종단쇄신위원회의 주도로 2012년 5월 10일 승가공동체쇄신위원회에서 논의되기 시작하여 2013년 6

월 5일에 완성되었다.『승가청규』는 기존의 여러 가지 청규가 현전승가만을 대상으로 하고 있는 것과는 달리 조계종단 전체를 대상으로 하고 있다. 즉 현전승가를 종단으로 확대하는 종단 청규를 목적으로 하고 있는 것이다.

> "『승가청규』는, 청규라는 선종의 전통적인 현전승가의 규범을 통해서 종단이 승가 전체를 대상으로 종단청규를 만들려고 시도했다는 점에서 시사하는 바가 적지 않다. 이는『조계종선원청규』가 선원을 중심으로 하고 있는 것과는 차이가 있는,『승가청규』만의 가장 두드러진 특징이라고 하겠다. 또 실제로『승가청규』는『조계종선원청규』와는 비교될 수 없는 간결한 분량으로 제작되어, 처음부터 실천적인 측면을 염두에 두었다."[654]

『승가청규』는 구성면에서 서문, 청규 제정의 목적 등과 아울러 5장으로 구성되어 있다. 5장은 다음과 같다. 수행의 장·생명의 장·평화의 장·나눔의 장·문화의 장이다. 마지막의 문화의 장에는 다섯 가지로 구성되어 있다. 의식주 문화, 소유와 소비 문화, 의례·의식 문화, 일상 위의 문화, 소임과 실천 문화로 구분되어 있다.

첫째 의식주 문화 가운데 의복과 관련된 핵심으로는 구두와 등산화의 문제, 식(食)에서는 육식 금지와 차 및 수입 과일 등 고급 음식 금지, 그리고 고급 음식점의 이용 금지를 언급하고 있다. 그리고 주거지와 관련해서는 아파트와 단독주택 형태의 토굴과 비싼 숙박시설 사용금지

---

[654] 염중섭(자현),「현대사회 승가청규(僧伽淸規)의 구조와 내용에 관한 모색」-『조계종선원청규』와『승가청규』의 분석과 대안을 중심으로- p.274.

및 호화물품 사용이 금지되고 있다.

둘째 소유와 소비 문화 항에서 주목되는 것은, 단연 자동차의 법계에 따른 구분이다. 이는 차를 배기량에 따라서 일률적으로 나누어 판단한 것이다. 또 개인재산의 종단 귀속이나 개인명의 부동산의 소유 금지, 그리고 주식·펀드 및 사적인 금전 거래 금지, 이외에도 고급 스포츠 및 성지순례를 제외한 해외여행을 금지하는 조항이 포함되어 있다.

셋째 의례 의식 문화 항에서 주목되는 것은, 회갑 등 개인 축하연과 객비의 금지이다. 객비의 전면 금지는, 『조계종선원청규』에서는 객비만을 목적으로 하는 경우에만 금지하는 것으로 되어 있는데 그것보다 한층 더 강화된 측면이다.

넷째 일상 위의 문화 항에서 주목되는 것은, 반말이나 농담과 같은 저속한 언어에 대한 경계와 도박 및 탁발금지라고 할 수 있다.

VI. 결론

1. 율의 제정 목적과 불교 공동체의 질서

　승가의 율은 붓다 재세 시 사건의 발생과 그 문제 해결을 위해 붓다에 의해 제정되었고 출가수행자들은 그 율 조항을 수지하였다. 초기불교에서는 5계를 비롯한 다양한 계율 체계가 존재했으며, 제자들은 자발적으로 악을 멀리하려는 노력을 기울였다. 또한, 공동체인 승가의 질서를 유지하기 위해 율을 강제적으로 지키도록 했다. 이는 개인적인 수행과 공동체의 규범을 조화시키는 역할을 수행했다. 시대와 환경의 변화에 따라 율을 보완해야 할 현실적인 상황이 나타나게 되었으며, 이는 승가가 현실적인 상황에 적응하며 사회적 변화와 개인의 수행을 조화시키기 위한 노력의 일환이다.
　율은 두 가지 측면에서 율의 역할과 존재 이유를 고려할 수 있다. 첫 번째는 개인적인 차원이고, 둘째는 교단의 유지라는 측면에서 살펴볼 수 있다. 첫 번째 개인적인 차원에서는, 율은 개인의 수행을 돕는 역할을 한다. 출가자 개개인은 고통스러운 윤회의 세계에서 벗어나서 열반에 이르는 것이 궁극적인 수행의 목표이다. 두 번째 교단적인 측면에서는, 율은 정법 구주, 즉 부처님의 가르침이 영원히 존재할 수 있게끔 만드는 역할을 한다. 부처님의 가르침, 즉 정법(正法)을 후대에 널리 계승시키고 발전시키는 데 그 목적이 있다고 하겠다. 가장 이상적인 것은 개인의 수행과 정법 구주라는 교단의 운영이 서로 유기적으로 결합하는 것이다.
　변화된 시대에 맞게끔, 사회 상황에 맞게끔 수행에 전념할 수 있도록 새로운 규칙이 만들어질 수 있다면 수행자는 효율적으로 수행할 수 있다. 여기에 정법이 그 역할을 다할 수 있을 것이다. 기존의 율을 개변하지 않고 정법을 만들면 승가의 발전을 지속시킬 수 있다. 제대로 만들어진 정법, 시대 상황에 맞는 정법은 성과를 유지하고 발전시키는 데 큰 역할을 할 수 있기 때문이다.

2. 시대 변화에 따른 정법(淨法)의 필요성

부파불교 시대에 그동안 전해 내려온 율에 대해 부분적인 변화를 시도하려고 하였다. 그 시도는 결국 승가 분열이라는 큰 사건을 일으키게 되었다. 초기불교 또는 부파불교 시대의 출가 승려들은 기본적으로 붓다가 제정한 율을 변화하지 않고 수지하였다. 십사 비법은 율 자체의 변화라기보다는 율에 저촉되지 않는, 허용이 가능한 새로운 규칙을 만들려고 하는 시도였다. 변화가 필요한 상황이 생겼을 때 기존의 율에서 허용될 수 있는 새로운 규정을 우리는 정법이라고 이름할 수가 있다.

율의 절대적인 고수와 상황에 따른 율의 가변이라는 극단적인 대립에서 정법(淨法)은 불교 교단사에서 중재자로서 훌륭한 역할을 해 온 것으로 파악된다. 율의 무조건적인 고수와 시대에 맞는 개변 주장이 대립하면 승가가 분열이 될 수 있다. 이것이 바로 십사비법 사건이다. 우빨리 오법이나 뿌르나의 주장, 『사리불문경』은 율의 절대적인 정형(定型)과 불변(不變)에 대한 반발로 이해할 수가 있다.

불교가 중국으로 전해지면서 율에 대한 입장이 다시 초기대승불교의 입장으로 되돌아간다. 중국 대승불교도들이 만든 범망계는 다시 부파불교의 율장을 인정하지 않는 것이다. 율장을 부정한 대승불교도들이 직면하게 되는 문제는 출가 보살의 출가 의식 문제이다. 사실상 출가 보살은 부파불교의 출가 승려에 해당하는 존재이다. 대승불교 보살의 출현은 구족계와 관련된 문제로 발전하게 된다. 부파불교 시대에는 3사7증의 계사에 의해 공식적으로 출가가 인정이 되었지만, 대승불교에서는 그렇게 할 수 없다.

대승불교가 기존의 율장을 인정하지 않게 되면서 3사7증에 의한 구족계 의식을 변경할 필요가 대두하게 된다. 구족계 의식의 어려움을 해결하기 위해서 등장한 것이 자서수계이다. 자서수계는 스스로 계사 없이 불보살에게 예경하며 보살계를 받는 의식이므로 공식적으로 그리고 집단적으로 이루어지지 않았을 것이다. 개인적으로 행하여지면서 자서수계는 사적인 의식일 수밖에 없다. 따라서 출가보살을 인가해 줄 수 있는 출가 승가가 없었다고 짐작할 수 있다. 자서수계는 외부적으로 공식적으로 인정될 수가 없었고 불보살에게 수계하는 것 자체가 신비한 체험을 동반하고 있었다.

대승불교는 기존의 경장과 율장에 대신하여 새로운 경장과 논장을 제작하여 유포하였다. 이러한 측면에서 대승계의 성립은 보수적이고 평화적이라고 이해할 수 있다. 대승불교에서 제작된 경장과 논장에 비하면 대승계는 다소 보수적이고 소극적이었다고 평가할 수 있다. 경장과 논장의 파격적인 내용 변화에 비하면, 출가자와 재가자의 구분을 기본적으로 부정하는 대승계는 석가모니불이 제정한 율을 정면으로 부정하는 것 대신에 새로운 규칙인 정법을 만든 것으로 해석할 수가 있다.

중국 불교에서 청규의 등장은 중국적인 정법으로 이해할 수가 있다. 청규는 기존의 대승계 즉 십선계, 삼취정계, 10중 48경계와 별도로 완전히 독립된 선(禪) 수행자를 위한 규칙이다. 선원이라는 특수한 공간에서 수행하고 정진하는 수행자를 위해서 만들어진 것이므로 청규는 기존의 대승계를 보완하여 새로이 등장한 것으로 볼 수가 있다. 선종 자체가 중국적인 불교이듯이 선종에서 만든 청규도 가장 중국적인 정법이라고 할 수 있다.

3. 대승불교의 율 해석과 정법의 다양화

인도의 대승불교의 등장은 기존 율에 대한 근본적인 태도 변화를 보여준다. 초기대승불교에서는 십선계를 내세우며 전면적으로 부파불교의 율장을 무시하였다. 중기대승불교에서는 삼취정계 중 섭율의계를 인정하며 부파불교의 율장을 도입하게 되었다. 비록 부파불교의 율장을 대승의 보살계보다 낮은 단계에 두었지만, 어쨌든 부파불교의 율장을 인정하고 수용한 것은 율에 대한 초기대승불교의 입장과 달라 구분이 된다.

대승불교에서는 보살의 수행 덕목으로 육바라밀(六波羅蜜)이 중요한 역할을 한다. 이 중에서도 십선계와 삼취정계를 수지한다. 이 계율들은 일상적인 행위에 관련된 실천적인 덕목들로 구성되어 있으며, 자발적인 결의로 수행된다. 특히 십선계는 개인이 스스로 준수하는 것뿐만 아니라 남에게도 지키도록 권장된다. 이를 통해 대승불교에서는 개인의 수행뿐만 아니라 사회적인 관계와 윤리적인 행동에도 주목하며, 보살의 이상적인 모습을 실천하도록 권고한다.

중국 불교에서는 계율 사상이 성문계(聲聞戒)에서 대승보살계(大乘菩薩戒)로의 변화 과정을 거쳐 전개되었다. 5세기 초에 성문계가 번역되기 시작하여 중국에서 큰 인기를 끌었고, 이에 따라 성문계의 연구도 활발하게 이루어졌다. 특히, 『사분율(四分律)』이 중요한 역할을 하여 사분율종(四分律宗)의 소의경전이 형성되었다. 사분율을 기반으로 한 수계의식도 개최되었다. 대승경론(大乘經論)에 기술된 대승보살계가 유행하였는데, 그중에서도 범망보살계(梵網菩薩戒)가 대표적이다. 범망보살계는 더 적극적인 선행을 강조하는 특징을 가지고 있다. 이를 통해 중국 불교는 성문계에서 대승보살계로의 전환과 함께 보다 광범위한 선행과 이상적인 보살의 수행을 강조하며 발전해 나갔다.

선종은 기존의 계율이 당시의 수행 생활에 적합하지 않다고 여겨, 계율의 정신을 살리기 위해 변형된 청규를 제정하였다. 이러한 변형된 청규는 교단의 운영과 수행자들의 수행 덕목으로 채택되었다. 청규는 선종에서 독자적으로 제정된 규정으로, 기존의 계율에 비해 현실적인 적용을 고려한 내용을 담고 있다. 청규는 선종 수행자들의 생활과 사회적인 조화를 도모하기 위해 생산노동과 관련된 규정을 포함하고 있다. 이는 중국 사회에서 경제적인 자급자족을 중요시하는 관행과 일치하며, 선종의 수행 생활이 교단 내에서의 경제적인 자급자족을 이루는 데 기여한 예로 볼 수 있다.

따라서 선종은 기존의 계율을 변형하여 새로운 청규를 도입하고, 이를 통해 교단의 운영과 수행자들의 수행 덕목을 현실적이고 실용적으로 조정하였다. 이는 선종이 사회적인 조화와 경제적인 자급자족을 강조하는 중국 사회에 잘 적응하고 발전한 한 예이다. 인도의 율장에서 금지하고 있는 노동을 깨달음에 이르기 위한 수행의 일부분으로 받아들여 교단이 경제적으로 자급자족할 수 있도록 한 점은 매우 탁월한 선택이었다.

한국 불교도 중국 불교의 영향을 크게 받아오면서, 그에 맞는 정법을 제정하여 수행자들에게 실천하도록 하였다. 특히 보살계의 연구가 대체적으로 성행하였고, 계율의 정신과 시대적인 배경을 조화롭게 받아들여 청규를 제정하여 수행자들이 이를 실천하였다.

4. 한국불교의 정법 실천과 계율 계승

한국 불교에서의 계율은 중국 불교의 계율을 기반으로 하면서도 한국 사회와 재가자들의 실정에 맞게 변형되었다. 중국 불교에서의 청규를 참고하면서도 한국 불교의 독자성과 문화적인 특성을 반영하였다. 이렇게 제정된 청규는 대한불교조계종 수행자들에게 적용되어 일상생활과 수행에 대한 규범이 되었다.

청규의 실천을 통해 수행자들은 자기발견과 성숙을 도모하며, 사회적인 조화와 더불어 깨달음을 추구했다. 한국 불교의 계율은 중국 불교의 영향을 받아 자체적으로 발전하며, 한국 사회와 재가자들에게 적합한 수행의 지침이 된 점에서 특기할 만하다.

동아시아에서 인도 불교 계율의 변화와 발전은 시대적 배경, 문화, 정치, 사회적 요인 등을 반영한 결과이다. 중국·한국·일본 등 동아시아 지역은 인도와는 다른 역사와 문화적 특성을 가지고 있기 때문에 계율을 수용하면서 변화가 있었다. 동아시아에서 인도 계율이 전해질 때, 현실적으로 지키기 어려운 조문들이 생겨나기도 했고, 그와 동시에 원래의 계율에는 없던 새로운 요구 사항들이 나타났다. 이는 동아시아의 사회적·문화적 환경에 맞추어 계율을 조정하고 발전시키는 과정에서 이들 나라에 적합한 정법(淨法)이 생긴 것이다. 특히 범망계와 청규는 동아시아에서 발전한 정법의 한 예이다. 이들은 시대와 지역의 특성을 반영한 것으로, 동아시아 불교의 발전 과정에서 형성되었다. 또한 초기불교의 사분율과 대승불교의 보살계에 대해서도 출가자를 대상으로 하는 해석이 계속해서 진행되었다.

석가모니불이 제정한 율 자체를 변화시키기보다는 정법을 만드는 것이 더 효율적이고 분쟁의 여지가 줄어든다. 율의 가변은 자칫하면 붓다의 권위를 부정하는 모양새가 되기 때문에 율은 기존 그대로 두고 새로운 규정, 즉 정법을 만들어서 승가가 변화하는 사회에 적응하게 만든 것이라고 볼 수가 있다. 정법이라는 것은 석가모니불이 제정한 율을 훼손하지 않고 지키려는 노력의 산물로, 변화하는 사회에서 불교가 생존하고 발전하게 하는 원동력이 되었다고 평가할 수 있다.

5. 현대 승가의 과제와 정법의 재정립

율장의 변천을 정법(淨法) 중심으로 고찰하고자 한 이유는, 현재 전 세계의 불교 국가에서 실질적으로 행해지고 있는 계율은 붓다 당시의 계율과 동일하지 않다. 각국의 승가는 시대와 환경에 맞게 계율을 수용하고 변화시켜 왔으며, 그럼에도 불구하고 불교 승가 자체가 사라진 것은 아니다. 오늘날에도 불교는 승가를 중심으로 지속되어 왔다.

그러나 남방 상좌부, 금강승 계통, 그리고 대승불교권인 일본과 대만 등의 승가를 자세히 살펴보면, 사부대중(비구·비구니·사미·사미니) 중에서 비구만 남아 있는 경우가 많다. 이에 반해 한국의 대한불교조계종은 붓다 당시의 사부대중 전통을 유지하고 있으며, 승가를 단순한 금율(禁律) 중심의 정법(正法)이 아닌, 시대에 맞게 수용하여 변화된 정법(淨法)으로 이어오고 있다.

대한불교조계종의 수계의식은 대승계와 소승계를 함께 받는 이부승득(二部僧得) 형태로 이루어진다. 또한, 단일계단(單一戒壇)에서 서상수계(敍上受戒, 윗 단계의 계를 인정하는 것)를 포함한 방식으로 진행되며, 이를 통해 붓다 당시의 계맥을 유지하고 있다. 오늘날 지구촌에서 유일하게 사부대중 전통을 유지하는 교단이 한국 불교라는 점은 시대적 흐름 속에서도 정법(淨法)으로 계율을 실천해 온 결과라 할 수 있다.

정법에 대한 고찰을 마친 후, 다음 연구 과제로 삼고 싶은 것은 현대 출가 대중이 실천하는 계율 체계에 관한 문제이다. 현재 출가자는 보름마다 포살(布薩, 계율을 되새기는 의식)을 하고, 선방에서는 청규(淸規, 수행 규칙)에 따라 정진하며, 문제가 발생하면 종헌(宗憲)과 종법(宗法)에 의지하고 있다. 이렇듯 2500년의 세월 동안 붓다의 법은 소승계·대승계·청규·종헌이라는 네 가지 형태로 전해져 왔다.

그러나 이처럼 계율이 혼재된 상태에서 출가자가 이를 한 몸으로 모두 실천하고 있는 것이 과연 가능할까? 이 네 가지 계율 체계 사이에는 모순이나 윤리적 갈등이 존재하지 않는가? 이러한 문제를 다음 연구 과제로 삼고자 한다.

ABSTRACT

A Diachronic study on the transformation of the lawful rules(Kappa, 淨法)

- From early Buddhism to Korean Buddhism -

Yang Sook Hyun(雪敏)
Department of Buddihist Studies
Graduate School of Dongguk University

In this study, we understand that the lawful rules(kappa) emerged as one of the answers to the fundamental question of how the Buddhists keep the rules established by the Śākyamuni Buddha himself after his parinirvana. This study aims to show diachronically the changes and development of the Buddhist lawful rules from early Buddhism to Mahāyāna Buddhism, Chinese Buddhism, and Korean Buddhism.

In order for monks to live together, certain rules must be established and the established rules must be observed. These rules of the Saṅgha were established by the Buddha. Whenever something big or small occurred, the Buddha established rules for the harmony and maintenance of the Saṅgha, and his disciples followed those rules.

As time passes and the environment changes after the Buddha's death, it often becomes difficult to adhere to the rules made by the Buddha. It is difficult for the disciples to imagine that they would abolish the rules already established by the Buddha. The so-called principle of unchangeability of the Buddha's once made rules(佛制不改變) is kept in mind of his disciples. And the need to create new rules appropriate for changed situations arises. Creating a new rule can also be seen as a disciple challenging the authority of the Buddha. It is an agreement among the members of the Saṅgha that only the Buddha can control the rule.

The lawful rules were accepted and enacted to enable the Saṅgha to adapt and develop to changing circumstances while protecting the authority of the Buddha and maintaining respect for the Buddha. The emergence of the lawful rules basically played a role in enabling the Saṅgha to survive and develop in the changed living environment while adhering to the spirit and principles of the precepts established by the Buddha. The lawful rules were enacted to supplement the rules made by the Buddha to suit changed circumstances.

During his lifetime, the Buddha changed the rules that had already been established to suit the situation. Creating, changing, and abolishing precepts was basically under the Buddha's unique authority. After the Buddha's death, the fundamental question of how to maintain the precepts regulated by the Buddha along with the changes of the times inevitably emerged. On the one hand, there was a position that the rules established by the Buddha could never be changed, and on the other hand, there was a position that they could be changed to suit the times. These two positions are still in tense conflict.

The precepts of early Buddhism in India underwent rapid changes in status and role with the emergence of Sectarian Buddhism(部派佛教). In the era of Sectarian Buddhism, attempts were made to make partial changes to the existing rules. That attempt eventually led to a major incident called the fundamental division of the Saṅgha. The monastic monks of the early Buddhism or sectarian Buddhism basically maintained the rules established by the Buddha without changing them substantially. The Vajji Saṅgha's proposal of 10 lawful rules was an attempt to create a new, acceptable rule that did not violate the precept, rather than a change in the precept itself by the regulated by the Buddha. The five teachings of Upāli, Devadatta's five proposals, the claims of Pūraṇa, and 「Śāriputra Questioning Sūtra」 can be understood as a suitable action against the absolute formality and immutability of the precepts.

The emergence of Mahāyāna Buddhism in India shows a fundamental change in attitude toward pre-existing doctrines. In the early

Mahāyāna Buddhism, it promoted the Ten Precepts of Good Conduct(十善戒) and completely ignored the Vinaya of early Buddhism. In the period of middle Mahāyāna Buddhism, the embracing precepts(攝律儀戒) of Three Precepts of Purity(三聚淨戒) were recognized and the Vinaya precepts of sectarian Buddhism were introduced. Although the Vinaya of sectarian Buddhism was placed at a lower level than the Bodhisattva precepts of Mahāyāna, the recognition and acceptance of the Vinaya of early Buddhism is distinct from the position of early Mahāyāna Buddhism on Vinaya.

In Mahāyāna Buddhism, the six paramitas(六波羅蜜) play an important role as the virtues of Bodhisattva practice. Among these, the bodhisattva adheres to the Ten Precepts of Good Conduct and the Three Precepts of Purity. These precepts consist of practical virtues related to everyday behavior and are performed by voluntary decision. In particular, the Ten Precepts of Good Conduct are encouraged not only for individuals to observe them themselves but also for others to observe them as well. Through this, Mahāyāna Buddhism focuses not only on individual practice but also on social relationships and ethical behavior, and recommends practicing the ideal form of Bodhisattva.

As Mahāyāna Buddhism no longer recognizes the pre-existing Vinaya, the need to change the ritual of precepts for ordination arose. Self-ordination precepts(自誓受戒) emerged in order to solve the difficulties of the oral ritual. Since self-receiving ordination is a ritual of paying obeisance to the Buddhas and Bodhisattvas and receiving Bodhisattva ordination without one's preceptors, it would not have been done officially and in a group. As it is performed individually, self-receiving ordination can only be a private ritual. Therefore, it can be assumed that there was no monastic order that could approve the monastic Bodhisattva.

Compared to the sutras and abhidharmas produced in Mahāyāna Buddhism, many of the Mahāyāna precepts can be evaluated as conservative and passive. Compared to the drastic changes in the contents of the sūtras and abhidharmas, the Mahāyāna precepts, which basically deny the distinction between monks and lay-people, can be interpreted as creating a new rule, the lawful rules, instead of directly denying the precepts established by Śhākyamuni Buddha.

The principles of Indian Buddhism underwent changes when they were accepted in East Asia: China, Korea, and Japan. As the Indian precepts were introduced to East Asia, the precepts were realistically difficult to keep, and conversely, new rules that were not included in the original precepts were required and had to be observed. In particular, in East Asia, as pure regulations(清規) developed, they came to reflect the characteristics of the times and regions, and this was also a process of development of the precepts. As the precepts were passed down from India to China and other East Asian countries, new regulation suitable for each country was formed. This is evidenced by the fact that in the history of East Asian Buddhism, there have been constant interpretations of the Bodhisattva precepts of Mahāyāna Buddhism, which do not distinguish between monks and lay-people.

In Chinese Buddhism, the idea of the precepts developed through a process of change from the precepts of the arahants(聲聞戒) to the precepts of Mahāyāna Bodhisattva(大乘菩薩戒). In the early 5th century, the vinaya of sectarian Buddhism began to be translated and became very popular in China. On the other hand, the Mahāyāna Bodhisattva precepts described in the Mahāyāna Sūtra were more popular, and among them, the Brahma Bodhisattva Precepts(梵網菩薩戒) were representative, emphasizing more active good deeds.

The emergence of pure regulations(清規) in Chinese Buddhism can be understood as a Chinese way of lawful rules. The pure regulation is a rule for Zen practitioners that is completely independent of the pre-existing Mahāyāna precepts. Since Zen temples were created for practitioners who practice and devote themselves in a special space, pure regulations can be seen as a new device that supplemented the existing Mahāyāna precepts. The pure regulations can be seen as the most Chinese form of lawful rules. Just as Zen Buddhism itself is Chinese Buddhism, the pure rule created by Zen Buddhism can also be said to be the most Chinese form of lawful rules. The pure regulations includes rules related to productive labor to promote the lives and social harmony of Zen practitioners. This is consistent with the practice of emphasizing economic self-sufficiency in Chinese society, and can be seen as an example of how Zen Buddhism's monk life contributed to achieving economic self-sufficiency within the Buddhist order.

Korean Buddhism has also been greatly influenced by Chinese Buddhism, and has established a proper rule to be practiced by practitioners. In particular, the study of the Bodhisattva precepts was generally popular, and the spirit of the precepts and the background of the times were harmoniously accepted, and rules were established, and practitioners put them into practice.

The precepts in Korean Buddhism are based on the precepts of Chinese Buddhism, but have been modified to suit the conditions of Korean society and lay people. While referring to the pure rules in Chinese Buddhism, it also reflected the uniqueness and cultural characteristics of Korean Buddhism. The regulations established in this way were applied to Korean Buddhist practitioners and became norms for their daily life and practice. Through the practice of the pure rules, practitioners promoted self-discovery and maturity, contributing to the pursuit of enlightenment along with social harmony. Therefore, the precepts of Korean Buddhism developed independently under the influence of Chinese Buddhism and became a guideline for practice suitable for Korean society and lay people.

This study aim to discuss diachronically the changes and development of the Buddhist rules from early Buddhism to Mahāyāna Buddhism and current Korean Buddhism. It is believed that lawful rules promoted the development of the Saṅgha. The diachronic study of the lawful rules can provide a review of the Saṅgha in the past, understand the Saṅgha in the present, and further predict how and in what direction the Saṅgha can develop in the future.

Rather than changing the precepts itself established by Shakyamuni Buddha, creating lawful rules is more efficient and reduces the possibility of conflict. Since the change in the vinaya could be seen as denying the authority of the Buddha, it can be seen that the Saṅgha was able to adapt to the changing society by leaving the existing precept as it was and creating a new regulation, that is, lawful rules. The lawful rule is the product of efforts to keep the vinaya established by Shakyamuni Buddha without damaging them, and can be evaluated as a driving force for survival and development in a changing society.

key words

lawful rules(淨法, kappa), pure regulations(清規), vinaya, self-ordination precepts(自誓受戒) the precepts of the arahants(聲聞戒), the Ten Precepts of Good Conduct(十善戒), precepts of Mahāyāna Bodhisattva(大乘菩薩戒), Korean Buddhism, three pure precepts(三聚淨戒), Shakyamuni Buddha.

참고 문헌

1. 원전

K:『高麗大藏經』
한:『한국불교전서』
T:『大正新脩大藏經』
남전:『南傳大藏經』

Vinaya piṭakaṃ, vol. i , ii, iii, iv: PTS
Vinaya piṭaka, vol. ii : PTS
『Vinaya』「cullavagga」
『Dipavaṃsa(島史)』
『Mahāvaṃsa(大史)』
DN: Dīgha Nikāya(長部)
SN: Saṁyutta Nikāya(相應部)

『善見律毘婆沙』
『梵動經』K17(T1)
『梵網六十二見經』K19
『出曜經』「七破僧犍度」(T4)
『華嚴經』60권본(T9)
『華嚴經』80권본(T10)

『唐華嚴經』卷16「須彌山頂品」(T10)

『涅槃經』(T12)

『未曾有因緣經』(T17)

『四分律』(T22)

『五分律』(T22)

『摩訶僧祇律』(T22)

『十誦律』(T23)

『根本說一切有部毘奈耶』(T23)

『薩婆多毘尼毘婆沙』(T23)

『根本說一切有部毘奈耶破僧事』(T24)

『梵網經』(T24)

『受十善戒經』(T24)

『善見律毘婆沙』(T24)

『毘尼母經』(T24)

『大智度論』(T25)

『瑜伽師地論』(T30)

『菩薩地持經』(T30)

『菩薩善戒經』(T30)

『菩薩戒義疏』(T40)

『戒壇圖經』(T45)

『摩訶止觀』(T46)

『釋禪波羅蜜次第法門』(T46)

『三國遺事』권3「臺山五萬眞身」(T47)

『三國遺事』권3「前後所將舍利」(T49)

『三國遺事』권4「慈藏定律」(T49)

『續高僧傳』권10「百丈山懷海傳」(T50),

『續高僧傳』권15「唐京師普光寺釋法常傳」(T50)

『續高僧傳』권24「唐新羅國大僧統釋慈藏傳」(T50)

『海東高僧傳』1권「義淵傳」(T50)

『海東高僧傳』2권「석지명전」(T50)

『梁高僧傳』10(T50)

『景德傳燈錄』6권(T51)

『法苑珠林』권64「唐沙門釋慈藏傳」(T53)

『釋氏要覽』(T54)

義天,『신편제종교장총록』3(T55)

황룡사의「新羅皇龍寺九層木塔刹柱本紀」

『南傳大藏經』3권, 10권

2. 국내문헌

가. 단행본

대한불교조계종총무원,『종단법령집』, 서울: 조계종출판사, 2010.

대한불교조계종계단위원회,『大韓佛敎曹溪宗單一戒壇二十年』, 서울: 토방, 2001.

대한불교조계종불학연구소,『불교정화운동의 재조명』, 서울: ㈜조계종출판사, 2008.

전국선원수좌회,『대한불교조계종선원청규』, 서울: 조계종출판사, 2010.

이능화,『조선불교통사』권상·권하, 서울: 신문관, 1918.

동국대불교문화연구소,『한국불교찬술문헌총록』, 서울: 동국대학교출판부, 1976.

법혜 역주,『고려판 선원청규』, 서울: 가산불교문화연구원출판부, 2002.

가산 지관,『남북전 육부율장 비교연구』, 서울: 가산불교문화연구원, 1999.

가산지관 편,『한국고승비문총집』, 서울: 가산불교문화연구원, 2000.

가산지관,『한국불교계율전통』, 서울: 가산불교문화연구원, 2005.

가산지관,『범망경포살계본』, 계23, 계41, 서울: 가산불교문화연구원, 2008.

틱낫한 지음, 각성 스님 옮김,『REVISED PRATIMOKSHA 개정된 쁘라띠목샤』, 동국대학교 경주캠퍼스 정각원, 2006.

김광식,『한국근대불교의 현실인식』, 서울: 민족사, 1998.

김광식,『한국불교 100년』, 서울: 민족사, 2000.

김동화,『삼국시대의 불교사상』, 서울: 뇌허불교학술원, 2001.

김영태,『한국불교사』, 서울: 경서원, 2006.

佐藤密雄, 김호성 역,『초기불교교단과 계율』, 서울: 민족사. 1991.

고익진,『한국학기초자료선집고대』, 서울: 한국정신문화원, 1987.

남무희,『신라자장연구』, 서울: 서경문화사, 2012.

목정배,『戒律論』, 서울: 동국역경원, 1988.

범해, 金侖世 역,『동사열전』, 서울: 광제원, 1991.

법정 역,『범망경보살계본』, 대구: 수도산 대각사 금강계단, 1992.

석일타 감수·법흥 번역,『戒律綱要』, 우리출판사, 2006.

辛種遠,『新羅初期佛敎史硏究』, 서울: 民族社, 1992.

安啓賢,『韓國佛敎史硏究』, 서울: 同和出版公社, 1982.

安啓賢,『韓國佛敎思想史硏究』, 서울: 東國大學校出版部, 1983.

안양규,『붓다의 입멸에 관한 연구』, 서울: 민족사, 2009.

안양규,『행복을 가져오는 붓다의 말씀』, 서울: 도피안사, 2012.

이능화 지음, 이병두 역주,『조선불교통사-근대편』, 서울: 혜안, 2003.

이봉춘, 『불교의 역사』, 서울: 민족사, 2003.

이봉춘, 『조선시대 불교사 연구』, 서울: 민족사, 2015.

佐々木閑, 이자랑 역, 『인도 불교의 변천』, 동국대학교출판부. 2007.

佐々木閑, 원영 역, 『출가 세속의 번뇌를 놓다』, 서울: 민족사. 2007.

람길부, 원필성 역, 『데바닷다-그는 정말 악인이었는가』, 서울: 운주사. 2004.

보리달마, 일수 역, 『달마 어록』, 서울: 불광출판사, 2020.

信空, 『淸規와 禪院文化-衣食住를 中心으로-』, 부산: 부다가야, 2008.

신규탁, 김상영 편집, 『조계종사 연구논집』, 도서출판 중도, 2013.

전재성 역, 『쭐라박가-율장소품』, 한국빨리성전협회, 2014.

고빈드 찬드라 판데, 정준영 옮김, 『불교의 기원』, 서울: 민족사, 2019.

정성본, 『선의 역사와 사상』, 서울: 불교시대사, 2000.

정성본, 『中國禪宗의 成立史 硏究』, 서울: 민족사, 1991.

趙東元 編著, 『韓國金石文大系』<全羅北道 篇>, 圓光大學校出版部, 1979.

趙明基, 『신라 불교의 이념과 역사』, 서울: 경서원, 1982.

채인환, 『한국 불교 계율 사상연구』, 서울: 토방, 1997.

佐藤密雄, 崔法慧 역, 『律藏』, 서울: 동국역경원. 1994.

최봉수 역, 『마하박가』1, 2, 3, 서울: ㈜시공사, 1998.

한기두, 『한국불교사상연구』, 서울: 일지사, 1992.

한보광, 『용성선사연구』, 서울: 감로당, 1981.

나. 연구 논문

김광식, 「민주화운동기(1980-1994)의 불교와 국가권력」, 『대각사상』 17집, 대각사상연구원, 2012.

김광식, 「일제하 불교계 통일운동과 조계사」, 『일제강점기의 민족운동과 종교』, 서울:

국학자료원, 2000.

김경집, 「자장과 금강계단」, 『동아시아불교문화』2, 부산: 동아시아불교문화학회, 2008.

김규봉(도원), 「麗末鮮初佛敎敎團의 衰退」, 『한국불교학』38집, 한국불교학회, 2004.

김복순, 「자장의 생애와 율사로서의 위상」, 『대각사상』10집, 대각사상연구원, 2007.

김형우, 「懶翁和尙」, 『한국불교인물사상사』, 서울: 민족사, 1997.

김호귀, 「『조계종 선원청규』의 내용과 편찬 의의」, 『불교평론』, 2011.

남무희, 「삼국유사에 반영된 고려 국내 유통 자장전의 복원과 그 의미」, 『한국학논총』, 서울: 한국학 연구소, 2010.

남동신, 「자장정율과 사분율」, 『佛敎文化硏究』4, 양산: 영취불교문화연구원, 1995.

덕문, 「한국불교에서의 계단의 구조와 의미」, 『동아시아불교문화』2집, 부산: 동아시아불교문화학회, 2008.

덕산, 「용성문도와 불교정화이념」, 『범어사와 불교정화운동』, 부산: 영광도서, 2008.

박미선, 「자장정율조로 본 자장의 생애와 정율의 의미」 『신라문화』33, 경주: 신라문화연구원, 2012.

박태원, 「자장사상의 기반」, 『佛敎文化硏究』4, 양산: 영취불교문화연구원, 1995.

徐京保, 「慈藏律師」1, 『佛敎』48호, 서울: 한국불교태고종총무원, 1943.

世正(허정주), 「칙수백장청규에 관한 연구」, 석사학위논문, 동국대학교 불교대학원, 1996.

申星賢, 「提婆의 破僧事 問題」, 『佛敎學報』33, 동국대학교불교문화연구원, 1996.

신성현, 「신라계율사상 재고」, 『한국불교학』28집, 한국불교학회, 2001.

辛順南(寂然), 「梵網經의 受戒行法과 修行體系 연구」, 박사학위논문, 東國大學校 大學院, 2016.

신종원, 「자장의 불교사상에 대한 재검토」 『한국사연구』39, 서울: 한국사연구회,

1982.

소순자,「佛敎孝倫理의 中國的 展開」, 碩士學位請求論文, 동국대학교 대학원 불교학과, 1978.

안양규,「불탑신앙의 기원과 그 본질에 대해」,『종교연구』18, 한국종교학회, 1999.

안양규,「개인의 자율과 승단의 유지: 붓다의 유훈을 중심으로」,『불교문화연구』1, 동국대 불교사회문화연구원, 2000.

안양규,「붓다의 마지막 공양과 그의 入滅 」,『가산학보』9, 가산불교문화연구원, 2002.

안양규,「佛說과 非佛說의 구분: 불교표준경전의 시도 」,『한국불교학』34, 한국불교학회, 2003.

안양규,「'출가 즉 불효'라는 유교의 비판에 대비한 붓다의 견해 」,『불교연구』, 2010.

우정상,「의연과 불기 문제」,『조선전기불교사상연구』, 서울: 동국대학교출판부, 1985.

염중섭,「破法輪僧의 원인에 관한 고찰」,『동양철학연구』52, 서울: 동양철학연구회. 2007.

염중섭,「율장의 파승사 연구」, 成均館大學校大學院 博士學位論文, 서울: 成均館大學校大學院東洋哲學科. 2008a.

염중섭,「제바달다의 5法 고찰Ⅰ- 5법 중 '衣'와 '住'의 항목을 중심으로-」,『한국불교학』제50, 서울: 한국불교학회. 2008b.

염중섭,「제바달다의 5法 고찰Ⅱ-5법 중 '食'의 항목을 중심으로-」,『한국불교학』제50, 서울: 한국불교학회. 2008c.

염중섭,「提婆達多의 비범성 고찰」,『불교학연구』21, 서울: 한국불교학회. 2008d.

염중섭,「提婆達多에 대한 逆罪의 타당성 고찰」,『동양철학연구』54, 서울: 동양철학연구회. 2008e.

염중섭, 「破僧伽에 대한 불교교단사적 관점에서의 고찰-'進步와 保守'의 충돌 양상을 중심으로-」, 『종교연구』50, 서울: 한국종교학회. 2008f.

염중섭, 「破僧事의 阿闍世에 대한 僧團認識 고찰」, 『동양철학연구』54, 서울: 동양철학연구회. 2008g.

염중섭, 「提婆達多 破僧伽의 지지세력 고찰Ⅰ-핵심동조자 4인을 중심으로-」, 『한국선학』21, 서울: 한국선학회, 2008h.

염중섭, 「提婆達多 破僧伽의 지지세력 고찰Ⅱ-비핵심동조자를 중심으로-」, 『한국선학』제21, 서울: 한국선학회, 2009a.

이기영, 「한국불교의 회고와 전망」, 『한국불교총람』, 서울: 대한불교진흥원, 1993.

이덕신, 「동산혜일의 선법에 대한 일고찰」, 『한국불교학』43집, 한국불교학회, 2005.

이수창(마성), 「小乘戒와 大乘戒의 兩立에 관한 문제」, 『불교문화연구』7집, 경주: 동국대 불교문화연구원, 2006.

이자랑, 「율장을 통해 본 승단과 현대사회의 조화」, 『한국불교학』45, 서울: 한국불교학회, 2006.

이자랑, 「베살리 결집의 십사 논쟁과 정법(淨法)」, 『불교평론』통권10, 서울: 불교평론사, 2002.

이자랑, 「승단 화합과 화합 포살」, 『불교학연구』8, 서울: 불교학연구회, 2004.

이자랑, 「惡見 주장자에 대한 불교승단의 입장(2)-別住行法을 중심으로-」, 『大覺思想』제7, 서울: 대각사상연구원, 2004b.

이자랑, 「소소계(小小戒)에 관한 논쟁」, 『불교평론』24, 서울: 불교평론사, 2005.

이자랑, 「승가화합의 판단기준에 관하여」, 『계율의 현대적 재조명』, 서울: 불교학연구회, 2008.

이자랑, 「『빨리율』에 나타난 수행자의 생활상」, 『한국불교학』55, 서울: 한국불교학회, 2009.

이자랑,「淨法(kappa)의 발달을 통해 본 律의 역할」-식생활에 관한 정법을 중심으로-, 『회당학보』16, 회당학회, 2011.「불교 계율 성립의 배경과 전개」,『불교평론』53, 서울: 불교평론사, 2013.

이자랑,「빨리율에 나타나는 3종의 승단관리자」,『선문화연구』16집. 2014.

장충식,「慈藏律師」,『한국불교인물사상사』, 서울: 민족사, 1997.

寂滅,「高麗시대 淸規의 연구」, 석사학위논문, 동국대학교 대학원, 1999.

정광호,「일제의 종교정책과 식민지불교」,『한국불교사관계논문선집』1, 서울: 중앙승가대학, 1982.

정완용,「근대한국불교에 있어서 혁신운동의 이념과 전개」,『한국불교학』43집, 한국불교학회, 2005.

채인환,『한국불교계율사상연구』(Ⅰ), 서울: 土房, 1997.

蔡尙植,「慈藏의 교단정비와 僧官制」,『佛敎文化硏究』4, 양산: 靈鷲佛敎文化硏究院, 1995.

채인환,「자장의 계율과 계단 창설」,『동국사상』15호, 서울: 동국대학교 불교학회, 1982.

최법혜,「고려시대의 선종 청규에 대한 연구」, 석사학위논문, 동국대학교 대학원 불교학과, 1974.

최법혜,「용성 스님의 전반기의 생애」,『대각사상』창간호, 대각사상 연구원, 1998.

최법혜,「조계종의 계율과 수행」,『부처님 숲』29호, 경주: 동국대학교 석림회, 2007.

최법혜,「백용성 스님과 한국불교의 계율문제」,『대각사상』10집, 대각사상 연구원, 2007.

최법혜,「백용성 스님의 대각 증득과 점검에 관한 연구」,『대각사상』11집, 대각사상연구원, 2008.

허훈(신공),「唐代禪宗寺院에 대한 考察-禪門規式을 中心으로-」,『한국 선학』7호, 서

울: 한국선학회, 2008.

慧南, 「불교의 수계의식과 계단」, 『동아시아불교문화』2집, 동아시아불교문화학회, 2008.

慧南, 「慈藏律師의 생애」, 『승가대학교 교수논문집』10, 서울: 중앙승가대학교, 2003.

慧謜, 「계율과 청규의 관계에서 본 현대 한국의 '선원청규'」, 『계율의 현대적 조명』, 한국불교학회, 2006.

3. 외국 문헌

가. 단행본

佐藤密雄, 『律藏』, 東京: 大藏出版, 1932.

佐藤密雄, 『原始佛敎敎團の硏究』, 東京: 山喜房佛書林. 1972.

佐藤密雄, 『原始佛敎敎團の硏究』, 東京: 山喜房佛書林. 1999.

佐々木閑, 『出家とはなにか』, 東京: 大藏出版, 1999.

佐々木閑, 『인도佛敎変移論』, 東京: 大藏出版, 2000.

平川彰, 『原始佛敎の硏究』, 東京: 春秋社, 1964.

平川彰, 『이백오십계연구 Ⅲ』 平川彰著作集 제16권, 東京: 春秋社, 1993.

藍吉富, 『提婆達多』, 東大圖書股份有限公司, 2012.

王邦維 校註, 『南海寄歸內法傳校註』, 北京: 中華書局, 1995.

나. 연구논문

中村元, 「釋尊慕人(修行僧墮落)」, 『原始佛敎成立』, 東京: 春秋社, 1992.

佐々木閑, 「佛敎における律藏の役割」, 『戒律文化』創刊號, 戒律文化硏究 所, 京都: 法藏館, 2002.

佐々木閑,「佛敎における戒と律の意味」,『계율의 현대적 조명』서울: 한국불교학회, 2006.

山極伸之,「律規定の解禁をめぐる諸問題」,『印度學佛敎學研究』48-1, 日本印度學佛敎學會, 1999b.

佐々木閑,「パーリ律犍度にみられる淨法」,『文學部論集』第87号, 京都: 佛敎大學文學部, 2003.

佐々木閑,「パーリ律經分別にみられる淨法」,『香川孝雄博士古稀記念論集 佛敎學淨土學研究』, 京都: 永田文昌堂, 2001a.

佐々木閑,「初期佛敎敎團における食の受容-淨地をめぐる諸問題」,『石上善應敎授古稀記念論集 佛敎文化の基調と展開』, 東京: 山喜房佛書林, 2001b.

松田眞道,「インド佛敎敎團における在俗者の考察(序)」,『宗敎研究』246号, 東京: 日本宗敎學會, 1981a.

松田眞道,「執事人veyyāvaccakaraと守園人ārāmika」,『印度學佛敎學研究』30-1, 日本印度學佛敎學會, 1981b.

松田眞道,「インド佛敎敎團史における淨人の考察」,『曹洞宗研究員研究 生研究紀要』14들, 1981c.

이자랑,「Samantapāsādikā Bāhiranidānaとパーリ年代記の比較研究」,『印度學佛敎學研究』通, 1996.

이자랑,「初期佛敎敎團の研究 -サンガの分裂と部派の成立」, 東京大學 大學院博士學位論文, 동경: 東京大學大學院人文社會系研究科文學部, 4, 동경: 東京大學大學院人文社會系研究科文學部. 2001.

이자랑,「戒律と敎團」,『佛敎の形成と展開』, 東京: 敎成出版社. 2010.

田崎國彦,「インド佛敎敎團史における財産所有問題-土地·金錢類·奴隷-」,『東洋大學大學院紀要』第27集, 京都: 東洋大學文學研究科, 1990.

中村元,「釋尊慕人(修行僧墮落」,『原始佛敎成立』, 東京: 春秋社, 1992.

土橋秀高,「大乘戒と小乘戒 佛敎における戒の問題」, 京都: 日本佛敎學會, 1984.

片山一良,「パーリ佛敎における相對的規準[Ⅰ]-kappiyaの原義-」,
『駒澤大學佛敎學部論集』19, 駒澤大學佛敎學部, 1988.

片山一良,「パーリ佛敎における相對的規準[Ⅱ]-kappiyaとニカ-ヤ-」,『駒澤大學佛敎學部硏究紀要』47, 駒澤大學佛敎學部. 1989.

片山一良,「十事(dasavattūni)について」,『パーリ學佛敎文化學』3,
東京: パーリ學佛敎文化學會, 1990.

平川彰,「律藏の成立と淨法の關係」,『印度學佛敎學硏究論集』宮本正尊 敎授還曆記念論文集, 東京: 東京大學文學部印度哲學硏究室內, 1954.

平川彰,「淨法と律藏」,『律藏の硏究』, 東京: 山喜房佛書林, 1970,「十事の內容の檢討」,『律藏の硏究』, 東京: 山喜房佛書林, 1970.

平川彰,「僧伽における制裁の問題」,『戒律の世界』上, 동경: 溪水社, 1993.

印順,「論談提破達多之破僧」,『海潮音(月刊)』, 臺北, 1964.

王邦維,「淨法」, 北京大學 硏北院, 2006.

Schopen, Gregory,「"The Monastic Ownership of Servants or Slaves: Local and Legal Factors in the Redactional History of Two Vinayas"」,『JIABS』 17-2, 1994.

Ray, R. A.,『Buddhist Saints in India-A Study in Buddhist Values & Orientations-』, New York: Oxford University Press, 1994.

Upasak, C.S.,『Dictionary of Early Buddhist Monastic Tems』, Varanasti: Bharati Prakashan, 1975.

민족사 학술총서 80
정법(淨法)의 변천에 관한 통시적 연구

초판 1쇄 인쇄 | 2025년 8월 8일
초판 1쇄 발행 | 2025년 8월 21일

지은이 | 원장 설민

펴낸이 | 윤재승
펴낸곳 | 민족사

주간 | 사기순
기획홍보 | 윤효진
영업관리 | 김세정, 백지영

출판등록 | 1980년 5월 9일 제1-149호
주소 | 서울 종로구 삼봉로 81 두산위브파빌리온 1131호
전화 | 02)732-2403, 2404 팩스 | 02)739-7565
홈페이지 | www.minjoksa.org
페이스북 | www.facebook.com/minjoksa
이메일 | minjoksabook@naver.com

ⓒ 설민 2025

ISBN 979-11-6869-087-5

※저작권법에 의하여 보호를 받는 저작물이므로 무단으로
복사, 전재하거나 변형하여 사용할 수 없습니다.